上海革命功臣故事

文匯出版社

图书在版编目(CIP)数据

上海革命功臣故事 / 上海市双拥办主编. —上海：文汇出版社，2015.7
ISBN 978-7-5496-1407-3

Ⅰ.①上… Ⅱ.①上… Ⅲ.①革命烈士—生平事迹—上海市 Ⅳ.①K820.851

中国版本图书馆 CIP 数据核字(2015)第 061885 号

上海革命功臣故事

主　　编 / 上海市双拥办

责任编辑 / 熊　勇
特约编辑 / 张冠华
封面装帧 / 张　晋

出版发行 / 文汇出版社
上海市威海路 755 号
(邮政编码 200041)
经　　销 / 全国新华书店
排　　版 / 南京展望文化发展有限公司
印刷装订 / 江苏省启东市人民印刷有限公司
版　　次 / 2015 年 7 月第 1 版
印　　次 / 2015 年 7 月第 1 次印刷
开　　本 / 787×960　1/16
字　　数 / 350 千字
印　　张 / 23.5
印　　数 / 1-25 000

ISBN 978-7-5496-1407-3
定　　价 / 42.00 元

牢记历史
不忘过去
珍爱和平
开创未来

——摘自习近平同志在南京大屠杀死难者国家公祭仪式上的讲话

序

激发爱国热情　凝聚奋进力量

2014年是建国65周年和建军87周年，为纪念“八一”建军节和“十一”国庆节这两个光辉的日子，褒扬为共和国建立和上海解放以及在经济社会发展中作出突出贡献的烈士、军队离休干部、解放前参加革命的残疾军人、在乡老复员军人等革命功臣，弘扬他们为国家和人民利益英勇奋斗、勇于牺牲、无私奉献的伟大精神，对全市人民尤其是青少年进行革命传统和爱国主义教育，中共上海市委宣传部、上海市双拥办、共青团上海市委、上海市拥军优属基金会联合在全市广泛开展了“扬革命传统，育时代新人——讲革命功臣故事”活动，并将部分革命功臣的感人故事汇编成册，编辑出版了《回忆峥嵘岁月　弘扬光荣传统——上海革命功臣故事》一书，这是一件十分有意义的事情。

烈士、军队离休干部、解放前参加革命的残疾军人、在乡老复员军人等重点优抚对象，他们中的许多人曾为争取民族独立和人民解放，置生死于度外，赴汤蹈火，浴血奋战，创造了惊天地、泣鬼神的光辉业绩，为新中国成立作出了不朽的贡献，为人民军队增添了无上荣耀。他们中的许多人，曾在保卫祖国、建设祖国和人民军队的各个岗位上，为国家和人民的利益，无私奉献，英勇奋斗，以青春和热血谱写了动人心魄的爱国主义篇章。为了国家，为了人民，他们在所不惜，一往无前，以致牺牲自己的生命，或落下终身残疾。他们是当之无愧的革命功臣，是国家和人民的功臣，是值得我们永远爱戴和尊敬的人。

在革命功臣的身上，突出体现了崇高的爱国主义情怀和英勇无畏、战胜一切艰难险阻的气概。在全面深化改革、全面建成小康社会、实现中华民族伟大复兴中国梦的进程中，在上海要当好全国改革开放排头兵和科学发展先行者，扎扎实实为国家全面深化改革作出更大贡献的进程中，特别需要学习和发扬革命功臣们的爱国主义精神和不畏艰险、攻坚克难的勇气。

回顾历史，革命功臣们在争取民族独立和人民解放的艰难岁月中，紧紧依靠人民群众，与人民群众建立了血肉相连的鱼水深情。这种军民团结一家亲的关系，是我们战胜一切艰难困苦，做到攻无不克、战无不胜的根本保证。继承和发扬革命功臣们的光荣传统，将为我们深入开展拥军优属、拥政爱民活动，并在更高层次上推动军民融合式发展，打下扎实的思想基础。

继承和发扬革命功臣们的光荣传统，对于青少年的健康成长具有十分重要的意义。孩子们通过阅读这本书，可以从一个个激动人心的故事中了解历史，了解革命功臣们曾浴血奋斗过的那个时代，了解我们今天和平幸福的生活是多么来之不易，从而更珍惜今天，更热爱我们伟大的祖国。同时，孩子们从这些故事中学习革命功臣们的伟大理想、高尚情操和优秀品质，从而在刚刚踏上人生旅途时，就能把握正确的方向。

就在本书编辑前不久，第十二届全国人民代表大会常务委员会第十次会议作出关于设立烈士纪念日的决定，将 9 月 30 日设立为烈士纪念日。2014 年 9 月 30 日，北京天安门广场和全国各地都开展了极其隆重的纪念活动。中共中央办公厅、国务院办公厅、中央军委办公厅在《关于做好烈士纪念日纪念活动的通知》中强调，“在全面深化改革、全面建成小康社会、实现中华民族伟大复兴中国梦的进程中，深入开展烈士纪念日纪念活动，缅怀烈士功绩，弘扬烈士精神，对于培养公民的爱国主义、集体主义精神和社会主义道德风尚，培育和践行社会主义核心价值观，增强中华民族的凝聚力，激发实现中华民族伟大复兴中国梦的强大精神力量，具有重要现实意义和深远历史意义”。这使我们更加感到开展“扬革命传统，育时代新人——讲革命功臣故事”活动和编辑出版本书意义重大。

我们要永远铭记烈士的英名和壮举，继承他们的遗志，学习革命功臣们的英雄事迹，进一步增强历史责任感和使命感，进一步激发爱国热情，凝聚奋进力量，让正能量在全社会广泛传播。

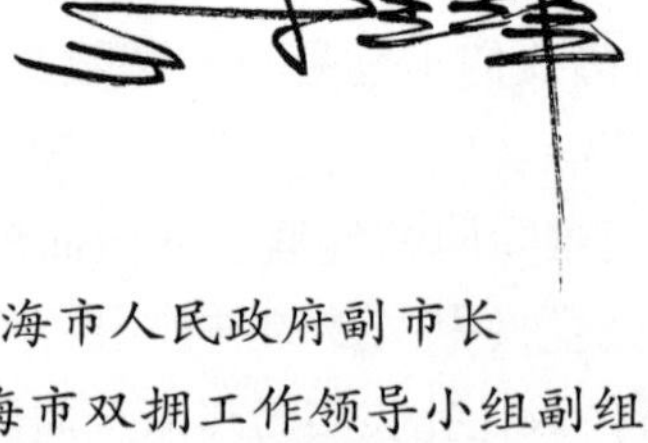

（上海市人民政府副市长

上海市双拥工作领导小组副组长）

目　录 | CONTENTS

第一辑

第二辑

第三辑

第四辑

第一辑

金山县第一个共产党员

——李一谔烈士的故事

毛一昌

李一谔(1898—1929),乳名雪元,1898年生,籍贯上海市金山县,家住金山卫新桥(现金卫乡长春村)。父亲李又如,前清秀才,有田产数百亩,母亲周氏,亦出身于富有之家。1925年6月加入中国共产党,是金山县历史上第一位共产党员。1926年3月,中共金山特别支部成立,任书记。后任县委组织部长,兼军事部长。1928年秋,组建了金山县第一支农民革命武装——红色暴动队。1929年2月6日,组织发动了震撼国民党统治的“新街暴动”。月底,在与前来搜捕的反动军警发生的遭遇战中不幸中弹被捕。无论是在狱中还是在法庭上,他坚贞不屈,视死如归,表现了共产党员的凛然之气。

李一谔,金山卫长春村人,出身于书香门第。青年时就读于上海文治大学,受民主、科学和反帝反封建思想影响,积极投身于五四运动。完成学业后他返回家乡,变卖部分田产创办云溪小学,实践教育救国理想。

国共合作期间,李一谔担任国民党金山县党部常务委员,团结了一大批进步青年知识分子,为中国共产党在金山地区的发展奠定了组织基础。1925年6月,李一谔由侯绍裘、姜长林介绍加入中国共产党,成为金山县第一位共产党员。

此后，接受上级党组织交付在金山建党的任务，李一谔花了一年多的时间，发展了李新民、张善述、王世德等人入党，建立了金山的第一个党组织——中共金山特支，并担任特支书记。

李一谔年仅31岁时，就遭国民党杀害，烈士的人生是短暂的，但他那些可歌可泣的革命斗争经历，却一直留在金山人民的心中。

全力迎“北伐”

自从收到国民党浙江省党部常务委员——共产党员宣中华的信件以后，李一谔是又兴奋又紧张。兴奋的是北伐军薛岳部队已攻克杭州，先头部队已抵达嘉兴，不日将进军金山。紧张的是根据上级党组织指示：要求全力配合北伐。这千头万绪的事该如何安排落实。

这天，他召集金山特支王世德等几名党员，闭门商讨，最后决定了最最重要的两件事：一是秘密派得力人员携带金山交通路线图去嘉兴联络接应，充当部队向导，使北伐军顺利抵进金山；二是立即做好人员和物资准备，在县城朱泾镇东面掘石港架浮桥，协助大军迅速过江东进。目标确定以后，就开始研究具体事项了。正在这时，县党部的听差来报告说，张堰邮电局的包局长要见李委员。这包局长叫包刚，和李一谔关系不错，思想也较进步，只是他还不是共产党员。李一谔当即和与会的同志招呼一下，让他们抽根烟休息一会，自己出内房去和包刚碰头。

等李一谔踏进前厅的门，包刚就迎了上来，一脸喜悦，急促地说道：“报告一个喜讯，一谔兄，喜讯!”李一谔一边给他递茶，一边问：“什么喜讯?”“广东的北伐军已打到嘉兴了!”接着，包刚就把当天一名浙江邮差带来的消息告诉了李一谔。

李一谔虽然昨天就知道这个消息了，但脸上并未露出神色，一边听，一边点头，突然他的眼神在包刚那身绿色邮政制服上定格了。等包刚的情绪稍稍平静，李一谔就凑近包刚，悄悄地说起话来。包刚一边听，一边点头说：“好，好，没问题。”说着爽快地将帽子和身上的制服脱了下来，接着又心急地说：“一谔兄，我马上去把交通图送来。”

包刚一走，李一谔回到里屋，大家得知李一谔已借到邮政制服和交通图，高兴得跳了起来。王世德更是站直身子，指着制服说：“有了这身制服，就不怕沿路检查，我向组织保证：一定顺利完成接应大军的任务。”

第二天一早，李一谔送走王世德后，马不停蹄地赶到朱泾商办救火会，找到也有进步倾向的张会长，让他组织一批进步职工，筹借一大批门板、毛竹、木材、铅丝、铁钉等物资，分批在晚上运到掘石港边，准备等大军一到，协助部队工兵搭建浮桥。

由于李一谔废寝忘食、踏实细致的工作，北伐军顺利经金山东进。

毁家启民心

“四一二”反革命政变后，地主剥削阶级由于有国民党反动派撑腰，变本加厉地对农民压迫剥削，广大贫苦民众身处水深火热之中。在白色恐怖下，当时的中共金山县委已完全转入地下。李一谔和他的同志们奔走在浦南一带，宣传共产主义，启发贫苦农民、盐民，不还租、不纳税、不还债，和地主、土豪、反动派做斗争。

当时，正值收割季节，新谷即将登场。这天，秋高气爽，艳阳高照，李一谔让家里的账房通知李家的佃户到家中议事。等二十多个佃户都到齐之后，李一谔亲自为他们沏上一杯茶水，然后微笑开口：“各位伯伯、叔叔、兄弟，你们一年到头风里来水里去，辛辛苦苦地种地，即使年成好，打下的稻谷还是难以温饱。这是为什么呢？因为你们要还租、交税，而这租米、捐税就是剥削，就是在抢夺你们的劳动果实！这是不合理的。”说到这里，他从账房手里接过一摞田契、借据，接着说：“现在，我宣布，从今冬开始，各位的租米不须交了，种出来的东西，全部归你们所有！”

说着，又顺手接过账房抽水烟的纸煤子，“呼”的一下吹着了火苗，引燃了那把田契、借据，不一会，就变成一摊灰烬。

“谢谢李先生！”“谢谢李先生！”一个头发、胡子花白的老佃户踏上一步，叫着李一谔的乳名，颤抖着声音说：“雪元弟，你真是个好人，好人！叫我们怎么感谢你呢？”

李一谔扶着他坐回凳子说：“不要谢我，不要谢我，是共产党号召我们要抗租、抗债、抗税……”

李一谔的这一废租行动，很快地传了开去，地主豪绅闻了心惊肉跳，贫苦群众听了，抗租信心大增。

武装打土豪

不交租米不还债的秋收抗租斗争不断深入，群众的革命情绪空前高涨，中共金山县委决定选择地处偏僻的朱行乡农村小集镇——新街，举行武装暴动，打击的对象是称霸一方，在周边四乡的地主豪绅中颇有“威望”的土豪张忍百。

李一谔带领县委成员参加领导暴动，动员了党团员100余人、“红团”、农会成员200余人先后在当天下午动身，规定黄昏后在新街镇附近的五坟庙集合。300多号人按时集合后，李一谔让人给每一个参加者发了一条白布，缠在臂上，便于黑暗中识别。接着又分成三队，一队负责抓捕土豪抄家，一队负责防守警戒主要通道，一队负责张贴布告标语。

布置妥当后，李一谔带领主力，打出大红旗，直扑土豪张忍百家——励志堂。事前已经探得，张忍百的卧室在励志堂的头埭。暴动队员赶到屋前，用手电筒往玻璃窗里一照，发现卧床的蚊帐下着，一只红顶的瓜皮帽在床侧的茶几上放着，一双蚌壳式棉鞋端端正正地在窗前的踏板上搁着。以为张忍百正在酣睡，于是大家反扣门窗，放了一把火，想把这罪大恶极的土豪烧死了事。

与此同时，新街镇上已贴遍了揭露张忍百罪状的布告和宣传标语。

李一谔见暴动已完成各项任务，就命令各路暴动队伍返回各地。

事后才知道，镇压张忍百的预定目标没有达到。由于暴动队员经验不足，在到达“励志堂”前弄出响声，惊动了这老狐狸，他帽子也顾不上戴，鞋也顾不上穿，摸黑溜进后埭，开了水墙门，跳上收账船，渡河到河北边躲了起来。

新街暴动后五天，县委又决定打击作恶多端、民愤极大的山阳土豪陆百希、水警缉私营中队长张吟泉，镇压后也张贴了布告，大振农民革命运动的声势。

英勇赴大义

李一谔领导的金山县委，发动浦南农民开展的秋收抗租斗争，沉重地打击了松江、金山、平湖等县反动当局和豪绅地主的反动气焰，他们惊呼

“浦南危急、共祸蔓延”。于是反动当局决定“苏浙联剿”。

在这样的形势下，金山县委转移到两省交界地的一个小村转角湾。一到晚上，李一谔和他的同志们分头赶往钱圩、廊下、张堰、亭林等浦南各地工作。1929年2月26日，李一谔带了几个红队队员，在钱圩南部乡间活动，会议开到深夜结束，带来的队员家在附近，就回家休息。李一谔因县委翌日要开会，看了一下怀表，已是27日凌晨了，就决定连夜赶回转角湾，孤身一人踏上归途。

李一谔哪里知道，今日竟是反动派策划的苏浙联剿“五路包搜”转角湾行动的日子，此时山阳水警缉私大队的这一路正向他兜头扑来！

李一谔登上八字桥顶，往前一望，忽见暗夜中几十条人影急匆匆地扑来，心知不好，来不及多想，转身从原路下桥急步走去。不料对方已经发现，一面喝令“站住”，一面开始放枪。李一谔临危不惧，一边撤退，一边拔枪还击，他知道前面不远，陆家宅基河上有一跳板桥，只要抢先奔过跳板桥，将跳板抽掉，就能趁黑夜脱身。谁知奔到跟前一看，跳板被涨潮氽走了，他再想沿河另寻别路时，手臂中弹，被赶来的敌人扑倒……

李一谔被捕后，面对敌人的软硬兼施，坚贞不屈，几天几夜的审讯，敌人得到的回答只有三个字，“不知道”！

3月10日，李一谔英勇就义在松江西河庄刑场。

（金山区双拥办）

峥嵘岁月　铮铮铁骨

——追记与豪绅地主、反动武装殊死搏斗的崇明籍革命志士陆铁强

宋振卫

陆铁强，字心石，乳名和尚，1907 年出生于崇明县北排衙镇(当时属北义乡)一户开明士绅的家庭。是崇明县最早的共产党员之一、杰出的农民运动组织者，曾任中共海门县委书记。1927 年 11 月 13 日，在海门县监狱门口被反动武装警察秘密杀害，牺牲时年仅 21 岁。陆铁强牺牲后，海门、崇明等地都组织了"11 月 13 日惨案"后援委员会，严厉声讨国民党反动派屠杀革命志士的暴行。1928 年 1 月 26 日，中共中央机关刊物《布尔什维克》杂志发表了俞甫才写的《悼我们的战士——陆铁强》的纪念文章，对他为彻底实现土地革命的胜利，与豪绅地主、反动武装做殊死搏斗的牺牲精神，给予高度赞扬。

(一)

1919 年，陆铁强在海门中学读初中期间，经常手不释卷地阅读李大钊、恽代英等所著的革命书籍，使他懂得了许多革命道理。1926 年春，陆铁强被派往广州农民运动讲习所学习，成为该所第六届学员。其间，陆铁强聆听了毛泽东、周恩来等所讲的革命理论，懂得了被压迫阶级要起来革命的道理，参加了反帝大游行，去海丰等县进行了农运实习，在政治理论、

阶级觉悟、斗争策略等方面都有很大提高，树立了为劳动人民的解放事业而奋斗终生的信念。

(二)

1926 年 9 月 23 日，中共江浙区委决定将第六届广州农讲所结业的 10 名学员派往各地开展农运工作。陆铁强和俞甫才任中共特派员，回崇明开展农运和建党工作。当时，全国很多省区建立了农民协会，农运声势较大，而崇明仍由军阀支持的政府统治，死水一潭。陆铁强和俞甫才回崇明后，就在本乡排衙镇一带开展活动，经过一个月艰苦的宣传动员，有 30 多人参加了农民协会。一次，他们在老滧港附近调查时，从一个小商贩口中得悉西沙农民又遇到旱灾虫灾，收成大减，而地主仍要按熟年标准收租，反动县政府还逮捕了一些欠租的农民，为此，农民又要搞“田革命”(那里在 1921 年发生过佃农要求减租，自发地与地主斗争的“田革命”)。陆铁强和俞甫才立即跟随那个小商贩奔赴西沙，到第一次“田革命”领导人刘万芳家中。刘万芳把西沙“田革命”时 10 位代表之一的袁守玄请来，陆铁强与他们进行了彻夜长谈，互诉心声，谈得非常投机。接着，他们又把当年参加过“田革命”的佃农请到，陆铁强一面做进一步的调查研究，举办农民夜校，组织农民向军阀政府报荒，要求减租减息；一面组织 1 000 多名农民跟警察做斗争，迫使警察所释放了被捕的农民。

陆铁强目睹西沙农民运动的不断发展，形成了一支农运骨干队伍，心里觉得踏实了许多，于是亲自执笔以自己和俞甫才的名义向上级组织写了一份《崇明工作报告》，详细汇报了他们回崇明后的工作情况和西沙 1921 年农民暴动以及土地制度等情况，提出了下一步的打算。1926 年 10 月 25 日，毛泽东同志以润之署名在《向导》周刊第 179 期上发表了《江浙农民的痛苦及其反抗运动》一文，引用了陆铁强所写报告的内容。

1926 年 11 月下旬，陆铁强参加了中共江浙区委召开的农民运动委员会第一次会议，12 月在西沙老海桥镇成立了县农民协会，农民协会制定了章程，规定：“一切租息由农会决定，地主收租必须通过农会。”

地主不甘心减租，于是制造舆论，指责农民运动带有“共产色彩”，请求县署查究。12 月中旬，黄凤岩因为参加减租斗争被捕，陆铁强闻讯后，会同农会鸣锣发动佃农千余人，进城请愿营救。县知事奚侗早就领教过西沙农民运动的威力，尝过跟农民代表谈判的味道，将黄凤岩一放了之，营救黄凤岩的斗争胜利了。为了对付顽固的封建地主势力，陆铁强根据农民自卫军组织大纲精神和海丰等地的经验，于 1927 年 2 月 4 日，在协平乡建立了农民自卫军，队伍很快就发展到 300 多人，并有了七八支枪。从此，广大受苦的农民集合在农民协会的旗帜下，开始以自己的革命武装，同军阀、地主豪绅进行针锋相对的斗争。

正当崇明农民运动方兴未艾之际，蒋介石发动了“四一二”反革命政变，国民党反动派派来了县长田良骥和一营军队，对崇明农民运动实行镇压。于是地主又嚣张起来，他们加重租额，农民稍有反抗，即以“共产党嫌疑”任意拘捕。他们通缉陆铁强父子，查封其家产，追缴农民自卫军枪支，使岛上笼罩着一片白色恐怖。为此陆铁强全家秘密迁居上海，陆铁强由中共江苏省委安排，与恽代英等一起在中国济难会工作，筹集钱款，救济遭难同志及其家属。同年 7 月，陆铁强由沪秘密回到西沙，继续进行革命活动。9 月 1 日，国民党崇明县党部通令禁止西沙农民协会活动，反动县政府再次通缉陆铁强、俞甫才等中共党员和农民领袖。10 日，关押了县农民协会名誉会长刘万芳。面对通缉和紧张的局势，为了营救刘万芳，陆铁强毫不畏惧，发动了数千佃农，由黄廷相率领进城请愿，要求释放刘万芳。反动县长田良骥被强大的农民队伍吓破了胆，派人在北门与黄廷相谈判，暂时做出让步，把刘万芳释放回家。等农民请愿队伍退走后，敌人进行了更阴险的密谋策划。14 日，又逮捕了刘万芳，抓走了张友菊。鉴于崇明形势，中共江苏省委为了保存革命力量，避免不必要的牺牲，将陆铁强调往海门县任特派员，在那里开展农运和建党工作。

（三）

到了海门，陆铁强化名沈惠农，当地农民称他为沈先生。陆铁强选择了曹家镇、沙家仓一带佃农多、地主恶的地区开展农民运动。9 月 23 日，陆铁强组织召开了农民积极分子会议，成立了海门第九区农民协会，会员有数十人，陆铁强任会长。10 月下旬，中共海门县委成立，陆铁强被中共江苏省委任命为海门县委书记和中共江北特委委员。接着在曹家镇建立了第一个乡农民协会，陆铁强任会长。农会成立后，首先讨论了减租问题，以农会名义张贴布告，明确减租的标准和收租交租的办法，规定不准地主上门收租，收租交租都由农会负责。

在地主行将收租之际，陆铁强带领农会会员做好减租的各项准备工作。1927年11月7日晚上，中共地下党员、农会会员召开紧急动员大会。会上，陆铁强传达了党的“八七”会议精神，使大家明确了土地革命和武装反抗国民党反动派是今后工作的总方针；同时根据中共江苏省委关于“各地暴动要在11月15日前开始”的要求，加紧布置减租和秋收暴动的任务，决定马上组织游行，进一步把群众动员起来，把地主威风压下去。

9日，300多名农民集会，农民们举着小旗游行，高呼“实行‘二五’减租”“拥护农民协会”“打倒恶粮户”等口号。地主见状吓得拉起吊桥，紧闭门户。原来持观望态度的农民，看到了农民团结起来的力量，纷纷向农会靠拢。轰轰烈烈的农民运动，不仅震动了沙家仓地区，还影响到海门和崇明外沙(今启东市)地区。不少地区派出代表，请陆铁强派人去指导他们那里的农民运动。

11月10日清晨，陆铁强得悉地主要以暴力收租，当即做了相应部署。午前，地主邱秀莲坐着独轮小车，带着两个家仆闯进佃农范朝宰家，强行收租，被附近佃农发觉，报告给陆铁强。陆铁强当即集中佃农，赶到范朝宰家，将邱秀莲团团围住。一佃农愤怒地挥动拳头，喝令地主婆把粮食归还本家，警告她不准违反农民协会规定。邱秀莲环顾四周，见到一副副怒目而视的面孔，不寒而栗，夹起空袋灰溜溜地跑了。

(四)

邱秀莲强行收租碰了钉子回到家里，气得直喘粗气。她不甘心就此罢休，与沙氏兄弟密谋后，连夜赶到海门县政府告状，要求派兵镇压，并拿出1 600块银元犒赏镇压沙家仓农运的反动武装。国民党海门县政府得到这笔赏钱，随即下令封锁通往沙家仓的交通要道，命令县第六公安分局随时做好镇压的准备。

11日，陆铁强已获悉敌人即将动手的情报。这时有人劝他赶快离开沙家仓，暂避风险。可是，为了当地的佃农，为了农运事业，为了坚持同敌人做斗争，陆铁强不肯离开。他断然做出决定，抢在反动政府镇压之前举行暴动。当夜，陆铁强召开了紧急会议，研究了武装暴动的具体计划。

12日上午10时许，陆铁强和一批农会骨干拿着大刀、土叉等赶到二溦镇附近的杨秀兰小店集中，准备暴动。过了半小时左右，国民党海门县第六公安分局20余名警察突然包围了杨秀兰小店。警察冲着屋内大叫："领头的快出来，否则我们开枪了!"沉默了一瞬间，陆铁强以镇定从容的目光扫视了一下众人，干脆地说："别慌!"然后挺身而出，对警察说："找我有什么事?"敌人气势汹汹地说："有公事要你去!"中共地下党员、农运骨干钱文明看到陆铁强将被带走，马上跳过去护住陆铁强。敌人疯了，拿起枪来就打，8个警察冲进了屋子。于是，屋子里的警察和农运骨干扭成一团，急得屋外的敌人不敢朝屋内打枪。屋内的农运骨干乘机把8个警察打得鼻青脸肿，狼狈逃出。屋外的警察见8个警察逃出了屋子，就疯狂地朝屋内扫射。顷刻间，农运骨干有的牺牲，有的受伤。面对严酷现实，陆铁强感到再硬拼下去将会带来更大的流血牺牲。他决计豁出去，保护农友，保存革命力量，便大吼一声："你们为什么向无辜农民开枪！天大的事由我姓沈的一个人负责!"说着，冲出屋去，暴露在敌人的枪口下。敌人停止射击，壮着胆子的警察靠近陆铁强，把他捆绑起来，押着走了。

当夜，陆铁强被关在海门县监狱里，县长施述之亲自审问，要陆铁强承认是土匪，答应日后不搞农民运动，就可释放。陆铁强严词驳斥，并说叛变革命、屠杀革命志士的国民党反动派才是真正的土匪。他面对死亡的威胁，大义凛然，自豪地宣布自己是一名共产党员，驳得施述之哑口无言，不敢公开审讯他了。在陆铁强被捕的第二天，即11月13日凌晨，以解送他去南通判刑为幌子，将他秘密杀害。

（崇明县双拥办）

特殊身份的警官

——毛福轩烈士的故事

毛一昌

毛福轩(1897—1933),号恩梅,化名毛恩灏,1897 年 4 月出生在湖南省湘潭县韶山冲的一户贫苦农民家。毛福轩是大革命时期由毛泽东同志亲自培养成长起来的湖南韶山农民党员,毛泽东亲手创建了湖南省农村第一个党支部——韶山支部,推荐他当支部书记,后任湖南省委委员。1928 年到上海,从事革命活动,1929 年打入国民党金山县政府的公安局,进行秘密斗争,由于叛徒出卖而被捕,1933 年 5 月,遇难于南京雨花台。几年后,毛泽东同志在延安得悉毛福轩为革命捐躯的消息,情深意切、无限感慨地说:“一个农民出身的同志,学习和工作那样努力,一直到担任党的省委委员的工作,是很不容易的。”

毛福轩,湖南韶山人。1922 年加入中国共产党,是韶山党支部的第一任书记,后担任中共湖南省委委员。1928 年到上海,1929 年冬组织安排化名毛恩灏打入伪金山县公安局,担任巡长、分局长,搞地下工作。1933 年初因叛徒告密被捕,英勇不屈,5 月被敌人杀害在南京雨花台。

毛福轩烈士在金山从事革命斗争期间,留下许多可歌可泣的事迹,渐渐地,金山流传开关于他的传说。

巧救同志

事情发生在毛福轩刚打入金山公安局不久，当时中共金奉县委还没有和毛福轩接上关系，县城里的联络站也还未建立。偏偏在这个时候，县委内部有人被捕变节，叛徒供出了当晚在干巷乡下关帝庙有三个县委委员开会碰头的情报。公安局长如获至宝，当即召集巡长以上头目部署抓捕。毛福轩得讯后心急如焚，在无法及时把消息告知组织的情况下，急中生智，向局长献计说："大白天，公安局大队人马出动，容易走漏消息，惊动对方。"又自告奋勇由他带两个警察着便衣押着叛徒打前锋，先行赶到干巷区公所，接应大部队入夜后行动。公安局长不知是计，点头称好。

于是毛福轩急匆匆赶到干巷区公所，正巧碰上一股土匪向区公所借路。毛福轩将计就计，规定土匪的行走路线，正是公安局大部队赶来的路线。当晚，一到时候，土匪和警察撞在一起，黑夜中一场火拼，枪声惊动了关帝庙里开会的同志。等到公安局长带队赶到关帝庙，只剩下几个泥塑木雕，哪里还有共产党的踪迹，气得公安局长苦着脸大叫晦气、晦气。

就这样，毛福轩不露痕迹地暗中调兵遣将，救了同志，而敌人还蒙在鼓里！

险接关系

毛福轩打入公安局后，天天盼着金奉县委派人来接关系。一天，他从公安局长那里得悉：据内线情报，共产党县委的联络员，要进城和已经潜伏在县城的共党分子接线。

毛福轩听了，又惊又喜。喜的是组织上终于要派人来了；惊的是这情报敌人已掌握，接关系凶多吉少。眼下无人可商量，一时之间倒也想不出对策。

再说公安局长部署全局日夜防范，严密监视县城里一切可疑的人、一切可疑的事。

这天上午，正巧轮到毛福轩当班，忽然他见两个渔民模样的人在公安局门口扯扯扭扭地向他走来。他定睛一看，见其中一人脚穿白鞋，腰扎白布带，和上级规定联络员的打扮相符。不禁心里一动，此人莫不就是联络员？于是他冲着两人吼了一声："吵什么？叫什么名字？"那人回答："黄阿七，七星桥人。"毛福轩又问了一句："戴谁的孝？"那人说："娘死了，还没'断七'。"三句话里三个"七"，这正是联络暗号。无疑，来人正是联络员！

毛福轩想：人是来了，只是如何与他交谈？一则自己当班，不能随便离开；二则县城里警察密布，何处才是安全之所？忽然，一个念头在毛福轩脑中出现：对！越是敌人的心脏，越是安全，何不将他带到值班室去？想到这里，毛福轩突然伸出右掌，在联络员脸上重重地拍了一巴掌："妈的，死了亲娘，还有心思和人打架？今天毛巡长要好好教训你这个不孝的家伙！走，局里去！"说着，扯了联络员就进了公安局。局门口站岗的警察咧着嘴高声叫"好"。他们做梦也没想到，他们千方百计要抓的共产党，已经在他们的眼皮底下接上了关系！就这样，毛福轩将联络员带到值班室，大模大样，从从容容地谈了半天。

后来，联络员回到金家庙，向县委一汇报，同志们都称赞说："毛福轩，了不起，虎口中，接关系。"那位联络员摸了摸腮帮，调侃说："只是那记耳光打得太重了。"

智夺枪支

毛福轩在金山期间，金奉县委急需扩大武装，当时已经建立的浦南暴动队苦于缺少枪支。县委连续几次指示毛福轩寻找机会搞枪支。一段时期，"搞枪"占据了毛福轩的全部心思。

一天，机会终于来了，省公安厅决定拨给金山公安局二十条枪，让金山去上海提取。公安局长怕路上不安全，决定派毛福轩跟着他的小舅子，用小船去上海运回。两天后，他们启程了。与此同时，金山地下党已经接到了毛福轩精心设计巧夺枪支的计划，正在暗中行动。

枪支装船后，毛福轩安排两个跟去的警察摇船，船到"米字渡"附近时，由于毛福轩暗中"安排"，两人打斗起来。趁着局长小舅子给他们拉架之际，毛福轩动了手脚，使小船突然漏水，江水开始涌进船舱。正在手足无措之时，江面上驰来一只扎着毛竹排装运稻草的船只。局长小舅子像落水者捞到了救命稻草，急忙命令将枪箱暂时搬上稻草船，然后叫毛福轩带人堵漏舀水。

谁知，此稻草船正是浦南暴动队前来接应的船。就在毛福轩他们舀水堵漏之时，装枪的箱子已被暴动队神不知鬼不觉地调了包。等到敌人发现枪支丢失，封港搜查之时，浦南暴动队的船早已回到了金家庙，他们从稻草船的毛竹排里，卸下了一支支崭新的步枪来。

狠揪叛徒

春去秋来，毛福轩在金山公安局已三年了，此时，他已进一步取得了敌人的信任，由巡长升为泖桥分局局长。忽一日，县局打来电话，让他马上到县局开会。谁知，毛福轩一踏进金山公安局的大门，一群警察一拥而上。毛福轩知道情况有变，哪肯束手就擒，他拳打脚踢，一时之间那帮警察竟也近不了身。但最后他终于寡不敌众，被捆绑在公安局院子里的银杏树上。

敌人严刑拷打，毛福轩据理力争，始终不暴露自己的身份。敌人无法，只得把他收监。

毛福轩一进牢房，见姓黄的地下交通员已戴上手铐锁在一边，他不时地向毛福轩投来亲热的眼光。毛福轩严守党的纪律，装作不认识的样子。

晚上，姓黄的被带出去提审。提审回来，他破口大骂国民党。突然，毛福轩从他口中似乎闻到一股酒气，心中已是明白：这人已是叛徒。

过了一会，毛福轩突然开口："顶得住吗？"姓黄的心中一喜，急忙凑了上来，露出了狐狸尾巴，支支吾吾地说："老毛，留得青山在，不怕没柴烧，要不我们假自首算了。"

话音未落，毛福轩喝了一声："什么？！"顺手抓起水壶，连壶带水向叛徒头上砸去。接着扑向叛徒举起拳头狠命地打了起来。叛徒吓得杀猪般地叫救命。几个看守闻声冲了进来，好不容易才扯开毛福轩。这么一闹，其他号房里的难友也都知道了这个姓黄的是叛徒了。

（金山区双拥办）

我的父辈祖辈

陈哲承

2014年9月30日诞生了全国第一个“烈士纪念日”。作为革命先烈的后代，我们特别怀念早年为革命倾家荡产、艰苦奋斗、不怕流血牺牲的父辈祖辈们。

我父亲陈元宰系云霄城关溪尾街人，1907年生。原名陈其昌，化名为陈木、林有龙、陈原、陈平等。1925年泉州培元中学毕业。1926年春，19岁的他毅然辞去小学教师的职务，到广东参加孙中山领导的国民革命军，并加入了中国共产党。1926年冬，随北伐军东路军入闽。1927年“四一二”事变后，他与李联星等同志转入农村，在漳浦马坪小学以教师职业为掩护，创办平民夜校，发展农会，培养骨干，领导农民兄弟开展抗捐抗税斗争。

1928年夏，父亲调任中共福建省委组织部，化名陈木，兼任中共厦门市委执委、厦门市委书记。为了帮助地下党解决经费困难，父亲回老家云霄，动员其母亲（我奶奶）把家里的全部田产和3栋祖屋典卖掉，所得钱款（800多银元）全部交给省委做经费。同时把母亲陈方娘和弟弟（我叔叔）陈其元带到厦门参加革命工作。我奶奶当年40岁，给和她同住机关的地下党同志当“妈妈”，悉心照料与她同住的孩子，像对自己亲生的儿女一样爱护他们。从1928年到1935年，在白色恐怖最严重的7年多里，奶奶用智慧和勇气，成功地掩护和保护了一批又一批的地下党同志。

父亲在厦门地下党工作期间，经常以水客的身份来往于厦门和漳州、石码、海澄、浮官、白水、山边、官浔、马坪等一带，帮助建立农会，发展革命武装，建立革命根据地。1930年8月，福建省委根据中央指示成立总行委，任命父亲为漳属特行委书记。1931年3月底，中共福建省委机关被破坏，父亲在厦门鼓浪屿被捕，被关押在厦门思明监狱。国民党特务在父亲的住所搜出大量的文件和传单。在狱中，国民党对父亲严刑逼供，鲜血从他单人牢房的床下一直流到门口，晕死了三四天才醒来。敌人审讯毫无收获，只好把他作为“共党要犯”押解到省会福州重审。他被关押在福州经院巷第一监狱。在福州重审过程中，父亲同样坚贞不屈，经受住了敌人的酷刑摧残，没有向国民党反动政府屈服，最后被判处无期徒刑。父亲身在狱中，仍然积极领导狱友为反对国民党监狱的非人待遇、要求改善“政治犯”的生活条件进行顽强斗争，最终迫使狱方妥协，取得了与亲友通信、读书看报、唱歌的权利。父亲利用给奶奶写信的机会，用米汤在信纸背面给福建省委写信，汇报狱中情况，跟省委接上了关系。省委也通过奶奶给父亲回信的机会，指示狱中的工作。很快，父亲在狱中建立了党、团支部。父亲利用节省下来的纸张、草纸写诗、作画，取名“狱焰”，在狱中传阅，鼓舞狱友们的斗志，提高大家的思想觉悟。在他的帮助下，一个坐牢的国民党士兵也成了共产党员！之后还成为闽东红军的骨干。

1933 年 11 月，十九路军发动“福建事变”，成立“中华共和国人民革命政府”，与中华苏维埃共和国临时中央政府签订了抗日反蒋协定，并同意释放政治犯。12 月 4 日，父亲被释放出狱。狱中 3 年的非人生活和国民党的酷刑摧残，使父亲由一个血气方刚的壮实青年变成了一个骨瘦如柴咯血不止的痨病病人。一星期后，父亲与同狱的缪淑英(两年后与父亲结婚，是我亲爱的母亲)、杨采衡、苏达、魏耿等 6 人，由中共福州中心市委派往连江，以加强连江、罗源地方党组织和红军游击队的领导力量。父亲在连江化名陈元，任连江中心县委宣传部长。当时蒋介石策划调重兵消灭十九路军，父亲审时度势，建议中心县委抓住有利时机发动全区性的工农武装暴动，建立苏区。当时，马鼻是沿海大镇，被反动地主民团所盘踞，这股民团拥有 300 多条枪，凭借四周城门与炮台负隅顽抗，而闽东工农游击第十三总队只有 150 多人，30 多条枪，队员大多配备梭镖、大刀，势单力薄。县委决定由父亲负责组织发动群众参战。父亲不顾自己重病缠身，凭借他在闽南组织武装抗税抗捐的丰富经验，深入农村、海岛，在当地乡苏维埃干部配合下，各村的革命群众团体迅速组建起来，短短几天就动员组织了一万多人待命参战。1934 年元旦深夜，闽东工农游击第十三总队在万余名群众的配合下，分水陆两路向马鼻镇发起总攻击。父亲高擎火把，加入战斗行列，经过激烈战斗，终于取得重大胜利。中共福州中心市委在给中央的信中充分肯定了这一功绩:“当游击队进攻马鼻(一个民团最大、力量最强的市镇)的时候,曾动员万余群众,可以说是一个非常伟大的行动,也可以看出连江群众对党、对苏维埃口号拥护的热烈。”

马鼻的解放对整个闽东震动和影响极大,连江各地苏维埃政府纷纷建立。父亲又紧张地投入全县苏维埃代表大会的筹备工作。1934 年 1 月 3 日,县委召开大会,大会通过了由父亲起草的《连江县苏维埃成立宣言》。同日,连江县苏维埃政府成立,父亲兼任县苏维埃政府宣传部长。除城关和少数集镇外,苏区基本上连成一片,连罗革命根据地的斗争步入鼎盛时期。

紧接着,连江县委和县苏维埃政府领导农民开展轰轰烈烈的分田运动,父亲起草了连罗苏区分田大纲,组织干部学习分田政策、方法,然后进行试点,并组织宣传队进行广泛宣传。他走村串户,在田头、灶头向农民解释分田斗争的政策,调动了广大贫苦农民的积极性,分田工作进展顺利。不到两个月时间,连罗两县 146 个乡村、20 多万农民分到了土地。连罗两县广大农民第一次摆脱了几千年封建土地所有制的枷锁,做了土地的主人。连罗两县土地革命的成功渗透了父亲的大量心血,他工作稳健扎实,和风细雨,善于走群众路线,调动广大干部的积极性。他擅长同贫苦农民拉家常,关心他们的疾苦,对群众如和煦的春风,唤起工农群众的斗争热情,从而迅速打开土地革命新局面。

1934 年 1 月,父亲协助县委领导开展游击队整编工作,闽东工农游击第十三总队扩编为“闽东工农红军第十三独立团”,父亲兼任红军独立十三团团参谋长。他配合团政委发挥红军政治上的优势,接连瓦解多个地主民团并编入红军。

4 月,父亲获知中共福建省委代书记陈之枢被捕叛变,并带领国民党宪兵特务四处诱捕共产党员,他建议连江县委立即切断与福州的一切联系。同时他和母亲作为连江中心县委的代表,与福安中心县委一起筹建闽东特委,统一领导闽东各县的革命斗争。父亲和母亲都被选为闽东特委委员。

7 月,由红七军团组成的红军北上抗日先遣队入闽,为牵制敌人,配合红军主力长征。8 月中旬,红军先遣队与敌人在福州桃源激战,伤病员增至七八百人,部队行动十分困难。连江县委得知情况后立即派父亲母亲一起前往迎接。先遣队司令寻淮州、参谋长粟裕接见了父母亲,听取了他们关于连罗苏区党、政、军及斗争情况的汇报后,指示连江苏区全力救护伤员，做好宣传鼓动工作，发动群众参军，扩大武装力量，巩固苏区，派人与上级党组织（指上海中央局）接上头。父亲连夜赶回向县委做了传达，县委决定全文下达并执行指示。苏区的各革命团体都积极行动，接连三天三夜抬运伤员，并把伤员安全运抵红军医院治疗。一个多月后，100多名伤病员治愈后加入了红十三团，大大增强了连罗红军的战斗力。

9月，国民党保安九团进剿连罗苏区，父亲奉命起草《告省保安团官兵书》，在文告中他以通俗生动的语言揭露国民党的黑暗统治与腐败现象，号召白军下级军官和士兵发动“兵变”，弃暗投明，加入红军队伍。文告被秘密贴到了白军驻地，白军士兵争相传阅，在敌军内部引起震动。驻罗源的保安六团机枪连全连官兵，在连长吴德标带领下，毅然宣布起义。

父亲对党忠心耿耿，工作兢兢业业、任劳任怨，他为连罗苏区的创建和巩固殚精竭虑，作出了突出贡献，对苏区政权、经济、文化、卫生的建设均有建树。他与人民群众水乳交融、关心体贴、亲如一家，深得苏区人民的爱戴。他身患重病期间，连江水上游击队专门为他筹巨款（2 000多块银元）给父亲买进口药治病，让父亲感动万分。

我的母亲缪淑英，1914年生，闽东福安人，1929年15岁时在家乡加入中国共产党，1930年秋由组织送到福州，在中共福州市委组织部工作。

连江苏维埃政府成立时，母亲兼任县苏维埃妇女部长，重点抓好妇女解放运动。她广泛征求各区、乡妇女代表的意见，制定了婚姻自主、男女平等、废除童养媳、禁缠足、禁讨细姐（小老婆）、禁烟（抽鸦片）、禁赌、禁宰耕牛、有选举权和被选举权等十条法规，以县苏维埃政府名义通令执行。

在苏区实行土地革命时，母亲与乡苏维埃妇女部长一起，使妇女和男子一样获得县苏维埃政府颁发的土地证。

母亲认为搞好妇女扫盲工作是妇女解放运动的重要环节。她自编自印教材，亲自担任教员，教妇女读书、写字、唱歌。讲历史上巾帼英雄花木兰、穆桂英的爱国故事，勉励妇女和男子一样拿起武器，击退国民党军队的进攻，保卫土地革命成果。

1934年8月，中央红军北上抗日先遣队途经连江苏区时，留下了500多名伤病员在连江下官红军总医院养病疗伤。当时红军医院不仅缺医少药，还缺乏护理人员。母亲按县委的要求，召开妇女代表大会，动员妇女们紧急行动起来，参加到救护红军伤病员的工作中去。经过一个多月的努力，100多名伤病员伤愈后回到部队，成了红十三团的骨干力量。

中央红军主力长征后，蒋介石调重兵围攻闽东苏区，父亲、母亲因生病无法随部队行军作战，被安置在渔村养病。不久，红军转入外线作战，连江苏区大部沦陷，他们在苏区群众掩护下从海上撤离，历尽艰辛从福清辗转回到闽南。他们想方设法到漳州、漳浦等地继续寻找党组织，1936年夏天，终于在乌山革命根据地找到红军游击队，与中共闽粤边特委代书记、红三团团长兼政委何鸣同志接上组织关系。父亲接受何鸣的安排，继续为党工作。1939年冬，病魔终于夺去了父亲的性命，终年32岁。当时我刚出生9个月。临终前，父亲交代母亲(化名缪秀明)：将组织给他治病的余款悉数交给组织，作为他最后一次党费。还交代母亲说："如果我们的孩子能活到解放，一定要让他读大学，好好建设新中国。"

母亲在父亲去世后，多在漳浦等地的农村当老师，办识字班免费教农民识字。她平易近人，关心穷人疾苦，村民们不分男女老幼都亲热地叫她"秀明姐"，把母亲当亲人。1944年，云霄保安团指控母亲煽动保安团的士兵逃跑，把母亲和姐姐(8岁)抓去关在云霄张姓三房祠堂。后经族人、亲友多方营救才被保释。1947年，母亲得了很重的肺病，没有了工作，把我寄养父亲在漳浦的同学家中，带着姐姐回到福安老家，找到在地下党工作的她的弟弟。因母亲是闽东出名的女共产党员，舅舅怕国民党来抓她，把她安排在乡下农民家养病。母亲在床上躺了3年，终于看到了全国解放，含笑离去，终年36岁。我和母亲1947年分手后都没机会再见一面。

从我懂事起，一直把父辈祖辈无私奉献的革命精神作为自己的光辉榜样，不为名、不为利，认真读书，努力工作，默默无闻地为社会主义事业添砖加瓦，作出应有的贡献。

(闸北区双拥办)

父亲身上的13处枪伤

——记我的父亲烈士梁从学

梁　涛

梁从学，男，1903年5月出生，汉族，安徽省六安县人。1929年5月参加革命，1929年10月入党，1930年参加中国工农红军。参加过土地革命战争、抗日战争、解放战争。中华人民共和国成立后，先后担任皖北军区司令员，江苏军区副司令员，皖北各界人民代表会议协商委员会副主席，中国人民政治协商会议第二届全国委员会委员。1955年被授予中将军衔，荣获一级八一勋章、一级独立自由勋章、一级解放勋章。1973年7月4日因病在南京离世。1973年5月批准为烈士。

安徽省六安县晏公庙乡有一个只有十来户人家的小山村——石桥畈，1903年5月21日，父亲梁从学就出生在这里。父亲祖辈靠租种地主的土地维持生计，但仍然没有摆脱贫穷的命运。1929年秋天，皖西爆发了大规模的农民运动，父亲手持铁叉，走进了农民暴动的队伍，参加了皖西著名的六霍起义。同年10月，父亲加入了中国共产党。父亲作战勇敢，指挥果断，屡建战功，历任团长、旅长、师长、军分区司令员、皖北军区副司令员等职；新中国建立后，先后担任皖北军区司令员、江苏军区副司令员。1955年被授予中将军衔。是皖北各界人民代表会议协商委员会副主席，中国人民政治协商会议第二届全国委员会委员。父亲的一生跌宕起伏，几经磨难，多次受伤。父亲一生值得一说的故事很多，其中给我们印象最深刻的是父亲身上那13处枪伤。

7年负伤9次　其中7次重伤

从1929年参加六霍起义到1936年的7年间，父亲负伤9次，其中7次重伤，身上留下了13处弹伤，右锁骨、肱骨、掌骨多处骨折，说起这段经历以及和伤痛做斗争的过程，一辈子戎马生涯的父亲很平静，很淡然……

1932年8月，红二十五军编入红四方面军，父亲任副连长。由于鄂豫皖革命根据地第四次反“围剿”斗争失败，红四方面军被迫向西转移。蒋介石急调部队追击堵截，同年10月，父亲率部在湖北河口、四固墩地区与国民党军的战斗中中弹负伤，伤势较重而未能随部队继续行动。伤愈后，父亲回到红二十五军任连长，投入反对国民党军对皖西革命根据地第五次“围剿”的战斗。

1943年5月，新四军四旅于安徽省合肥县古城召开第一次党代表大会，梁从学(后排左一)作为主席团成员合影

1933年在新组建的红八十二师师部指挥下，父亲率领全营采取机动灵活的游击战术，四处奔袭国民党军，多次出色地完成任务。5月5日，红八十二师在金寨县桃树岭与国民党军第十二师第七十团发生激战，父亲的一营和兄弟部队一道奋勇冲杀，取得歼其一个营的胜利。战斗中，父亲再次负伤。

1934年2月，在金寨县桃树岭战斗中父亲又一次负伤，没等枪伤好利索,他就返回战场。3 月,时任营长的父亲率部参加了著名的葛藤山反击战。在虎扑岭战斗中,他果断指挥,生俘敌旅长刘书春,缴获枪支弹药甚多。6 月,父亲升任红八十二师师长。

1936 年 8 月 14 日,父亲带领部队进至马曹庙以西的沙河图时,与国民党军的一个警备团发生了遭遇战。父亲指挥部队撤退时不幸中弹,子弹从前胸打进,从后背穿出,父亲昏倒在战场。

……

用南瓜瓤塞进伤口吸附蛆虫

父亲身上留下的每处枪伤疤痕都记录着一段战斗故事。其中,每次看到他身体背后那个碗口般大的疤痕,我们都触目惊心。这个疤痕正是 1936 年 8 月 14 日受伤后留下的。那天,身负重伤的父亲苏醒后,强忍伤痛爬到近处的茅草窝里隐藏起来,幸运地躲过国民党军的搜索。正当他盘算着怎样去找部队时,一位老婆婆出现在他的面前。老人家是特意前来寻找和营救红军伤员的。她把父亲搀扶到家里,给他包扎伤口,烧水做饭,乡亲们也都赶来帮助照料。村民为父亲换上便衣,告诉他:30 公里外的黄冈县贾庙有红军游击队,去那儿找便衣队长汪少川。第二天,父亲带着老婆婆给他准备的干粮,拄着拐棍,艰难地上了路。从沙河图到贾庙这 30 多公里路,通常大半天就可走到,父亲拖着伤痛走了整整四天。

父亲终于找到了便衣队,队长汪少川等把他送到负责保卫工作的林道生(解放后曾任上海市公安局长)家养伤。1936 年 10 月,国民党加紧了对贾庙游击根据地的"围剿",妄图把红军伤员和便衣队一网打尽。当地群众只得把父亲和另外 3 名重伤员转移到附近一个隐秘山洞里,父亲他们在山洞里整整坚持了 34 个日日夜夜。由于国民党军封锁严密,群众上山砍柴不准带火柴,不准带干粮,父亲他们只能经常喝几口山水充饥。父亲后背上的伤口严重化脓,长满了蛆虫,没有纱布,没有消炎药,伤口越来越大,越来越深。一次有老乡偷偷给他们送了几块煮熟的南瓜,看到南瓜,父亲突然灵机一动,让老乡多带一些新鲜的南瓜瓤来。"多带些南瓜瓤来?"老乡困惑不解,原来父亲是想试着用南瓜瓤当纱布用!他忍着痛,硬是把一团团南瓜瓤塞进伤口,吸入蛆虫后再拖出来,如此反复清除蛆虫,伤口终于慢慢长好,结成一个碗口大的疤痕!

弹片残留体内　革命意志坚强

坚持在山洞养伤的日子很艰苦，但没有难倒父亲和战友们。父亲主动当起了政治指导员的角色，他根据便衣队带来的消息，分析反“围剿”的形势。他经常鼓励战友们说：“蹲山洞，是黎明前的黑暗，只要党中央存在，中国工农红军存在，我们的革命胜利就有希望。”父亲还常给大家讲故事，他说：当年薛仁贵蹲寒窑，我们今天蹲山洞，薛仁贵出了寒窑去征东，我们出了山洞打白匪！

黄冈便衣队长汪少川经常在夜深人静时来到洞内，向父亲汇报情况，听取指示。父亲凭着多年的斗争经验，从党的政策、战略战术思想和工作方法上给汪少川出谋划策。黄冈便衣队在父亲的指导下越打越强，连连取胜。山洞成了反“围剿”的战斗指挥所。1937 年初春，父亲枪伤愈合离开山洞后，便在当地建立了一支地方武装——黄冈游击队，并担任游击队

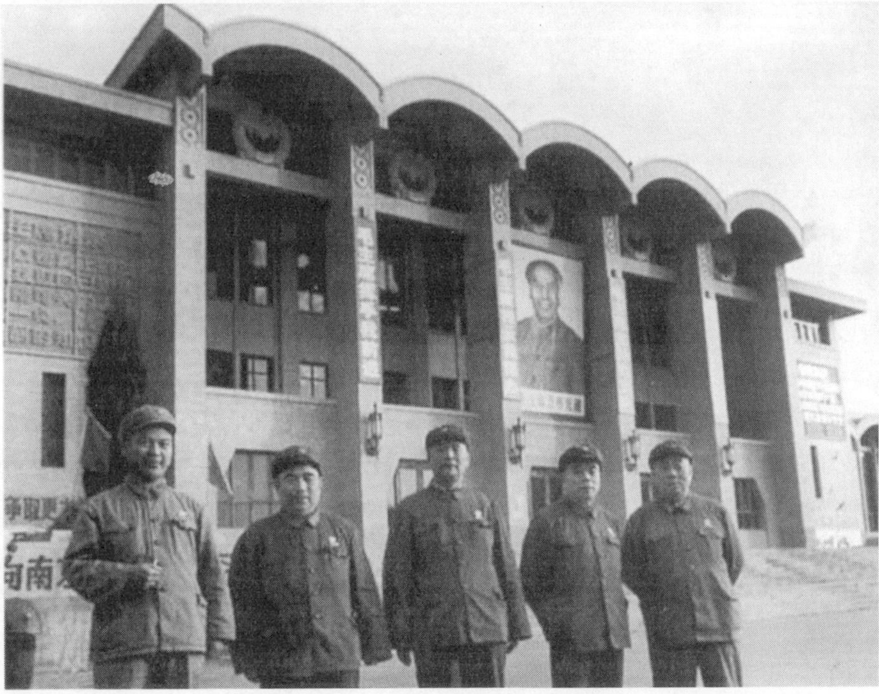

梁从学同志 1966 年在北京接受毛主席接见时于北京京西宾馆前合影
（左二起：刘飞、梁从学、周贯伍、赖毅）

队长，继续投入战斗。

在和平年代，父亲一直受着伤痛的折磨，直到他去世时，右眼底及耳内残留的弹片尚无法取出。父亲的一生是战斗的一生，也是和伤痛做斗争的一生。但他总是乐观积极地生活学习，因病情过重，难以坚持正常工作，父亲又不愿徒挂空名，在他多次要求下，1964 年刚刚过了 60 岁的父亲被批准离职休养。1973 年 4 月 7 日父亲因战伤复发在南京病逝，享年 70 周岁。根据中华人民共和国民政部关于授予革命烈士称号的规定，父亲被授予革命烈士称号，并安葬在南京雨花台功德园的红星园里，与其他长眠在此的开国将军和老红军战友相伴而眠。

（徐汇区双拥办）

生命永驻　电波长存

——李白烈士的故事

孙凤越

李白，原名李华初，曾化名李侠、李静安。出生于湖南省浏阳县张家坊的一个贫困家庭，1925年，年仅15岁便加入中国共产党，向群众宣传革命道理，并参加了毛泽东发动的秋收起义。1930年，李白加入中国工农红军，参加了第二期无线电训练班，从此，李白和无线电通信事业结下了不解之缘。1937年开始，李白到上海担任秘密电台工作。向党中央传递了大量重要的军政情报，在上海地下党组织和延安之间架起了畅通的空中桥梁。李白曾先后三次被捕，饱受酷刑和利诱却坚贞不移。1949年5月7日被国民党特务秘密杀害于浦东戚家庙，年仅39岁。

1948年12月30日子夜，上海隆冬的夜晚，寒风刺骨。整个城市褪去了白日的喧闹，沉入了诡异的黑暗中。在北四川路位于虹口公园附近的一条弄堂里，忽然停下了几辆军用吉普车，从车上跳下十几条黑影，在深沉的黑暗中犹如魑魅魍魉悄无声息地包围了一栋民宅。为首一人奋力将门砸开，随即十几人如暗蛇般窜入屋内，直冲三楼，将一位戴眼镜的教书先生模样的中年男子团团围住，并用枪指着他大声呵斥："不许动！不许动！"这位男子就是中共情报战线无线电台第一人——李白。

1937年抗日战争爆发后，李白奉党中央之命离开部队，到上海设立秘密电台，专门从事与党中央的秘密通报工作。10月10日，化名李侠的李白到达上海。不久，住进了贝勒路（现黄陂南路）148 号的小阁楼里。第二年初春，李白在这里设立了第一个秘密电台，在上海和延安间架起了一座无形而坚固的“空中桥梁”。由于环境十分险恶，组织上决定派青年女工、优秀共产党员裘慧英与李白假扮成夫妻以掩护电台工作。

裘慧英与李白见面的第一天，她就深刻感受到了地下工作的特殊性。在回去的路上，李白叫了两辆黄包车，穿过几条马路、拐了几个弯后，下车走进一条弄堂，但从弄堂后面走出去，李白又叫了两辆黄包车坐了一段路，如此重复三次，才回到住所。裘慧英不解回家为何要这样“浪费钱”，李白解释道：“我不知道后面有没有人盯着，这是为了防止暴露我们的行踪和住址。”

一开始，裘慧英对这种以假夫妻身份进行的秘密工作很不习惯，经过李白多次耐心开导，使她认识到电台的重要性，不仅担任警戒任务，还主动关心李白的生活。通过一年多的工作与生活，他们之间产生了感情，1940 年，经过党组织的批准，他们正式结为夫妻。

电台位置安定好后，李白使用的电台却连续发生故障，组织特意派了代号为“木匠”的无线电技术骨干涂作潮教他修理电台，并指示转移到威海卫路 338 号，开设了一家“福声无线电公司”做掩护。李白的公开职务是公司账房，和裘慧英居住在公司前楼，电台就设在公司门店楼上，夫妇俩白天在店铺揽生意，跟着涂作潮学习机务技术，晚上就和延安总部电台通报联络。

电报使用时有灯光和电键声，大功率电台的电波很容易被侦查到，电波感应还会引起附近居民的电灯忽明忽暗，容易暴露。涂作潮和李白把发报机的功率降低，但信号也会随之减弱，两人反复试验，终于将电台功率降低，但又能将信号发到千里之外的延安。李白还选在人们已熟睡、空中干扰和侦查相对减少的下半夜发报，最大限度地降低了危险。

1941 年，“福声无线电公司”的一位学徒突然逃跑，李白、涂作潮等面临暴露的危险，李白根据指示将公司转让出去。不久后他们将电台秘密转移到一位同志家中。1942 年中秋节前夕，李白正在阁楼上发送电报，突然一群日本宪兵闯入屋内搜查。李白忙将“收音机”上面缠绕的两条线圈拉直拿掉。实际上这个收音机是经李白和涂作潮改造而成的收报机，使用时，只需将制作好的两个线圈接在收音机上，就能变成收报机，但拆下来就是台普通的收音机，敌人看不出来。日本宪兵搜出了发报机，但找不到收报机，很是纳闷，怎么鉴定都只是一台普通的收音机。李白第一次被捕了，在狱中他受到敌人的鞭打、杠压、拔指甲、坐老虎凳等酷刑，常常处在半昏迷状态，但他始终没有吐露一个字，他对妻子说要“爱护朋友，牺牲自己”。他在用自己的身心，保护着党的机密和战友的安全。1943 年 5 月，经过党的多方营救，李白获释，出狱后仍然受到敌人的盯梢，与地下党组织失去了联系，生活发生了困难。在进步友人的帮助下，李白夫妇在一家良友糖果店当店员。

1944 年秋天，潘汉年领导的中央华中情报局在静安寺与李白取得了联系。李白化名李静安，转战在浙江、江西一带，利用电台收集了大量蒋日美的战略情报，为抗日战争作出了贡献。在一次去浙江淳安的轮船上，藏在箩筐里的收发报机被敌人查获，李白第二次被捕，后经党的营救很快被释放了。

解放战争开始了，1945 年秋天，梧桐树的落叶为黄渡路铺上了一层金黄色的地毯。晨曦中，一对伉俪拎着行李箱健步走来，这就是黄渡路 107 弄的新房客——李白和裘慧英。

这次，李白接受了中共地下党的重要任务，恢复被敌人破坏的秘密电台工作，及时向党中央提供敌军的情报。李白为了迷惑敌人，也为了减轻组织上的经济负担，白天，到远在复兴岛的善后救济总署渔业管理处从事技术工作；深夜，把一份份标着“十万火急”“万万火急”符号的情报传递给党中央。那时，山阴路千爱里 4 号是情报转接站，李白夫妇常常把情报放在儿子的帽子、鞋帮或尿布里，抱着儿子去接送情报，每次完成任务后，夫妇俩都会感到莫大的幸福。

儿子 35 日那天，李白全家合摄于上海
（1946 年 1 月 19 日）

解放战争形势迅猛发展的 1948 年，国民党当局预感到末日即将来临，他们采取分区停电、暗中抄收信号等手段来侦测地下党的电台，李白身边危机四伏。随着解放战争的顺利发展，随着三大战役逐步展开，有大量的非常重要的军政情报要传达。于是，密台发出的电波又经常出现在上海的天空，而且愈来愈频繁，时间愈来愈长。李白凭着多年累积起来的战斗经验，毫不畏惧，以过硬的技术英勇机智地跟敌人展开“空中游击战”，顺利地将获得的各种重要情报安全送达。淮海战役激烈进行时，李白更是夜以继日地通报，一份份密电飞跃高山、跨过江河，到达中央。

在一个滴水成冰的严冬，北平地下党的一个秘密电台被国民党破获，报务员被捕后，经不住敌人的严刑拷打屈膝投降了。如今，这只卖身投靠国民党的“鹰犬”被派遣到上海，专门侦测上海的秘密电台。李白的电台，像一支无形的、庞大的军队，扰得敌军坐立不安。上海敌军头目勒令特务们必须限期找到这个“神秘的电台”。1948 年 12 月 30 日凌晨两点多，敌人采取在上海分区停电的办法，测出了“神秘电台”的方位。当时李白正在发送一份极其重要的电报。一辆警车悄然而来，一大批特务悄无声息地包围了李白的住所，并封锁了这个地区所有的出口。李白发现了外面的异常情况，在这千钧一发的时刻，马上让妻子把儿子带到楼下的邻居家，自己则坚持将最后一封情报发出，并镇定地向延安发暗语警报：“我已经碰到危险。”李白发出了紧急信号，随后销毁了密电码，隐藏好发报机。面对破门而入如饿狼般的特务们，李白视死如归。一个老奸巨猾的特务发觉桌上的收音机是热的，立即派人严密搜查。藏在壁橱装有电器零件的肥皂木箱被查了出来。敌人厉声逼问，李白沉着应对说，自己过去是电器修理工。当敌人发现这堆零件里有一只亮光光的电键时，不由分说便对李白拳打脚踢。电台暴露了，但李白宁死不暴露自己的身份，党的机密保住了，可他自己却第三次落入了敌人的魔掌。敌人发疯似的对李白进行了 30 多个小时的连续审问，动用了针刺手指、香火烧眉毛和鼻子、上老虎凳等酷刑，使用了 30 余种刑具，把李白折磨得死去活来，还将裘慧英母子带到审讯室，要挟李白招供，可李白始终坚贞不屈，宁愿牺牲自己的一切，也要保全党的机密。李白在狱中最后一封信中嘱咐妻子道：“我在这里，自知保重，尽可放心，家庭困苦，望你善自料理，并好好抚养小孩。4 月 22 日晚。”

1949 年 4 月 20 日，李白被秘密转押到南市警察局蓬莱路看守所。李白偷偷写了张条子，托出狱的同志带给裘慧英，告诉妻子站在对面老百姓的阳台上，他能从监狱的窗子里看见她。于是，裘慧英抱着儿子来看望李白。当时，李白的双腿已被老虎凳压断不能站立，难友们小心搀扶着他艰难地挪到窗前，李白疼得额上沁出层层汗珠。裘慧英看着铁窗里的李白，已经被敌人折磨得难以辨认，含泪对抱在怀里仅4岁的儿子说："这是你爸爸，快叫爸爸。"5月7日，裘慧英又带着儿子来看望李白，李白安详地告诉妻子："你不要来看我了，天快亮了，我所希望看的我已经看到了，今后我回来当然更好，万一不能回来，你和孩子和全国人民一样，可以过自由幸福的生活了。"谁想，这次见面竟成了他们的永别。就在这天深夜，特务头子毛森根据蒋介石"坚不吐实、处以极刑"的批令，将李白押到浦东戚家庙秘密杀害并就地掩埋。此时离上海解放仅余20天。为了共产主义的理想，中华民族的好男儿——李白，献出了年仅39岁的生命！

上海刚解放，人民解放军军管会和裘慧英就四处查找李白的下落，直到6月20日，才找到他的遗体……李白独立作战在没有硝烟的战场上，在极其复杂的环境中，除了工作上要勤勤恳恳，还必须具有高度的警惕性和对党的无限忠诚。他时刻坚定共产主义信念，怀着乐观的革命英雄主义精神，不论是威逼利诱还是酷刑折磨，李白始终赤胆忠心，无限忠于共产主义事业。李白是我党情报通信战线的一个楷模，是我们隐蔽战线上的无名英雄，他的革命精神永远驻留在后人心中，他发出的红色电波将永世长存！

（虹口区双拥办）

狱中特别书记袁世钊

王　萍

袁世钊(1904—1931),一名士钊,又名钊生,1904年生于枫泾南镇(南镇时属浙江嘉善县,北镇时属江苏松江县,现统属上海市金山区),1925年加入中国共产党,曾任中共枫泾独支、枫泾区委书记及松江县委书记、镇江县委书记等职。其间,他曾带领松浦地区农民撬铁轨、挖公路、割电线、切断敌人的交通路线,配合北伐军打击军阀孙传芳。1928年,在上级党组织的领导下,组织发动了震动上海、影响苏南的著名的“枫泾暴动”,袁世钊任总司令,暴动沉重地打击了松江的反动统治。1930年春天,袁世钊在上海被捕,先后囚禁于上海、苏州、镇江等监狱。1931年2月13日,遇害于镇江北门外的北固山麓。

“说,这是谁家的地址?”1930年2月,中共枫泾区委委员张杏松被捕,敌人从他口袋里搜出一张报纸,上面写着“上海沪西善钟路14号”的字样。

“不知道!”张杏松守口如瓶。

敌人马上出动,按照这个地址进行搜捕,发现这正是中共枫泾区委书记袁世钊的住址。此前,“四一二”反革命政变发生后,袁世钊首当其冲地成为嘉善国民党反动势力“清洗”迫害的对象,也是国民党省当局急需抓捕的对象之一。袁世钊不幸被捕,被关押在上海警备四司令部龙华监狱。过了几天,袁世钊被移解到江苏省高等法院苏州第二分监。

入狱的袁世钊毫不畏惧，敌人用多种方法对他几次“审讯”，但是他的回答都是“不知道”，始终不暴露组织和自己的身份。

“我坚信，我们共产党一定会取得最终胜利！”尽管受尽各种折磨，但矢志不渝的袁世钊始终坚定共产主义信念，坚持同敌人做斗争。他还把狱中难友团结起来，发动他们共同作战。听说原中共南汇县领导人杨杏村就要刑满释放了，他就想方设法联系到他，鼓励他坚持参加斗争。

“请帮我把这支烟交给杨杏村。”狱中的袁世钊通过关系，秘密地写了一封信，并偷偷地把信纸卷进烟纸中，托人把信转交给了杨杏村。

杨杏村收到信后，备受鼓舞，马上悄悄地给袁世钊回信，表示同意在自己出狱后到枫泾恢复党组织和农民武装，并把信纸偷偷地夹在《三民主义》一书中，委托线人交给袁世钊。不料，互传书信的事被敌人发现了，袁世钊和杨杏村分别被拉出去“审讯”。

“不知道，不是我写的。这事跟我没关系！”袁世钊斩钉截铁地说。

杨杏村也矢口否认。后来，敌人找不到确凿的证据，此事就不了了之。

袁世钊深知，革命尚未成功，同志尚需努力。只要心中有党、有信念，处处都可以和敌人做斗争。袁世钊凭着诚恳友善的为人和颇强的领导才华，深受难友敬重和钦佩，也在难友中树立起了一定的威信。5月，中共江苏省委在狱中建立了特别党支部，任命袁世钊为狱中特别支部书记。

“同志们，我们必须团结起来，以必胜的信心，坚决同敌人斗争到底！”800多名“政治犯”在袁世钊的统一领导下，又组建了分支部，在狱中与敌人共同作战。狱中条件十分艰苦，伙食质量极差，粥里找不到几粒米饭，有时饭菜都是馊掉的，有的难友无缘无故被打骂……于是，一场场闹监活动就在袁世钊的领导下接二连三地爆发了。“强烈抗议，强烈抗议，改善伙食，改善伙食……”“我们也是人，反对看守动辄打骂犯人！”抗议的声响在狱中此起彼伏。

一天，袁世钊看到一个刑事罪犯被拖出去毒打一顿，他心中顿时愤愤不平，就利用这一事件发动难友闹监，向狱方提出抗议。然而，尽管如此，由于典狱长庇袒看守人员，反而将刑事犯加刑3年并迁送至别处监禁。得知这个消息，袁世钊更加愤恨不已，正义在哪里，天理在何处?！怎么办？无奈之下，袁世钊发动全体犯人进行绝食抗议斗争。在他的坚强领导下，大家心往一处使，坚持绝食。不久，这事传到了典狱长的耳朵里。

"不会吧,真有这些不怕死的家伙？我看你们能撑到什么时候!"典狱长不相信狱中竟有这么强号召力和领导力的人,起初也不当回事。

"老大,你去看看吧！这可怎么办？已经五天了,这帮不怕死的家伙还在绝食。有的已经快饿得不行了。老大,不是我说瞎话,犯人死掉一两个没啥问题,万一一大帮子人都有个三长两短的,我们就不好向上级交代了。此事说小是小,闹大了也就不好说了啊!"一个看守人员急吼吼地向典狱长汇报情况。

典狱长一听,想想这小子说得也有道理,万一真出个大事,说不定自己的位置也难保。他抽着烟,来回地走来走去,准备想出个对付他们抗议的办法。

而此时,特别支部书记袁世钊依然在给难友们加油鼓劲:"就算是牺牲,我们也是光荣的！同志们,挺住！为了我们的难友不再被毒打,为了我们共同的理想追求,挺住!"

"书记,我们听您的,一样是死,为革命牺牲最光荣!"难友们坚决拥护支持袁世钊。

……

"袁书记,好消息啊好消息！我们闹监胜利了,听说典狱长怕我们绝食把事情闹大不好向上司交代,把那个打人的看守给开除了！我们成功了!"一位难友轻声传来捷报。

当听到这个振奋人心的消息时,袁世钊和难友们兴奋极了,共同庆祝这个难忘的时刻。虽然这只是一个小小的胜利,但是在监狱——这么艰苦的条件下作战成功,实属不易。大家感到,虽然吃了不少苦,挨了不少饿,但是却非常值得。大家相信,一个个小胜利必将换来最终的大胜利!

时间过得很快,转眼半年过去了。这年秋末,袁世钊在狱中接到苏州县委准备组织"苏州暴动"的指示,时间定于 12 月 8 日,要求袁世钊组织好狱中同志做到里应外合,准备越狱。袁世钊认真吸取"枫泾暴动"时的经验教训,严格按照党的指示,进行了严密的组织发动。"我们一定要细致周密,确保本次越狱万无一失……"袁世钊认真布置任务。那天,上级组织通过打入监狱的党员看守,从外面带进来了几十把小锉,再逐一转递至各个号子,难友们拿到小锉兴奋不已。更让大家高兴的是,各个号子里的钥匙,也弄到了手。大家里应外合,一到晚上,等看守人员进入梦乡时,就偷偷地窝在被窝里慢慢将铁镣锉断,一个号子里的难友大家你帮我、我帮你，锉断了铁镣，再用布条系好。大家都做足准备，期盼着黎明的到来。

谁料，就在暴动发生的前几天，由于县委派人到处散发了宣传鼓动的传单，引起了敌人的警觉和注意，他们特地调配了一个营的武装力量，到监狱周围加强戒备。袁世钊和难友们在狱中等待消息，大家终于等到了发动暴动的那天，却被悄悄告知：因全城实行戒严，县委将暴动时间临时推迟到了 11 日。

袁世钊遵从上级命令，和难友们一起做好准备，期待着 11 日早点到来。谁知，就在 9 日这一天，好像敌人已经获知了什么信息似的，竟有大批敌人冲进看守所："把他们赶到场地上，逐个检验铁镣！"一个头命令着。袁世钊等人与同志们一起被驱赶到了场地上，几个敌人手持枪支，对准犯人一个个地检验铁镣是否牢固。令敌人吃惊的是，每名犯人的铁镣都被锉断了。敌人一看大事不妙，恶狠狠地说："你们想跑，哼哼，没那么容易！"于是，敌人马上找来一批铁匠，为袁世钊和难友们一起重新换上了铁镣。

"袁世钊，你以为我们不知道啊，你还不供出来，你在我们监狱品行恶劣，多次谋划暴动，你这个反革命犯头，不得好死！"很快，袁世钊等 19 名同志被敌人提出来审讯。

而袁世钊就是什么也不肯说。在侦查盘问无果之下，12 月中旬，袁世钊、徐家瑾等 30 多人被押解到了镇江的"临时军法会审处"。说是会审处，其实就是一个临时建立的专门残害共产党人的机构。身经百战的袁世钊并不害怕，还哼着小曲为其他 30 多名难友打气，和同志们一起聊天，怀念家人。

一位同志说："我最放不下我那 1 岁的儿子，我还没见过他一面啊！如果这次能够出去，我希望能见他一面，亲亲他，抱抱他。"

另一位同志接下话茬："组织肯定会来救我们的，等我出去了，我就要和我的'小梅'办喜事。"

"袁书记，你都 27 岁了，也老大不小了，又这么英俊潇洒，怎么听说你连伴侣都还没找呀？"一位同志好奇地问。

"这件事我的父亲、亲人也都为我着急。可是我想想，我不找伴侣、不结婚、不成家，虽有愧于家父，但这样做可以少一份牵挂，可全身心投身于革命。所谓舍小家，才能为大家啊！哪一天革命成功了，我一定会娶个漂亮的媳妇，生个大胖儿子！"

听着袁书记的讲述，大家笑着，却个个眼里闪着晶莹的泪水，都希望这个梦能够早日实现。

……

中共江苏省委获悉袁世钊等30多人被押解到“临时军法会审处”后，立即派互济会工作人员朱世伦同志，通过关系看望了袁世钊等同志。

“世钊同志，我受组织委托来看望你们，你们受苦了！现在，省委已经估计到了事情的严重性，正设法营救你们！你们一定要坚定信心，等组织来救你们！”朱世伦握着袁世钊的手轻声说。

“我们相信组织，一定会等着组织的好消息！请组织放心，我们一定会坚持到底，斗争到底！相信革命一定能够成功！”袁世钊斩钉截铁地说。

此时，江苏省委准备花3 000元大洋买通国民党江苏省党部秘书长金体乾，将袁世钊等一批同志全部保下来。谁知这个秘书长贪得无厌，竟然索价2万元，省委一时筹不到巨款，营救没有成功。省委又通过镇江县委派人同狱中的袁世钊等人商定，趁大年初一敌人忙于过年、疏于看守之机，组织越狱，并指定袁世钊为警察第一中队监所的越狱领导人。袁世钊接到指示后，立即着手越狱准备，狱中的难友们也都准备与反动派拼一死战。但在白色恐怖的日子里，世事难料。国民党反动派决定对袁世钊等9位同志提前下毒手，“会审处”对袁世钊以“宣传赤化，阴谋暴动，危害民国”的罪名，判处其死刑。袁世钊听到这一消息，做好了牺牲的准备，便在狱中写下了“为革命牺牲是最光荣的，时代的车轮在前进，革命一定成功，不过时间关系，等着吧！我的精神永远不会消灭……”的遗言，怀着视死如归的大无畏精神，和难友们一起迎接曙光的到来。

1931年2月13日，也就是在春节到来的前四天，国民党反动派将袁世钊等9名同志，一起押解到镇江北门外的北固山麓，将其杀害。

袁世钊，这位为国忘家的革命者，用自己火红的27个春秋年华，为中国的革命事业献上了一颗赤诚的心。

（金山区双拥办）

叛徒的克星

张红玉

夏采曦（1906—1939），1906年出生于嘉定黄渡镇，少年就读于家乡私塾，1919年考入上海民立中学。他学习认真，成绩突出，毕业考试一人独得中文、英文、数理化三项成绩全校第一。1923年投考南洋公学时名列榜首，当选为南洋公学学生会主席，是上海学生运动的骨干。1925年夏采曦加入中国共产党，1927年受中共江浙区党委委派返回家乡开展党的工作，他善于接近群众，深入浅出地宣讲革命道理，深受农民群众的爱戴和尊敬。曾任中共青浦县委书记，与陈云同志一起领导青浦小蒸秋收暴动，之后，先后任中共扬州特委书记、南京市委书记、江苏省委宣传部长等职。1932年去苏区，1934年10月随红军长征，1935年10月由中央派去苏联学习，1939年牺牲于苏联。

在嘉定黄渡有个夏采曦。他中等个子国字脸，高高鼻梁上，架了副黑边眼镜，显得非常儒雅。谁也猜不到，如此斯文的夏采曦，竟是中共"中央特科"第三科——行动科科长。

"中央特科"，是中共党内担任特别任务的组织，由总务科、情报科、行动科和交通科组成。特科的基本任务是：保证中共中央领导机构的安全，收集掌握情报，镇压叛徒，营救被捕同志，建立秘密电台等。尤其三科，以惩治叛徒特务首恶，斩断伸向党中央的魔爪为主要使命，具体任务由红队来完成。红队俗称"打狗队"，夏采曦就是打狗队队长。

夏采曦(左二)在南洋公学(今交大)学习时与同学合影

1931年,夏采曦刚到上海,就接到一项重要任务。地下党的重要领导人陈逸,由于叛徒出卖而英勇牺牲了。组织上要求“打狗队”,以最快的速度查处叛徒庞璜。

夏采曦接过庞璜的照片,顿时觉得此人非常眼熟,他再定神仔细一看,猛然想起,自己来上任的第一天,在贴有通缉陈逸布告的电线杆旁,有一个人望着通缉令,在沉思、徘徊,并不时用手挠着脑袋,此人有六根手指头,非常扎眼。原来,叛徒就是他!

白面书生庞璜,在学生时期便生活腐化,到处拈花惹草。父亲去世以后,他败光了所有的家产,在生活没有着落的时候,便投机革命。庞璜在上海地下党机关工作时,经常以家庭生活困难为由,向领导闹着要补贴。组织上尽管对他有些看法,还是尽可能地满足他的需求,多次发放补贴给他。由于他在工作中经常出错,地下党组织经过再三考虑,决定调他去江西再磨炼磨炼。

由于大上海对庞璜的诱惑实在是太大了,他舍不得离开。所以,组织上在多次动员、劝说都没有效果的情况下,便严厉地批评了他。

庞璜带着一肚子的怨气回到家里。夜里,他辗转反侧,难以入眠,一支接一支地抽着香烟。几天前,他接到老婆来信。信上说:如果再不寄钱回去，她就死给他看。怎么办？自己身无分文啊！此刻的庞璜，心如火燎，没钱还革什么命？他心灰意懒，感到革命没意思，还不如另找出路。但是，出路在哪里呢？到哪里能弄到钱呢？

天刚蒙蒙亮，他就起床了，百无聊赖地在街上闲逛。一不留神差点儿撞到电线杆上，抬起头来正要骂娘，看见电线杆上贴了一张通缉令。蒋介石悬赏20万元，缉捕共产党重要领导人陈逸，而陈逸正是他的上级领导。庞璜面对通缉令内心一阵狂跳，他的思想在斗争，思索片刻之后，便狠狠地攥紧拳头走了。

第二天，庞璜突然来了个一百八十度的大转弯，主动找党组织谈话，表示自己愿意到江西去。但是有个要求，临走前要去看一看老领导陈逸，再听听他的指示。他的要求得到首肯后，庞璜用化名给蒋介石写了一封信，报告陈逸正在上海，他有办法接近，如果需要他的话，请派人速来联系。同时建议，日后用登报寻人的方式，来约定接头地点。

很快，庞璜就看到了寻人启事，他按照指定的地址，与蒋介石派来的人联系上了，并得到对方"给8万块钱，出国留学"的承诺。庞璜真是受宠若惊，以为自己时来运转，出国留学，可以重塑人生了。

庞璜终于等到了叛变领赏的机会。为了即将举行的江西起义，地下党决定举办一期干部训练班，由陈逸来给大家讲课，这是一次极为机密的活动，只有小部分上干部训练班的人员知道，庞璜就是参训人员之一。

这天，庞璜与特务联系上以后，就去了听课地点。他人虽然坐在训练班的位子上，耳朵里却一句话也没听进去。他急着要去向特务报信，便佯称肚子痛，出去买人丹。

庞璜走出大门不远，就碰到了预先埋伏在周围的几个特务，他向特务们努了努嘴，意思是，陈逸在里面。他急忙坐上特务的汽车，再不露面了。地下党在确认了庞璜就是叛徒后，却怎么也找不到他的踪迹，这项除奸的艰巨任务，就落在夏采曦的肩上。

夏采曦接到任务后，给"打狗队"队员下达了死命令，一定要尽早查出庞璜的住处，为牺牲的同志报仇。于是，"打狗队"的队员们兵分几路，向情报员和各路线人索取情报。

夏采曦有个堂弟叫小六子，是个游手好闲的二流子，平时花边新闻特别多，人称"包打听"。他没有其他爱好，最大的嗜好就是喝酒。酒量并不好，每天必喝，每喝必醉。今天，他见堂兄来了，知道又有好酒喝了，便来到马路对面的小饭馆里。酒过三巡之后，夏采曦问："上海最近有什么新鲜事？说出来解解闷。"

小六子为了讨好堂兄，把他最近碰到的一件事情说了。前几天，有个姓庞的共产党人，靠出卖他的领导人，得了一笔赏金，忙着托人帮忙搞出国签证。正巧，受托的人是小六子的好兄弟，这个兄弟告诉小六子，此人太不仗义，想出国去避风头，他要狠狠地敲他一笔。

常言说，言者无意，听者有心。

夏采曦就为了打听庞璜下落才来找小六子的，现在小六子讲的正是叛徒庞璜的事，他想出国，溜之大吉！夏采曦假装也要出国，要求小六子引见他的朋友，也给自己办个出国手续。在他朋友那里，夏采曦借口要看看申办表格的样本，看到了庞璜填写的申办表格，从他的申办表格上，夏采曦记下了他的联系地址：太平路85号。庞璜出卖同志以后，惶惶不可终日，居无定所，就为了让人找不到他。唯有这个地址，他急于出国，为了便于联系，不可能是假的。夏采曦取得了庞璜的地址后，马上布置行动科的"打狗队"，日夜守候在太平路85号周围，守了五天六夜，但始终不见叛徒的人影。

冬天的凌晨特别寒冷，大街上静得可怕。就在队员们犯困的时候，街上出现了一个矮胖身材的男子，他的头就像摇头风扇，边走边朝左右打量。他竖起了派克大衣的衣领，帽子压得齐眉毛，还戴了一张几乎能遮住整个脸的大口罩，只露出了两只眼睛，"的溜的溜"地东张西望。他是谁？因为看不到他的脸，夏采曦不让队员们动手。当他来到太平路85号门口停下了，队员们确认他就是庞璜，但刚要行动，此人又走开了。夏采曦示意队员小武跟上。只见他穿街走巷绕了几个弯，又回到了85号门口。就在他掏出钥匙的当口，夏采曦看清了他的右手有六根手指，此人就是庞璜。

只听见"啪啪啪"三声枪响，庞璜还没来得及哼出声来，便一头栽倒在地上，"打狗队"终于清除了叛徒，纯洁了革命队伍，又为同志、为先烈报了仇。

（嘉定区双拥办）

纪念父亲饶惠谭烈士

饶政刚

饶惠潭，男，1915 年 3 月出生，湖北大冶县殷祖镇人，汉族，1928 年参加革命，1933 年加入中国共产党。曾任第六军团连长、营政委。抗日战争时期，任新四军第一师第二旅第四团、第十六旅第四十八团副团长，苏浙军区第一纵队第三支队副支队长。解放战争时期，任华中野战军第六纵队第四十八团团长，华东野战军渤海纵队第十一师副师长，上海警备区第九十九师师长。参加过苏中七战七捷、济南、淮海、渡江、上海等战役，屡建战功。解放后，曾任中国人民解放军上海警备区公安十六师师长。1952 年参加抗美援朝战争，任中国人民志愿军第二十三军副军长、参谋长。1953 年 3 月 21 日在前线光荣牺牲，时年 38 岁。1973 年 4 月追认为烈士。

父亲饶惠谭，1915 年 3 月生于湖北省大冶县殷祖镇南山头下饶村。父亲 13 岁参加革命，38 岁英勇牺牲。父亲的一生是短暂的，但同时又是光辉的。

冲锋号吓退敌人

13 岁那年，父亲就参加了大冶县手枪队，成为一名少年手枪队队员。这以后父亲参加了鄂东南地方武装红十二军，当上了司号员，成了一名真正的红军战士。一次，父亲染病在家休息，敌人趁大部队出征到外执行任务之机，突然上山“围剿”，父亲立即赶到山路狭口，指挥留守战士们一起放山石滚木，轰响两门土炮，接着吹响了冲锋号。敌人被突然响起的冲锋号吓坏了，连滚带爬地逃下山去了，为大部队赶回全歼敌人赢得了宝贵时间。

“三光政策”全家遭难

主力红军北上抗日期间，父亲所在部队被留在苏区湘鄂赣边境坚持开展艰难困苦的南方三年游击战争。国民党反动派实行残酷的“三光政策”，对大冶地区实施第四次“围剿”，南山头被烧光、三个村庄的村民被杀光。因为父亲是红军，全家惨遭国民党还乡团的清洗：爷爷为逃避白军的追杀死在了逃难途中，奶奶为此哭瞎了双眼；父亲的哥哥和嫂嫂被敌人抓去灌石灰水，惨遭毒打；清贫的小山村也被大火烧毁，受连累的乡亲邻里只得四处流浪。如此的血海深仇深深地铭刻在父亲心底。

带伤爬行十多天

1935 年夏秋，敌人又向苏区大举进攻。身负重伤的父亲，毅然带领其他伤病员追寻部队的足迹，途中与敌人发生遭遇战，父亲腿部再次受重伤。在匪徒的紧追下，父亲和 9 位身负重伤的战友躲进大山深处。为甩开敌人的追杀，父亲拖着受伤的身体爬行在深山丛林，和战友们一起利用深山水沟与敌人周旋了七天七夜，饿了，渴了，只能以野菜、野果充饥，身边的两位战友就这样被饥饿和病痛夺走了生命。身为特务连连长的父亲不断鼓励战友们：坚持，再坚持！他和同志们抱在一起宣誓：宁死不做俘虏！他们就这样沿着那冰冷狭窄的深水沟爬行，终于找到了部队，回到了党的怀抱。

坚持殊死战斗　坚守皖南战场

1941 年 1 月，国民党反动派出动七个师、八万余众，对我北移抗日前线的新四军军部及所属皖南部队九千余人发动了突然袭击，此事件被称为“皖南事变”。一场生死存亡的血战在泾县、茂林地区展开。新四军部队在敌众我寡的形势下，左冲右突血战七天七夜，终因弹尽粮绝，大部分官兵都壮烈牺牲。傅秋涛司令员率领一纵队为左路纵队进行突围，父亲当时为左路纵队特务营营长，作为左路纵队的生力军，父亲奉命率所部剩余人员组成突击队再次突围。在残酷的战斗面前，抱着对革命必胜的坚定信念，父亲身先士卒勇往直前，前后历经3次殊死搏斗，终于带领战士们突出敌人的重重包围，掩护傅秋涛司令员等几十人到达泾县、宁国、旌德一带山区，多次躲过了国民党军队的“清剿”，转道回到新四军苏北抗日根据地，重新走上抗日战争的最前线。父亲曾感慨地说过：“整个抗战时期，在皖南的那三年，在日、敌、顽的夹击下战斗，是最艰苦、最残酷、牺牲也最大，多少优秀的战友都牺牲了。”

果断阻击国民军溃退之路

1949年4月20日午夜，父亲所在的九十九师配属二十七军执行毛主席“打过长江去，解放全中国”的命令首批渡江。他作为师长，与战士一起乘上了第一梯队的木船，冒着敌人密集的炮火第一批冲上了南岸。5月14日起，解放上海的战役打响了，九十九师执行攻占月浦、刘行，随即封锁吴淞口断敌撤退之路的任务。月浦一带地形平坦，敌阵地前的树木等均已被敌军铲平，射界开阔，国民党军在此修筑了密集的钢筋水泥地堡群，并构筑了铁丝网、鹿砦、竹签、壕沟、地雷等障碍物。这种梅花式子母堡暗藏在村宅内外，以自然河沟农田为依托，被称为比“马奇诺防线”还要坚固的工事。

兄弟部队从14日开始发起进攻。时值南方梅雨季节，又在水网地带作战，北方战士很不适应这多雨的天气，伤亡达8 000余人，解放上海的进攻受挫。5月16日，九十九师接替二十九军攻克月浦镇东南21.7高地。在这关键时刻，父亲身为师长，亲自带队在泥里爬，水里滚，坚持在前沿指挥部队奋勇攻击，以突击队爆破敌碉堡、不断挤占国民党阵地的战术，步步为营击垮敌军防守。5月26日拂晓，突破国民党防线，追歼逃敌至吴淞，终于完成了封锁吴淞口的作战任务。此一役，堵住了国民党军队试图从吴淞口乘船逃窜的退路。

1949年7月11日，中共中央军委电令九十九师(后转为淞沪警备区公安十六师)驻防江湾、榆林、杨树浦、北四川路、提篮桥、虹口等地区，以保卫杨浦发电厂、江湾机场及其他重要的军事目标。父亲夜以继日废寝忘食地工作，破获了国民党蒋经国系统的特务组织，抓获特务40余名。

献身朝鲜战场

抗美援朝战争爆发，父亲于1952年12月任志愿军第二十三军参谋长入朝参战。身经百战的父亲怀着保卫祖国，保卫世界和平的坚定信念奔赴朝鲜战场。他没有顾得上回家给母亲祝贺七十岁寿辰，没有来得及为母亲送上未制作完成的皮袍。他没有留恋自己的小家，没有和家人、孩子过一个团聚的农历新年，义无反顾地重返战场。

在朝鲜战场，粟裕总参谋长向解放军总部提名由父亲出任二十三军参谋长，准备由父亲指挥打一场硬仗，父亲为此已制订了详尽的作战计划，但令我们无比悲痛的是，1953年3月21日在一次敌机夜间空袭中，入朝仅两月余的父亲在朝鲜伊川郡古南左里铁源前线英勇牺牲，时年38岁。我党我军失去了一位足智多谋、英勇善战的高级将领，我们失去了亲爱的父亲。

回忆父亲的一生，我们为之自豪，倍加珍惜来之不易的幸福生活。

（徐汇区双拥办）

山林生活

贺国华撰写　周明初整理

贺国华（1912—1980），江西省莲花县人。1930年参加中国工农红军，同年11月加入中国共产主义青年团，1931年5月转为中国共产党党员。第二次国内革命战争时期，历任战士、班长、排长、游击队大队长，中共莲花县委书记。参加了南方三年游击战争。抗日战争爆发后随红军游击队编入新四军，历任新四军第一支队营政治教导员、团政治处副主任，江南指挥部新六团政治处第一主任。1940年黄桥战役时任新四军苏北指挥部第二纵队第九团政治部主任，第一师二旅五团副政治委员兼政治处主任，苏中军区第一军分区江都独立团副政治委员兼政治处主任，苏浙军区四纵十二支队政治委员。解放战争时期，1945年底任新四军兼山东军区第一纵队一旅三团团长，华东野战军第一纵队一师副参谋长、第三师副师长，中国人民解放军第三野战军第二十军六十师副师长。先后参加了宿北、鲁南、莱芜、孟良崮、豫东、淮海、渡江、上海等战役。新中国成立以后，历任第三野战军第二十军六十师副师长、第五十八师副师长，华东军区公安第十六师师长，江苏省军区盐城军分区司令员。1955年9月被授予大校军衔。荣获二级八一勋章、二级独立自由勋章、二级解放勋章。1980年3月1日因病在南京逝世。

一九三四年秋，红军主力出发长征后（当时我们只知道他们是去外线作战，不知道是去长征），白军集中了七八个师天天向湘赣苏区进攻，妄想把留下来的一部分红军和苏区工作人员彻底消灭。在上级“化整为零”的指示下，我带领了全连六十多个同志，走进了赣西的原始山林。我们活动在遂川、万安、泰和一带崇山峻岭之中，抱着对胜利矢志不渝的信念，靠着山区周围人民的支持，开始了游击生活。

新的战斗开始了。白天，我们隐藏在深山里；夜晚，我们出来摸敌人的哨兵，偷袭"挨户团"，打土豪，组织群众发展地下党员，搞得敌人又恼火又狼狈。

为了消灭我们，敌人纠集了三四千兵力来对付我们这六十多人，他们在我们出入的道口筑起碉堡，用大股的武装部队不断地搜山、烧山，而最恶毒的是把山沟里所有的老百姓全部赶到平原地带，集中在良碧洲镇上的一个大祠堂里，在四周围还筑起了围寨，同时在村子里到处张贴布告："济匪粮食者，处以极刑。"我们离开了群众，就没有人接济粮食，没有人递送情报，我们就像鱼失去了水，开始陷入严重的困境。

白匪烧光了山间所有的房子，白天黑夜我们都只能依着大树睡觉。大树挡不住寒风，树叶子蔽不住雨水。特别是在雨季，人常常几天几夜淋在雨里，雨水从帽缝里流到脖子上，从脖子上流遍全身，湿透了的衣服牢牢地贴在肉上，又冷又难受。到了冬天，我们身上还穿着单衣，西北风吹来，大家更是冻得发抖，浑身上下感觉不到一丝热气。

贺国华在机枪旁

同志们想尽了办法，最后发觉山上的竹子可以利用，于是就把竹子砍下来，截成一段一段，然后再将它对劈开，像一块块瓦片一样，然后在左右两侧撑起三角形的木架子，木架子上搭起树干，再用竹片一块块往上盖，这样，我们的"土房子"就造成了，至少风霜雨雪可以抵挡一下。

然而这种"土房子"是固定的，而我们为了避免和敌人正面接触，必须经常转移，今天在这里，明天又得搬到另一个山上去，竹片不好携带，而且不是每个山上都有竹子的，并且砍竹子有响声，容易暴露目标。所以依靠"土房子"来躲避风雨的办法并不长久。可巧，我们在打土豪的时候弄来了一些土布，大家灵机一动，就用土布做起了帐篷，从此，这个帐篷就成了我们永久的“家”，我们到哪里，它也跟到哪里，一直跟了我们三个年头，帮我们挨过了数不清昼夜的风霜雨雪。

白天睡觉养足了精力，一到天黑我们就三三两两出来活动。密密的森林一片黑，山沟里有锋利的石块，山坡上横着粗大的藤萝，稍不小心就会摔个跟头。而最难防的是野兽和毒蛇，特别是毒蛇，它们常常蜷缩在草丛和路边，很多同志被咬着了，伤口立即红肿起来，但又不敢声张，只能咬咬牙，继续走我们的路。山上最多的是野猪，它们经常成群结队悠然自得地走着，这该是多好的食物啊！但是我们又不能轻易用枪打，一方面是为了节省子弹，另一方面怕暴露目标。有一次，我们坐在山沟里休息，大家的肚子都饿得咕咕叫，正好有一群野猪从我们不远的地方走过，四班有个外号叫“猛子”的战士怎么也沉不住气了，他举枪一下子打中了一只，我们上去每人割了一块肉，转身就跑到另一个山头上。

为了烧野猪吃，我们把干柴搬拢来，可是没有火柴，就只好学燧人氏的老办法，用两块石片子敲，敲了老半天，才弄出一些火星把干柴烧着了，大家都高兴得跳起来。点起篝火，把生肉穿在削尖的树枝上，放在跳跃着的火苗上烤着吃，生肉“嗞嗞”发响，我们谈着当前的战斗，谈着未来的生活，篝火越烧越旺，我们也越来越有精神，忘记了一切疲乏和忧虑。同志们吃饱了，慢慢地都睡着了。夜深了，山间的泉水分外清晰地响着，我独自坐着，篝火在漆黑的夜里蹿起来，照着同志们熟睡的脸，我的心里像掀起了波涛，一会儿想到了粮食问题，一会儿又想到了首长分手时的嘱咐：“你们在山上要注意自己的身体……我们一定会回来的！”一定会回来的，我相信！可是还有多少日子才能回来啊？……想着想着，山林里突然又传来狼嗥虎啸的声音，声音在夜空里回荡不停，夜深了啊！

在所有的困难中，粮食问题是最严重的一个。山上没有一粒粮食，我们不能干等着饿死，必须派人下山去和群众联系。可是和谁联系呢？我苦苦地想了很久，忽然想起我熟识的一个老人——曹大爷，他就住在山下不远的地方。游击队里只有我和指导员两人认识他，于是我和指导员商量了一下，决定由我带着两个战士摸下山去找曹大爷。

天黑透以后，我们三人偷越过敌人的碉堡和铁丝网，走进曹大爷住的那个村庄。摸到了那个熟悉的门口，我就轻轻地敲了三下。

“谁啊？”屋里传出一个低沉的声音。

“是我,曹大爷,我是老贺啊。”

破旧的木门“吱吱呀呀”地开了,月光下一个慈祥、纯朴的老头出现在我们面前,分别还不到半年,他显得更苍老了。

“曹大爷,您好!”我情不自禁地握着他的手。

“好,好什么哪!”老人显得有点伤感,他用另一只手抹抹眼睛,一面轻轻地说:“老贺啊! 可苦了你们啦! 快进屋来吧。”

一进屋,老人就叫他老伴给我们烧火煮饭吃。米饭不多会儿就煮好了,我还从来没发觉过,米饭竟有这么香这么好吃。肚子装饱了,曹大爷又给了我们一袋粮食。我知道这是老人夫妇俩最后一点口粮,我拿也不是,不拿也不是,正在犹豫,老人拉着我的手,声音有点发颤:“老贺,拿去吧,你们更要紧……”

我望着老人夫妇,想着山上的同志,不禁眼眶湿了起来:“曹大爷,我们一定能坚持到底!”

从这以后,老人好多次冒着生命危险,把筹来的米放在打通了的竹筒管里,外表看起来完全像挑担用的扁担。装着砍柴,偷偷越过白军的封锁线,爬上山来。

后来又是许多日子过去了,我们盼了又盼,再也没有盼到老人上山来。一天半夜里,我再也忍不住了,就派了一个同志下山去打听,那个同志很快回来了,他含着眼泪,向大家说出了一个悲痛的消息:老人牺牲了! 原来,老人特制的扁担有一次在半路上被白匪识破了,白匪把他抓回去用烧红的铁条烙他的身子,用钢钎插进他的指头,但是老人没有说出关于我们的一个字! 为了游击队,他拿出自己家里最后一粒粮食;为了游击队,他流尽自己最后一滴血……

为了坚持到胜利,我们一定要活下去。要活,就必须有东西来塞饱肚子。高山上毛竹笋很多,我们就去把它采集回来,没有油也没有盐,光用水煮一煮,当饭也当菜咽下去。那时大家把吃毛竹笋说成“吃宝塔”,一则毛竹笋像个宝塔形状,二则很难啃下去。开始的时候,还可以填一填肚子,但吃多了,肠子里就好像有什么东西在捣乱作祟,难过极了。以后一见了毛竹笋大家就要呕吐,连连摇头,可是不吃它,又有什么办法呢? 我只能以身作则,动员大家一口口把毛竹笋吞咽下去。春天过去了,就连毛竹笋也吃不到了,这时候我们只能挖野菜、摘野果吃,野菜苦得像黄连,野果又酸得叫人直淌泪水。但是为了活下去,一定得吃下去! 因为长久吃这些东西，很多同志四肢无力，浑身发软，爬山走路十分吃力，不少同志患了夜盲症，有的同志虚弱得经常晕倒。

在一次战斗中，有三个同志负伤，不能行动。为了应付敌人的突然袭击，便于行动，我们决定将他们藏在一个很隐蔽的山洞里，这个山洞的四周都长满了野草、枯藤和大树，看样子从未有人到过。我们把平时不管怎么需要都舍不得吃的一点点盐花，留给他们洗伤口，还给他们留下三支步枪，几颗手榴弹和十多发子弹。

有限的一点点盐花，很快就用完了，我们又设法在山间搞些草药，把它们捣烂，敷在他们的伤口上，但是伤口还是不见好转。在忍受伤痛的同时，他们还必须时常忍受饥饿，有时我们转远了，他们就得两三天地挨饿。

一天清晨，我们又和敌人打了一仗，挨到黄昏时光，我们担心这三个战友的安全，急急地摸到洞口。洞内的情景使我们吃了一惊：只见他们三人头向外，身子倒扑在地上，头颈和身体上凝结着一堆堆黑色的血迹，身旁散落着十多发子弹壳。在一个战友的口袋里，我们找到了一张卷着的手指大小的纸，在纸上有一行匆匆写的铅笔字："不要为我们悲伤，要坚持下去！"我们明白了，他们是被叛徒出卖了。

他们牺牲了，枪被白匪抢去了，但是满身的血迹告诉我们，他们在敌人面前没有屈服，纵然已经负了伤，他们仍然拼到最后一颗手榴弹，最后一颗子弹。

在参天的大树下，浓密的野草丛中，我们挖好了坑，把他们安放进去。望着他们那惨白而冰冷的脸，我的耳边又隐隐地响起他们年轻的声音："不要为我们悲伤，要坚持下去！"

多少个日夜，多少风霜雨雪终于过去了。

1937年秋季的一天，山下匆匆跑上来一个地下党员，对我说：

"我家来了个人，说什么国共合作了，吉安县成立了联合办事处，他就是办事处派来召集散布在各地的游击队的。"

"这人还在你家吗？"我急忙问他。

"还等在那里。"

我不能相信我们还能和势不两立的白匪合作，但我也不能放弃一个真正来自上级党组织的命令。我决定带三个战士先下去看看。

到了那里，我忽然觉得那个穿白军军官服的人很面熟，再一看，才认出他就是湘赣军区政治部的韦一平。是不是他叛变了？我决定先把他带上山去细细盘问。于是，我们把他捆了起来，带到山上。

到山上，韦一平同志拿出上级的公函，他接着又告诉我们，为了抗日，毛主席要我们把枪口转向日本侵略者，现在国共合作了，南方各省的游击队现在都要编为新四军，即将开赴前线，打击日本帝国主义！

早晨的阳光从山坳里斜照过来，山谷里升起迷人的薄雾，绿荫丛中响起了鸟鸣。我们告别了埋着战友的土堆，告别了掩护我们两年多的崇山峻岭，为了多难的祖国，为了民族的使命，我们不能不暂把自己的血海深仇放下，开到抗日的最前线去！

（虹口区双拥办）

英勇无畏的梁瑾瑜烈士

梁啸宇

梁瑾瑜（1919—1941），曾用名张纪华、马纪成、梁启明，江苏省南京市人，1938年参加革命。

1935年至上海大新公司（现中百一店）工作，1938年春成为大新公司第一个党员。

1939年3月江苏省委决定派梁启明到苏常太敌后游击区工作。短短几个月内将渭黄地区抗日群众运动搞得如火如荼，将该地区开辟成抗战初期吴县苏西北地区的游击根据地。

1941年2月，建立辛莫区民主政权，梁瑾瑜任区委书记兼区长。同年6月8日梁瑾瑜执行任务时被胡肇汉部抓住，在6月9日（农历五月十五）下午3时左右被杀害于史家田下坵。

1919年的2月5日，阴历正好是“立春”的日子。居住在上海五马路（现名广东路）的回族阿訇梁木斋家增添了第十一个男孩。梁家夫妇悲喜交集，胖男孩的降临，对天性有舐犊之情的父母亲来说固然是桩喜事，但毕竟家里的孩子已接近一打的数了，阿訇的职薪收入也实难维持这个“大家族”的日常生活。

胖男孩出生在立春的日子，又是最小的一个，故乳名小春子。9岁入学时取了个学名叫真琦，后改名梁瑾瑜。小春子个性强，轻易不肯服输。有一次家里要买米，他硬抢着去，扛了20斤米进门时脚下一晃跌了跤，牙齿掉了一颗，他没有吭一声，哭一声，这时他才10岁。15岁小学毕业后，因家庭经济日益拮据，小春子被迫辍学在家。

1935年，16岁的梁瑾瑜由父亲介绍到大新公司(现名中百一店)文具部当练习生。虽说每月仅有三元佣金，但也可略增家庭收入。强烈的求知欲望，促使他在几年学徒生涯中一边工作，一边坚持自学，干完一天繁忙的活计，回到家里他便急忙拨弄矿石机(收音机)学习英语或阅读各种进步的书籍。他最喜欢看的是《西行漫记》《萍踪寄语》《巴人》《子夜》《八月的乡村》等书籍，常常看得爱不释手，入了迷。书中的人物成为他崇拜的偶像，也成为他走上革命道路的最早启迪者。为了表达自己的理想和追求，他更名为梁启明，决心以自己的奋斗、献身来换取民众的光明。

"大马路"上鳞次栉比的永安、先施、大新、新星、国货、丽华六大公司，拥有三千多职工，是上海百货商业的龙头。中共江苏省委十分重视这几大公司的职工运动，派职工委员会干部陆志仁去直接领导。永安公司共产党员吴人杰负责组织了读书会，梁瑾瑜很快就成为该会中的活跃分子。

1938年春，经吴人杰介绍，梁瑾瑜加入了中国共产党，成为大新公司第一个党员。入党后，他努力物色培养党的工作者，先后发展了柴鸿椿、郑宝光、黄群华、汪汝求等六人入党，成立了大新公司第一个党支部，梁瑾瑜任支部书记。这时上海抗日救亡运动风起云涌，抗日救亡组织"益友社"应运诞生，梁瑾瑜积极动员职工参加该社组织的文体活动。他还带领职工参加神州职业夜中学、中学职业补习学校和浦东大楼举办的各种科学讲座、读书活动。在活动中联络感情、交流思想、团结群众，进行抗日救亡工作。对他来说，没有比搞抗日工作更带劲了，连走路、晚上睡觉都哼着"九一八"小调，"高粱叶子青又青，九月十八来了东洋兵……"梁瑾瑜出色的工作，受到了组织的表扬。也招来了店老板的仇视。后来老板以"触犯店规""不安职守"为名将梁瑾瑜解职。

1939年3月，江苏省委组织大批青年到苏南游击区工作，梁瑾瑜无条件服从省委的决定来到苏常太敌后游击区。苏常公路中段的渭泾塘，虽然港汊密如蛛网，却是交通中枢所在。在那里活动着一支自发的抗日武装部队，领导人叫沈阿三。他曾是大革命时期的党员(后脱党)，"八一三"淞沪会战爆发后回老家拉起了几十个人的队伍，设卡、收税、打起了游击。我党为了争取各种武装力量抗日，先后派宫岳(翁迪民)到阳澄湖地区的胡肇汉部，派陆斐到南北桥地区的杨筱南部，帮助改造整训部队。当时梁瑾瑜被派到沈阿三部工作。梁瑾瑜化名马纪成，以沈阿三兄沈阿根的妻舅、上海难民的身份来到渭塘沈巷村立足，任苏常特委沈巷交通站党的负责人。在渭(塘)黄(埭)地区，他开办了农民夜校，讲授抗日道理，教唱抗日歌曲，编写、绘制小学教育课本，发至各乡的小学使用。并积极组织农抗会、青抗会、妇抗会、防夜队等抗日群团组织，从中培养发展了吕文忠、许阿根、周戴明等入党，充实了交通站党支部。在梁瑾瑜的领导下，沈巷交通站为我党安置、运送干部、传递情报、报刊、信件等做了大量的工作，成为苏常特委(后称东路特委)交通系统的主动脉之一。梁瑾瑜还协助苏常特委组织部长张英组织了一千余农抗会员破坏苏常公路20余里，烧毁桥梁七座，有效地阻击了敌人，保证了"江抗"胜利东进。短短几个月内，他以忘我的工作精神，卓越的组织才能，将渭黄地区抗日群众运动搞得如火如荼，开辟成抗日战争初期吴县西北地区的游击根据地。

1939年8月梁瑾瑜化名张纪华去辛(庄)莫(城)地区负责开辟工作。一年多时间，成绩斐然，不仅建立了苏州县辛莫区抗日政权[后属洋(阳)澄县]，而且一度把该区建成沟通苏常太、澄锡虞游击根据地的重要走廊，为我党、我军迂回、周旋提供了方便。

辛莫区东有胡肇汉，西有杨筱南，北有孙纪福、马乐鸣，中间还有日伪据点。日寇的包围，带来开辟工作的艰险。梁瑾瑜虽然是二十挂零的青年，但工作显得很老练，他面对强敌，无所畏惧，抓住一切机会与敌人进行斗争。1940年农历三月廿八，是辛庄城隍庙的庙会日期，梁瑾瑜带领民运工作队员，趁人多乱哄哄的机会，张贴抗日标语和宣传画。日本兵在庙里烧香磕头忙了一阵子出来看到满街的宣传标语和宣传画后，惊得目瞪口呆，赶快溜回据点。这次活动有力地鼓舞了群众的抗日情绪。为了适应工作环境，他学会了一口流利的当地土话，穿戴和农民一模一样，冬天戴旧毡帽，上身穿大襟布袄，腰系一条蓝色土布镯裙，群众亲切地叫他"老张"！有一次他带领工作队员去查封投敌的地主家时，看到十几双簇新的布鞋，此时尽管自己的鞋已磨穿了底，但他严守党的纪律，没有拿一双地主的新鞋。在艰苦的环境中，他充满革命乐观主义精神。由于工作的紧张和生活条件的艰辛，几乎个个民防工作队员身上都长了白虱。有一天他动员大家把衣服脱下放在锅里煮，当看到满锅肥胖的虱子在沸水中翻腾挣扎时，不由得哈哈大笑，并风趣地说，今天我们又打了一个大胜仗，你们看，围歼了那么多的敌人！

梁瑾瑜紧紧依靠群众，同时细致地做好上层的统战工作，以莫杓湾为据点，很快就开辟了苏常公路以东的地区。他培养了吴国华、俞阿元、计永根、唐根生、朱根先、张秀英、吴有方、沈月生、张凤祥等一批地方干部，筹建了区、乡自卫会，配备了领导成员。1940 年下半年，根据谭震林“辛莫区要打通公路两侧，成为苏常太通往澄锡虞的一条走廊”的指示，梁瑾瑜组织民运工作力量，大力开辟路西地区，他自任突击队长，下分两个突击小组，一个组由吴志坚、虞永春、钟之平、陈毅组成，到莫城乡进行工作，另一个组由金联刚、肖同、吴国华等人组成，到大小潭塘工作。不久去莫城东始庄开辟工作的四人不幸被孙纪福部抓去，吴志坚英勇牺牲。挫折和困难没有动摇梁瑾瑜开辟路西地区的信心。他放手发动群众进行减租、减息和民主反霸的运动，迅速地打开了路西的抗日局面。1941 年 2 月，建立辛莫区民主政权时，他任区委书记兼区长。

1941 年 6 月 8 日(农历五月十四)晚，梁瑾瑜和区干部张增源、王月姐、王维成在张港泾执行任务时，被胡肇汉部队抓住，押解到湘城里浜村(今阳澄湖镇枪堂村)朱火甲自然村，胡肇汉亲自审问。梁瑾瑜在荷枪实弹杀气腾腾的敌人面前，神态自若，威武不屈。他朗声说：“我就是你们要抓的共产党员，辛莫区长张纪华。我从上海到苏州来是搞抗日救亡工作的，你们自己不抗日，还专门做危害抗日、危害人民的丑恶事情。对此我们是不会答允的，阳澄湖人民也不会答允的，不必啰嗦，要杀就快一点，我们共产党人是不怕死的!”大义凛然、义正词严的一番话。撕掉了胡肇汉假抗日的外衣，刺痛了这批为日军作伥专杀共产党、抗日分子的歹徒之心。他们终于在 6 月 9 日(农历五月十五)下午 3 点左右，把梁瑾瑜、张增源、王月姐押解到史家田下坵，由刽子手刘彪用大朴刀将三人杀害。临刑前梁瑾瑜不断地高声呼喊“打到日本帝国主义”“打到阳澄湖土皇帝胡肇汉”的口号。朱火甲村的群众都被梁瑾瑜的这种英勇大无畏的精神所感染，发出阵阵赞叹声。过后群众默默地把三位抗日英雄的遗体掩埋在荒冢“木排坟”。

(黄浦区双拥办)

我的父亲苏克己烈士

苏　洁

苏克己，字理安，生于1902年，江苏武进人。南洋医科大学毕业，上海医师公会会员，曾任大场惠济医院外科医师、中国红十字会罗店医院院长。为人忠厚，医术精湛，在罗店群众中很有声望。1937年“八一三”淞沪抗日战争爆发，苏克己投入抗日救护工作，担任中国红十字会上海分会第一救护队副队长。8月23日，日军进犯罗店地区时，苏克己拿起救护包猛击日军，遭日军枪杀，壮烈牺牲。宋美龄女士在中央广播电台特作英语广播，昭告世界谴责日本军国主义残杀中国红十字会救护人员的滔天罪行。抗战胜利后，在罗店烈士殉难地，建立了红十字总会第一救护队抗战殉难烈士纪念碑。解放后，上海市人民政府追认苏克己为革命烈士，1985年抗日战争胜利40周年时，宝山县人民政府重修“罗店抗战殉难烈士纪念碑”。

父亲的青少年时代，中国人民正处在封建军阀统治之下，受尽帝国主义列强的欺辱，面临着亡国的危险，军阀混战，民不聊生。在五四运动的感召下，爱国学生纷纷起来反抗、宣传、示威游行，誓死不做亡国奴。在爱国运动影响下，父亲也投入轰轰烈烈的学生运动。他爱唱这支歌：“漫漫长夜，莫睹光明，世界尽荫翳……”表达他在黑暗旧社会期望光明的热切心愿。

1931年“九一八”事变后，日本侵略者踏进东北三省，从此生灵涂炭、民不聊生。1932年日军把战火烧到上海,“一·二八”淞沪抗战时,父亲任大场惠济医院外科医师,此院也改为红十字会伤兵医院,当夜接收伤员。后因大场地处前线,极度危险,又将全部伤员转移到青浦,并入上海红十字会第八伤兵医院。当时,父亲日日夜夜、废寝忘食实施手术抢救伤员,直到战争结束。1937年“七七”卢沟桥事变发生后,日寇疯狂掠夺华北,当父亲在广播中听到天津南开大学被炸,就大骂蒋介石狗头、卖国贼,对其消极抗日、积极反共十分愤怒,大唱义勇军进行曲以消愁闷。

1937年8月,日本军舰云集吴淞口外,形势十分紧张,中国红十字会上海市分会召集医务界人士组织“中国红十字会上海市救护委员会”并成立救护队,为民族自卫备战。当时,我父亲认为“国家兴亡,匹夫有责”,毅然参加中国红十字会上海市救护委员会并任第一救护队副队长之职。当时父母结婚才六个月,母亲怀孕在身,只能去上海好友家待产。

8月上旬,形势更为紧张,公路上军运汽车彻夜不停,敌我战争已有一触即发之趋势。“八一三”前夕,父亲即弃职离家向上海市红十字会报到待命,接受任务。8月13日下午3时日寇在江湾八字桥向我军开火,枪炮声震动全市,父亲率第一救护队全员出发至前线进行战地救护,包扎后护送到租界救护医院。抗战日益激烈,中国红十字会罗店医院也改为红十字会救护医院,第一救护队全体队员驻罗店医院日夜抢救伤员,分批护送后方安全地,如嘉定、无锡等处。

8月23日,日寇空袭罗店,同时在小川沙、石洞口登陆企图抄袭我后方攻占罗店、宝山,飞行员苑金函在空战中机损人伤,降落近郊,担架队急送至罗店医院,父亲立即为伤员做好急救手术,当时罗店民房已有多处遭焚烧,烟雾腾空,情况危急,父亲当机立断率领全体队员及伤员(用藤榻、门板抬着)撤离转移到安全地。在走向汽车站途中,遇上荷枪实弹的日军前哨,为了掩护伤员脱险及队员们的安全,父亲挺身而出向日军出示红十字救护包并用日语对敌人说:“我们是中国红十字救护人员……”敌军蛮横无理胁迫队员为他们带路,且有侮辱女护士企图,并将我父亲、刘中武、谢惠贤、陈秀芳等四名队员押入汽车站内。在对抗过程中,父亲怒斥日寇侵略中国的滔天罪行,在凶残面前不畏强暴,以救护包做武器,掷击日寇,表现了中国人民威武不屈、刚正不阿的大无畏精神。日本鬼子恼羞成怒,残酷地枪杀了我父亲。据逃难乡民目睹者说,枪杀后父亲尸体被砍为几段,血肉模糊,惨不忍睹,同时被害的还有刘中武助医及谢惠贤护士,陈秀芳护士腹部枪伤救回上海后不治死亡，其他队员及伤员均得安全脱险。待战事西移沪战停息后，某天原担架员来报，殉难地有尸体两具，衣发露在外面，由原救护队员王才赓先生赴罗店办理拾骨入棺并安葬在殉难地，经带回遗物证实是刘中武、谢忠贤二队员，父亲的尸骨始终未找到。

事后，宋美龄女士在中央广播电台用英语向全世界广播日寇残杀中国红十字会救护人员是违反《日内瓦公约》的，谴责日本军国主义的滔天罪行。父亲壮烈牺牲的事迹也报请国史馆、国际红十字会分别载入史籍。

父亲一生平易待人，在工作生活中有很多治病救人、扶贫解难的感人事迹。如患者张炳坤发高烧，右上腹膨隆疼痛，经详细检查，诊断为肝脓疡。三十年代的中国医疗条件比不上发达国家，抗生素等药尚未问世，医疗条件比较落后。父亲本着治病救人原则，急病人所急，细心为病人做肝穿刺引流排脓，会同内外科精心治疗，使其完全治愈。某机器厂工人，头皮全部被机器轧下，颅骨全露在外，神志昏迷，情况危急，父亲立即为他进行抢救手术，由于手术及时，两周脱险，一个月痊愈出院。患者周大章老人，十多年老烂脚，行路困难，我父亲除精心治疗外，经常给予经济资助，为其补助营养，促病情好转。1929 年，父亲在大场惠济医院工作时，一日外出，忽见一衣衫褴褛、两鬓斑白的老头，倒卧路旁，呼吸急促，奄奄一息，父亲见了立即叫了一辆人力车，扶他上车，自己奔跑紧跟在人力车后面，到了医院立即动手急救。这样事例在我父亲身上不胜枚举。

作为一名医生，父亲的一生光明磊落、舍己救人，他的医德医技受到人们的赞誉。在淞沪抗战中，父亲受医师救死扶伤崇高职责的感召弃职离家，全身心投入战地救护，及时掩护伤员转移至安全地带……在残敌面前不畏强暴、威武不屈，成为医师惨烈殉国第一人。

1938 年 8 月，在我父亲牺牲一周年的纪念日，由中国红十字会上海分会、中华医学会、上海医师公会、南阳医科大学同学会等团体在上海西芷路一品香饭店大厅开追悼会，追悼在罗店牺牲的四位红十字会烈士。1946 年 10 月 12 日，由中国红十字会总会批准拨款建造的罗店红十字会四烈士纪念碑竣工，我跟着母亲参加了揭牌仪式。新中国成立以后，中央人民政府于 1952 年 11 月 20 日批准我父亲为革命烈士，并发给我家“革命牺牲工作人员家属光荣纪念证”。1985 年 9 月 3 日，在纪念抗日战争胜利四十周年之际，宝山县人民政府又重建了罗店红十字会牺牲烈士纪念碑。上海市人民政府将罗店红十字碑定为“上海市抗日纪念地”，成为悼念先烈及青少年爱国主义教育场所，烈士成为后人敬仰的楷模。另据说，我父亲抢救的空军飞行员苑金函恢复健康，并在抗战中屡立战功，后赴台湾，被授予中将军衔。1988年，他从台湾来大陆探亲，专程到“罗店烈士纪念碑”悼念父亲等四位烈士。

父亲牺牲时年仅37岁，我母亲与父亲共同生活才半年就永远分离。日本侵华老兵来中国谢罪、忏悔，说愿中日永不再战，这也是两国爱好和平的人民的共同心愿，今日绝不容许历史悲剧重演。作为子女要引以为荣，更要以父亲为榜样，乐于助人，做个对国家、对人民有用的人。

（杨浦区双拥办）

第二辑

勇斗日寇　保家卫国

——追记崇明籍抗日英雄瞿犊

宋振卫

瞿犊，字墨犀，1913 年 4 月 9 日生于崇明县城桥镇元六港一户绅士家庭，因祖父、父亲和他都生于牛年，故取名“犊”。他 3 岁丧母，由继母和祖母抚养成长，5 岁由塾师教其识字，1929 年，他进入上海吴淞中国公学大学部文学系学习。当时，学校政治斗争尖锐复杂，他热情地站在进步力量一边，与反动势力做斗争。1932 年，瞿犊大学毕业，目睹“九一八”以来民族危难、反动势力猖獗、社会暗无天日、人民苦不堪言的悲凉世界，他决心从事教育事业，以唤醒民众。1937 年 7 月 7 日，卢沟桥事变发生，不久，“八一三”淞沪抗战爆发，侵略军的炮火使学校被迫停课，他回到故乡崇明。8 月下旬，瞿犊放弃了上海的校舍私产，走上了武装抗日之路，1939 年 1 月 10 日，被国民党反动派杀害。

(一)

1937 年 7 月 7 日，卢沟桥事变发生，不久，“八一三”淞沪抗战爆发，侵略军的炮火使学校纷纷被迫停课，时任德润小学校长的瞿犊回到故乡崇明。一天，他到好友沈鼎法家去，见另外 3 名好友个个剃了光头，问及原因，答曰：“国难当头，民族存亡，落发献身，忠心救国。”于是，几人商定，到苏北去！

8 月下旬，瞿犊放弃了上海的校舍私产，绕道到了启东县久隆镇三本堂小姑母家中。未几，沈鼎法等几位好友也相继到达启东县。从此，瞿犊走上了武装抗日之路。

（二）

在启东县汇龙镇旅馆里，瞿犊和沈鼎法等进行了一次推心置腹的长谈。鉴于启海地区抗日斗争的形势，瞿犊说："现在敌寇犯境，国难当头，我家在启东有数百亩土地，卖掉它，可以得到一大笔钱，用来买武器，组织一支部队。我留下来开展抗日活动，你们 3 人先到延安去学习，早日回来，一块战斗。"商量妥当，他留了下来，凭着有亲戚、熟人、同学等有利条件，深入村落，串门访户，消除群众的顾虑，激发青年的抗日热情，并不失时机地把群众组织起来。

淞沪会战后仅数月，上海、南京相继沦陷，国民党军政官员闻风而逃。1938 年 3 月 17 日起，日军数天内就先后占领了南通、启东、海门、崇明等沿江广袤地区。瞿犊目击数百里河山易色，逃难乡民塞途，义愤填膺，决心与日本侵略军斗争到底。他特别注意与群众的联系，稳定驻地的社会秩序。通过发动爱国青年，他收集分散在民间的枪支，组织起一支抗日部队。不久，队伍扩大到近百人。为了解决抗日武装部队的给养，瞿犊变卖掉父亲在启东县的 140 亩地产，用于供给伙食、充作军饷、购买武器。他的这种毁家纾难的精神，极大地鼓舞了部队士气，战士们纷纷自动放弃 5 元钱的军饷，要求用来装备部队，赶走日本鬼子。

（三）

1938 年 4 月 9 日中午，瞿犊得到情报，两艘满载军火给养的日军船只，从海门驶往启东县汇龙镇，约于下午 4 时经过石陀港。瞿犊经过慎重思忖，决定率兵出击，并将伏击地点选择在通沙河和石陀港的交叉处。

时过晌午，瞿犊带领战士们埋伏好，等待着敌人送上门来。下午 4 时多，敌船从远处驶了过来，渐渐地拐弯驶进了石陀港，进入伏击圈。瞿犊一声令下，十来支枪同时响了起来，日本鬼子措手不及，仓皇弃船向西逃窜。战斗结束，截获弹药24箱、自行车19辆，以及一些重要文件和糖果饼干诸类物资。

日军遭到伏击受损后，十分恼火，立即纠集部队进行报复。14日，瞿犊掌握了次日日军要袭击久隆镇的情报，便与抗日友邻部队取得联系。15日清晨，他把部队带至久隆镇东部田野里埋伏起来。上午10时，晨雾未散，战斗打响了。激战数小时，50多个鬼子、汉奸被打得溃不成军。是役，瞿犊部队几无损失。

连续两次胜利，打破了日本侵略军不可战胜的神话，震动很大，扬子江头抗日游击战争风起云涌，许多爱国青年纷纷投到瞿犊麾下。为了联合抗日，4月下旬，瞿犊的抗日游击队与启东抗日义勇军联合，瞿犊任副总指挥。

此时，在苏北的国民党军政当局不允许有不受他们节制的人民武装存在。在这种情况下，一支支抗日武装游击队无奈都挂上了国民党的所谓合法番号。瞿犊为保存这支抗日队伍，决定暂时接受江苏省第四行政督察专员公署特务总队的番号，改称为特务总队第一大队，但部队仍保持原来编制，接着被派往南通浏桥驻守。

瞿犊率部进驻浏桥后，多次打退了日寇的进攻。国民党顽固派对瞿犊的坚决抗日，不仅不予配合，反而进一步加以排挤打击，并用卑劣手段破坏团结抗日。瞿犊在忍无可忍的情况下，受编仅1个月，就脱离了特务总队，率部回到启东县曹家镇。

7月下旬的一天早上，一位身穿蓝布长袍的青年来找瞿犊。瞿犊听了他的自我介绍，知道他叫王进，山西祈县人，中共党员。受中共江苏省委派遣渡江北上，首批到达南通地区开展抗日工作，接着受中共江北特委委派，到瞿犊部队负责政治工作。他们分析了形势，为了团结抗日，统一行动，决定部队改编为"通崇海启四县抗敌指挥部独立大队"，瞿犊任大队长。

8月上旬，日寇板垣师团进犯苏北，国民党顽固派将部队撤出通如交界地区。"独立大队"根据四县抗敌指挥部命令，再次进驻浏桥，担负起浏桥前沿的防卫任务。11日，"独立大队"以一个中队的兵力，在群众的帮助下，拔除了靠近浏桥的土地堂日军据点，拉开了浏桥战斗的序幕。

瞿犊威望日增，使国民党军政当局更为不安，恐惧日益加剧。国民党江苏省政府主席韩德勤以瞿犊、王进等勾结新四军为罪名，严令四县抗敌指挥部立即对瞿、王等分别加以处理，并将“独大”遣散或改编。对此，瞿犊、王进进行了商量，决定瞿犊暂离“独立大队”，同时，将“独立大队”番号改称“南通抗敌指挥部”一支队三大队，由王澄负责，以避开国民党特务们的注意。

（四）

1938 年 8 月下旬，瞿犊率领 20 余名短枪队员离开“独立大队”，以四县抗敌指挥部参谋的名义到海门县倪家镇会晤国民党崇明县政府流亡县长陈赓尧，向其慷慨陈词，劝其率部返崇抗日。三天后，瞿犊率数十名武装人员回到崇明。踏上故乡后，他们首先组织了“救国会”等抗日组织，接着到几所中学去宣传抗日救亡路线，向各支抗日武装队伍宣传团结抗日的意义。瞿犊还与沈鼎法等同志分别走访各界人士，派遣代表找乡镇自治会会长谈话，处决作恶多端的汉奸敌探。时机基本成熟后，就将崇明各路分散的抗日游击队联合起来，组成了“崇明县民众抗日自卫总队”（简称“崇总”）。“崇总”建立后，根据党的统战政策，由国民党崇明县政府流亡县长陈赓尧挂名任总队长，瞿犊任参谋，实际上是瞿犊指挥这支部队。

10 月，王进到崇明，与瞿犊一起制订了总攻全崇日军的计划。23 日，按照作战部署，瞿犊、王进指挥 3 个中队分路突击堡镇日军各据点，并发动群众破坏公路、桥梁，割断电线，埋设地雷，阻止县城与堡镇之间的交通联络。激战数小时，毙伤敌人 20 多名。

11 月 17 日，驻扎在崇明岛西部的日伪军又下乡“扫荡”。瞿犊获悉敌人要进犯小竖河后，和王进各率一支部队分兵夹击，日伪军进入伏击圈，雨点般的子弹打得敌人狼狈逃窜。敌人“扫荡”未成，反而遗尸田野。之后，瞿犊和王进挥师东进，歼灭了盘踞在崇明岛东部的一股与日军勾结的海匪，缴获枪械 260 多支。随着大好抗日形势的到来，瞿犊和王进积极筹备，组建了临时性地方行政机构“崇明县行政公署”，按统战方针，邀请开明人士陈稚秋任主任，王进任副主任。

（五）

1938 年 10 月，国民党江苏省政府主席韩德勤将四县抗敌指挥部撤销，此后，许多部队各自为战，划疆而守。11月，瞿犊参加了由新四军军部民运部长杨韶民召集的会议，会上，根据新四军军部的军事部署，决定由瞿犊率崇明的半数抗日武装力量北上，以启东县久隆镇为中心，坚持抗日斗争。1939年1月6日，瞿犊告别了故土乡亲，率领3个中队抗日指战员，扬帆北上，到达久隆镇与原“独立大队”所部会合。

瞿犊率部重返久隆镇一带抗日，令国民党顽固派十分惧怕，立即密谋策划进行陷害。启东县的国民党顽固分子向国民党江苏省政府发出密电诬告瞿犊。国民党江苏省政府主席韩德勤接到密告后，随即电令部下孙信符、张翼两个旅星夜兼程，闯进启东县境内，以联合抗日为烟幕，指使地方绅士劝瞿犊与他们谈判。在地方绅士的斡旋下，瞿犊为了抗日和人民利益，同意前往谈判。1月10日，瞿犊离开驻地登门“拜访”国民党江苏省常备第十旅旅长孙信符、国民党启东县县长秦达夫。瞿犊走后，王进为防不测，也带了几名战士赶上瞿犊一起行动。当日下午，瞿犊、王进同孙信符、秦达夫见了面。瞿犊一次又一次地试探着孙信符的态度，反复表明自己维护民族利益的看法和坚持团结抗战的决心。孙信符毫无谈判诚意，时时显露出局促不安的神态。时近黄昏，瞿犊和王进开始返回久隆镇部队驻地，途经合兴镇时，天色已经变黑。瞿犊等欲休息片刻再赶路，忽然窜出一股持枪匪徒，将瞿犊、王进捆绑住，押送到国民党海门县常备支队队长张能忍面前。在敌人的淫威和屠刀面前，瞿犊和王进坚贞不屈，义正词严地揭露敌人残害爱国志士、破坏抗日的罪行。反动派要他们放弃对共产主义的信仰，瞿犊说：“我信仰共产党，钦佩共产党，我将为实践共产党的理想而献身！”王进讲：“国共合作，我们努力救亡，能说共产党有罪吗！”

反动派被瞿犊、王进逼问得理屈词穷，便露出了杀机，张能忍狂叫着执行孙旅长的命令，快拖出去砍头。当晚10时，瞿犊，王进被刽子手架到野外秘密杀害。两英雄就义时，高喊“抗战必胜”“共产党万岁”等口号。

1941年新四军东进至启海地区后，在海门县兴建了瞿犊、王进烈士墓。1951年9月，由崇明县新河镇各界人民捐资建造的新河烈士纪念塔落成，瞿犊烈士的遗骨移葬于首穴。后又在县城建立了瞿犊小学，以资纪念。

（崇明县双拥办）

撩帘战的故事

李明东

李明东，原南京军区守备一师政治部副主任，山东临沂人，1925 年 7 月出生，1940 年 2 月入伍。参加过抗日战争和解放战争的济南、淮海、渡江、淞沪等战役。荣立三等功一次。

撩帘战，是冀鲁边区抗日军民在中国共产党的领导下，与武装到牙齿的日本侵略者进行英勇游击战争所独创的一种作战方法。这种战法有三个不打，敌人不进院不打、不进屋门不打、不撩门帘子不打，以班排为单位，在狭小空间内与敌人近身肉搏，拼个鱼死网破。

我亲身经历的一次肉搏战，发生在抗日战争中期，在 1941 年、1942 年期间，是我敌后抗日军民最困难的时期，日本侵略者为巩固其后方，对我抗日根据地实行疯狂的连续大扫荡，妄图摧毁我抗日军民的抗敌意志。敌人实行极其残暴的“三光政策”，到处杀人放火，奸淫掳掠，中国人民所承受的苦难无法用语言表达。面对敌人的残暴罪行，中国共产党领导下的抗日军民，坚持以血还血，以牙还牙，更加勇敢地进行针锋相对的斗争，用各种战法打击敌寇。撩帘战就是在这种背景下，在平原地区坚持抗日战争的一种作战方法。

那时，在敌强我弱的形势下，坚持平原游击战困难是很多的。由于敌人的囚笼战术，给我们的游击队行动造成很多不便。为适应这种新局面，继续同敌人周旋，考虑到大部队行动不便，容易暴露目标，我们部队就用化整为零的方法，一般采取以班排为单位行动，实行昼伏夜行的作战方式，以保存实力，伺机消灭敌人。看似一种被动的作战方式，但它却是插在敌人背后的一把钢刀。

我本人直接参加撩帘战只经历过一次，那是在1942年的初夏，那时我只有17岁，在河北省仓县县大队三连二排五班当战士。为便于隐蔽行动，全连分成了三个小分队，我们二排由县大队副队长亲自指挥。那天夜里为跳出敌人的包围圈，秘密行军一个整夜。天近拂晓时，在一个叫河堤口的村庄住了下来，在房顶上放好瞭望哨，和房东老大爷老大娘交待好注意保密后，由于行了一夜军大家倒头就睡着了，但刚睡下不大一会，房上的瞭望哨就下来报告说有情况，在西北方向，有一大队人马正朝我们驻地方向急速前进。听说发现敌情，全班很快醒来，个个拿起武器，准备投入战斗。随后，全排三个班的人员都到胡同内待命。开始，我认为可能是趁敌人没到准备转移阵地，以摆脱敌人，然而没想到副大队长当即很严肃地命令说："不能走，要同敌人进行撩帘战，准备和敌人拼刺刀，枪响为令，要一齐杀向敌人。"按照副大队长的命令，各班迅速又回到原住处隐蔽好，准备迎敌。我们五班住的一户人家是个四合院式的房子，有南北屋和东西两厢房，全班分成三个战斗组，分别埋伏在北屋和东西两厢房，我和副班长与一名姓刘的战士埋伏在北屋。副班长个头大，和姓刘的战士把守房门口，我守在窗口，枪上上了刺刀，子弹上了膛，很快做好了战斗准备。这时，每个人脸上的表情严肃凝重，眼睛瞪得大大的，注意着院子里的情况变化，谁也不讲话，似乎每个人的喘气声都能听得到，至于每个人心里想什么，只有自己知道。我那时在想，敌人是否发现了我们的行动，一旦暴露了，这肯定是一场你死我活的战斗。

时间过了不大一会，就听到整个村庄乱哄哄的像炸开了锅，孩子哭，大人叫，鸡飞狗跳墙，还有零散的枪声，听到这些嘈杂的声音，我们就知道是鬼子进村了。

紧接着敌人就开始挨家挨户地搜查，听到日本鬼子兵的皮靴踩在地上发出"咯噔咯噔"的声响。突然听到"咣啷"一声，是我们住户院子的大门被踢开了，有三个日本兵手持步枪进了我们的院子，我们的房门都是虚掩着的，谁也没有开枪。待日本兵又"咣啷"一脚踢开我们北屋的住房门，继续朝里间屋内走时，埋伏在门后的副班长，猛的一刺刀朝走在前面的一个日本鬼子刺过去，没等鬼子反应过来就给他来了一个透心凉，后面两个日本兵一看情况不妙，说了声"八猴子"，就调头往回跑，哪能让他逃掉，东西两厢房的枪口早已瞄准了他们，连续"嘭嘭"几声枪响，把他们都给放倒了。

枪响为信号，这时三个班都冲向胡同内，由副大队长指挥，朝胡同北面冲去，一出胡同口就发现敌人有约一个排的伪军，还有几名日本兵，正在朝村外警戒，没有想到我们从他们的屁股后面打过来了。敌人一时也蒙住了，无处藏身，拔腿就朝村外跑。敌人前面跑我们后面追，有七名跑得慢的被我们抓了俘虏，共缴获敌人 12 支枪。我们边追边撤退，本来是个完胜的战斗，由于四班战士恋战，看到有两个日本兵扛着一把歪把机枪在前面跑，就紧追不舍。这时别处的敌人发现情况不对，调整了部署，把火力都集中到我们这方向来，侧射火力相当猛烈，不但未能夺到敌人的机枪，反而造成一名战士牺牲，两名战士负伤，也付出了一定的代价。

事后经过了解，敌人并未发现我们，他们来这个村庄的目的是想抓我们区政府的一名副区长，不巧遇上我们的埋伏吃了亏。通过几次撩帘战斗，日伪军出来扫荡再不敢轻易到老百姓家搜查了。这种撩帘战法，对来扫荡的日伪军的气焰是个沉重的打击，对粉碎敌人的扫荡发挥了较大作用。

（长宁区双拥办）

来不及准备的战斗

黄宣林

张承鸿，又名田东，男，1918年生，嘉定黄渡星塔张家村人。小学毕业后，考入江苏省立上海中学(现属上海市)。1935年3月，弃学考进京沪杭甬铁路车务训练班，5月赴南京下关车站实习。同年六七月间，调回上海，被分配在上海北站货房任司事。1936年春，上海职业界救国会成立，张承鸿立即参加，成为一名救国会的积极分子。1938年1月，张承鸿被分配到武汉八路军办事处，在中国青年救亡协会宣传团工作。同年4月，加入中国共产党。6月，被中共湖北省委分配至黄安七里坪新四军四支队留守处工作，负责留守处的工作人员和警卫战士的政治、文化教育。1939年，张承鸿任黄麻经中心县委书记兼留守处主任。1940年，张承鸿任中共河南经扶(现新县)中心县委书记。1941年4月间，鄂东地委在黄(安)麻(城)地区成立了安麻和安南两个行政委员会，张承鸿在安麻行政委员会中负责党的工作(对外称主任)。1941年8月，张承鸿在黄安五区太平桥石头湾被伺机已久的叛徒内奸杀害，时年24岁。

1937年9月8日早上7点53分，四辆挂着膏药旗的大卡车，开进上海北火车站，在火车站最北面靠近虬江路的6号站台停下。卡车上装的全是急救药品。

日本鬼子侵略中国，从东北打到华北，现在，打过了黄河，又跨过了长江。战线越来越长，兵员伤亡也越来越多，前线急需要急救药品。鬼子把上海所有药房的药品全部控制起来，经过四个月的搜刮，弄到四卡车急救药，急着要运往前线。他们担心半路上有人劫车，不敢用卡车运输，用火车吧，又怕被炸。于是，他们想到了邮政列车。邮政列车在国际上是受到法律保护的，它一般挂在客车的后面，车厢前后都是旅客，谁也不能炸它。他们想：用邮政车厢来偷运急救药品，安全！

三天前，他们将一列邮政用的空车厢停在 6 号站台。6 号站台是整个火车站最边上的站台，平时不大用，放了三天，也没招人注意。今天早上开来四辆卡车，敌人打算突击把药品搬进车厢，乘人不备，挂上客车就拉走，这批急救药品，就可以安全、快速地离开上海了。

现在，驻扎在车站的鬼子，把车站货房里所有的司事，还有穿红马夹的脚夫，一共 20 多人，全部赶到卡车面前。因为药在卡车上，鬼子个个荷枪实弹，威逼他们把药品全部搬上邮政车厢。

这时，人群中闪出一个年轻人，中等个子，戴一副眼镜，他通过翻译官对鬼子讲："搬四卡车东西，用不着这么多人。邮政车厢场地很小，人多了，反而人碰人，施展不开，影响搬运速度。如果让我来指挥，我只要 9 个人，保证在 4 个小时之内，把四卡车的东西，全部搬进车厢。"

鬼子一听非常高兴，因为 12 点 22 分有列开往南京的快车，他们就是要赶这趟快车，让邮政车厢跟了它离开上海。现在已经 8 点 10 分了，小伙子能保证在 4 小时内装运完毕，再好没有了。

"你的，凭什么保证，4 小时之内一定能装运完毕?"

"邮政车厢停在 6 号站台与 5 号站台之间的铁轨上，车厢中间，一左一右，各有一扇大门，从 6 号站台开两辆卡车到 5 号站台，两个站台上的卡车都掉个头，车屁股对车门，两辆卡车上的货物，就可以同时搬运了，速度能不快吗? 每辆卡车留两个人搬东西，一左一右共 4 个人。邮政车厢两头各两个人，负责货物堆放，总共 8 个人，连我这个指挥官才 9 个人。"

鬼子听他说得头头是道，就把装运的指挥权，交给了他。

这个人是谁? 他为啥甘愿当汉奸，死心塌地为鬼子卖命?

此人姓张，大名张承鸿，是嘉定黄渡星塔张家村人，才 22 岁。他可不是什么汉奸，是位爱国的热血青年。三年前，他考进了京沪杭甬车务训练班，在南京下关车站实习一年。去年 7 月，被调到上海，分配在北站货房任司事。

1936 年末，上海"职业救国会"成立，这是中国共产党的外围组织。

张承鸿物色了三位志趣相同的工友，一起参加了救国会的活动。张承鸿在救国会里读到了由法国巴黎出版的中文报纸《救国时报》，了解了陕北延安的情况，他还经常听救国会里老杜讲述上海周边地区游击队打鬼子的故事。他迫切希望自己有朝一日也能投身到打击日本鬼子的战斗行列中去。

今天一早，鬼子把卡车停在那节空的邮政车厢旁边，张承鸿凭自己对业务的熟悉、对政治形势的敏感，就猜到鬼子想借用邮政车厢来偷运他们的急需物资。他心里明白，凡是鬼子急需要的物资，也是共产党领导的八路军、新四军所急需要的。他打算截留这节车厢，让游击队取走这批物资。他是货房司事，是货运调配员，熟悉每个车次的始发时间。根据邮政车厢都挂在客运快车后面的特点，心想：上午 9 点 05 分有班快车，他料定卡车上的东西来不及搬运，他们肯定走不了；10 点 33 分还有班快车，他们也赶不上；只有中午 12 点 22 分始发的，开往南京的那班快车，才是鬼子最最理想的时间。自己的猜测是否正确呢？张承鸿便主动提出 4 小时能完成搬运，来摸一摸鬼子的底。

鬼子为了保密，模糊邮车的去向，他们故意选择开往南京的那班快车。其实，他们打算到了苏州，就把邮车留下，过 7 分钟，另外有一列快车从苏州始发，带上邮车，将满满一车厢的救急药品，神不知、鬼不觉地运到鬼子的仓库里。他们之所以选择中午 12 点 22 分的那班快车，就是要配合苏州快车的始发时间。

底被张承鸿摸到了，截留这批急救物资的计划，也在他心中渐渐明朗。他在一张纸条上匆匆写了几句，要救国会的老杜立即通知游击队，在开往南京的快车始发之前，赶到大场和桃浦之间，有个叫祁连村的地方进行埋伏。因为大场、桃浦都有他们铁路局下属的货场。北站是负责客运的，那边的货场才负责货运编组。每个货场有五六套路轨，每套路轨之间，只要扳道工一扳，列车就可以岔来岔去。其中有一条岔道，是专门岔到祁连村的。这里是专门为硫酸之类危险物品编组的小货场，平时过往车辆少，没有日本兵驻守，是游击队劫车的好地方。

张承鸿把小纸片交给同是救国会会员的小李手中，要他马上去找老杜，他知道老杜肯定与游击队有联系，要他通知游击队，务必在 12 点 15 分之前到达祁连村附近，并设好埋伏。

小李十分担心，现在已经 8 点 20 分了，要游击队员在 12 点 15 分前赶到，不足 4 个小时，事先大家又没准备，游击队员能准时赶到吗？张承鸿却十分自信，说："虽然我们事先都没准备，但打鬼子要准备吗？每个游击队员，他们时刻准备着，有了这么好的战机，他们谁也不会放弃！"

小李还不明白："你为什么要选在祁连村动手？邮政车厢挂在开往南京的快车上，祁连村在岔道上，快车不经过，你怎么把邮政车厢弄到祁连村去呢？"

"鬼子不想暴露邮政车厢的秘密，十有八九挂在快车的最后一节。我随车出发，当列车过了大场，我就想办法让邮政车厢脱离快车，顺着快车牵动时留下的惯性，让邮政车厢自己滑向通往祁连村的岔道上去。"

"鬼子发觉邮政车厢丢了，还不急着赶回来寻找？"

"因为它是快车，沿途小站不停，只有到了苏州才会发觉邮政车厢丢了，那起码要一个半小时以后。到那时，满满一车厢的货物，早被游击队员化整为零，统统搬走了。"

小李这才点点头，拿了小纸条去找老杜。

再说张承鸿，借口货物要防震、防潮，不宜直接放在车厢地板上，他从货房里取来了专供堆放货物用的地搁板。所谓地搁板，就是木板下面都装有轮子。药品放在地搁板上，就像放在能自由滑动的大橱里，这为游击队员搬运药品创造了条件。拉动一块地搁板，就不是一箱一箱搬了，起码能搬走三十箱、五十箱药品。鬼子见他指挥得当，货物也堆放得井井有条，而且在 12 点整，把四卡车的东西全部搬空，对着他翘翘大拇指，叫道："哟西，哟西。"

张承鸿问翻译官："我按时把东西都搬完了，他为啥还骂我要死，要死？"（上海话的"死"与"西"同音）

翻译官忙解释："日本人在称赞侬，'哟西'是日本话，意思是很好很好！"

"哦——阿拉中国人很好，日本皇军就'要死'，'要死'了？"

12 点 22 分，开往南京的快车准点发车，张承鸿爬上了火车头。因为他是黄渡人，平时回家，他经常爬火车头，要求司机带他一段路，所以他与许多司机相熟。今天，他又爬上了火车头。火车一启动，他就顺着锅炉旁边的梯子爬上了车顶。他在车顶上从车头爬到车尾邮政车厢前面那节车厢的顶上。押运邮政车厢的四个日本鬼子怕暴露邮政车偷运药品的秘密，不敢穿军装，一律穿绿颜色邮政局的制服，两扇腰门也不敢打开，怕节外生枝招来麻烦。而车厢两头与其他车厢的连接处，都被张承鸿用货物堵住了。所以，押运的鬼子根本发现不了车厢顶上的张承鸿。此时，快车过了大场，车速未减，呼啸而过。张承鸿扳动车厢边上那个“凡尔”，邮政车厢脱离了快车，张承鸿被快车往前带了五十公尺，他纵身一跃，正好落在两条轨道的交合处，邮政车脱离快车后，车速慢了下来，张承鸿从腰间拔出扳道用的扳手，等快车一过铁轨，“嗨!”他将铁轨用力一扳，扳向岔道。邮政车厢靠它的惯性，“轧轧轧轧”，慢慢地滑到了岔道上。此时，张承鸿左手一扬，抓住了邮政车的车门，随车“走”了一百多米才停下。车内的鬼子等车停稳了，这才发觉不对劲。打开车门，游击队员蜂拥而上，活捉了鬼子，还缴了他们的枪，把他们捆绑起来扔在一边。四个鬼子个个睁着眼睛，“监视”着游击队员，把满满一车厢的药品全部搬走了。

这真是：路局司货张承鸿，抗日浩气贯长虹，巧夺邮车献大谋，更留神勇后人颂。

（嘉定区双拥办）

传奇人物盛慕莱

张红玉

盛慕莱(1908—1949),1908 年农历四月出生于嘉定黄渡镇。其祖父经营榨油业务,颇具规模,并置有田产,家境富裕。盛慕莱幼年始学私塾后就读黄渡第一小学、江苏省立二师分校。时值国共合作,盛慕莱受到新思潮的熏陶,救国救民之思想时时溢于言表。二师分校毕业后,在家乡任教。后任黄渡镇中心国民学校校长多年。1934 年被推为黄渡镇镇长。1937 年淞沪抗战爆发,盛慕莱积极投入抗日救亡运动,受新四军领导的重托,不顾个人安危,在上海联络一批商人,不惜变卖家产,采购军需等各种物资,出入抗日根据地,形成一条地下运输线,使军需物资、工业产品源源不断运入根据地,被誉为“反经济封锁”斗争中的尖兵。上海解放前夕,盛慕莱接受了上级关于策反国民党军警敌特的新任务,后被特务告密,1949 年 5 月 9 日凌晨,在家中被捕,24 日被国民党枪杀于虹口公园。

看过电影《51 号兵站》的人,都非常熟悉电影中的小老大。他神通广大,在日本人和汪伪汉奸的鼻子底下,屡屡把我军急需的枪支弹药、无缝钢管、电台、药品等军用物资,成批成批地运往抗日根据地。电影中的小老大,是根据谁的原型来塑造的呢?这个原型人物,就是我们嘉定区黄渡人,叫盛慕莱。盛慕莱曾经当过黄渡小学的校长,又当过黄渡镇的镇长,后来担任了新四军驻上海军需采购站的负责人。电影中的小老大,就是根据他的事迹改编的。

今天，我就来讲讲盛慕莱的传奇故事。

上海卢湾区有条重庆路，以前叫吕班路。这条路上的30号，在敌伪时期，是汪伪海军驻沪办事处，实际上是个军需处，负责汪伪军队的给养供应。所以，门里门外都有日本兵站岗，戒备森严。平时，能在这个办事处里进进出出的，不是日本人，就是汪伪汉奸。然而在这些进进出出的人群当中，还有一位是我们中共的地下党员——盛慕莱同志，他也能大摇大摆地进进出出。

盛慕莱，中等个子，非常壮实。他天庭饱满，气宇轩昂。天生两条板刷眉，一双大眼睛，炯炯有神。举手投足之间又文质彬彬，显示他受过良好的教育。

1937年，"八一三"淞沪抗战爆发后，黄渡沦陷。敌人知道黄渡地势的重要，它历来是吴淞江沿线重要的漕运码头之一，所以敌人把守特别严。而活跃在淞沪、苏南地区的江南抗日义勇军，他们又急需要药品、弹药。盛慕莱为了利用码头上采购、运输的方便，倾其家产，创办了一家贸易公司——大成公司，负责开通上海至皖中的地下运输线。那些运往皖中抗日根据地的物资，都在芜湖中转。后来，芜湖也沦陷了，成了敌占区。为了确保运输物资的安全，盛慕莱主动向党组织提出，打入敌伪海军驻沪办事处，利用运送敌人的军需物资做掩护以保证抗日根据地军需物资的供应，确保我们秘密航线运输的安全。

盛慕莱在大成公司期间，曾与敌伪海军驻沪办事处主任叶树初做过生意，打过交道。叶树初的为人，他十分了解。此人好贪，为投其所好，盛慕莱在迎春酒楼款待叶树初。那一天晚上，在酒楼一个不起眼的角落里，坐着两个人，从这两个人的脸色和神态上可以看出，他们酒兴正浓，已经似醉非醉了，却还在大杯大杯地喝酒。看来，他们畅怀痛饮，真要一醉方休了。

"叶主任，来，干!"

"干！老盛，今天真痛快……"

"叶主任，更痛快的事还在后面呢。我开公司全为了你啊。上次你要我帮你脱手一批无缝钢管，这个价格还满意吧?"

"满意，满意。"

"为了你的满意，我把公司开到你们办事处的旁边，以后只要你有货，我全包。所以这公司名义上是我开的，得利是我们俩的。你也得关心关心这公司，向上边通融通融，让它早点开张。”

这位叶主任在军界混得并不顺畅，和他一起从保定军校出来的同学，军衔都比他高，级别都比他大，他至今还是个少校。既然军衔混不上去，就靠山吃山，他身为军需官，外面所有的紧俏商品，他这里都有。于是，他监守自盗，把军需物资偷偷地卖给盛慕莱。盛慕莱现在要扩大生意，另外开一家中华物资公司，而且把公司开到他们驻沪办事处旁边来，进一步联手，不花自己一分钱，钞票可以源源来，他何乐而不为？

盛慕莱的中华物资公司，在叶树初的支持下，挂牌开张了。公司真的设在敌伪海军驻沪办事处隔壁的一幢小洋房的楼上。公司门口照样派了日本兵站岗。开张那一天，非但上海滩上有头有脸的大小老板前来祝贺，叶树初还把日本顾问松岗乙太郎也叫来了。盛慕莱抢步上前，对松岗鞠了一躬，说：“以后我的生意，还请松岗君多多关照，多多关照！”

松岗上下打量着盛慕莱，用不太流利的中国话说：“没有问题，今天，我是来贺喜的。”

周围的老板们，见盛慕莱与日本人这样热络，有妒忌的，有鄙视的，也有为盛慕莱惋惜的。就为了做点生意，低三下四去讨好日本人。

其实，这家与汪伪海军驻沪办事处合股成立的中华物资公司，是共产党皖江贸易局投资的，就是为了利用盛慕莱在日伪军中的关系，购运军用物资、炸药、雷管和工作的母机。

春节之前，盛慕莱的部下告诉他，以往为公司运货的两艘兵舰上，新来了两个日本人，他们对公司的货物好像非常感兴趣。盛慕莱一想，不好。新四军目前急需一批药品，上级指示要在春节期间设法运到芜湖。怎么办？盛慕莱在房间里来回踱步，想着对策。

除夕夜，家家户户热热闹闹。此刻，日本顾问松岗却一个人在喝闷酒，他听着窗外的爆竹声，思绪已飞向了千里之外的家乡。正在他痛苦寂寞之时，桌上的电话铃响了，里面传来了盛慕莱的热情相邀之声。

凌晨，当盛慕莱扶着醉醺醺的松岗回到住处时，松岗拉着盛慕莱的手不肯放，非要和这个知心朋友再喝酒，一直喝到日上三竿。

盛慕莱对松岗说：“松岗君，我知道你有思乡之苦，我心里也很苦闷哪。”

松岗睁开醉眼望着他不解地说：“慕莱君的生意做得那么好，还会苦闷？”

"咳,还不是因为上次那批货,皇军检查时,硬要把货包全部拆开。结果,买家看到乱七八糟的货不肯付款,我亏大啦。"

"慕莱君,他们和你不是挺熟的吗?是谁那么不相信你?"

"松岗君,可能是新来的太君对我不了解。"

松岗趁着酒兴一个电话打下去,以后凡是盛慕莱的货都不准拆包。就这样,盛慕莱获得叶树初和松岗的信任,他利用两艘敌舰,往返于吴淞口与芜湖之间,为苏南和皖中的新四军运送了大批军需物资。又从根据地运来当地的土特产,一部分作为人情分送给他用得着的各路人马,一部分放在他的公司进行销售。

盛慕莱的行动虽然进行得非常隐蔽,但还是引起了伪警察局的注意。一次,敌伪警察局探知了盛慕莱的行踪,派出日本兵和便衣包围了盛慕莱的家,并设下了埋伏。

盛慕莱像往常一样走在回家的路上,当他走到弄堂口时,发现几个陌生人在游弋。盛慕莱知道出事了,他朝弄堂口看门的老伯伯做了个手势,转身避开了……

盛慕莱烈士生前的印章及皮鞋

解放战争开始后,盛慕莱开通了上海至连云港及连云港至山东解放区日照的海上运输。同时,安全接送途经上海或来沪治病的干部200多人。

1949年初,盛慕莱冒着生命危险,先后策反国民政府行政院所属的善后救济总署上海总仓库的保安团与汽车大队,经过他的不懈努力,策反工作获得成功。然而,当他在上海市警察局策反时,却被该局特刑处国际组特务吴钟英告密,不幸被捕。敌人对他进行了严刑拷打,但是,盛慕莱面对软硬兼施的敌人,依然坚贞不屈,5月24日被当局枪杀于上海虹口公园。

这位传奇英雄倒下时,离上海解放仅三天。

(嘉定区双拥办)

执行统一战线政策的楷模

李　宏

新四军独立三团领导班子，李钊是独立三团的政治处主任(前排右一为李钊)

李钊(1911—1990)，江苏金坛人，1938年参加革命，同年加入中国共产党。历任金坛县抗日自卫团副团长、副县长，四十七团政治处副主任，第六保安司令部参谋长，苏南保安司令部政治部主任，横山县委书记兼县长、警卫团长，一师联络部长，南京市政府秘书长、市人大常委会副主任。

李钊在抗日战争中是一位传奇式人物。日寇侵占他家乡时，奸淫烧杀，无恶不作。他组织群众自救，号召大家擦干眼泪，与侵略者血战到底。在陈毅司令员的教导下，他广泛团结各方人士投入抗日洪流，创建了一批又一批武装分队输送给主力部队。他屡战不懈，震慑了敌人，智擒奸逆，策动起义，受挫了就重整旗鼓。许多故事在乡亲中广为流传。

李钊是一个革命理想和信念很坚定的人，不仅原则性强，且很讲究政策和策略。他忠实地执行党的统一战线政策，开创了革命生涯里许多光辉的业绩。他说，为了发展和壮大党的力量去争取胜利，应该团结一切可能团结的人。

1938年初夏，新四军东进到茅山地区，李钊前往一支队司令部参加学习，正值陈毅司令员运用统一战线政策，争取了吴甲寅和纪振纲之际，陈司令员要求参加学习的同志发动群众，团结愿意抗日的人，迅速创造条件，打开局面。此后，他被派回家乡金坛，到与溧阳县相邻的社头地区建立抗日根据地。他到处宣传抗日救亡道理，当地群众称他是“铁嘴”，“讲抗日道理能把死人讲活过来”，很快就动员了一批青年参加抗日队伍，并向亲友和开明绅士募集到枪支和经费，建立起一支抗日武装。新四军一支队部转移到水西，距社头较近，陈毅司令员知道他已拉起一支抗日队伍，非常高兴，派支队副参谋长张道镛（陶勇）前往具体帮助。这支队伍首战九里湾渡口，击毙日军5名，俘日军伤员岗山一郎，经部队的教育后也参加了新四军，使当地军民抗日士气大振。此后，李钊常去支队部聆听陈毅司令员指示。陈司令员特别强调统战工作，要求争取一切可以同我们合作的人共同对敌，即使让对方保持暂时的中立也是好的；要善于运用当地头面人物的威望，掩护和发展我们的力量。这些指示对他一生的斗争起到了重大作用。

社头地区李夜乡著名士绅陈湘甫，经过几次接触，接受了我党领导，共同抗日。陈湘甫的二儿子陈练昇曾是个生活上的浪荡子，李钊派人与之多次交谈，思想进步很快。西南区成立青年服务团时，便任命陈练昇为服务团长，配合游击大队行动。不久，陈练昇加入了中国共产党，后来还被选为溧阳抗日民主政府县长。陈湘甫老人常说：“共产党真了不起，不仅能打鬼子，还将我都教育不好的浪荡儿子变成了有用的新人。”有一次清剿土匪，陈练昇带服务团员枪杀了几名土匪俘虏。此事被陈毅司令员知道后，李钊偕陈练昇去支队部接受批评。陈司令员批评说，土匪成员大多出身贫寒，为生活所迫，应该争取他们，如果抓到就杀，他们死路一条，以后就只有同我们死拼到底了。批评的话语虽很严厉，但道理深刻，使李钊终生难忘。此后他争取和发展了很多这样的力量，比如对直溪伪军王德成部就开展了细致的策反工作，使其六十余人携械反正。

朱者赤系国民党驻西岗常备队长许浩的内弟，在我党争取许浩中立期间，朱者赤携枪投奔了我西南游击大队，不久也随大队上调到四团。由于经受不住复杂环境的考验，受坏人引诱，发生了动摇，率领已被编为四团的特务连脱离部队，企图另谋投靠。李钊同志在这支队伍中有极高的威望和权威，在四团钟国楚政委等领导同意下，他只身追赶这支队伍。朱者赤见他追赶到，当即吓得跪倒在地。李钊的即席讲话，让受蒙蔽或被挟持的干部战士明白了真相，当即严惩了策划者，将这个连队完整地交还四团。

1939年春，金坛长隔地区著名爱国人士诸葛慎找到了李钊，表示愿意一道抗日，李钊随即带他去见陈毅司令员。遵照陈司令员指示，他赠送了诸葛慎步枪十支，让其回长隔筹建抗日武装。第二年初夏，他又奉命率二三十人的小分队去长隔地区，与诸葛慎三十余人的联防武装合编为金坛人民抗日自卫团，诸葛慎为团长，他为副团长。队伍迅速发展扩大。此时，顽军四十师企图骚扰破坏我游击区，阻止我江南指挥部北上。我军运用诸葛慎同志在当地的名望，对派往长隔地区顽军的一个连，进行了耐心的说服争取工作，终于使该连连长王健率部起义。王健被我军任命为营长，后来在对日伪作战中英勇牺牲。顽军四十师特务营长李明被派到西岗地区对我军进行骚扰。我军多次做工作仍无回头之意，反而更加疯狂地对我军进行暗杀破坏。在忍无可忍的情况下，李钊率部潜入西岗东侧的自省学校，一举将顽军一个排缴械，捉拿了李明并于公审后枪决。

李钊和他的妻子

1941年10月我军成立苏南保安司令部，李钊被任命为政治部主任。尚未到任，便发生塘马事件，他率原第六保安司令部所属部队在戴巷受命防御敌人。此战我军遭受重大损失，罗忠毅、廖海涛二位首长为国捐躯，苏皖区党政军领导机关及主力部队被迫撤离西去。李钊率部同其他一些兄弟部队清理战场后，均撤到社头地区。此时群众和部队中产生了一些悲观失望和恐惧情绪，他随即以该地区党代表身份，召集各方领导人开会，其中有已任溧阳县长的陈练昇、四十七团的营长刘群等人。会上分析研究了形势及改变局面的措施，决定组织现有两三个连队及当地武装小分队，对社头地区几处伪军据点发起突然袭击，一夜歼敌百余人，缴枪七十余支，使当地军民抗日士气又振作起来。

1943年4月两溧反顽战斗胜利，李钊随十六旅主力转移到横山地区。横山地区北起南京城下，南至石臼湖南端的湖阳半岛，东接秦淮河，西临长江，地跨苏皖两省的江宁、溧水、当涂、马鞍山及南京市郊，历来为兵家必争的战略要地。国民党中央曾苦心经营过，日寇占领后又实行了森严的保甲制度，反动根基很深，敌顽关系复杂。1938年新四军先遣支队曾到过横山，发动群众开展了热火朝天的抗日活动，如一把利剑，指向日寇侵华势力及汪伪统治的中心。可是我军继续东进、主力撤离后，该地区各种反动势力勾结，发动了刀会暴乱(即第一次横山事变)，疯狂杀害我党党员、干部和抗日群众，地方党组织和抗日团体遭到破坏，使我军东进的第一块抗日游击根据地就此丧失了。日伪和恶霸势力在各集镇建立据点，白色恐怖笼罩长达三年之久。我主力再次来到横山地区，决心要打开局面，便派出一批干部充实该地区，李钊也到江当溧三县行政委员会担任了副主任。当时斗争环境十分恶劣，一时难以得到群众支持，他们常常吃不上饭、露宿荒野，甚至住一夜也得换几处地方。我游击小分队会同主力部队，首先拔除曹村北的伪顽据点，铲除了所谓“三县剿匪司令”周石安的武装，镇压了伪县长及伪自治会长。经与敌伪反复较量，我军逐渐站住脚跟。10月，三县行政委员会改建为横山县委，李钊任县委书记兼县长。

横山地区有许多地方头面人物，他们掌握着较多的田产，控制着封建刀会和帮会势力，与日伪顽各方有着千丝万缕的联系。群众在这种环境里，往往只得依附刀会或帮会。所以，在坚决锄奸打击亲日顽固势力的同时，李钊十分重视统战工作，通过宣传教育，分清敌我，争取了群众。一部分头面人物也在他的感召下逐渐转化，有的与我军一道坚决抗日，有的保持了中立，不当汉奸。著名的开明绅士叶文明等人，以及原国民党团长胡养吾被争取过来，分别担任县抗日参政会的参政员、会长、政府的区长等要职。他们不顾自身安危，长期与我党合作。洪兰埠有个伪区长曾参与日伪对我扫荡，并写信要我方区长投降。我方派人打入内部，通过其家属等做教育瓦解工作，经过一年的努力争取，最终使其率十余人携枪反正。驻小丹阳的伪军大队长王懋海经我方艰苦细致的工作，也使其率部起义，后来王懋海参加革命入了党。铜山伪自卫团长三次送枪弹，成了我们的“供给部长”。有的伪顽乡保长，从一面派到两面派，又从两面派变成了向着我党的一面派，甚至舍身舍家、掩护或保护我们的干部。即使在南京城下，敌人鼻子底下的上新村、沙洲圩，也能找到伪方人员为我们收粮税、筹现款。在谢村据点，驻守着14名日军。经了解，其曹长柴庆基（日军所取中文名）有厌战情绪，意志消沉，成天找人打麻将消磨时光。为争取他，李钊先派人将其抓获，并亲自接见，让其认清日军侵华的非正义性及日军将败的形势，希望他改邪归正，与我军合作。放他“逃回”后，他经常向我军报告日军情况，送我军枪弹。正欲反正时，上面将其调离，他便只身骑马，携两支枪投奔我军，他加入我军后不久也加入了共产党。我敌后人员广泛渗入到有敌伪据点的集镇，将反战传单散发到敌人心脏。在大凹的一名日军地矿人员受我军反战传单的感化，只身逃出投奔我方。一名朝鲜籍的日军空勤人员叫邦德焕，也受我军感化，携械投奔我军，并成为一名优秀的革命战士。

横山地区局面打开后，很快建立了各级政权，恢复和发展了农青妇组织，发展壮大了民兵和各级武装小分队，不久，县委编组了一千三百余人的警卫团，李钊又兼任团长。武装活动和策反相结合，成功地拔除了一个个敌伪据点，击败了敌伪屡次清乡扫荡，铲除了反动会道门的巢穴，挫败了日伪顽再次与刀会勾结所策划的万人暴动（即第二次横山事变）。

李钊，作为一名执行统一战线政策的楷模，为我军争取各方面抗日人士、调动广大群众抗日积极性，起到了至关重要的作用。

（宝山区双拥办）

隐蔽战线上的抗日战士

——回忆我的父亲陈尔晋

陈冠宁

陈尔晋(1911—1949),男,生于1911年,祖籍浙江杭州,毕业于黄埔军校八期炮科,牺牲前任国民党国防部第四兵团中将副司令兼参谋长之职,曾任蒋介石侍从室侍从,总统府宪兵队长之职,是蒋纬国的老师。抗战期间曾参加过长沙保卫战,成都保卫战等,并利用职务之便向党中央及人民解放军提供过诸多有价值的情报,为我党夺取全国解放建立新中国作出了巨大贡献。全国解放前夕受党中央指示准备在上海活捉蒋介石,实现和平解放上海不打一枪的目标。在准备策划国民党三军部队近30万守军起义时,不幸遭叛徒出卖,于1949年5月10日被国民党特务头子毛森逮捕,同年5月19日遭枪杀于上海闸北宋公园,妻子王曼霞一起殉难。解放后中央人民政府追认其为烈士。

十二届全国人大常委会第十次会议通过了关于设立烈士纪念日的决定,以法律形式将9月30日设立为烈士纪念日,并规定每年9月30日国家举行纪念烈士活动。

为了争取民族独立和人民自由幸福,为了国家繁荣富强,无数的英雄献出了生命,烈士的功勋彪炳史册,烈士的精神永垂不朽。

当下,纪念抗日战争胜利70周年之际,我们要不忘国耻,缅怀先烈,激励后人。在此讲述我的父亲母亲为抗战作出贡献的小故事。

父亲陈尔晋、母亲王曼霞在1949年5月19日，被国民党军统巨枭毛森杀害于上海闸北宋公园。全国解放后，中央人民政府追认陈尔晋、王曼霞为革命烈士，并颁发了由毛泽东主席亲署的革命烈士纪念证。

父亲生前是中共地下秘密党员，其当时的公开身份是国民党国防部第四兵团中将副司令兼参谋长，曾任职蒋介石侍从和蒋纬国老师。解放前夕，根据当时党中央的要求，不打一枪，里应外合，和平解放上海，活捉蒋介石，准备策反国民党第四兵团和三军守军起义，由于叛徒出卖，地下党组织遭到破坏，导致策反起义失败。

投笔从戎的抗日战士

我的父亲陈尔晋，1911年9月出生于官宦之家，祖籍浙江杭州，是陈家的长子。那时的陈家颇为殷实，由于父亲从小机智灵敏，聪明过人。任山西大学物理化学总教授的外祖父李天相曾想培养他成为一名祖国的科学人才。但是，辛亥革命之后的中国，内忧外患，军阀割据，外国列强瓜分我国领土，践踏我国主权。局势动荡不安的状况，改变了家人志向。

1929年，18岁的父亲毅然报考黄埔军校，投笔从戎。

经过严格考试，父亲被录取为黄埔军校第八期学生。从此父亲便投入了紧张的军事学业，接受了严格而艰苦的训练，最终成为一名合格的军人，也坚定了从戎报国的信念。

"九一八"事变的影响，激起了父亲对日寇的愤恨和保卫祖国的坚强决心。在军校炮科，他以优良成绩毕业，又考入专业技术性极强的炮空侦测班学习。当时全国仅招六名顶尖人才，父亲列入其中。在训练中，他很快熟练地掌握了航空驾驶、侦测、联络等技术。这一时期，他深入连队基层，广交四方朋友，视野更加开阔。由于思想上的成熟与强烈的爱国之心，他发誓不仅要为劳苦大众，更要为中华民族干番事业。

事业和爱情是一对孪生姐妹。当父亲事业蒸蒸日上的时候，爱情也悄悄来到他的身边。经国民党王维兵团文强以及原国民党政府要人傅正理、李铭和、于厚之等人介绍，父亲与我母亲王曼霞于1938年5月在湖南长沙结为伉俪。

其实，我的母亲那时已经是中共秘密党员，母亲与父亲的结合，是受共产党组织的指示，有意识地与父亲结合，把他培养和吸收为共产党人。

共产党早就了解到父亲激进的思想和爱国主义热情，在母亲的直接影响下，父亲逐渐向共产党靠拢，之后也秘密加入了中国共产党。

婚后，父亲发现母亲经常单独外出，行动神秘，有时半夜而归，还经常出现在政府高官的聚会上。这引起了父亲的猜测：莫不爱妻是共产党？有一天，父亲见母亲穿戴好外出，便悄悄尾随，只见母亲在大街小巷穿行，而后在一幢洋楼前消失，紧接着又有人不断进入……父亲静静地守候在附近，此时，他的心中已有几分明白，他对自己的爱妻涌动着几分敬意。

在以后的日子里，父亲都在尽自己的力量，默默地帮助和支持着母亲…… 党组织经过反复考验和培养，父亲最终光荣地成为一名隐蔽战线上的共产党人。

暗送军火的“后勤部长”

1938年抗日战争全面爆发，父亲主动请缨，被任命为西北第一战区高炮大队大队长。中共代表团常驻西安，父亲利用合法身份，在西安秘密会见了我党领导人。一次，周恩来对他说：“你已是国民党高级军官，要利用合法身份，为我党多搜集情报，特别是在统战方面要多团结、争取抗日进步将领和进步民主人士。”

1939年，父亲被派到西安，任中央军校西北分校教官，蒋纬国成了他的学生。后任军械工厂主管，又被调到胡宗南身边工作。目睹胡宗南派重兵包围陕甘宁地区，残酷镇压进步人士和学生，忧愤不已。他认定国民党不得人心，终会失败。不久，父亲被选中调剂到南京总统府任宪兵队长，在蒋介石身边工作。

继台儿庄大捷之后，父亲参加了保卫南京和武汉会战、长沙会战，屡建奇功。1940年，日寇飞机肆无忌惮地狂轰滥炸湖南首府长沙，大片房屋被毁，军民血肉横飞。时任高炮团长的父亲义愤填膺，几次打了请战报告，要求亲临前线指挥对空炮战，未料杳无音讯。他再也忍不住了，大呼：“将在外军令有所不受！”便率炮队进入阵地。他举起望远镜，定神观察空中动向。突然看见一队日机迎面飞来，当即组织指挥本部人马，迎头痛击。只见日机一架又一架被击中，坠入地面爆炸，粉身碎骨。阵地上一片欢呼，有的挥舞双手喊道：“高炮团长真是神炮手，真厉害！”这次战果辉煌，共击落日机4架、击伤1架，其中父亲亲手操炮，击落一架。经此一战，给了敌机以沉重的打击，此后减少了轰炸长沙城的次数。“陈尔晋”的大名传扬开来，远在重庆的蒋介石接到报告，洋洋得意地说：“陈尔晋在我身边工作过，我培养了他，他是个文武双全的将才！”不久，父亲得到了晋升，于 1943 年调任国民党第三战区副司令兼参谋长。大权在握，更加有利于暗中支援我军部队。那时国民党内不少高级军官参与军火走私谋利。我父亲暗中与他们联系，利用职务的便利，周密巧妙地做了安排。资金不足，他变卖了自己的上海豪华住宅，或向亲友、同僚借贷，凑足了钱款，购买到大批枪炮子弹和望远镜。国民党对军火控制极严，如何安全运送至解放区？父亲经过深思熟虑，周详安排，他利用自己的特殊身份，手握国防部《特别通行证》，骗过了一道道军统特务把守的关口，将军火源源不断地运到长江以北新四军控制的地区。他还在望远镜上刻上自己的名字，并曰：“日后与亲人（共产党）见面时以此为凭。”

解放区收到陈尔晋送来的大批军火，及时向新四军军长陈毅报告，并把陈尔晋的优良表现报告给周恩来，陈毅操着浓重的四川口音说：“陈尔晋这小子好样的，他是我们新四军的‘后勤部长’！”

（静安区双拥办）

党旗下成长的第一代航天人

——航天战线烈士仝力的故事

仝　锦

仝力(1919—1977),曾用名仝俊业,1919年出生,1935年就读于"南京无线电专科学校"。1938年,抵达延安,在第十八集团军一二九师入伍,并加入中国共产党,先后担任过战士、班长、排长、连长等职务。

1945年10月,仝力参与组建"东北联军第一航空学校"。其间,仝力参加招募学员、营建校舍、搜集航空器材等工作。

1946年至1949年期间,仝力担任"空军第三航空学校"翻译室主任,后兼任训练部部长等职务,并在此期间,留学"茹柯夫斯基空军工程学院"。

1963年8月,仝力调任空军第一研究所副所长。研究改装了米格-17ПФ飞机,改装的飞机将国民党空军窜犯大陆的B-17型飞机击落。"文革"期间,仝力排除干扰、坚持工作,为"歼-6飞机上加装PL-2导弹课题组"和"杜-4飞机改装电子干扰机课题组"翻译了大量的外文资料。

1977年11月25日,仝力病逝于北京"空军总医院"。1978年2月25日,中国人民解放军空军政治部追认其为烈士,并颁发"烈士证书"。

仝力,曾用名仝俊业,出生在五四运动爆发的1919年。也许是因为出生的年代正是国运多舛、仁人志士苦苦探索救国道路的年代,仝力从小就怀揣着救国复兴的志向。在1935年,他就读"南京无线电专科学校"期间，就频繁参与反日学生运动，遭到当时执政当局的追捕。

为寻求真理、全力抗日，后来仝力逃到北京，在仝葆珍和冯景兰等知名教授的帮助下藏匿在租界里。之后，经多方联系，在北平地下党的帮助下，仝力决定前往革命圣地延安。由此，也翻开了他融入革命、为国奔走、救亡图存的人生篇章。

到延安去，投笔从戎报国家

1938年初，仝力抵达延安，并参加了八路军，战斗在晋东南地区。在一二九师战斗的3年里，他加入了中国共产党，先后担任过战士、班长、排长、连长等职务。

当时生存环境恶劣，生活相当艰苦，缺吃少穿，风餐露宿。对于从小在城市长大的仝力，更加是艰难的考验，冬天冻得实在难受，就钻进高粱垛子里取暖。也就是在这个时期，仝力染上了终生无法根治的哮喘病。

1941年4月，仝力被部队选送"中国抗日大学"深造，到1945年，他先后在"抗大三分校俄文队""军委外文学校俄文科"攻读俄文专业。由于成绩优异，而且具备一定的机电基础，仝力之后又到"抗大军委军事学院"学习航空理论。虽然延安的生活、学习条件十分艰苦，但只要是对航空事业有益，他就孜孜不倦地学习，还经常到军械修理厂进行实习，学习实际操作。

1945年8月15日，日本宣布无条件投降，10月中央下达指示，号召"到东北去，创建我军第一所航空学校。……要求用我军的双腿与美国的飞机、轮船装备起来的国民党赛跑……"同年年底，组建航空学校的人员分3批从延安出发奔赴东北。

当时日军投降缴械工作尚未结束，中心城市和军事要塞都被国民党接管，各地经常还有冲突和战斗。所以从延安去东北，要避开国统区，既要绕道而行，还要做好遭遇战的心理准备。仝力一行人作为筹建组的成员背着自己的行李，肩负组建航空学校的使命，冒着刺骨寒风，脚踩冰雪，克服重重困难，经过两个多月的长途跋涉，步行到达了吉林省通化市。

转战东北，打下共和国航天第一桩

1946年3月1日，中国空军第一所航空学校——"东北联军第一航空学校”宣布成立。之后 3 年中，这所“东北老航校”相继培育出 560 名航空人才，为人民空军的建立储备了骨干，“东北老航校”也因此被誉为共和国航空事业的摇篮。

可以说，“东北老航校”是在抗日战争的废墟上起步建设的。当时东北战事紧急，生活和教学都备受牵制。飞机破烂不堪，跑道弹坑累累，营房、机库残垣断壁，机场设备残缺不全，航空业务骨干极缺，物资供应异常困难，敌人经常骚扰破坏。

全力（解放军时期）

当时学校除了招募学员和营建校舍，身为筹建人员的仝力和同事们还有一项主要工作就是去搜集航空器材。大家冒着大风大雪，不分昼夜地赶赴辽阳、铁岭、东丰、朝阳镇、延吉、牡丹江、哈尔滨、佳木斯、齐齐哈尔、海拉尔、北安等地的机场周围、山沟、村镇寻找航空器材。即使是日军仓皇溃逃遗留下来的飞机轮胎、仪表、铝皮、胶皮垫子、汽油、滑油等残缺不全的航空器材、装备和机场设施都被收入囊中。经过几个月的努力，搜集到各型旧飞机 120 架，发动机 200 多台，仪表 100 多箱，油料近千桶。

在地方政府和群众的协助下，用肩抬、牛车拉、骡子驮等最原始的方法，仝力他们终于把这些航材都运到了通化。这些“破烂”就是当时航校的全部“家当”。为了这些器材，有的同志累病了，有的被轧断了手脚导致残废，有的误入日军的毒菌场而中毒，有的还献出了宝贵的生命。

筹备工作告一段落，学校逐步开出“领航班”“运输班”“驱逐班”“机械班”“俄语班”等专业。1946 年 10 月，空军党委安排仝力在“东北联军第一航空学校”机械班学习，后又保送“哈尔滨工业大学工程班”学习航空机械设计。

和平年代，为祖国的蓝天训战鹰

1949 年，中苏两国达成协议，由苏联帮助中国创办 6 所航校，卖给中国各型飞机 434 架，派出专家 878 名来华协助工作。同年 11

为加速空军发展，空军党委于五十年代初先后派几批人员到苏联留学，这是 1951 年—1958 年由空军翻译中选派到苏联茹柯夫斯基航空工程学院留学生毕业回国前的合影，一排左起第四人为全力

月，在尚未完成“哈尔滨工业大学”工程班学业的情况下，全力被紧急调任至新组建的“空军第三航空学校”，担任翻译室主任，后兼任训练部部长。

当时“空军第三航空学校”有苏联专家 121 名，而翻译室翻译只有二十几人，要服务好这么多专家，圆满完成任务谈何容易。全力在工作中面临着三大困难：一是翻译大都招自外语学院，只懂外语不懂航空技术，因此，翻译错误而闹出笑话的事情比比皆是。二是中国空军初建，急需飞行员，必须走速成之路，而要举办“速成班”必须编写符合实际需要的“速成教材”。为此，全力便率领翻译室的同志白天做口语翻译，保证教学和学校的工作正常运行；晚上伏案通宵达旦地做笔译，自行编写“速成教材”和制作教具。第三就是生活物资的短缺。翻译工作对体力、耐力、忍受饥饿能力都是一场考验。大家经常是一顿饭还没有吃完，听到飞机即将着陆，就马上放下饭碗去工作。等飞机再次起飞，又回到送饭车前继续吃，有时一顿饭要跑几个来回，腊月里，饭菜时常都会结冰。

尽管面对如此艰苦的环境、超负荷的大工作量，全力还是带领二十多位翻译以饱满的工作热情、顽强的工作作风、忘我的牺牲精神确保学校的正常运转。抗美援朝空战中涌现出来的张积慧、刘玉堤、王海等空战能手都是三航校培养出来"空军一级战斗英雄"。

毕生奉献,航天情怀忠魂篇

1951年8月全力被空军党委选派为第一批中国空军赴苏留学生,并且担任此批留学生的领队兼党支部书记。全力进入了"茹柯夫斯基空军工程学院"学习。他不仅要自己潜心钻研航空理论和实践,还要关心在校的中国留学生的学习、生活、思想情况。对外作为中国留学生代表,他要与苏联学院方面保持联系,而对内又要定期向"中国驻苏联大使馆"汇报中国留学生的学习、生活和思想政治情况。

8年后,全力带领着他的留学生团队——共和国培养的第一代航天人,以优异的学习成绩回到祖国。后来成为运载火箭与卫星技术专家、中国科学院院士、国际宇航科学院院士的孙家栋,以及原航天工业部副部长沈世绵等人都出自他当时带领的留学支部。

为加强空军航空研发能力,空军司令部于1963年8月将全力调任为空军第一研究所副所长。他常说:"科研要结合空军作战、训练的实际需要。"为解决技术难题,他经常是通宵达旦,就连生病住院,也不忘带着科研资料,尚未痊愈,就"溜"出医院,回到他的科研岗位。课题攻关进入关键阶段时,"研究所医务室"的医生经常到实验基地为他打针治疗。他还时常北上沈阳、吉林,南下武汉、西安的飞机制造厂、试飞基地,进行实地考察、指导改装。用改装的米格-17ΠΦ飞机将国民党空军窜犯大陆的B-17型飞机击落,就是他的研究成果。

经过十多年的不懈努力,我国空军战斗机的作战性能有了明显的提高。鉴于全力在航空领域卓有成效的工作,他被"中国航空协会"推举为首届"中国航空协会理事会"常务理事。

在文化大革命期间,全力曾错误地被"靠边站",但是他没有放弃航空事业,甘为航空事业、为科研课题做幕后的奠基人。他经常在家里接待研究所的科研人员,认真地和他们一起探讨,帮助他们解决科研难题。他还利用精湛的俄语技能,默默地为"歼-6飞机上加装PL-2导弹课题组"和"杜-4飞机改装电子干扰机课题组"翻译了大量的外文资料。

1977年11月25日，全力病逝于北京"空军总医院"。由于他对中国空军航天事业的贡献，1978年2月25日，中国人民解放军空军政治部追认其为烈士，并颁发"烈士证书"。

（普陀区双拥办）

一名开国功臣的"春、夏、秋、冬"

刘亚飞

刘德明，现年 84 岁的刘德明是一名烈属。他从 9 岁就开始当"小八路"，1939 年参加抗日战争，1945 年在山东搞土改，1948 参加淮海战役，1952 参加抗美援朝。其父亲、两个哥哥、一个姐夫和一个侄子共 5 人均在解放战争中壮烈牺牲。

1961 年 6 月，叶剑英元帅及各大军区司令员、空军、海军司令员专程来上海查看他的发明创造"飞行模拟器"。当时叶剑英称他"又红又专"。他曾荣立集体一等功、个人二等功、晋级晋衔，也获得中华人民共和国授予的独立奖章、解放奖章以及朝鲜授予的军功章。他为推翻三座大山建立新中国立下功劳，他的事迹被载入大型文献《开国将士风云录》(第四卷)，是一名非常了不起的革命人士。

"开国功臣"刘德明同志，生于 1930 年，先后在新四军、八路军、野战军等部队服役，参加过抗日战争、解放战争、抗美援朝战争等。他说他的人生好比一年四季的春、夏、秋、冬，9 岁到 15 岁是春季，成长在抗日战争的烽火年代；16 岁到 24 岁是夏季，怀着一颗火热的心参加了人民解放战争和抗美援朝战争；25 岁到 60 岁是秋季，一展人生丰硕年华；60 岁之后是冬季，安享幸福的晚年生活。

春——幼年时随父参军成为一名抗日小战士

1938 年 4 月 13 日，战火烧到刘德明的安徽老家，日本鬼子叫他父亲当汉奸，父亲坚决不从，鬼子便烧了他家仅有的3间房屋。为誓死不当亡国奴，父亲将刘德明的两个哥哥送去江北参加新四军抗日挺进纵队。不久，父亲背着刘德明也加入了新四军。年幼的刘德明从此成为一名编外抗日小战士，主要担负传递鸡毛信、站岗放哨等任务。据刘德明回忆，那时部队没有教材，也没有图表，于是军医就把年幼的小战士脱光，抱到讲台上当人体模特，东指指、西点点，进行现场讲课(刘德明也是其中一员)。等刘德明长大一些后，组织上安排他去当小教员，教战士认字。可那时许多战士连扁担倒下来都不知道是个"一"字。刘德明虽识几个字，但当时没纸、没笔，只好在人家墙缝里扣点石灰块，写在木板上教战士。可没教几天，战士就没了学习兴趣。于是刘德明就动脑筋，以地为纸，以树枝为笔，通过教歌的形式教战士，大大提高了战士识字的兴趣。从此，刘德明所教的班级处处是歌声，战士们也学得很带劲。刘德明老人每每谈到这，都会"扑哧"笑出声来，他觉得那是他的一大发明，至今回味，都很有成就感。

夏——少年时不畏牺牲勇赴抗战前线

抗日战争时期，刘德明随父亲加入新四军。在对敌斗争中，刘德明先后失去了父亲(时任安徽省皖中军分区司令员)、两个哥哥、一个姐夫和一个侄子。亲人的离世没有吓倒刘德明，他化悲痛为力量，在战场上英勇奋战，多次立功。1949年，淮海战役结束后，刘德明所在的华东野战军要去解放上海。部队通知凡身体不好和行走困难的同志暂时留济南。刘德明当时右脚掌长了十三个鸡眼，行走困难，不能参战。刘德明急坏了，坚持要上前线的他，在多次找部队卫生队打麻醉、扎针也没解决的情况下，自己买了把尖嘴钳夹住脚掌上的鸡眼头，用修脚刀，忍着剧痛每天割一个，用了半个多月终于全部割光，这才被允许南下参战。十指连心呀，那疼痛老刘终生难忘，太疼了。现在想来当时的自己真的很坚强！

秋——中年时搞发明受到叶剑英元帅称赞

抗战结束后，刘德明没有躺在军功章上自我满足，也没有解甲归田享受安逸生活。他主动要求到东海舰队航空兵部队继续服役，一干就是21年。在801厂服役时，通过组织培养加自身努力，刘德明发明创造了一种飞行模拟器，可用于军事飞行模拟训练，得到上级部门高度认可。1961年6月2日，叶剑英元帅率各大军区司令员专程到上海观看他的这项发明。在厂区工作室，叶帅问了刘德明几个问题，随后又问他："你没有文化，又没有专业技术，你怎么有这么大的胆量（搞发明）？"刘德明答道："世界上的事，只要你敢做，勇于学，从战争中学习战争。"叶帅听后当即伸出大拇指说："好！你真是又红又专！不愧为革命者的后代。"随后，叶帅让刘德明驾驶飞行模拟器进行现场表演，得到在场领导的一片掌声。这是刘德明一生中最为荣耀的时刻，每每说到这，刘德明都会特别激动。那一年，刘德明所在团队因此项发明荣立集体一等功、他个人荣立二等功。

刘德明的荣誉证书

1975年，刘德明复员后到长城机械厂工作。1982年，应闵行区民政局特邀，到区民政局优抚科工作。工作期间，刘德明不以功臣自居，而是将心比心，想方设法帮助优抚对象解决困难，并在民政局多次立功。中年的他在革命事业上尽展才华，他的事迹被载入中国大型文献《开国将士风云录》（第四卷）。

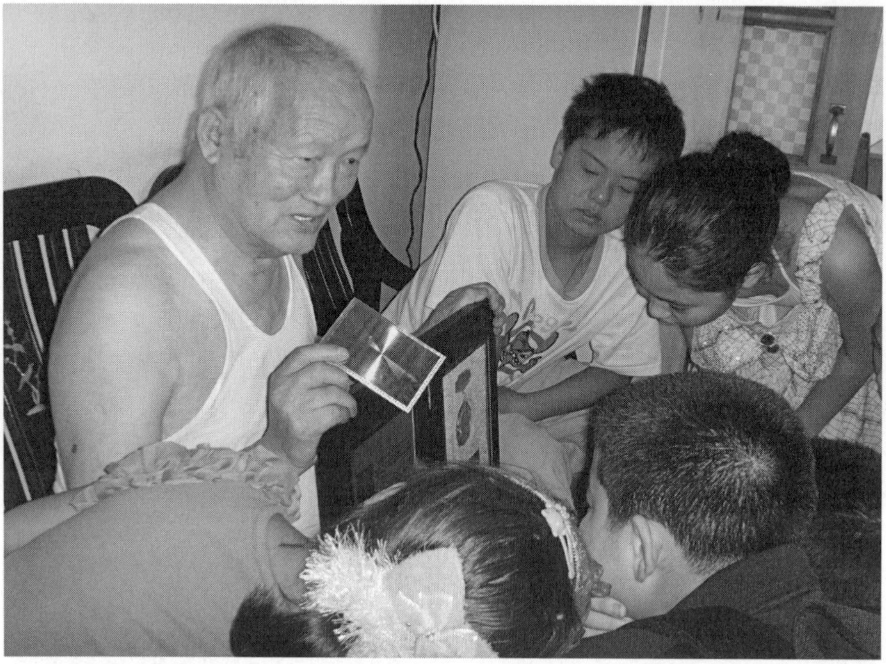

刘德明给社区小朋友讲故事

冬——耄耋之年他是孩子眼中的“活教材”

1990年8月，刘德明从闵行区民政局退休。晚年的他既享受离休干部待遇，也享受革命烈属待遇，生活过得很安逸，子孙也很孝顺。有时应社区邀请，刘德明还会走进学校、居委和驻地部队，为部队官兵、社区年轻居委干部，以及居委暑期班的小朋友们讲课。他的讲课思路清晰，语言表达流畅幽默。对于许多重要历史事件，刘德明都记得清清楚楚，甚至精确到哪年哪月、在哪里、现场有哪些人等等，他是个名副其实的革命历史“活教材”。部队官兵、社区居民，特别是小朋友都很喜欢听他讲课，刘德明老人也乐在其中。可以这么说，给成年人讲课，刘德明老人纵横捭阖，有论有据，俨然一位老教授；给小朋友上课，刘德明的语言生动，谈吐有趣，恰似一个老顽童。

出于对往事的怀念，刘德明至今珍藏着许多宝贝：六百多枚毛主席像章(其中很多是他自制的)，一盒祖国人民献给抗美援朝战士的特制香烟，一张他参加抗美援朝战争时留下来的防毒接种证明（目前全国可能只有两三张了），一间至今他还很喜欢去摆摆弄弄的家庭电器小作坊，以及参战时他荣获的各类军功章、纪念品，足足有两小盒，被整整齐齐地“一”字摆开，并注上说明。他说这些都是他的宝贝，只要身体还行，他还会继续到社区讲课，也欢迎部队官兵、社区小朋友们到他家坐一坐，聊一聊，看看这些宝贝，让革命光荣传统在下一代身上继续发扬光大。

刘德明一生是精彩的，他的成长奋斗经历，不仅代表着他个人，也折射出我国从衰弱到强盛的历史进程。忘却历史就意味着背叛。让我们铭记历史，展望未来，继承和弘扬前辈英勇奋斗、无私奉献的伟大精神，为我国“强国梦”“强军梦”努力奋斗！

（闵行区双拥办）

深切怀念父亲王必成

王苏炎

王必成(1912—1989),1912年2月出生于湖北麻城一个贫苦农民的家庭,1928年参加农民赤卫队,1929年4月参加中国工农红军,1930年4月加入中国共产党。

第三、四、五届全国人大代表,中共第十、十一届中央委员,第十二届中顾委委员。1955年被授予中将军衔,荣获一级八一勋章、一级独立自由勋章、一级解放勋章和一级红星功勋荣誉章。

父亲参加了鄂豫皖、川陕苏区的五次反"围剿"战斗和举世闻名的二万五千里长征。由于张国焘的错误路线,他曾三过草地,两翻雪山。

抗日战争爆发后,1938年春,父亲从延安奔赴抗日前线,随陈毅同志挺进江南敌后,在日寇侵华中心的南京附近打击日伪军,为创建以茅山为中心的新四军抗日根据地作出了重要贡献。当时我父亲任新四军一支队二团团长,他先后参与并指挥了竹子岗、新丰火车站、句容县城、东湾、陈巷桥、贺甲等大小数十仗,连战皆捷,威震敌胆。1939年11月8日在江南延陵地区的贺甲村战斗中,他统一指挥新四军一支队老二团、新六团、丹阳独立支队,历时26小时,最后用火攻全歼固守在一个祠堂里顽固抵抗的鬼子,击毙日军大尉武村中队长以下168人,俘虏日军3人,缴获大量武器弹药,受到了延安总部的通报表扬,大大振奋了江南人民的抗战热情和胜利信心。此后，上海进步报纸以《伟大胜利在江南》为标题加以报道。从此，苏南人民群众自发地赞誉二团为“老虎团”，父亲则被称颂为“王老虎”。

1944 年 3 月 29 日，时任新四军十六旅旅长的父亲指挥老虎团在浙江、安徽边界的杭村战斗中，缴获了日军九二式步兵炮一门，现陈列在北京革命军事博物馆内。敌人为了找回大炮，调动了 1 000 多鬼子兵，纠集了伪军、汉奸共 4 000 余人，挖地三尺，天天在山上搜寻。其实我们新四军早就把大炮拆开化整为零深埋起来。日本鬼子在长兴、广德山区扫荡了二十多天，始终也没有找到这门大炮，丢炮的小林中队长也被枪毙了。当时我还不满两岁，父母行军打仗，我就被放在老百姓家里。就在鬼子扫荡找炮的那些天，老乡带着我在山上跟鬼子捉迷藏一样转了三天三夜，可见军民鱼水之情深。

在抗日战争和解放战争中，我父亲相继参加了黄桥决战、莱芜战役、苏中七战七捷、孟良崮战役、豫东战役、淮海战役、渡江战役等一系列重大战斗战役。

孟良崮战役是我父亲革命战争生涯中最难以忘怀的经历。由于种种原因，在第二次涟水战役中虽然也给敌人以重创，但我军也伤亡惨重，最后撤出了涟水城。父亲从未打过这样的窝囊仗，对敌七十四师一直耿耿于怀。他郑重地对粟裕司令说：“以后打七十四师绝对不要忘了六纵！”粟裕司令承诺：“你放心，打七十四师一定少不了你们六纵，一定让你王必成同志参加。”

自此，父亲的双眼始终盯着老冤家敌七十四师。他坚信终有一天会在战场上相遇，一决胜负。

机会终于来了！1947 年春，我军与敌经过两个多月的周旋，至 5 月 12 日，华东野战军陈毅、粟裕首长决心在蒋介石向我进攻运动之际，调集 9 个纵队加一个特种兵纵队在敌军重兵之中，采取“掏心战术”，“百万军中取上将首级”，合围蒋军精锐整编七十四师，将其歼灭，以彻底粉碎敌人重点进攻之企图。

敌整编第 74 师是国民党五大王牌军之首，要完成对其合围任务，必须有一支“奇兵”，切断七十四师的退路。父亲率领的六纵担当了这一“奇兵”的角色。置身在铁流滚滚的沂蒙山中，六纵全体将士充满着对战斗的渴望，“消灭七十四师，活捉张灵甫”是他们的目的。5 月 12 日，第六纵队借着浓重的暮霭，自鲁南飞兵北上，两天两夜隐蔽行军240多华里，于14日凌晨提前赶到，并一举攻占垛庄，断敌后路，完成了战役的最后合围，阻击了国民党整编第二十五师和整编第八十三师的增援。此举后来被粟裕称为"关键一着"。

5月16日上午，敌我双方都十分疲劳。在此关键时刻，父亲毅然决定让一直养精蓄锐的纵队特务团投入战斗。特务团在何凤山副团长的率领下连夺敌三座高地，最终将不可一世的敌中将师长张灵甫击毙于山洞之中。战后陈毅、粟裕首长表扬说："歼灭七十四师，六纵立了大功！"《红日》这部长篇小说及根据它改编拍摄的同名电影是当时第六纵队宣传部长吴强，以孟良崮战役为题材创作的。其中军长沈振新的原型即是我父亲。

1955年，刚从朝鲜归国、征程未洗的父亲被任命为新组建的上海警备区司令员，成了第一任上海警备区司令员。

上海北靠长江，南有杭州湾，海岸线比较长。父亲认为上海的防卫工作必须全民武装，打人民战争，所以他非常注重民兵工作。中共上海市委根据父亲的建议，成立了上海市民兵工作小组，把地方党政部门和驻沪三军的积极性调动起来，使民兵工作搞得生机勃勃。

1960年6月27日，在父亲和上海市委书记陈丕显的陪同下，党和国家领导人刘少奇、周恩来在人民广场检阅了四万多人的民兵队伍。

1960年6月在上海陪同刘少奇主席(右)、周恩来总理(左)检阅民兵队伍(左二为陈丕显)

担负南京路上警卫和巡逻任务的警备区某部八连，几年如一日，身处闹市，一尘不染，始终保持艰苦朴素本色，辛勤为人民服务的事迹引起了父亲极大的关注。他多次深入该连，并邀请上海市委第一书记兼警备区第一政委陈丕显等领导前往视察指导。

陈丕显等市委领导视察后指示上海的《解放日报》《文汇报》，大张旗鼓地宣传和推广八连的经验，使八连的事迹在上海引起极大反响。之后父亲又指示南京军区文化部副部长沈西蒙根据好八连事迹创作了话剧《霓虹灯下的哨兵》，以后还被拍成同名电影。

1960 年在上海与南京路上好八连部分同志亲切交谈

父亲为人刚正不阿，从不会曲意奉承，更不会向邪恶势力低头，“文革”期间自然也遭到了很大冲击。六十年代初，他在南京军区任副司令员抓军事训练工作，搞大比武，抓郭兴福教学法，发高烧到 40℃仍不肯住院。“野营拉练”就是 1963 年毛主席外出视察路过南京时听了父亲的汇报后肯定并在全军推广的。然而这一切都被批判为追随罗瑞卿的单纯军事路线。“文革”期间父亲有将近两年的时间无所事事。父亲实在想不通，自己到底犯了什么错误，为什么剥夺了他为党工作的权利?!

父亲平时沉默寡言，不苟言笑，但是他绝不人云亦云。对自己的遭遇，他选择沉默；对于他崇敬的粟裕大将在 1958 年的军委扩大会议上遭

1952 年和粟裕在杭州合影

受错误的批判，被撤销了总长职务一事却敢于出来仗义执言，父亲出席了这次会议。从抗日战争到解放战争，父亲长期在粟裕领导下战斗、工作，结下了最真挚、最亲密的革命战斗情谊。20 世纪 40 年代初陈毅、粟裕率领一、二、三纵队（司令员分别为叶飞、王必成、陶勇，人称“叶王陶”）驰骋大江南北，屡建功勋。

正因为此，他们都被作为重点工作对象指定发言，希望他们带头揭发粟裕，批判粟裕。父亲在会上是这么说的：“主持会议的同志指示我，要我揭发大阴谋家粟裕。我跟随粟裕作战多年，对他的‘大’和‘谋’深有体会。记得济南战役尚未结束，他就向毛主席建议进行大决战即淮海战役，这个‘谋’有多大，我是小人物，不敢评论，也没有资格评论，但是毛主席他老人家很清楚。至于‘阴’的一面，我不知道，也没有体会，就连主席团对‘阴’的问题也还未接触到。”难怪会后有人说：“王必成可深信，可深交。”粟裕大将夫人楚青阿姨在《慰英灵》一书中说：“粟裕同志蒙冤期间，对他深表同情的人不少，但真正敢于出来仗义执言的只有肖公劲光（指海军司令员肖劲光大将）和王必成司令二人。”

父亲戎马一生，两袖清风。他不喝酒，胃穿孔开刀后，香烟也戒掉了。1940 年 8 月我军在拔除长江北岸靖江东北的孤山、西来镇伪据点时缴获了敌人的一条毛毯。指挥这场战斗的是当时二纵队九团团长徐绪奎。战后，这条毛毯就留给他使用。徐团长是我父亲多年并肩作战的战友，他们一起参加了长征，又一起从延安来到新四军。但徐团长却在 1940 年 9 月 6 日黄桥决战前夕的营溪战斗中光荣牺牲。之后，他的警卫员把这条毛毯交给了父亲。尽管之后毛毯有多个破洞，父亲只让补一下，不肯换掉，一直到 1989 年 3 月父亲去世前夕，整整盖了近半个世纪。这条毛毯寄托着父亲对战友的深情厚谊，也是父亲一贯简朴作风的一个缩影。现在这条毛毯被陈列在黄桥战役纪念馆。

父亲平时对我们要求很严，他规定了几个不许：不许到秘书办公室翻文件；不许以他的名义办任何事；不许乘坐他的汽车；不许搞特殊化。他经常告诫我们：凡事要靠自己，不要靠老子；不要到处伸手，更不要计较名利，要努力工作。我的两个弟弟曾先后在雷锋所在团当过兵。中越自卫反击战中，几个弟妹中，就有三个半（小弟媳当时已怀孕）上过前线，两个荣立了三等功。我爱人李金龙也多次荣立二等功、三等功。每当我们工作中取得一点成绩向他汇报时，他总告诫我们不要骄傲。父亲对我们的爱很少表露在脸上，但我们却在心底里深深地感受到慈祥的父爱。

由于积劳成疾，1989 年 3 月 13 日，父亲在南京病逝，结束了他毕生为之拼搏与奋斗的事业，离开了他终生为之奉献的祖国和人民。父亲的忠骨被安葬在茅山新四军纪念馆内，墓碑上镶嵌着六个大字“王必成将军墓”，这里寄托着茅山人民对“王老虎”的永恒怀念。

王必成将军的骨灰安放在茅山新四军纪念馆内

父亲离世已经整整二十五年了。在这二十五年中，我无时无刻不在思念着亲爱的父亲。随着时间的推移，他忠诚党的事业、胸怀坦白、高风亮节、刚正不阿、身先士卒、艰苦朴素、关爱干部战士的高尚品德也越来越清晰地展现在我的面前。

今年是我们共和国六十五岁华诞。“饮水不忘掘井人”，我们的国家之所以有今天令全世界瞩目的辉煌成就，这是无数老一辈无产阶级革命家、革命先烈和革命前辈流血牺牲、前仆后继、艰苦奋斗换来的，是我们一代又一代的人民群众辛勤劳动创造出来的。列宁说过：“忘记过去就意味着背叛。”历史不可复制，未来可以创造。在以习近平总书记为核心的党中央领导下，中华民族伟大复兴的中国梦一定能实现！

（闸北区双拥办）

我的抗日记忆

李宏业

李宏业，1918年6月生于山西省洪洞县，1936年2月参加红一方面军担任通讯员，同年8月任八路军总司令部炮兵团迫击炮教导队学员、班长。抗战时期任晋察冀山炮营一、二连排长，延安炮团六连排长，延安中央炮校九队区队长。参加过百团大战、保卫黄岩洞兵工厂、1942年抵抗日军对根据地大扫荡等无数大小战斗。解放战争时期任刘邓大军六纵队炮兵营营长，参加鲁西南战斗消灭国民党九个旅，参加过血战大阳湖、羊山战役、跃进大别山、淮海战役、渡江战役、进军大西南等。1951年1月，参加抗美援朝，任中国人民解放军第十二军三十五师炮兵主任兼炮团团长。参加了连山突破、乔岩山战斗、上甘岭战役等。1952年担任第三兵团炮兵训练总队第一副总队长，1953年回到十二军三十五师任师炮主任。荣获三级独立自由勋章、三级解放勋章、抗美援朝二级勋章、川东军区三兵团英雄模范奖章。1959年转业任化工部上海化工研究院第三研究室主任、化工原料所副所长、第二实验厂厂长、党总支书记等。1981年离休。

第一堂政治课

几十年过去了，每当回忆起抗日初第一堂政治课的内容，我仍记忆犹新。它集中体现了毛主席的伟大战略军事思想，我们在战争中始终贯彻执行这一战略思想，运用灵活多变的战略战术，打了一个个漂亮的大胜仗。

战术一，创建抗日根据地，牵制敌人与消耗敌人，配合友军作战，保存与扩大我军实力，争取民族革命战争的领导权。战术二，鬼子进攻中国靠的是线和点，我们给他点点包围，线线切断。作战原则是分散发动群众建立政权，集中消灭敌人抓战机，打得赢就打，打不赢就走，对手变了，硬打是不行的，“知己知彼，百战不殆”。

老连长

我的老连长，是一位炮兵主任，红军长征过大渡河时任炮兵营长。1939年3月，总部迫教队配合六八八团先打河北省彭城后打强村日、伪军总据点，由于据点很多，日军的总据点又在一个很大的村子中间，击中目标相当有难度，但是我们必须先吃掉总据点。老连长头脑灵活，是个很有办法的人，只见他低头沉默了片刻，马上说道：“有了！”他根据迫击炮具有弯曲的弹道、垂直的威力这一特点，命令我们首先在地下挖了一个50公分的洞，把炮桌放下去，炮身架起88度，对准日军总据点平顶楼射击，我们执行着他的意图，第一炮就命中了炮楼的平顶中间，连发七八发炮弹，日军炮楼一下子就被从顶向下打穿了，魂飞魄散的幸存日军，都被我们事先埋伏在炮楼墙外五六十公尺处的步兵吃掉，一个都活不了。

我的老连长是位了不起的人，无论遭遇何种复杂地形及目标，他自会想出许多办法。如对付死角后的敌人散兵，他的办法是：把炮放在房子里，在房顶上开个洞，将炮弹从洞中射击，敌人发现不了炮位。对付野外敌人他不要炮桌，不要炮架，只要炮身，将炮放在一只鞋上，左手扶住炮身，右手将炮放出去。如果行走在山头上，遇见敌人怎么办，石头山头上无法挖洞，他就干脆将炮身放在自己背上，另一人将炮弹射出去。

我的老连长就是这样，真可谓：眉头一皱，计上心来。点子多，办法多，且炮击命中率极高。记得有一次在延安，正巧“美国3人小组”也在那儿，上级命他为“美国3人小组”表演，他指着前面一颗很小的树对美国人说：我就打那棵树，你们看仔细了。话音刚落，只见那棵树一下子就被他打断了，美国人翘起大拇指不停地说：中国军人了不得！解放战争时期，又是他对迫击炮的尾部进行了改造，创造发明了迫击炮平射战术。

几十年过去了，我时常在想念他，我敬爱的老连长，我的老前辈，在他的言传身教下，我成为了一名合格的炮兵战士，是他培养了我。他就是全军著名的神炮手，20 世纪 50 年代任军委炮司副司令员的赵章成同志。

埋 炮

晋察冀部队从日军手里缴获了日制四一式山炮一门，九四式山炮两门，九二式步兵炮两门和一门一三式山炮。1940 年由聂帅负责组建了炮兵营，每个连两门炮，当时我正好从太行山八路军总部迫教队毕业，上级领导决定让我一人去晋察冀军区报到。因为军区准备在组建炮兵营的同时，再扩建一个迫击炮连，但当时并无迫击炮，暂时无法成立。首长下令命我先去日制四一式山炮排任排长，转战四个军分区参加战斗。由于四一式炮是一门新炮，威力很大，对付日军炮楼特别灵光，近距离射击百发百中，只要 1 至 2 发炮弹就能打垮一座炮楼，将鬼子全部炸死、压死、尸体分家。那时缴获日军的炮弹多，所以我们参加的战斗也多，仗打得非常漂亮，对日军威胁很大。日军闻炮心惊，一心想要拔掉这颗钉子，每次大扫荡时都以找炮为重点。

1942 年 5 月 1 日，华北日寇总指挥冈村宁次集中了 30 万军队对冀中根据地进行大扫荡。不久又调来了更多兵力对冀西根据地进行大扫荡，采用三光政策，即杀光、抢光、烧光。冈村宁次知道冀西是主根据地，有个炮兵营，炮的来历他很清楚。1942 年的大扫荡，他集中了两个大队的兵力，用了两个月的时间专门找炮。情况危急，炮兵营命令我们藏好自己的山炮和马，把损失减少到最低限度，同时决定化整为零，以排为单位进行活动。我作为二排长，此时此刻只有一个信念：尽一切力量保护好山炮。我们二连的两个排事先就研究，日军对冀中根据地已经做了毁灭性的扫荡，对冀西的扫荡时间也不会短。遂决定两个炮排自选地方埋炮，然后各走一方，互相保密，每个排的人员分为两部分，一部分人跟营长、连长打游击，另一部分人带马进山沟隐蔽。

我带领的二排，等到天黑后，寻找地方埋炮。在向左走时发现有一处被鬼子烧掉的破砖瓦房，我灵机一动，房子烧了墙根在，就在墙根下埋炮。我立即命令战士们在墙根下挖洞，要挖得深，为了防潮，在洞四周放上破砖瓦片。天亮时，我察看了埋炮的地方，表面伪装得很好，就放心了。然后我下令将我排分为两队，一队人跟营长、连长打游击，另一队人由我带领，我将人和马分散编组，三个人带两匹马为一组钻山沟，与鬼子周旋，斗智斗勇。我带的一组在阜平县陈南庄，是个深沟状的石岩底。那段时间缺吃少穿，以野菜、萝卜、山豆充饥，过了整整两个月，一粒盐也吃不上，晚上就在野外过夜……

找山炮的鬼子在两个月的时间里把整个阜平北部的村庄河道、山沟都挖遍了，并以“梳头式”的阵式向前推进，凡有可疑处便挖。结果一连、三连的炮损失严重，一连的两门山炮被挖出，连长牺牲，二排长岳山同志也牺牲。而我们二连的两门山炮，由于隐藏得好，就完好无损。我排埋的四一式山炮，选在了墙根的位置，鬼子在此来来往往两个月都没发现。战友们高兴地说：“这次与鬼子斗智，我们胜利了！”日军扫荡结束，我们二连二排马上会合，将埋的炮挖出，擦洗好，继续配合步兵参加战斗。

通过这次埋炮的胜利，我们全排战友更视四一式山炮为生命，甚至比生命还重要，它跟随我们经历了无数险情，参加过无数次的战斗，同时也给我们带来了许多荣誉，这门山炮是有功的。

1943 年回延安后，这门山炮曾作为中央炮校的教具炮，培养了许多炮兵干部，他们都在这门山炮上操练过。这门山炮现陈列在北京军事博物馆抗日馆中，我和许多老战友都曾去看望过它。

（长宁区双拥办）

“伪保长”传奇

张志华

赵瑞卿(1909—1949),上海七宝镇沈家巷人,出身于富农家庭。从小一面读书,一面务农,毕业于青浦中学。

1937年“八一三”抗日战争爆发后,经常读书看报、关心国事的赵瑞卿,与杨国才、徐寿昌等在沈家巷组织了“农民自卫游击队”,开展抗日游击活动。这支自卫武装,后编为顾复生的淞沪游击队第三支队第一大队第三中队。

1939年12月春,赵瑞卿加入了中国共产党。1947年,中共地下党组织为了打入敌人内部,安排赵瑞卿担任保长。1949年1月下旬,国民党反动派妄图负隅顽抗,在上海郊区遍筑碉堡,防御解放军解放上海。赵瑞卿利用保长身份,用各种借口,同反动派进行坚决的斗争。敌人因此对他极为仇恨。1949年3月,众多国民党士兵突然涌进赵家,将他毒打一顿。赵瑞卿因伤重身亡,时年40岁,1984年被追认为革命烈士。

1984年5月,上海解放35周年了。

这一天,阳光格外明媚。七宝镇沪星村沈家巷,来了三位满头白发的老人。他们不时被眼前熟悉的一草一木拨动心弦,又不时为深觉陌生的田园风光感慨万分。

这三位老人是谁?他们来干什么?一向乐于打量、议论过路客的村民们更是好奇发问。

然而，人们谁也没想到，他们就是曾在此出生入死与敌斗争的中共地下党员。腰粗体壮的那位，名叫郭建春，曾是七宝地区地下党负责人。身穿军装，清瘦精干的老人，便是当年淞沪游击队三支队三中队政治指导员朱敏中。那位和蔼可亲的老妈妈，就是当年在沈家巷小学任教的女地下党员黄竞之。

今天，他们重游旧地，并不是为了向人们显耀自己的功绩，而是特来寻找一个人——他叫赵瑞卿。老人们向青年人打听，青年人无人知晓，再向当地干部打听，回答说“赵瑞卿是历史反革命，坏分子”！他们只得寻访村上的老人，回答更是令人吃惊：“赵瑞卿是伪保长，解放前就死了……”

惊愕、心酸、内疚、愤慨！当年智勇双全的地下党员们顿时泪流满面，心中涌起奔腾不息的思潮。他们向当地党组织，向人们大声疾呼：不！赵瑞卿是我们可敬的战友！他是堂堂正正的中国共产党党员！

冤屈了三十五年的英魂在天回眸……

历史在此沉思……

历史必须补记这非凡而光荣的一页——

入　党

沈家巷在七宝镇北约三公里处，是上海、松江、青浦三县交界处。抗战时期，这里有一支农民抗日武装队伍，为首的是杨国才，又叫杨毛，人称“杨毛部队”。他们大多是当地农民，为抗战成了草莽英雄。1939年春，中共青浦县委派朱敏中任区委书记，兼任“杨毛部队”政治指导员，并将这支队伍改编成淞沪游击队三支队三中队。南区委需要在沈家巷找一个立脚点，朱敏中把这个任务交给了女地下党员黄竞之。

黄竞之的公开身份是沈家巷小学的教师。她接受这一重任后，仔细分析了沈家巷的人员情况，最后选中了赵瑞卿。赵瑞卿土生土长在沈家巷，虽然只念完高小，却喜欢舞文弄墨，人又厚道，四邻八村都叫他“赵先生”。平时，他常到小学堂来，黄竞之细心观察，主动接触，已将他视作革命的依靠力量。于是，经黄竞之介绍，赵瑞卿结识了朱敏中。

朱敏中住在赵瑞卿家中，中共青浦县南区委在此秘密活动了。

赵瑞卿在朱敏中、黄竞之的引导下，阅读了《韬奋选集》等进步书籍，接受了更多的革命道理，走上了为劳苦大众求解放的大道。

他瞒过家教甚严的父母，瞒过贤惠出众的妻子，为朱敏中传递文件，为游击队运送弹药，为宣传抗日散发传单……

随着斗争的需要，区委在赵家后厢房建立了地下印刷所，于是一本本《野火》杂志在此诞生了，不久，通俗易懂的油印小报《大家看》，也一期期出世了！《抗日救国十大纲领》等文件也在这里一批批印发了……

印刷急需纸张、油墨，赵瑞卿扮作商人用船偷运过横沥江边的检问所。

印刷品墨迹未干，赵瑞卿又将它迅速传送到各联络点。

经过党的培养与斗争的考验，当年 12 月，由朱敏中、肖望（又名黄自能）介绍，赵瑞卿光荣参加了中国共产党。

护　　村

1940 年，朱敏中及游击队奉命回撤，抗战胜利后，黄竞之也北撤山东。赵瑞卿多么想跟随这些革命的引路人一起走啊，可是，党组织决定要他留下来，而且设法给他弄了个特殊的身份——保长。

风雨飘摇的年代，这“保长”并不好当。一个地下党员做反动派的保长，更是另有一番滋味在心头。但为了革命事业，再难当也得当，而且要当得巧，当得妙。

1946 年深秋，一场灾难降临沈家巷，一场严峻的考验摆在赵瑞卿眼前：沈家巷出了人命案，死者竟是沈家巷警察所一个班长！赵瑞卿一查，发现是当地土匪姚友连因敲诈未成而杀人逃命。他向警察所说明情况，但警察所乘机扑进沈家巷随意抓人，还扬言要火烧全村，以此敲诈。赵瑞卿以保长身份据理力争，警察所理亏词穷，便上告到青浦县警察局。事情越闹越大了，沈家巷乱成一片。

青浦县警察局给赵瑞卿发来了传票，命他出庭受审，严查人命案。赵瑞卿多么想率领乡亲们去大闹公堂，痛砸警察局，但革命需要他当好“保长”，保护好当地百姓。他想到，事情起因是为了钱，眼下就只有以钱斗钱了。钱在哪里呢？他只得卖掉了自己家中的十亩田，用这些钱，用保长的特殊身份去打通关节。这一招，果真有效，一场官司不了了之，一场灾难就此平息。沈家巷保全了，“识时务的保长”赢得了反动当局的好感，“舍财护村”的“赵先生”更受到了当地百姓的赞扬。

赵瑞卿在夹缝中苦斗了一年又一年。

牺　　牲

1949年春,人民解放军打到长江北岸,大上海即将回到人民的手中。此时,负隅顽抗的国民党反动派慌忙下令限期修筑好碉堡,加强外围防线。这七宝是外围防线的一个战略要地,反动当局强迫各村抽派民工筑碉堡。于是,地下党组织领导当地百姓与他们展开了"拉锯战"。在这场斗争中,赵瑞卿积极参加联保请愿活动,以合法身份带头抗议当局摊款抽工。同时,他安排村上的青壮年外出"做小生意",躲避抽派。但风声越逼越紧,大批国民党官兵进驻了七宝地区,每天闯村破门挨家挨户强拉民工。时间,对敌我双方都是最宝贵的。怎么办?赵瑞卿急中生智,想出了一个"操办喜事,拖住劳力"的妙法。

"赵先生屋里讨媳妇了!""保长大儿子办喜事了!"这消息一下了传遍了四邻八村。赵瑞卿不惜破财,尽力摆开了少见的大场面,招来了数十个"相帮"的青壮年和满宅基的贺客、看客。搬嫁妆、迎新娘、闹洞房、接老客,鞭炮声声,丝竹悠悠,足足闹猛了三天还不曾停息。婚姻喜庆,人之常情,前来拉夫的国民党心里恼火却一时无法阻止。

军情紧急,而沈家巷三四天不派一个民工,这下震怒了驻军的首脑,一声令下,十五六个官兵冲进了沈家巷,抓了赵瑞卿就走,一路硬拖,一路毒打,等到路过高家浪,拖拖打打已足有一里多路,赵瑞卿被打得遍体鳞伤,奄奄一息。乡亲们急忙送他寻医生抢救,可惜他膀胱已破碎,体内大出血,于农历三月二十一光荣牺牲,时年仅三十九岁。

沉　　冤

赵瑞卿出生入死为党和人民战斗了十多年。

赵瑞卿生得伟大,死得壮烈。

可惜,赵瑞卿的入党介绍人过早地走了。

可叹,赵瑞卿偏偏有个"保长"的身份。

可敬,赵瑞卿至死没有把秘密告诉他人。

可悲,赵瑞卿没想到的一切发生了——

土改时,赵家被划为富农。

“文革”中，“伪保长”家被查抄……

“富农”“历史反革命”“坏分子”的帽子压了整整三十五年，其家属受尽磨难，却不知真情，而知真情者由于种种原因，未能辩白。

上海解放三十五年，为解放上海而牺牲的英烈却沉冤三十五年。

历史不能不在此沉思！

值得庆幸的是，在重访沈家巷的三位革命老干部的奔波下，沉冤终于昭雪。1984 年，中共上海市委正式批准，追认赵瑞卿为革命烈士。

叫人内疚的是，赵瑞卿的妻子刚刚得知丈夫“也是共产党”，没有过上几天真正幸福的日子，就含悲去世了；赵瑞卿的一个子女因“家庭出身”问题，受磨难而死。

还有，令人遗憾的是，在有关部门整理的党史资料中，反映赵瑞卿业绩的只有一句话。

也许，赵瑞卿太平凡了，他没有惊天动地的伟业，他没有显赫的战功记录，但我们还是把他并不那么传奇的传奇献给人们。愿人们永远莫忘记他，把他的故事永远流传。

（闵行区双拥办）

烈士父亲留下的财富

——烈士惠裕生遗属惠莉芬一家的故事

惠莉芬

惠裕生(1919—1946),别名张人杰,1919年出生于无锡华庄镇龙渚大队惠甲里的贫农家庭。

惠裕生于1939年参加革命,并于同年加入中国共产党,担任锡南地区第一个共产党秘密支部的支部书记、锡南地区区委委员、新四军太湖游击队常备队大队长、武工队长,他带领武装队伍积极为党工作,发展地下党员,组织武装基干队,扩展和壮大了党的队伍,带领武装队伍烧毁了苏锡公路上的沙墩桥、王新桥,破坏了日伪交通线,打击了日伪的清乡和扫荡行动。

1945年10月,抗战胜利后,惠裕生担任锡南留守分处副主任,协助联系原地活动的秘密党员,并处理北撤干部家属的善后工作。

1946年8月21日,常备队在新安费甲里遭到县保安队的包围,惠裕生在掩护队伍撤退中不幸牺牲,年仅28岁。

解放战争结束后,惠裕生同志被追认为烈士。

父亲是一名普通的军人,叫惠裕生,别名张人杰。出生在1919年无锡华庄镇龙渚大队惠甲里的一个贫农家庭。当时,五四运动风起云涌,时局动荡,民生艰难。所以,父亲很早就加入到革命的队伍中,并很快加入了中国共产党,成为共产党领导的革命队伍中的一员。

父亲在革命的队伍中也担任过一些职务。在最初的革命岁月里,他曾经扎根群众，发展了大批地下党员，还组织武装基干队，扩展和壮大了党的队伍，并带领武装队伍，在后来的战斗中烧毁过苏锡公路上的沙墩桥、王新桥，破坏了日伪交通线，打击了日伪的清乡和扫荡的行动。

然而，不幸的是，父亲很早就牺牲在了战场之上，我几乎没有父亲的直观印象。但母亲和周围的人，时常会提起父亲的功绩，通过这些讲述，我心中父亲的形象，渐渐丰满，我知道自己的父亲是寻求民族独立的斗士，是争取人民解放的勇者，更是党和人民忠诚的儿子。那些父亲在抗日和解放战争中的英勇事迹，至今仍然铭记在许多人心里。虽然父亲没有真正照顾我们一天，但他留下的精神财富却让我们享用终生，我们全家都为父亲而感到自豪。

28 载人生，天不假年英名长存

1946 年 8 月 21 日，父亲所在的常备队在新安费甲里遭到县保安队的包围，战火纷飞，情况危急，父亲为了掩护队伍撤退，在战乱中不幸牺牲，年仅 28 岁。英年早逝的父亲撒手人寰，却丢下了年纪尚轻且刚刚生产的母亲。父亲早逝后，母亲用她的坚忍和隐忍一直默默地支撑起整个家。

父亲逝世时我才刚出生未满两个月，姐姐也才 4 岁。还来不及沉溺在伤痛之中的母亲为了逃避敌人的追捕，拖着姐姐抱起尚在襁褓中的我四下躲避。敌人的刀枪扫过空荡的街，在城乡横行，母亲乘着夜黑风高带着姐姐抱着我躲在稻田里。庆幸的是，当时我们全家得到了居住在龙诸大队的老人们及众乡亲的掩护、关心和帮助，才使我们在危难时刻，一次次化险为夷，渡过了难关。灾难过后，母亲独自把我和姐姐两个抚养成人，这其中的艰险不言而喻，但母亲却从未抱怨过一句。在父亲牺牲后，她仍然感激党，是党为我们母女三人在动荡的时局下撑起了一片天空。

父亲走了以后，无锡当地领导对我家非常关心，经常带信慰问我们。无锡党史室的老干部还为我们邮寄了《锡南抗日烽火》和《新四军太湖抗日游击队》两本书，书中详细介绍了锡南地区党、政、军抗日活动中许多可歌可泣的英雄事迹。前辈们为了保卫家乡浴血奋战，甚至不惜牺牲自己的生命，才夺取了革命的胜利。

幼时的我在翻阅着这些书的时候，常常心里会涌起一种骄傲，是啊，我的父亲也是其中的一员。但有时却也不免伤感，自小失去父爱的我从未感受过父爱的温暖，甚至没有看到过父亲的长相，没有被父亲抱过一次，没有叫他一声爸爸，没有全家人一起吃一顿饭……但这种种的想象在回望父亲生前获得的那些荣誉、那些奖章之时显得格外孤寂。父亲是伟大的，他的伟大不仅在于他的功勋，更在于他的责任。父亲在战争时期先后担任中共锡南区委委员、锡南东区区委委员、中共新安区区委委员、中共新安区区委书记等职。他是干部，他是党员，党员的义务就是打先锋。他为了保护百姓，为了国家而献出了自己的一切。

斯人已去，不忘功绩激励后人

父亲牺牲时，只有墓没有碑。许多年过去了，1982 年 9 月 11 日，无锡当地公社党组织为我父亲在惠甲里的烈士墓举行修墓立碑仪式，公社、大队领导会同远道而来的父亲生前的老首长、老战友和我们家属，在华庄镇公社大礼堂举行隆重追悼大会。随后，一行人来到惠甲里父亲所在的烈士墓地进行立碑仪式，并由老首长、老战友们回忆介绍父亲的生平事迹。全过程庄严隆重，在大家的追悼中我可以想象父亲生前的种种，那是我的父亲，是一个为人民、为党作出贡献深受大家爱戴的烈士。

父亲虽然离去了，但我们家却享有烈士家属的荣耀，我们全家人也受到了党的关心与照顾，为此我们深受感动。红旗乡党委、政府机关工作人员和大队领导及当地各学校也都会在每年清明到父亲的烈士墓地进行植树除草、献花圈等祭扫活动。

2009 年 4 月 7 日，因当地土地征用需要，经无锡当地政府安排，由龙诸大队协助与我们家属一起将父亲在惠甲里的烈士墓动迁到无锡南方泉锡南革命烈士陵园(在烈士陵园建造时，就留有父亲的空墓穴)。动迁烈士墓时，公社、大队各级领导和我们家属以及乡亲们一起举行了隆重的仪式。几十年来，我们家属每年清明都到父亲墓地进行祭扫，从不间断。

继承遗志，竭力丹心奉献终生

从小我们姐妹两个就牢记父母为革命付出的一切，我们在部队的关怀下、党的教导下，一天天地长大。是母亲含辛茹苦将我们抚养成人。母亲常教导我们，父亲为了人民解放、工农翻身，献出了自己的生命，要我们好好学习、努力工作，听党话、跟党走、加入共产党。在党的教导下，为社会多作贡献。

1963年我在百货商店参加了工作，由于工作认真负责、勤勤恳恳，多次得到表扬和奖状。还曾代表商店参加市公司技术比武，得到第二名的好成绩。在百货商店工作期间，我曾担任柜组长、部经理、工会主席等职，由于表现积极，也得到了上级的认可，被借调到区公司搞工会工作和区工作组工作。

就这样，踏实工作了几十年，退休后的我生活在普陀区长风街道，积极参加居委社区的工作，担任楼组长、志愿者，参加小区巡逻值班，也多次得到表扬和奖励，获得"五好家庭""优秀志愿者"等荣誉。同时，我也担任了街道优抚工作志愿者，经常访问、关心优抚对象，以党员的标准严格要求自己，为社会作些微薄的贡献。

我要以父亲为国为民英勇奋斗的精神为榜样，牢记党的教导，为社会、为群众多做有益的事情，严格要求自己，做一个遵纪守法的好公民、好党员。

（普陀区双拥办）

孤胆英雄的革命故事

——崇明县陈家镇在乡老复员军人袁祥

陈 川

袁祥，1927年4月出生，1948年4月加入中国共产党，原籍江苏省启东市惠安镇，现居住在上海市崇明县陈家镇。1940年参加新四军。1942年4月，响应中央军委精兵简政的号召回到家乡，参加地下党活动抗击日寇。1945年1月重新归队，被编入苏北军区十一纵队三十一旅当侦察员，后归入由韦国清领导的苏北军区十兵团下属营，先后当通讯员、突击班长，参加过反抗国民党自卫战。1947年冬，袁祥参加蔡凹涟水、永(阳)宿(迁)战斗，他不仅到各个连队送战信，还带领一个16人组成的突击班冲锋战斗，歼灭了一个保安团，立了一等战功。1948年10月至1949年2月，在淮海战役中，袁祥参加了徐州东部塘山阻击战，他背着20斤的炸药冲至敌人阵地，炸毁敌人的坦克，耳朵被震聋。他凭借卓越的战功，被评为一等功臣孤胆英雄。1949年9月退役回乡务农，现在家安享晚年。

1927年4月，袁祥出生于江苏省启东市惠安镇的一个贫农家庭。两岁时，袁祥的母亲就病故了，他自小由奶奶抚养长大。四岁时，袁祥的父亲又娶了一任妻子，后娘对他不闻不问，还常常嫌弃他，甚至几次三番因为他而跟父亲吵架。十一岁的袁祥在家里实在待不下去了，只得四处寻找活路。他无奈地在一户地主家做起了长工，小小的年纪便干着放牛、推磨、种田等粗活，每天只能填饱肚子，拿不到一分工钱。他如同一头小牛犊，却被地主当作老牛使，没日没夜地干活。尽管如此，袁祥默默地忍受了下来。家庭的不幸和做长工的辛酸，磨炼了袁祥刚毅的性格和坚忍不拔的精神，为他后来成为一名孤胆英雄奠定了基础。

1940 年春，年仅 13 岁的袁祥听到新四军在启东汇龙镇吹响的军号声，他立即抛下地主家的活，好奇地跟着人群跑到镇上看热闹。年幼的袁祥大胆地问新四军："你们为什么打仗？"一个新四军战士郑重地答道："我们是为了让穷人翻身，当家做主人，过上好日子。"袁祥一听就来劲了，立马问道："我来当兵要不要？"当听到新四军肯定地说"要"的时候，袁祥激动地流下了热泪。他什么东西都没有拿，甚至未跟家里人交代一声，就跟着新四军上路了。

当时，新四军苏北军区军长为陈毅，师长为粟裕，有两个旅。袁祥就在其中一个旅当小鬼，专门负责为首长送信，在医院打扫卫生、帮忙发药、照顾病人。尽管他年纪小，不拿枪杆子，但是，小袁祥做事从不马虎，手脚十分麻利，办事细致周到，给首长和战友们留下了深刻的印象，深得领导的喜爱和器重。

1942 年 4 月，由于部队响应中共中央军委精兵简政的号召，部队小鬼首先被劝退回到家乡。袁祥恋恋不舍地离开了朝夕相处的首长和战友们，心里很不是滋味，眼泪止不住地流了下来。

恰逢此时，日本鬼子进入苏北很多城镇建立据点，新四军地下党展开了一系列抗日活动。袁祥的老家江苏启东被划为三个区，以便配合新四军开展地下党活动。袁祥有着曾经在部队当小鬼的经历，并且他机智灵活、胆大心细，更有年少不容易引人注意的优势，于是，顺理成章地成了一名小通讯员。面对日本敌兵，袁祥毫无畏惧、有勇有谋，他时而把信藏在腋下，时而把信装进油瓶，一次又一次地冲破日本兵的封锁线和各种据点，在敌人的眼皮底下，传送着各种机密信息，完成上级交办的各项任务。

1945 年 1 月，袁祥重新归队，到南通市东台县练兵，被编入苏北军区十一纵队三十一旅当侦察员，7 月与汪精卫部队的日本和平军打仗。1945 年 8 月 15 日日本宣告投降，袁祥所在的部队负责清除少北、高邮等地的日本、汪精卫的残余部队。1946 年下半年，国民党军队疯狂反扑，气焰嚣张，袁祥被归入由韦国清首长领导的苏北军区十兵团下属一营当通讯员，参加了反抗国民党的自卫战。这个时期的战争岁月，后来被拍成了著名电影《南征北战》。

1947年冬，袁祥参加了蔡凹、涟水、永（阳）宿（迁）等战斗，他不仅到各连队送战信，还带领一个16人的突击班冲锋战斗，歼灭了一个保安团，立了一等功。突击班中的十名战友壮烈牺牲了，袁祥受伤保住了性命。在这几年的战斗生涯中，他凭借英勇和智慧的作战表现，数次立功，受到表扬。1948年4月，袁祥光荣地加入了中国共产党。

淮海战役前夕，袁祥急切地穿上了人民解放军的黄军装，积极响应毛主席的号召，投入到新的战斗中。全国要解放，首先看淮海。袁祥满腔激情，热血沸腾，写下决心书，立志坚决冲在前线，不怕牺牲，永不退却。

1948年11月，淮海战役打响。第一阶段，国民党黄百韬兵团被包围在碾庄地区以后，蒋介石命令徐州两兵团全力东援，袁祥所在的部队负责阻击敌人。当时，袁祥隶属华野十一纵队下属营，他头一仗打了徐州东部塘山阻击战。一个营四五百人，守一个山头。当敌人爬上来的时候，敌我双方拼刺刀，袁祥一连刺死了八九个敌人。这一仗一共打了12天。此后，袁祥随部队调到蚌埠北边继续作战。

当淮海战役进行到第三阶段，1949年1月5日，首长韦国清来到袁祥所在的战壕。由于袁祥在此前的战役中立过功，在政治部领奖时曾与韦国清握过手、一起吃过饭。韦国清政委在战壕里一眼就认出了袁祥，他急忙跑过去紧紧握住袁祥的手，说道："小袁，你屡次立功，要功上加功，还要带动同志立功。"袁祥笑嘻嘻地回应："我争取！"随后，韦国清号召战士们积极报名参加突击班，鼓励战士们为了祖国的解放而作出贡献。首长的话音刚落，袁祥主动站了出来，第一个报名参加。在他的带动下，一营总共13位同志参加了突击班。

在李楼村庄，敌人后援部队反扑时，袁祥带领4位战友，每人扛着一包20斤的炸药，拼死冲至敌人的坦克阵地。当时的情形相当险峻，前有大炮轰炸，后有机关枪扫射。然而，袁祥心中十分清楚，必须完成上级交办的任务。于是，他咬紧牙关，勇敢地冲了过去。只见3名战友在离他不远处纷纷倒下了，其中一人口腔中弹，当场血肉模糊。

袁祥一向机智灵活，善于随机应变，他背着炸药包躲到河边，伺机而动。他一步一步，渐渐地移身到敌人的坦克下方。在战地里一连进行了几个翻滚，直到找到一个有利的位置，看准时机，用力掷出炸药包。在他英勇无畏的突击下，敌人的坦克被他炸毁了。而与此同时，他也当即被震得昏了过去。

当袁祥带领的突击班完成冲锋任务后，战友们集体跟上，向敌人展开了全面的进攻。躺在硝烟中的袁祥，被战友们抬下了战场，大家以为他已经牺牲了，忍不住为这位英雄叹息不已。值得庆幸的是，经过长时间的昏迷，袁祥终于苏醒了过来。只是，他再也听不清别人的话语声。他的耳朵因为执行这次任务而被震聋了。虽然他从此残疾，但是他甘于牺牲的奉献精神和无所畏惧的英雄气概深深地印在了战友们的心中。他为党、为祖国、为人民立下了汗马功劳，故而被评为一等功臣孤胆英雄。

1949 年 9 月袁祥退役，回到家乡江苏启东务农。1960 年 4 月，他和家人跨过长江北支流，来到上海崇明岛安家立业，此后便一直在崇明陈家镇(原裕安镇)生产、生活。起初，他在裕安镇裕北大队务农，辛勤耕作，1966 年 11 月至 1979 年 4 月，他又先后到裕安镇砖瓦厂、裕北大队果园、裕安镇堤防站等单位参加工作，他勤勤恳恳、任劳任怨，继续发扬艰苦奋斗的优良传统。

袁祥退休以后，积极参加村党支部组织的各类活动。他性格随和，待人友善，总是团结身边的同志做好社区工作。尽管步入老龄，可是他年老心不老，与年轻人一样，紧跟时代的步伐，时刻关心国内外的时事政治，宣传党的路线、方针、政策，而且严于律己、以身作则，在村里充分发挥共产党员的模范带头作用。

基于他特殊的战斗经历和丰富的作战经验，袁祥曾受邀到多个学校、部队进行演讲，讲述他的革命故事。他一直告诫年轻人：一定要珍惜现在来之不易的幸福生活，美好的今天都是革命前辈用鲜血、用生命换来的，过去的艰苦与磨难是当代人绝对无法体会的。在战场上，战士们面对枪林弹雨，勇往直前。在军营里，部队官兵每月最多只能吃到半斤肉。正是在如此艰苦的条件下，革命前辈击败了敌人，取得了抗战胜利，最终迎来了祖国的解放。

袁祥坎坷的一生，经历了许多风风雨雨。他走过的那段不寻常的蹉跎岁月，时刻激励着后人，要懂得忆苦思甜，学会感恩，切不可急功近利，好大喜功。年轻的新生代，唯有牢记历史，团结奋斗，自强不息，才能对得起革命先烈们不屈的英魂，才能真正实现伟大的中国梦。

(崇明县双拥办)

德技双馨的济世好医生
视死如归的地下工作者

——记革命烈士李雪舟的感人故事

张陈雄

李雪舟(1914—1947),男,汉族,1913年出生,籍贯上海市浦东新区书院镇,于1944年秋入伍。政治面貌:中国共产党地下工作人员。职务:抗日文化研究社社长,惠东乡农民协会主席。牺牲于1947年4月26日,现安葬于浦东南汇周浦烈士墓。

上海市浦东新区书院镇有一个"李雪村",村里的小学当年曾叫"李雪学校"(现为书院中心小学),这是人们为纪念出生于当地的李雪舟烈士而命名的。2014年是李雪舟烈士诞辰100周年,继在烈士故居开展了百年诞辰纪念活动后,同年10月23日苏州革命博物馆内还举行了一场更大规模的纪念活动。

李雪舟,曾化名李逵,号秋水白萍(曾作为和中共地下党联络的暗语),牺牲时年仅33岁。他的革命事迹被收集在1989年出版的《上海英烈传》第五卷。

1914年5月，李雪舟出生在书院镇一个农民的家庭里。由于家境贫困，虽然勤奋好学，成绩优异，但小学毕业后，家里无力供他再上中学。他一开始在家种地，自学文化知识，后又在当地教了两年多的私塾。当时广大劳动人民正处在水深火热之中，人民的反抗斗争非常激烈。在读小学期间，通过进步青年老师的宣传，他受到了孙中山革命思想的熏陶。回家务农教书后，他又听闻革命志士开展泥城革命暴动和处决当地恶霸、为民除害的英勇事迹，更激起了他一腔热血，立志做一名为国为民的英雄男儿。1933年，他拜大团镇名中医吴友斐为师，决心用医术去挽救人民的痛苦。他夜以继日，不分白昼，刻苦学习医术和其他知识，仅用一年半时间就学成满师了。学医期间，李雪舟在一些进步亲友的帮助下，开始接触中共革命思想。在上海读书的表姐夫鞠耐秋是中共党员，常带《萌芽》《洪流》等进步文学刊物给他阅读，也是中共党员的表哥吴建功和曾担任中共南汇县委首任书记的周大根等经常和他一起探讨唯物辩证法的原理和社会革命的方法。革命真理的启迪，使他逐步树立起济世救民的志向。

李雪舟学好医术后，回到家里开设诊所。他把诊室设在一间客堂里，上午在家为病人诊治，下午则带着药箱，骑着自行车出诊。他经常给贫苦的农民、渔民看病，走遍了乡间海边的草棚茅舍，深切地了解和同情劳动人民所受的苦难，他的人品更为千家传颂。每当乡邻们谈起李雪舟，崇敬之情溢于言表。许多危重的穷苦病人，在他精湛的医术精心治疗下转危为安。遇到贫困人家，他不仅不收诊疗费用，还往往会掏出别的病家送的酬礼，或者自己贴钱，给那些贫困病人抓药。有一次，一户农家请他去看病，这家人家穷得连张可供写药方的桌子也没有，他只好将病人家的一只洗脚盆翻过来，在脚盆底上开药方，最后还在药方上注明"药费由药店向医生收取"的字样。另外，碰到乡亲们得了急病，即便是大风大雨、严寒酷暑，甚至自己有病在身，他也会背起药箱，立即出诊。有一天的深夜，有户穷人家心急火燎地上门来请出急诊，给来人开门的妻子很为难，因为当时李雪舟自己正发着高烧。可他不顾家人的担忧和自己站立不稳的病躯，立即跟随来人出门看诊。为了更好地为乡亲们治病，每天晚上，他坚持刻苦学习到深夜，不断提高自己的医术。他原来学的是中医内科，后来又自学了中医外科。他还研究了西医，把中西医结合起来治病，大大提高了治病疗效。他根据自己的实践经验，撰写了《妇科杂症》，并传授给学徒。他研制的一种名为"万应退消膏"的皮肤消毒剂，疗效显著，远近闻名。由于他德技双馨，病家特地给他送去“妙手回春”的匾额。

抗战初期，在日伪的统治下，社会很不安定，各种学校都停办了，贫苦农民的子女更无处学文化。李雪舟深深体会到，面对社会的黑暗、日寇的蹂躏，要帮助乡亲们改变悲惨的命运，其中很重要的方面是让乡亲们学到文化知识，接受革命思想。他积极出面，多方奔走，联络一些至亲好友和抗日进步力量，有钱出钱，有力出力，终于办起了一所名为“振华小学”的乡村学校，招收了 60 多名农家子弟来上学。他经常利用施诊的空余时间来到学校上课，讲授国语、算术，又运用讲故事的形式，热情宣传八路军、新四军打击日军的胜利消息和中国共产党抗日救国的主张，揭露国民党反动派消极抗战、积极反共的卖国投降政策。1943 年，李雪舟又抓住机会，巧妙地向伪乡政府提议，利用罚没的赌资建造学校。于是，他出面又创办了一所“东明小学”。一方面传授科学文化知识，一方面进行爱国主义教育，这所学校后来成了中共地下党活动的一个重要场所。

很早就接触进步思想，胸怀满腔爱国爱民热血的李雪舟，1944 年秋通过了中共南汇东南区委的考察，正式被吸收参加革命工作。他利用行医做掩护，白天为人诊病，晚上开展革命活动。他首先联系上当地 10 多名知识分子，以“文化研究社”为名义，组织抗日团体，并担任该社主任。文化研究社社员不定期聚会，分析形势，抨击时弊。他们学习毛泽东著作，阅读中共抗日战报，编写印发张贴抗日传单。在东南区委领导下，李雪舟还组建了一个三人秘密武装小组，并担任了组长，主要搜集敌伪军的情报，调查敌特头目的劣迹，暗中开展锄奸斗争。他们还配合区中队摧毁了敌伪联络站，镇压了“地头蛇”。敌人对武装小组十分惊恐，一时不敢任意敲诈和欺凌老百姓，打击抗日力量了。他还以看病为由，深入到伪乡长、贩卖私盐的武装头目吴阿乱的部队，配合新四军浦东支队代表，传达“建立友谊、互通情报、互相支持、共同抗日”的统一战线方针，最终说服其多次帮助抗日武装力量筹措弹药，护送伤员到上海就医。1945 年，随着斗争形势的高涨，遵照上级指示，李雪舟引导农民组织起来，建立了惠东乡农民协会，他被推选为主席。群众被组织起来了，人心齐、力量大，抵制派捐、派粮，开展抗捐、抗税、抗粮、抗丁斗争十分活跃。这时，在贫苦农民、渔民的心目中，李雪舟成了他们谋求翻身的带头人。

李雪舟的家四面环水，仅有一条小路可进出，家中有小楼可以瞭望周围环境，楼的周围有竹林遮掩。自从正式参加革命后，他的家就成了中共地下党及其武装部队的联络站。吴建功、肖方等区委领导经常隐蔽在他家中，共商对敌斗争大事，部队作战有了伤病员也送到他家治疗。他的妻子也全力支持革命活动，帮助传递情报，站岗放哨，照料伤员，安排过往同志食宿。

抗日战争胜利后，新四军奉命北撤，李雪舟遵照区委的指示，留下来坚持斗争。1946 年下半年，中共地下党组织在浦东地区恢复了武装斗争，于是他仍以行医为掩护，收集情报，开展革命活动。他除了指导、发动其他同志和群众开展斗争，帮助游击队筹措经费物资和粮食弹药，为地下党活动创造条件外，还经常利用医生出诊为病人看病的便利条件，为党组织传递情报。他的出诊药包里有一个夹层，情报就放在夹层里。传递情报面临各种危险，不仅要躲开敌人的搜查，还要战胜恶劣的自然环境。有一天夜里，李雪舟要传递一份紧急情报。外面一片漆黑，下着倾盆大雨，地上全是水，根本看不清脚下是路还是河，他几次跌入河中，又爬上来坚持赶路，终于及时把这份紧急情报送到目的地，而他自己却大病了一场。

李雪舟对党和人民无限忠诚，对革命事业的信念，无比坚定。虽然主要从事的是地下活动，但李雪舟的革命活动已经引起了国民党反动派的极端仇视，千方百计想谋害他。1947 年 4 月，国民党南汇保安团纠集泥城、书院等地区的自卫队进行所谓“清共”，捕杀革命同志。4 月 25 日深夜，敌人像铁桶一样团团围住了李雪舟的家，上百只手电光照耀得天空如同白昼，他不幸被捕。敌人先把他带到南汇外三灶进行毒打，后又把他带到万祥，关押在一个地主的家里，由伪县长、保安团长徐泉连夜亲自审讯。敌人为了得到中共地下党和游击队的组织及活动情况，对他施加“踩杠子”“上老虎凳”等酷刑，严刑拷打了一天一夜，把李雪舟打得皮开肉绽，手骨折断，几次昏死过去，再被冷水泼醒。但他还是坚贞不屈，严守党的秘密，保护革命同志，敌人最终一无所获。无计可施之下，4 月 26 日傍晚，敌人在万祥镇北郊金家桥北侧枪杀了李雪舟。在去刑场的路上，李雪舟毫无惧色，大义凛然，镇静地向过路群众点头致意，慷慨激昂地呼喊革命口号，表现了一个革命战士坚贞不屈、视死如归的英雄气概。他的精神感动了沿途群众，当天晚上一个贫苦农民冒着生命危险，收殓了李雪舟的遗体。

李雪舟牺牲后，人们发现他为新四军所筹款项有不少是以他个人名义借来的。因此，不少债务由他的妻子尹银珠靠辛勤劳动、变卖家产、省吃俭用才得以还清。

1949 年 5 月南汇县解放后，人民政府授予李雪舟烈士称号。烈士的遗骸于 1972 年迁葬至周浦烈士陵园。如今，当地人民提起李雪舟，仍然有说不完的故事。

（浦东新区双拥办）

抗日烽火中的几则故事

任世才

任世才，河北阳高人，男，汉族，1926 年 2 月出生。现为南京政治学院上海干休所离休干部。1940 年 2 月入伍，1945 年 9 月入党。历任晋西北军区雁北支队通信员，延安中央警备团班长，热河军区浚源支队排长、政治指导员，北京南下工作团 1 分团中队长，高级防校技术部政治协理员，空军第十一航校群工科科长、三团副政治委员，空军政治学校保卫处长，空军第十一航校政治部副主任等职。1980 年 8 月离休，副师级。参加过百团大战、辽沈、平津等战役，1943 年在大生产运动中被评为“劳动模范”。曾荣获独立自由奖章、三级解放勋章。1988 年中央军委授予独立功勋荣誉章。

回忆半个多世纪前抗日战争的历史，那烽火连天、枪林弹雨、尸横遍野的情景，对于任世才老人来说，还宛然如昨。作为幸存者，他深情讲述了自己亲身经历的几则故事，告诫后辈们要不忘历史，珍惜现在来之不易的幸福生活，为实现中国梦不懈奋斗。

换　枪

1940 年秋，只有 14 岁的任世才到连里当战士，连里给他发了一支老掉牙的套筒枪。枪筒里的来福线几乎全被磨光了，子弹打出去不远就掉了下来；枪筒表面锈迹斑斑，枪托是后配的，连油漆都没有上，枪上没有刺刀和通条，难看极了。班长风趣地说："枪是难看而且老了点，先将就着用吧。"并指着老同志手里的枪说："他们的枪既漂亮又好使，但那不是上级发给他们的，而是在战斗中从小鬼子手中夺来的，你想要好枪，就自己从小鬼子手里夺。"

听了班长的话，任世才就暗下决心：一定要从小鬼子手里夺来一支三八大盖枪，给班里的同志们看看，老同志能做到的事我也能做到，我不是孬种！时隔不久，任世才就参加了攻打左圩沙河口的战斗，他们营在夜幕的掩护下悄悄地接近敌人，清除路障，剪开铁丝网，突然发起攻击。机枪、手榴弹一起开火，把从睡梦中惊醒的敌人打得措手不及，东躲西藏，哭爹喊娘。时间不长，一队鬼子和十多个伪军已被消灭过半，剩下的敌人见大势已去，乖乖地举手投降。同志们正在清理战场，这时任世才忽然发现一个小鬼子偷偷地沿着土墙溜到外面企图逃跑，他追上去大声喊："站住！不然我就开枪了！"那家伙见任世才人小竟不理睬，任世才端枪瞄准他的后背就是一枪，小鬼子被打得趴在地上，任世才亲手夺过一支崭新的三八大盖枪。当时喜悦的心情抑制不住，他兴奋地喊道："我有三八大盖了！"连长了解任世才的心思，缴获的那支三八大盖枪没有上缴，作为奖励，交给他使用。这支三八大盖枪在小小年纪的任世才手里消灭了许多敌人，成了他最心爱的武器。

开进南泥湾

1942 年是敌后人民抗日战争最困难的岁月。那时，国民党军队不但不抗日，反而先后于 1939 年冬到 1943 年 3 月发动了三次反共高潮，集结了数十万大军对陕甘宁根据地进行军事围剿和经济封锁，企图卡住我军的脖子，把边区军民困死、饿死。

为了粉碎国民党反动派的军事包围和经济封锁，党中央和毛主席发出"自己动手，丰衣足食"的号召。三五九旅在王震将军的率领下，分批进驻南泥湾，开展了具有划时代意义的南泥湾大生产运动。1942 年初，任世才所在团由陕北瓦窑堡奉命进驻南泥湾马房村。

初到南泥湾时，那里荆棘丛生，野兽出没，没有房子住，没有粮食吃，生活条件十分艰苦。战士们以不怕困难的英雄气概，决心自力更生，艰苦

任世才

奋斗，一把锄头一支枪，生产自给，保卫党中央。进驻南泥湾后碰到的第一个困难是没有房子住，部队只能在野外宿营。一把枯草铺在地，天作被来地当床，十几个人围坐一圈，背靠背相互取暖，清晨起来每个人身上都落着一层厚厚的白霜。为使部队尽快有房子住，结束长期的野外艰苦生活，团里决定打窑建家，安营扎寨。连里为此召开了诸葛亮会议，号召大家出点子想办法。打窑建家是每个指战员渴望已久的事，大伙纷纷献计献策，性子急的人开完会就跑上山去砍树割柳条，回来后有的编筐，有的做扁担，有的做小推车，有的安铁锹把……准备工作就绪后就投入了打窑的战斗。任世才所在班 9 个人，个个情绪高涨，甩开膀子干了起来，有的拿镐刨，有的用铁锹挖，有的用肩挑，有的用车推，劳动热情非常高，工地上一片沸腾。肩磨破了，手上起了泡，轻伤不下火线，咬紧牙关继续干。很快，窑洞就打好了，一排排崭新的窑洞，远远望去如同一层层楼房。住进自己亲手建的窑洞，同志们心里感到格外高兴。

窑洞打好后，向荒山要粮的战斗开始了。任世才那个连分到好几个小山包，有上千亩的土地。为了不误农时，团里要求尽快开垦出来，赶到春播前种下去。他们并排着，每个人一米宽，争先恐后地向前刨，唯恐落后。开始手上打了泡还用布简单地包一下，后来谁也顾不上这些小事了，水也顾不上喝，头也不抬，一个劲往前赶，人人奋勇争先，心里只有一个念头，快、快、快，千万别误了农时。连里组织了劳动竞赛，同志们纷纷摩拳擦掌，争当劳动模范。有个叫高德胜的大个子，一天开了 4 亩荒地，大家赠了个外号叫“气死牛”。劳动竞赛进一步激发了同志们的干劲和热情，在千百把银镐挥舞下，南泥湾沉睡千年的处女地苏醒了，肥沃的土地为顽强的八路军战士敞开了胸膛，散发出阵阵清香。连队同志仔细地播下种，施了肥，绿油油的小苗出土了，在同志们辛勤的劳作下，一天天长大，直到沉甸甸的谷穗在微风中弯下了腰。金色的秋天到了，部队收获了上万斤的谷子和几百斤稻子，不但可以自给自足，还有余粮上交政府，减轻了陕甘宁边区人民的负担，解决了根据地军民迫在眉睫的生存大计，打破了敌人的军事包围和经济封锁，有力地支援和配合了抗日前线的作战，为夺取抗战的最后胜利奠定了基础。

毛主席给他改名字

1943年的春天，一个阳光明媚的上午，任世才的连里来了三位身着干部服的首长，听说是从中央机关来的，年龄大一点的那位是部长，人们都称呼他康部长。康部长在连队会议上说："根据形势发展的需要，党中央决定将中央警卫营扩编为中央警卫团，这样就要挑选一批年轻、优秀的战士补充到中央警卫团去，我们3人就是奉党中央和毛主席的指示到你们连来的，任务就是想在你们连里挑选一批年轻、优秀而且要有一定文化程度的棒小伙子，你们一定要支持我们哦……"通过反复挑选，全连一百多人最后选中九人，任世才就是其中的一个。

1943年3月，任世才来到延安中央警卫团，直到1945年9月下旬离开，在延安度过了他人生中最难忘的三个春秋。清凉山上的宝塔，像座永不熄灭的灯塔照耀着中国大地。延安是毛主席和党中央所在地，毛主席在这里曾经指挥过抗日战争和解放战争，运筹帷幄，决胜千里，驱逐了日本侵略者，打败了蒋介石，解放了全中国。为了保卫毛主席和党中央的安全，在宝塔山下延河边的这块黄土地上，任世才像风华正茂的小树，沐浴在阳光下，茁壮地成长起来。这一段在党培育下成长的不寻常经历，虽然已经过去半个多世纪，但让任世才久久难以忘怀。

初到中央警卫团，任世才被分配到一营三连，最初上级叫三连负责兰家坪中央党校的安全警卫工作。大家嘴里虽然不说，心里却有点不太高兴，觉得这是领导对新来的同志不够信任，大家便下决心工作上见。战士们对党校学员出入营门的管理非常严格认真，没有上级的批准手续谁也别想随便溜出去。党校领导多次表扬他们的警卫工作做得好。随着时间的推移和上级对他们的考验，团领导对他们连慢慢地重视起来了，随后把他们三连从兰家坪调到杨家岭——中央政治局所在地，负责中央政治局和中央书记处的安全警卫工作。经过较长时间的锻炼和考验，领导上认为任世才对警卫工作认真负责、一丝不苟，对党中央和毛主席是忠诚可靠的，于是又把他调到了二连，也就是从杨家岭调到了枣园，来到了毛主席身边。

在毛主席身边的日子，有一件事改变了任世才的一生，让他终身受益。那是1944年四五月间，任世才刚调到枣园毛主席的身边，专门负责毛主席住地的外勤警卫工作。一天，他在值勤时，看到一位慈祥的长者正在散步，旁边跟着一位首长模样的人，当他俩经过任世才的哨位时，那位长者觉得他有点眼生，便回过头来亲切地问道："小同志，你是新来的吧，从哪个部队来的？"任世才回答说："是，报告首长，我是从一二〇师三五九旅调来的，调到中央警卫团一年多啦，原来在兰家坪和杨家岭负责那里的警卫工作，前几天康部长说这边人手不够用，才把我调到枣园来的，所以首长见到我感到眼生。"长者一听任世才是从三五九旅调来的，马上停下脚步说："哦，三五九旅可是一支模范部队。你到这里来要好好地向老同志学习，可不能给王胡子和三五九旅丢脸啊。"他身旁的那位首长问任世才叫什么名字，任世才回答说："叫任世财。"长者就问："是钱财的财，还是人才的才？""是钱财的财。"长者听后说："太复杂啦，最好把贝字去掉，只有不受钱财的累赘，这样才能为民族的解放和独立更好地干革命。"当时任世才并不知道这位长者是谁，回到班里之后，他把经过跟大家一说，大家马上说："那就是毛主席，毛主席为你改名字那是多么幸运的事啊。"任世才无法形容当时的激动心情。就这样，听从毛主席的话，从此，他就把那个钱财的"财"字改为人才的"才"字，并决心一定要使自己成为一个对国家和人民有用的人才。

见到毛主席之后，直到1945年"八一五"日本帝国主义投降，任世才一直留在枣园为毛主席站岗放哨，毛主席的亲切教导，给了他很大的鼓舞。他一直遵循毛主席的教导，严格要求自己，勤勤恳恳、兢兢业业地工作，虚心向老同志求教，学军事、学政治、学文化科学知识，不断提高自己的军政素质，不久便由一名战士提升为班长，但他仍然是党中央和毛主席的忠诚卫士，肩负着警卫党中央和毛主席的光荣任务。以后，在漫长的革命和建设的道路上，任世才始终牢记毛主席的教导，不背"财"的包袱，努力学习，增长才干，在各个岗位上为党和人民作出自己应有的贡献。

（杨浦区双拥办）

生命的光辉

——记新四军老战士、离休干部杨炯

葛　捷

杨炯（1919—　），女，1919 年出生，离休干部，残疾军人。1939 年入伍参加抗日战争，1941 年任职新四军一师，在与敌人作战中，被打伤面部，留下残疾。1943 年，担任奉贤南桥淞沪支队驻上海联络站站长，开展地下工作。解放后在机关担任干部，现居住闸北区共和新路街道。

一位 96 岁的老人，两次命悬一线，脸上的弹痕至今清晰可见。三十八年蒙冤受屈，身心的伤害曾经刻骨铭心，可她对党的信仰从未改变，对工作一丝不苟、充满激情，对人民始终心存感恩。她——就是新四军老战士，共和新路街道离休干部杨炯。

老人的传奇一生让人心生向往。她一头银发，腿脚不便，看着非常柔弱，让人不解，她如此瘦小的身躯却永远充满活力，蕴藏着巨大的能量。

为党奉献青春

看过《青春之歌》的人都会情不自禁地为那个五四运动中觉醒的谱写

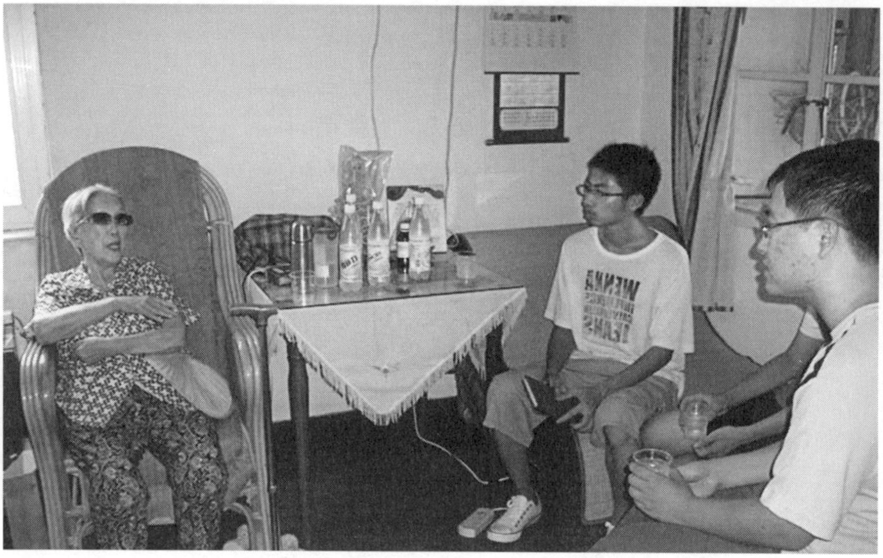

上大学生代表前去探望新四军老战士杨炯

了一曲青春之歌的青年女性林道静而感动。出生于五四运动那一年的杨炯，虽然没有经过五四的洗礼，但也与林道静一样，经过朦胧、启蒙、觉醒逐步走上了革命的道路，奏响了自己的青春之歌。

从南洋女子中学毕业后，杨炯来到工厂当学徒，在同事的引领下，年轻的她参加了夜校学习，从而接触了一些进步的老师和同学，激发了爱国热情，经常参加各类时事讲座，读进步书籍，看革命电影，懂得了很多革命道理。从 1936 年参加上海职业界救国会开始，她便把自己的青春和热血汇入到了革命的洪流之中。在复杂的革命形势下她逐渐成长，工作的范围越来越广，任务越来越重。1939 年初，有一位负责同志因为公开露面，在下班的路上被敌人杀害了，这件事坚定了杨炯参加革命的决心，她以更大的热情投入到抗日救亡运动中，后来地下党组织考虑到她的安全，把她送到解放区。从 17 岁到 22 岁，经过数年地下党工作的锤炼，她坚定了革命的信仰，以自己的热情和行动践行着一个革命者的誓言："我把青春献给党、献给人民。"

为革命出生入死

1941 年春，她给家里留下一封信，就与许多热血青年一起离开上海，经过敌人的一道道封锁线，奔赴苏北解放区参加了新四军，并光荣地成为一名中共党员。

这年深秋，根据组织安排，杨炯离开部队，来到江苏东台担任东台县富安区委书记，她工作的地方离敌人据点仅十多公里，工作的危险可想而知。就是在这样的环境下，她发动、依靠群众，白天打埋伏，晚上走村串户，把工作开展得有声有色。在群众的支持和掩护下，她一次次逃脱了敌人的追捕。然而在 1941 年冬的一天凌晨三点钟，杨炯与同志们正在村子里召开区委会，由于叛徒出卖，敌人包围了开会场所，端着枪冲了进来。杨炯意识到情况危急，马上随手打灭蜡烛，黑暗之中的敌人发了慌，随即就是一阵乱枪，一颗子弹射进杨炯右面颊，又从左面颊飞出，她顿时感到脸上一热，鲜血喷涌而出。当敌人拿着手电筒进屋搜索时，她竭力屏住呼吸装死骗过了敌人，随后，便失去了知觉，醒来时已经在老百姓家里。当地群众见杨炯醒来，便冒着危险用担架抬着她走了三天三夜找到流动的后方医院，才把她从死亡线上拉了回来。这次同死神擦肩而过的经历，使杨炯始终感恩人民群众，把为人民服务作为自己一生奋斗的宗旨。

1943 年春，因杨炯的伤口总不能痊愈，组织上决定送她回上海治疗。病愈后杨炯要求返回部队，当时的上海地下党考虑到她家里的实际情况(此时杨炯的丈夫病故了，儿子才六个月大)，而且对上海比较熟悉，就要她留下来开展地下工作，担任奉贤南桥淞沪支队驻上海联络站站长。随着内战的爆发，联络站的工作越来越危险。1947 年 9 月，联络站遭到破坏，由于叛徒的指认，她被国民党中统特务机关逮捕。为了获得有价值的情报，敌人对她进行严刑拷打，面对敌人的酷刑，杨炯咬紧牙关，始终不吐露一字，敌人无可奈何。后来她叔叔以全家性命财产担保，才把受尽折磨、奄奄一息的杨炯保释了出来。因为地下工作都是单线联系，联络站已被破坏，出狱后的杨炯一时失去了与党组织的联系，但她主动积极地为地下党做外围工作，相信总有一天能够回到党的怀抱。

为人民奋斗余生

1949 年 5 月杨炯终于盼来了上海解放，原新四军的领导找到她，要求她出来担任上海民主妇联秘书。但杨炯失去了组织关系，只有恢复了党籍才能从事党的工作，而恢复党籍就要进行审查，那时刚刚解放的上海百废待兴，所以恢复党籍之事就被搁置了下来。未恢复党籍的杨炯难逃噩运，成为历次运动的对象。内心极度痛苦的杨炯甚至想到了自杀，但对党的信仰，使她顽强地坚持下来，并终于云开雾散，恢复了党籍恢复了原职。1985 年 12 月落实政策，她流下了激动的泪水，三十八年的坚守和等待，此时 66 岁的她一头黑发已成白发。

重新获得政治生命的杨炯立誓要把自己的余生献给党，献给人民，离休二十多年为人民服务从未停止过。机关、社区、学校，到处留下她的身影，她的杨炯谈心室，无论是下岗的、待业的、生病的，或家庭邻里发生纠纷都去找她，老人用她平实的语言润物细无声地感染大家。

在 2005 年保持共产党员先进性教育活动中，她用自己传奇的一生，用来之不易的幸福生活教育大家珍惜今天的一切。她不但教育别人，还用实际行动长期资助农村的小孩。她交纳特殊党费一万元，每逢有募捐活动，也第一时间到居委会参加。她还为希望工程捐款一万元，平时有点茶叶自己也舍不得吃，拿到居委会给大家用，而自己的席子补了又补，穿的衣服还是七十年代的旧装。

她用点点滴滴的行动浇灌着和谐社区土壤，让生命发出绚丽的光彩。

（闸北区双拥办）

献身祖国的巾帼英雄

——追记崇明籍抗战英雄朱惠萍

宋振卫

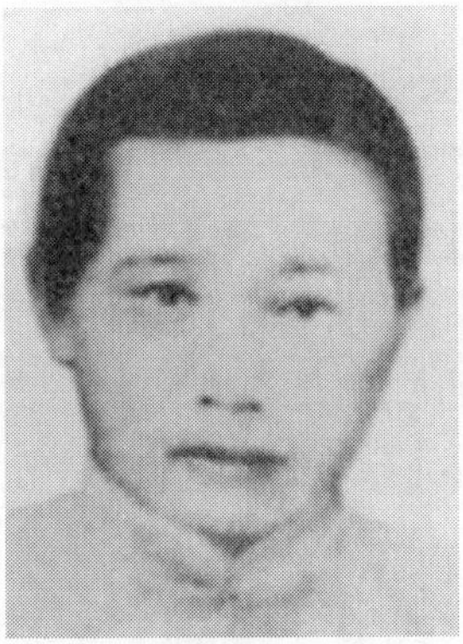

朱惠萍(1919—1947),乳名桂新,曾用名渭萍,家住崇明县新河镇永丰村。她于1919年10月15日出生在一户农民家庭里,1945年9月加入中国共产党。抗日战争期间,她全身心地为革命而奔忙,把自己的生死与民族的存亡、国家的安危拴在一起。她先后在启东区妇抗会、惩办汉奸工作队、民运队等处工作,发动群众搞根除奸细、"二五"减租等活动。又根据党的指示,动员群众参加妇抗会、农抗会;发动妇女为新四军、抗日民主政府纺纱、织布、做军鞋、缝军袋;组织群众担架队,为部队送粮、送饭、救护伤员。在解放战争中,她无私奉献,忘我战斗,英勇献身。她的事迹愈传愈广,激励了无数巾帼披上戎装。

(一)

朱惠萍的父母靠纺纱织布为生,兼耕一些土地,她从童年起就学纺纱织布。青少年时代除了纺一手好纱,织一手好布,做好家务劳动外,她还常到地主家打些短工。在艰难的岁月里,她养成了吃苦耐劳的精神和忠厚淳朴的优良品德。

1937年,刚满18岁的朱惠萍受父母之命和同村青年郁鹏飞结婚。夫家父亲早亡母亲病故,一个妹妹还不满10岁。过门后,繁重的生活担子落在朱惠萍的肩上。她白天下地干活，晚上纺纱织布，照顾年幼的小姑。结婚当年，日本侵略者的魔爪已经伸向东北、华北，她又生育了一男一女，家难、国难，沉重的生活负担常压得她喘不过气来。

自从日本侵略者的铁蹄踏上崇明岛后，苦难深重的海岛人民更加遭殃。朱惠萍看到眼前的一切，想起那令人煎熬的生活，埋藏在心底里的民族仇恨的火种迅速燃烧起来。

1939 年秋，中国共产党领导下的抗日救亡运动的熊熊烈火燃烧到了朱惠萍的家乡。她丈夫以办学校为掩护，开展抗日救亡宣传活动，中共地下党一些领导人如韩念龙、范义等常到她家活动，她的家成了进步青年经常聚会的场所。朱惠萍受到革命思想的教育和熏陶，积极协助丈夫开展工作。1941 年 7 月，丈夫奉命撤往苏北继续从事革命活动，此后，她日夜盼望着也能投身到革命的洪流中去。

1944 年冬，朱惠萍第一次到与崇明岛一水之隔的苏北去。到了那边，跟已经参加革命的董家妈妈相识了，在董家妈妈的培养和教育帮助下，她懂得了更多的革命道理，懂得了妇女要求得彻底解放，只有跟着共产党闹革命。这年底和次年初，她曾几次回老家探望，每次回崇明，总要给家人讲些抗战的大好形势和在苏北看到的和听到的共产党和共产党所领导的新四军实行的各项政策、措施，并动员熟人一起到苏北投身革命。

（二）

1945 年春，世界反法西斯战争和中国抗日战争都处于最后胜利的前夜，苏北启东县的抗日形势发展喜人，抗日军民把那里的日伪军打得惶恐异常，沦陷区进一步缩小，根据地、游击区进一步恢复和扩大，农抗会和妇抗会等群众团体十分活跃。3 月，朱惠萍在党组织的鼓励下，妥善安排了两个孩子，重新踏上启东的土地。在和广大群众的广泛接触中，她通俗地宣传妇女求解放的道理。启东县大兴、长兴、惠东一带的群众都熟悉她，在那里的新四军指战员都了解她，群众很愿意同她讲知心话，战士们都亲切地称她朱大姐。

朱惠萍原来不识字，参加革命后，由于没有文化，在工作中碰到了不少的困难，因此下决心学习文化。她买了几张白纸订个小本子，还买了支钢笔，坚持利用工作余暇刻苦学习，遇到不识的字就虚心向人请教。不管住到哪里,她每晚总要认真地学到夜深人静。凭着一股坚强的毅力和恒心,她很快掌握了数千个汉字,既能看报,写便条,又能写书信和情况汇报,甚至还能向地委机关的《江海报》投稿。

1945 年 9 月,中国人民终于赢得了抗日战争的辉煌胜利。是月,朱惠萍由董家妈妈介绍,参加了中国共产党。入党后,她对自己要求更严,工作热情更高,如同身上插上了坚实的翅膀,经常起早摸黑,走东家串西家,宣传党的政策,进一步开展群众工作,发动和组织群众斗地主、分田地。1946 年 3 月,组织上调朱惠萍去党校学习,学习结束后,在区委召开的参军动员大会上,她第一个登台发言,报名参军,希望打倒国民党反动派,解放全中国。

(三)

1946 年 6 月 26 日,蒋介石悍然撕毁《停战协定》和政协协议,挑起了中国历史上空前规模的反革命内战。1947 年 1 月,国民党反动派经过两个月的阴谋策划,开始对启东地区进行疯狂的全面"清剿"。2 月初,国民党反动军队在朱惠萍战斗的启东区增筑许多据点,大小市镇基本被占。敌军构筑据点后,日夜反复"清剿",捕捉干部、民兵,同时强行编制保甲,实行连保连坐,组织特务情报网监视干部、民兵的活动,形势十分险恶。为了粉碎敌人的"清剿"阴谋活动,朱惠萍和许多地方干部一起冒着生命危险,坚持在敌人据点之间的隙缝里,在敌人的眼皮底下机敏地开展各项工作,不管分内分外地整天奔忙。当时,苏北战场上大小战斗频繁发生,大批伤员从前线送到后方医院抢救治疗,医院里人手少,救护工作紧张而繁重。朱惠萍知道医院里忙不过来,就跑去帮助做些力所能及的事。在医院里,她不分昼夜地把从伤员身上换下来的纱布等清洗得干干净净,还硬缠着医务人员脱下脏衣服,为他们洗干净,并诚恳地对医务人员说:"你们抢救伤员很忙,我不会抢救工作,只会洗洗东西,就让我多干点这些活吧。"

由于战斗紧张,环境险恶,组织上做出决定,女同志撤离到启(东)、海(门)交界处和小闸口一带比较安全的地方去。可是朱惠萍跟组织上说:"我是党员,我能坚持,这里群众需要我们,有我们在,才能稳定群众情绪。"组织上见她言辞恳切,就同意了她的请求,让她留在原地坚持斗争。

她曾写信给县委领导说："领导和同志们对我十分关心，使我感到温暖，体会到党真是我的亲爹娘。我在启东坚持斗争，我决不怕牺牲。"

1947年4月，敌人的进攻猖獗到了极点，还乡团到处捕捉干部、民兵，进行反攻倒算，启东地区笼罩着血腥的白色恐怖。17日，朱惠萍和妇女干部周凤清去东圩乡妇女主任郁玉兰处商量工作，不料，国民党军队纠集了还乡团杀气腾腾地包围了东圩乡。朱惠萍来不及撤退，被敌人认了出来，当场被抓去。敌人从朱惠萍随身带的篮子中搜出了周凤清的介绍信，拿着它厉声吆喝着："快说，谁是周凤清？"朱惠萍镇定地回答："到县里领粮去了。"愚蠢的敌人信以为真，不再追问了。就这样朱惠萍用一句话骗过了敌人，保护了同志。敌人用绳子紧紧地把朱惠萍捆绑起来，推推拉拉的，一边走一边用枪柄打，腿打断了，跌倒在地上，她仍咬紧牙关，一声不吭。

敌人逮捕了朱惠萍，得意忘形，认为对一个女人只要略施诡计便能征服她。国民党区长假惺惺地以"歉意"和"关心"的口气对朱惠萍说："我们的人不该把你打成这个样子，只要你办理一个自首手续，交代出组织，讲清情节，就可以保证生命安全。"敌人话音刚落，朱惠萍紧接着补上一句说："我犯了什么罪，要自首？"敌人又讲："你把地方干部和党员的名单交出来。"朱惠萍见敌人提出这个条件连声说："不知道，不清楚。"狡猾的敌人本想用几句话就能从这个妇女身上得到想要的东西，谁知碰了钉子。于是，敌人连忙改用物质来引诱，妄图以此来征服面前的对手。一名敌长官亲手端了饭菜，给朱惠萍吃，还说如果能合作就可以住花园洋房。面对敌人的"恩赐"，朱惠萍看都不看一眼，冷冷地对敌长官说："我吃惯咸瓜老麦饭，我住惯东壁打洞西壁穿的破屋。"说完就用拳头猛击玻璃窗，顿时手上鲜血直流。

朱惠萍的言语举动，把敌长官弄得尴尬狼狈，只好改为直接审讯。敌人问："你是共产党员吗？"朱惠萍只用两个字简单地回答："是的。"敌人又问："还有谁是共产党员？"朱惠萍为了保护同志又回答了3个字："不知道。"敌人逼问："你经手的公布、军鞋在哪里？"朱惠萍干脆说："在群众家里。"敌人继续追问："在哪些群众家里？"朱惠萍迷惑敌人说："家家都有……"

朱惠萍斩钉截铁地回答，镇定自若的神态，刺伤了敌人的神经。敌人万万没想到站在他们面前的这个妇女竟如此坚强，难以对付，盛怒之下给朱惠萍上刑。先是给她坐老虎凳，然后用10根针刺进朱惠萍的10只指甲里，再逼她用上刑以后的手指像老鼠扒松泥一样地扒土，最后用死来威胁她。朱惠萍在敌人的淫威面前，忍着剧痛，咬牙咒骂敌人的野蛮、残酷，并警告这帮穷凶极恶的刽子手："共产党员像竹园里的竹笋，挑掉还会长出来，是挑不尽，挖不完的！"一个叛徒壮着胆子走到朱惠萍跟前，企图劝降。朱惠萍怒目圆睁，痛骂叛徒，"贪生怕死，出卖同志，人民总有一天会跟你算账的！"叛徒讨了个没趣，灰溜溜地缩了回去。

朱惠萍被敌人抓走后，党组织千方百计设法营救。在她被捕后的第四天，党组织写信给打入启东县惠安镇敌人据点里做地下工作的施品芳同志，叫她里应外合，想尽一切办法救出朱惠萍。岂料，这封信落到了叛徒手中，当晚，施品芳同志也被敌人关押审讯。

敌人对中共地下党组织营救朱惠萍十分害怕，再也顾不得从朱惠萍身上拷问出什么"秘密"来了。4 月 22 日的后半夜，敌人把朱惠萍、施品芳和另一个民兵施贤押解到惠安镇南市区公所的田野里，挖了一个泥坑，将三人推进去活埋了。就义时，朱惠萍仍想着共产党、毛主席，并用尽全身力气高呼："共产党万岁！毛主席万岁！"年仅 28 岁的女共产党员朱惠萍，为了人民的解放事业和千千万万人民的幸福，留下两个年幼的孩子，英勇地献出了宝贵的生命。

（崇明县双拥办）

永葆革命军人本色

费　平

刘阿虎(1926—2012),江苏省江阴县人,出生于1926年1月,一等残疾军人。15岁参加新四军,进行反清乡、反扫荡及对日伪大反攻等战斗,曾担任勤务员、通讯员、骑兵排长等。18岁加入了中国共产党。解放战争时期,加入华东野战军,经历鲁南、宿北、莱芜、孟良崮等战役。在孟良崮战役中,左手臂被炸伤截肢。荣立两次模范奖旗、三次战斗模范和一次一等功。解放后,任华东海军江阴要塞政治部轮训队队长和江阴要塞司令部侦查股股长、华东海军干部训练团中队长等职务。1953年转业先后担任中国纺织机械厂保卫科长、上海机床厂保卫科长,曾为毛泽东视察上海机床厂担任安保任务。1985年离休,于2012年2月病故。刘阿虎一生光明磊落、克己奉公,无论是战争年代还是和平年代,他始终对党忠诚且以身作则、为人低调,永葆革命军人本色。

墙头的几幅老照片总是让人们浮想联翩:这一幅是头戴新四军军帽的18岁战士;那一幅是当新郎的海军军官与当新娘的女战士的结婚照;另一幅是苏南军区第一届英模代表大会合影;还有一幅是上海解放初期四位军人戴着大檐帽穿着军官制服的合影,其中第二位是那样的俊朗、帅气,充满着革命军人的青春气息……他就是当年在抗日战争、解放战争中叱咤战场、威震敌胆且九死一生成"独臂英雄"、在社会主义建设事业中作出突出贡献的一等残疾军人刘阿虎同志。尽管照片已泛黄变色,但那清晰的影像却承载着主人翁的不朽事迹和人生的坎坷经历，把人们带到那可歌可泣的年代和难忘的峥嵘岁月……

刘阿虎结婚照

刘阿虎参军照

携大饼参加革命　浴血战光荣入党

刘阿虎同志 1926 年 1 月出生于江苏省江阴县一个贫农家庭，7 岁开始在江阴西门外申港镇小学读书，3 年后便因家贫而辍学。之后因家庭的变故母亲改嫁，和父亲相依为命的小阿虎 10 岁就跟人学生意做大饼，有时做完大饼还要给客人送去。12 岁那年一次偶然送大饼时他遇到了中共地下党，看这小孩受苦且聪明，地下党员就时常给其讲革命道理，讲与敌人斗争的经历。久而久之，小阿虎心中也向往加入这支为穷苦百姓打仗闹革命的队伍。他开始乘送大饼的机会，为地下党送信、送电报，还利用做生意的身份收集敌人情报。终于有一天，他带着 100 多只大饼离开故乡奔赴苏北抗日根据地参加了新四军，那年他 15 岁。

在那抗战的年月，民族仇、阶级恨使刘阿虎与日本鬼子作战时异常勇猛，他不但担任通讯工作，还加入尖刀班与敌人浴血奋战，多少次冲锋，身边的许多战友倒下了，而他坚持到最后，与赶到的大部队一同把敌人全部消灭。从担任江阴西路民抗七支队勤务员、江阴东路 6 师师部通讯员、江阴西路五十一团通讯员到苏北江都五十二团一营营部通讯班长、苏北一分区五十二团团部警卫员和淮北地区六师五十二团骑兵排长，刘阿虎在师长谭震林、粟裕，旅长江渭清、刘先胜、王飞等带领下，开辟了江高宝根据地，驰骋在平原水乡进行反清乡、反扫荡及对日伪大反攻等战斗，有力地打击和消灭了日寇及伪军的有生力量。

在部队这个大熔炉里，刘阿虎严格遵守各项纪律，一切听从部队领导指挥，服从组织安排，迅速成长为一名合格的革命战士，正如他说的："我要为推翻三座大山建设新中国立功劳！"鉴于他在战斗中的表现，1944 年 2 月，18 岁的刘阿虎光荣地加入了中国共产党。

断左臂英勇善战　立功勋迎来解放

解放战争时期，刘阿虎的部队编入华东野战军，参加过著名的鲁南、宿北、莱芜、孟良崮等战役。在大大小小一百余次战斗中，他坚持轻伤不下火线，先后五次负伤。

在孟良崮战役中，刘阿虎所在部队与国民党"王牌军"第七十四师决战，他英勇顽强、冲锋陷阵，全排伤亡只剩下他一人时仍机智地与敌人继续战斗，一枚炸弹在他跟前爆炸，造成头部弹片伤、右臂关节弹片贯通伤以及左手臂被炸伤……刘阿虎竭尽全力从阵亡的尸体堆中爬出来，被战友救到野战医院。望着刘阿虎满是弹片弹孔的左臂，医生绝望地告知他必须截肢！"没什么，锯了一个还有一个，我可以继续打敌人！"刘阿虎乐观地面对这一现实。当时因医疗条件限制，医生用木匠的锯子擦点白酒便为他实施手术，刘阿虎咬紧牙关、一声不吭，积极配合医生完成了他作为"独臂英雄"的壮举……

自参加革命至解放，刘阿虎荣立两次模范奖旗、三次战斗模范和一次一等功。在战火纷飞和白色恐怖的岁月里，为了民族的独立和人民的解放，刘阿虎将个人生死置之度外，以"一等残疾军人"的身份和"开国将士"的荣誉迎来了崭新的共和国。

永葆革命军人本色

解放后，刘阿虎任华东海军江阴要塞政治部轮训队队长和江阴要塞司令部侦查股股长、华东海军干部训练团中队长等职。1953 年，他转业参加地方建设工作，先是进入中国纺织机械厂担任保卫科长，两年后又调至上海机床厂担任保卫技术科长，直至 1985 年离休。

左二为刘阿虎

在企业的几十年中，刘阿虎同志带着伤残的肢体，克服种种生活上的困难，积极、认真、努力地做好安全保卫工作，以革命军人的本色严格要求自己。在那个热火朝天的社会主义建设年代里，他抓企业安全保卫工作，兢兢业业、废寝忘食，经常是夜以继日工作，有时有重要任务还常常下班不回家睡在厂里，对重大保卫工作他更是做到细致、周全、稳妥。

1957 年 7 月 8 日，毛泽东主席在当时上海市委第一书记柯庆施陪同下，要来上海机床厂视察。“领袖人物来厂视察可不是闹着玩的。”作为保卫科长，刘阿虎几天前就根据毛主席可能要经过的线路、会议室以及要去哪些车间参观等做了详细分析并制定安保措施。那几日，刘阿虎吃睡在厂里，带领其他同事沿着厂区大道检查、清除杂物；去会议室检查桌椅时将桌子翻过来全部看过，所有椅子都亲自坐一下，有些旧的或不牢固的就立即换掉；临视察的前一天去车间检查时，他还对存放工具的箱子全部检查过目……

那天上午 11 点左右，毛主席乘坐的轿车果然在厂区大道停下，接着毛主席一行去了厂会议室，刘阿虎带着同事一刻不停地在会议室周边巡视。从会议室出来后，毛主席又去了液压车间、大件车间和装配车间。毛主席走到欢迎的工人群众中间，听厂长艾丁和党委书记方杰介绍车间的生产情况。毛主席接连视察了三个主要车间后，神采奕奕地走向中央大道。不少职工情不自禁地跟着、跳着，“毛主席万岁”的欢呼声，此起彼落地在空中回响震荡。人们欢呼着簇拥在毛主席身边，谁都不愿失去见到毛主席这个难得的机遇，都非常珍惜这一生中的幸福时刻……此时，站在人群身后的刘阿虎和他的同事们，多么想走上去同毛主席握握手啊！可安全保卫的重任在肩，警惕的眼睛时刻在人群的周围巡视——“我们的职责就是要做好领袖的保卫工作，保证毛主席的绝对安全和万无一失！”

毛主席还准备再到其他车间看看，但时针已指向 11 点 50 分了，随同人员招呼着把车开了过来。在一片欢呼和掌声中，车子慢慢驶离厂区，直到消失在大家的视线中……这时刘阿虎才长长地松了口气，厂长和党委书记紧握着他的手连连说：“刘阿虎同志，谢谢，谢谢，为这次安保工作你付出了许多心血啊！”可刘阿虎却轻描淡写地说：“我是保卫科长，要永葆革命军人的本色呀！”

是的，刘阿虎同志一生都在用这句话勉励自己。在几十年的企业工作中，他从来不为自己和家人谋利益，也不伸手向组织要待遇。就拿住房来说，从转业进中国纺织机械厂，单位分的是解放前建造的职员租赁房，房子老、结构差、面积小，一家六口 20 多年挤在一起，他自己直到去世都没离开过。上海机床厂曾给他增配过房子，可他坚决不要，说其他职工比自己更困难，应该让给他们。

刘阿虎同志为人正直，与人为善，待人热情诚恳，积极帮助别人，可从来不为自己和家人着想。儿子中学毕业后进了咸菜加工厂，有人对他说，凭你的离休干部待遇，完全可以向组织要求或托关系帮儿子找一个大单位、好岗位；曾经在战争中做了刘阿虎俘虏，后加入解放军，已在一些部门任职的他的老下级，也要出面帮忙。对此，刘阿虎婉言谢绝，他说：“我们从艰苦的战争年代出来，知道幸福来之不易，年轻人没吃过苦就体会不到甜，干工作都一样，在任何岗位上只要好好干，都会有出息的。我是党培养多年的军人，党给我的荣誉我要保持，革命的本色不能丢！”

刘阿虎同志有 4 个子女，从小就得到优良军人作风的熏陶。孩子与邻居、同学闹矛盾或吵架，不管谁对谁错，他和妻子总是先教育批评自家孩子；孩子长大后的婚姻大事，刘阿虎总是嘱咐找对象要找忠厚老实、能吃苦耐劳，会勤俭持家的人。大女儿赴安徽插队，他关照要刻苦向贫下中农学习，得知女婿在税务局工作，他叮嘱“你们不要犯错误，不能贪污受贿，否则会贻害子孙后代”！其他孩子进了单位，他不忘教诲“要虚心向师傅学技术、学本领”。妻子身体不好，他非常体贴，时常帮忙干些力所能及的家务活，虽然是独臂，但他坚持一只手拖地板，一只手炒菜……然而由于长期照料残障丈夫和抚养4个孩子，妻子长年累月积劳成疾，60多岁就早早撒手人寰！而随着岁月的流逝，刘阿虎自己亦年事渐高，体质也逐渐衰退，但他继续发挥余热，尤其是离休后还曾连续担任7届厂离休党支部委员，有时身体欠佳，仍积极参加支部活动。耄耋之年的刘阿虎，始终做到为人正直、处事公道、廉洁奉公，按照其级别和资格，他生病住院完全可以长期疗养和享用营养液，可他坚决不要这些待遇。他常跟子女们说：“跟我一起打仗的许多战友都牺牲了，有的甚至连名字也不知道，我与他们比起来不知要好多少倍，党和政府对我这样照顾，我也知足了，再伸手要什么条件，就会丢掉革命军人的本色啊！”

是啊，刘阿虎同志一生光明磊落、克己奉公，无论是战争年代还是和平年代，他始终对党忠诚且以身作则、做人低调。虽然他已离开人世，但他那“勇往直前、冲锋陷阵”的大无畏精神，那“热爱党、热爱祖国、热爱社会主义”的高尚品质，那“艰苦朴素、勤俭持家”的优良作风，将永远留存于人们心中！他“永葆革命军人本色”的纯朴理念，也将随着“中国梦”的实现而融化在后人的思维与行动中！

（杨浦区双拥办）

英雄，在我心中

郑　欢

顾火全，男，1922 年 3 月 6 日生于上海市奉贤区奉城镇塘外团结村。1942 年 11 月加入由朱亚民同志领导的浦东抗日游击队。1944 年 4 月光荣加入了中国共产党。1945 年 8 月他参加解放战争，先后经历了莱芜战役、孟良崮战役、淮海战役、渡江战役。解放后，根据朝鲜政府的请求，我国做出“抗美援朝，保家卫国”的决策，他加入了中国人民志愿军。1950 年 10 月 25 日，他第一批跨过鸭绿江进入朝鲜境内，与朝鲜人民军并肩抗击侵略者。抗美援朝结束后，他响应了党的号召“哪里来哪里去”，回乡务农，又开始了一段全新的生活。如今，他身体还硬朗，在南桥镇光明社区卫生服务中心老年病房安度晚年。

“星光映着杭州湾，月色照着浦东平原，我们是雄壮的革命铁流，英雄地行走在敌人的‘清乡’线上……”93 岁高龄的他，谈起这首当年的抗战歌曲，神情激昂。他叫顾火全，1922 年 3 月 6 日生于上海奉贤区奉城镇团结村。1942 年 11 月加入由朱亚民同志领导的浦东抗日游击队。

当时的他才刚 20 岁，连枪都还不会用，但是很快他们的队伍就遇到了一次战斗。那时，南汇县大团镇是日军的一个大据点，镇上有个恶霸地主叫韩鸿生，是大团镇第一个领鬼子进镇的大汉奸，当上了维持会长和商会会长，无恶不作，民愤极大。顾火全与队员穿上长衫戴上礼帽，打扮成“清乡”工作人员，混进大团镇，径直走进韩家，把韩鸿生骗出来当场枪决。不久，1943 年 2 月的一天，浦东游击队接到上级命令，要袭击奉贤苏家码头日军建立的一个“检问所”，那里住着三个鬼子和一个班的伪军。因为他是奉贤人，熟悉地形，朱亚民队长就让他做向导，初次临敌，难免有点紧张，朱队长就对他说：“不用怕，有我们。”听到这句话，此刻的他便无所畏惧了。这天晚上没有一颗星星和月光，他带着队员们很隐蔽地穿过一道道封锁线，按时赶到苏家码头。与此同时，另一组游击队员迂回到路东日军住处，以窗台为依托，里应外合，对准正在鼾睡的日本鬼子一阵猛射，3 名日军连哼也没哼出声，全部毙命，仅仅 20 分钟就结束了战斗。这一次他们击毙日伪军警 5 人，俘获伪警 9 人，缴获步枪 10 余支。在这之前，游击队虽打过日本鬼子，但全歼一个据点的日本鬼子和伪军还是第一次。从此，顾火全也逐渐敢和日本鬼子面对面地打了。

1944 年 3 月初，游击队得到信息，有一队日本鬼子从周浦出动进行巡防将路过朱家店，游击队决定进行伏击。那天上午 11 点左右，游击队就在朱家店以南一个叫张家袜厂的地方，选择了一个敌人必经之路埋伏下来，大约过了一个小时，日本鬼子进入了伏击圈。队长命令开火后，鬼子立即就被打散了，有 4 个敌人分散隐藏在庄稼田里。游击队的火力打不到鬼子，顾火全就和几个队员一边匍匐前进，一边用枪射击，日本鬼子伤了一个，另一个正要投掷手榴弹，而刺刀已经刺进了鬼子的胸膛。此时，一个冷枪打来，子弹穿透了顾火全的左肩部，他在一位老乡家养了半个月伤，之后又回到游击队。随后，英勇的他在奉贤头桥镇参加了“北宋战役”，随后又在三官堂经历了“阮家堂战役”。游击队的生活是艰苦的，但是顾火全始终斗志昂扬。当时只要空下来他就会体会毛主席所说的“敌进我退，敌退我进，敌驻我扰，敌疲我打”这十六字方针，还和队员们一起编了不少抗战歌曲，“地里菜花黄又黄，胜利歌声响四方，我们中华好儿女，打退日寇建家乡”，时时刻刻都保持着乐观昂扬的战斗精神。1944 年 4 月顾火全光荣地加入了中国共产党。

1945 年 8 月顾火全参加了解放战争，在二十军六十师一七八团担任副连长。他经历了莱芜战役，在山东又经历了孟良崮战役，在此战役中，他再次受伤。他说：“虽然敌人很凶残，但是我们有千百万民众支持，困难总可以解决，胜利是属于我们的。”这么简单的一句，可以看出他是一位坚定英勇的战士，是我们新一代青少年学习的榜样。随后，在江苏、山东交界处经历了三大战役中解放军牺牲最多、歼敌数量最多、政治影响最大、战争样式最复杂的淮海战役。1949年4月，顾火全参加了渡江战役，解放了上海。这次战役的胜利为我们人民解放军继续挺进南京、解放南方各省创造了有利的条件，他功不可没。

解放后，中华人民共和国根据朝鲜政府的请求，做出“抗美援朝，保家卫国”的决策。他积极地加入了中国人民志愿军，担任二十三军炮兵部队的营长。作为第一批志愿军，顾火全与战友们于1950年10月25日，在没有空军掩护的情况下，雄赳赳气昂昂地跨过鸭绿江，与朝鲜人民军并肩抗击侵略者，打响了入朝后的第一仗，拉开了伟大的抗美援朝战争的序幕。正是因为有着一群像他这样奋不顾身、英勇无畏的战士，我们才有今天来之不易的美好生活。

1955年10月，抗美援朝结束，顾火全响应党的志愿军战士“哪里来哪里去”的号召，回到家乡务农，本本分分地开始过新的生活。正是因为他经历过艰苦的岁月，更加深刻体会到幸福和平生活的来之不易，这是烈士们用鲜血和生命换来的。要想长久保持生活安宁，就要祖国强盛，因此他时时刻刻把党与祖国放在心中，想为祖国再作点贡献。于是，他把所有的精力都倾注于培育下一代，从小就给孩子讲述中国人民解放军浴血奋战、保家卫国、英勇善战的故事，并教育孩子们要发扬勇于牺牲、无私奉献的爱国主义精神。随着岁月的流逝，孩子渐渐长大并不负父亲的重托。大儿子顾雪林(已故)成为一名航空研究员，他毕业于北京航空学院，曾任西安航空工业总公司四院41所科技委副主任、主任设计师，长期从事固体火箭发动机设计及研制工作，成功参加发射卫星9颗，为祖国的航空事业作出了重大的贡献。顾火全用他那平凡而又伟大的一生培养了一个好儿子。谢谢他为我国航空事业培养了一位好功臣。

顾火全一生都默默地奉献

着，如今还有多少人知道他的存在？他那饱经风霜的脸上留下了道道岁月的烙印，老人家身体还硬朗，脸上始终洋溢着可亲的笑容……在这伟大祖国成立65周年之际，我们更应重扬、学习老一辈的爱国精神；追思往昔，缅怀过去的峥嵘岁月，更加珍惜老一辈革命家洒头颅、洒热血为我们创造的这来之不易的美好生活。

在此，向老一辈革命家致敬！

（奉贤区双拥办）

跟鬼子拼刺刀的抗战老兵

——周俊在抗战中的故事

张紫薇

周俊，1927 年出生，1942 年入伍，曾经参加过抗日战争和上海解放战争。这位三次负伤、大尉军衔的残疾军人，曾荣获“独立自由奖章”“解放奖章”以及渡江战役、淮海战役纪念章。

参军经历

说起自己参军的经历，周俊回忆说，1941 年他上中学时，遇到日寇下乡“扫荡”，目睹了两个鬼子要强暴一位妇女，竟将她丈夫一枪打死，又把她抱着的婴儿用刺刀活活戳死。这血淋淋的惨状，在他心中埋下了刻骨的民族仇恨。

那时周俊在天津读书，由于天津被日本人占领着，所以天津的桥上总有一名日本士兵在上面站岗，老百姓只要想过桥就要先给鬼子鞠躬。他们每天上学放学也都会经过这座桥，学生们虽然鞠着躬，但心里都充满了不服，他说，当时心里想的就是，我们是中国人，我们在自己的土地上，为什么要给你们鬼子鞠躬才能走过？在一天的放学路上，周俊的学长终于忍不下去了，挥起手朝着站岗的士兵“吧唧”就是一拳。这一拳把士兵的鼻梁打断了，人也当场昏了过去。也正是这一拳激起了当时正在读初三的周俊和同学们心中满腔的爱国热血。同样的，这一拳也被当时在学校教导英语的周老师看在眼中，没有人知道，其实他是一名化名的地下工作者。这件事发生后的一天晚上，周老师在上晚课时问同学们：“你们想抗日吗？”包括周俊在内的同学们齐声回答：“想！”周老师又说：“这样是不行的，你们单独出来打鬼子是要吃亏的，你们要杀敌报国可以选择去参军，特别是你们这些学生都是有文化的，到部队里面去可以起到很大的作用，尤其在宣传方面。”正是老师的这次激励，1942 年的 5 月，周俊毅然放弃了安稳读书的日子参军了。

参军的开始并没有周俊想象中金戈铁马、喋血沙场的画面，他被分配去当杂物兵兼写标语。对于一心想上前线杀敌的周俊来说，这显然不能让他满足，于是他一次又一次向上级提出要上前线。领导说：“你要上前线还是过一段时间吧，你看，你现在还小。”周俊对此却不服气，他说：“我已经 16 岁了，我年纪已经不小了，我要上前线保卫祖国！”终于，在一次又一次的申请下，5 个月后他被调到了八路军一一五师六旅十六团。最开始他从事文书的工作，空的时候也会帮战友写家书，他说写家书的时候遇上过好多次，战友病情已经十分严重了，却还是让他在信中告诉家人自己十分平安，希望家人不用为自己担心。这让他十分感动，同时更加增强了自己要上前线杀敌的决心。

第一次血刃敌寇

说起自己第一次血刃敌寇，那是在一个叫何七堡的鬼子炮楼，里面的日伪军作恶多端。由于汉奸告密，炮楼的鬼子下乡抓走了我军 3 名伤员。上级命令当时周俊所在的二连打掉这个炮楼，救出伤员。一连和区中队在外围警戒，二连实施攻打。这天半夜，化装进入据点的区武工队队员和内应的同志勒死了鬼子哨兵，立刻放下吊桥。他们飞快地过桥，冲进院内，正准备冲进鬼子宿舍用一阵乱枪把鬼子打死在梦中时，出乎意料的情况发生了，鬼子宿舍门口拴着的一条大狼狗突然张开血盆大口狂叫起来。连长举起盒子枪“啪啪”两枪，大狼狗断了气，但是屋里的十多个鬼子已经惊醒。他们破门而出，端着刺刀狂叫着向战士们冲来。这些鬼子军服还没有穿好，帽子也没戴，一副准备玩命的样子。班长立即高叫："机枪，给我扫！"一梭子下去，就撂倒了几个鬼子。剩下的鬼子冲进了他们的队伍，横冲直撞，乱刺乱捅。这时已经不能打枪，只能拼刺刀。有一个鬼子躺倒在地，扶着枪刚刚爬起来，还没有站稳，周俊不知哪里来的灵感，飞快地一刀，刺进鬼子前胸，结果了他的狗命。连长用日语喊"缴枪不杀"，但残余的鬼子根本不理这一套，依然垂死挣扎。有一个受伤的鬼子被战士小王抓住，他刚举刀要杀，连长、排长高声制止道："不能杀俘虏！"这天夜间没有月亮，只有昏暗的星光，十来个鬼子很快被英勇的战士们击溃了。有的同志抱怨说："我还没刺一刀，就没事干了。"指导员率部冲进大院后，将少数顽抗的伪军击毙，救出了3名伤员。

这一场战斗，共打死了12个鬼子，活捉3个，俘虏了十多个伪军，缴获全部武器、弹药。但是周俊所在的连队也有八九位同志负伤，其中一位伤势严重，当晚就送到军分区卫生所去了。

第一次英勇负伤

在1943年的夏天，周俊所在的二营打了一场伏击战，消灭日伪军150多人。在跟敌人展开肉搏战的时候，鬼子们被他们杀得"哇哇"怪叫。他们二连的一名排长抡起大刀"咔嚓"就砍下了一个鬼子的头，这也是他第一次看到人头在地上打滚。之后他和战友小于前后对刺，捅死一个鬼子。当他刺进第二个鬼子胸膛时，刺刀卡进了鬼子的骨头，怎么拔都拔不出来。由于刀没有被拔出，鬼子没有立刻身亡，而又被刺刀刺得生疼，便抓住周俊死死不放。同时，一个失去武器的鬼子又在他身后将他拦腰抱住，硬将他往下摔。周俊心想："我一个20岁不到的小伙子怎么可以让你摔倒，摔倒了我就麻烦了。"于是使劲不让他摔。危急时刻，班长大吼一声："小周，低头！"虽然没有明白班长什么意思，但是听到命令周俊还是立刻低下了头。刚一低头，班长就举起铁锹往鬼子的脑袋上面砸去，只听到"咔嚓"一声，鬼子的颅骨被打碎了，脑浆和血当场都流到了他的脖子后。一个鬼子刚刚被消灭，另一个鬼子又在这个时候突然出现了，不幸的是这个鬼子手上有武器，他对着周俊的腹部刺去，周俊往旁边一躲，但是右股骨还是被刺成了骨裂，他因此住进了医院。在医院治疗时，由于当时条件艰苦，动手术时甚至都没有打麻药，回忆起那次手术，周俊说那种痛苦简直是撕心裂肺的。

把抗战故事讲给孩子们听

周俊不仅亲身经历了许多惊心动魄的抗战斗争，也耳闻目睹了许多抗日英雄的故事。

老肖是周俊在军区医院病房里认识的。他是村上的抗日积极分子，1943年6月的一天，鬼子到老肖的村庄去抢粮，老肖看到一个兽性大发的鬼子抓住村里一个年轻女子就往芦苇荡里拉，女子大呼救命，但是狰狞狂暴的兽兵继续施虐。面对这一幕，老肖震怒了，他举起扁担，把鬼子砸得脑浆涂地。老肖把死鬼子藏在苇塘里，拿起鬼子的三八大盖钻进高粱地。鬼子们见村边有血迹，又少了一个兵，以为有八路埋伏，朝青纱帐里打了一阵乱枪以后就吓得逃走了。老肖被流弹击中了臀部，他强忍着伤痛，咬着牙赶到区政府，把枪交给区队。

老蔡是周俊的老战友，体魄健壮，跟父亲学得一手好刀法，在1939年带着他家那把祖传的大刀参加八路军。第一次参战就刀劈两鬼子，受到过一一五师代师长陈光的表扬。1943年秋，老蔡在教六旅十六团六连一排当排长，当时周俊刚调到一排任副班长。不久，他们和五连在河北盐山曾庄西打了一场伏击战，在和敌人拼刺刀时，老蔡抡起大刀，“咔嚓”砍下一个鬼子的头。在接下来的战斗中，也是大刀高手的四连一位班长和老蔡一起冲入敌群，左右砍杀，对着鬼子猛砍，至少有五六个鬼子死于他二人刀下。

关于抗战的故事还有许多许多，周俊退休以后经常在一些活动中为孩子们讲述这些故事。他说：“在孩子们的身上，我看到了自己当年的影子。我和我的战友是在祖国面临重大危难的时刻立志报国的，现在的孩子们比我们幸福，他们正站在中华民族复兴的起跑线上。立下振兴中华的雄心壮志吧，当年的烽火少年祝愿孩子们——和伟大的祖国一同起飞！”

（浦东新区双拥办）

转战华东六省市　铸我军魂卫舟山

——记抗战老兵何宏熙的战争年代

曹　颖　朱富忠

何宏熙，安徽省庐江县裴岗乡串河村人，出生于1925年10月，副军级离休干部。1945年2月入伍，1947年1月入党，历任新四军第七师五十六团炮兵连战士、山东野战军第七纵队某连文员、华东野战军第七纵队某连指导员、中国人民解放军舟嵊要塞区(今舟山警备区)宣传干事、副股长、教导员、副科长、科长、守备六十七团副政委、守备六十四团政委，岱山守备区政治部主任、副政委、政委，舟嵊要塞区政治部主任、副政委、政委、顾问。荣立一等功1次、三等功2次。历经抗日战争的战略反攻阶段、整个解放战争和剿匪作战，解放后驻守舟山群岛，戎马一生，转战几乎整个华东地区，安徽、山东、河南、江苏、浙江等地都留下了他革命的足迹。

何宏熙同志于1945年2月参军，此时虽然日军在中途岛被美军击败，在太平洋战场上节节败退，但在中国战场上仍然进行着拼死搏斗，以求占领中国后援兵东进，谋得生机。虽然抗日战争已经进入战略反攻阶段，并陆续收复了部分失地，但日军在1944年初又发动了豫湘桂会战，打通了湘桂铁路①和粤汉铁路②，使得日军南下进攻中南半岛或从中南半岛撤退进入中国的交通运输动脉全线贯通。

何老参加革命就在这一年的年初，参军地点是安徽省的皖江革命根据地，根据地由无为县、庐江县、巢县三个县组成，“一个解放区，很小，一般都靠山，游击战嘛，没有山怎么游击呢”，他说。

廿岁参军，一腔热血保家乡；
未经训练，勇上战场学打仗

据何老回忆，自从日本人来了，家里就没过过安生日子，日军经常来扫荡，“鬼子一来，我们就要躲进山里。”为了尽早赶走日本人，让家乡人民早日过上安生日子，何老参加了重建后的新四军，被编入第七师五十六团炮兵连，成为一名新四军战士。当时新四军共有七个师，第七师是最小的一个，都是由游击队改编的，武器装备很少。全师仅有一个炮兵连，一百多号人，只有4门迫击炮。其中2门82迫击炮③是国民党造的，2门81迫击炮④是缴获日军的，另有2挺重机枪是从被击落江中的日军飞机上拆下来的。此外，连里还有日制的三八式步枪和国民党造的中正式步枪，以及“老汉阳造”。由于武器弹药缺乏，有些士兵甚至只能使用大刀和长矛。

---

① 湘桂铁路北起中国湖南省衡阳市，南至广西壮族自治区凭祥市友谊关，与越南铁路相接。

② 粤汉铁路是京广铁路南段广州到武昌间的一条铁路旧称，全长1 095公里，从1906年动工到1936年筑成。

③ 应为1932年后国民党南京迫击炮厂生产的82毫米口径迫击炮，是对沪式82毫米口径迫击炮的改进型。

④ 应为九七/九九式81毫米口径迫击炮，是当时日军最广泛装备的制式火力。

问：那您经过了多久的训练才上战场的呢？

“我刚参军就上了战场，那时候不像你们想的那样，要经过训练才能上战场，那时候根本没有训练，战场就是训练场嘛。我们这些新兵就跟着老兵，老兵趴下我们就趴下，老兵身子挺着跑，我们就跟着挺着身子跑。要是听见‘啪’的一声，就要趴下，要是听见‘嗞嗞嗞’的声音就要跑，这个是很危险的，我现在是知道了，但是以前不知道啊。所以那个时候，老兵趴着身子我们也跟着趴着身子，老兵挺着身子跑，我们就跟着挺着身子跑。”何老边说边不自觉地挺直了身子，仿佛又回到了挺着身子躲避敌人子弹的战争年代。“这就是训练啊，哪像现在要训练多久才能上战场。”

问：那您是怎么学会打枪的呢？就是瞄准什么的。

“打枪还不容易么，直接打就行。就是瞄准啊，关键看你沉着不沉着，胆子大一点，打得就准一点，胆子小一点，枪口偏一点，子弹就不知道打到哪里去了。我们当时是炮兵，打炮的时候不一定有瞄准镜啊。没有瞄准镜的时候，我们就用拇指瞄准，(指着右手拇指)这是炮弹，然后这个眼睛(左眼)看看炮弹到的位置，然后换个眼看，这样估算炮弹打的范围。”何老边说边挺直了身子示范拇指瞄准的方法，依稀看到当年他估测炮击范围的英姿。

问：抗日战争期间，您参加过哪些战役呢？

“都是小仗，所以伤亡也不大。主要有两个，一个是鬼子‘围剿’，一个是打伪军据点。”何老停了下，继续说。“我们家乡离鬼子据点只有 20 里路，所以鬼子经常扫荡，但是鬼子据点人少，他们扫荡是要联合县城里的、芜湖的一起。他们人多啊，我们就往山里跑，跟你转啊，鬼子人多，装备好，可是不熟悉地形，我们熟悉地形啊，就跟他们转，搞巧了呢就打他两枪。我们那个时候，几乎没有一个晚上是在一个地方睡一整晚的。”

“第二个是打伪军，我们那里也叫和头鬼子、假鬼子、二鬼子。我们主动打他们据点。他们都躲在碉堡里，在抗日的电视剧里你们应该看到过吧。但是那个时候我们只有迫击炮，迫击炮的炮弹打出去是这样的。”何老边说边用手比画了一个抛物线的形状，“这个打碉堡打不到，打他们散兵可以的。但我们打仗呢，得想办法打他们碉堡。打碉堡有两个方法，一个是爆破，这个多是北方用；还有一个是炮击，但得用平射炮。我们没有平射炮，那怎么打他们碉堡呢？我们就把迫击炮改造了一下，本来没有拉弦的，我们加上了一个。迫击炮是炮弹进去后自己就发射了，加了拉弦之后就不能自动发射了，然后我们把迫击炮的那个腿前面的地挖下去，这样就能打到他们的碉堡了，有时候能把墙打个洞，然后我们再接着打，这都是在南方逼出来的。南方水源、水网多，爆破通过水源、水网不行吧。后来，我们缴获了鬼子的一门平射炮，牺牲了好几个同志才缴获到的！”何老说到这里，表情沉重，他在悼念那些逝去的同志们。“具体叫什么炮我忘记了，只记得叫 37 平射炮[①]。但我们缴获的炮弹少啊，每次战役只给几颗炮弹。我当兵的时候，很难讲打多少次仗，我们很少是在一个地方呆几个晚上，解放战争开始的时候也是这样。”

临沂负伤，血浓于水军民情；驻守舟山，一生戎马卫海疆

日本投降以后进入解放战争时期，何老跟随部队转战山东滕州（原滕县）一带，参加了鲁南战役、莱芜战役、孟良崮战役、济南战役、渡江战役和舟山战役等。“当时我们在芜湖附近啊，抗日战争一结束，国民党不让我们待在那里，我们就退到了山东滕县一带。我们军部就在临沂附近。”参加孟良崮战役对敌八十三师外围战役的时候，何老负伤。“那是在 1947 年 4 月 30 号晚上，这个忘不了啊。当时我们正在做工事，我是在四班，要攻打敌人的团部，敌人一个六零炮弹打过来，四班长身子炸得只剩一半，我当时侧着身子负伤，旁边一个排长负轻伤。一个炮弹，一死一重伤一轻伤。弹片现在还在我的肺里。”何老指着自己的右侧肺说。

问：那您当时撤退到后方养伤吗？

“1947 年国民党重点进攻，我们没有一个县城，当时哪有后方，我在担架上跟着部队走了六七天。当时一个担架三个战士，4 月的天气还挺冷的，一个山东籍的老战士把自己的棉衣脱下来给我盖上，山东人身上有虱子的，那个虱子也爬到我身上了，哈哈，我对山东人感情深啊，每到一个地方条件好的老百姓打个鸡蛋给我喝，再差也有一碗热水，当时战士身上随身带一些红糖，不是白糖啊。也多亏了他们照顾，他们要是不这么照顾我，或者把我扔下，我也就活不到现在。要我说山东人好啊，山东那个时候苦啊，打三河山（音）战役的时候，国民党把山东的民兵和村干部绑起来扔到河里，我们过

① 应为大正 11 年式 37 毫米口径平射步兵狙击炮。

那个小河的时候，河里全是尸体。到野战医院才给换药，野战医院也是不固定的。后来我到了医院里，住了 17 天医院，到嘴里不吐血了，也就出院了，好不好就不知道了。要说我命大啊，那时候也没什么药给你吃。”

出院后，何老回到原来部队任指导员。由于伤亡大，提升也就快了。泗水战役的时候，一个连队剩二十几个人。连长牺牲了，排长就当了连长，班长成了副连长。连排长在关键时刻要冲锋在前的，带领大家一起冲锋，所以伤亡也很大。

再后来，何老参加了济南战役，这是我军大规模围歼敌军主力和解放敌人重兵设防大城市的开始，是解放战争时期我军一个关键而伟大的胜利，是我军全歼速决的攻坚战典范，从此揭开了人民解放军与国民党军队进行战略决战、大规模围歼敌军、夺取大城市的序幕。“当时我是连队指导员，济南战役时那个吴化文起义了，我们要去改造他们的部队啊。当时是这样的政策，每个纵队调一个团的政工干部、连队指导员，去改造他们。当时我们团里去的是政委、团长，营里是教导员、营长，连里是指导员、连长。吴化文后来也当了军长。”何老因到吴化文处改造国民党起义的部队，在淮海战役第二阶段的时候才参与。

“再后来，我就参加了渡江战役，然后参加剿匪作战。1950 年参与解放舟山的战役，从那以后，我就在舟山群岛待了 37 年，从 1950 年到 1987 年离休。在这里，我从指导员一直做到要塞区①副政委。37 年里还算比较太平，因为相关战事主要集中在西南和福建沿海，舟山群岛这边主要是日常海防工作。”37 年，从 25 岁到 62 岁，何老把最美好的年华奉献给了祖国的海疆，用自己的行动践行了共产党人忠于人民忠于国家的宏志。

何老从 1944 年参加革命，历经抗日战争的战略反攻阶段、整个解放战争和剿匪作战，再到后来奉命驻守舟山群岛，戎马一生，转战几乎整个华东地区，在安徽、山东、河南、江苏、浙江等地都留下了他革命的足迹。在访谈中，何老还不时感慨自己“命大”，直说当年一起参加革命的同志到现在已所剩无几，言语中满是对战友的怀念和对现在生活的满足。

（杨浦区双拥办）

① 舟嵊要塞区，现为舟山警备区。

第三辑

费巩烈士生平事迹

费莹如

费巩(1905—1945),系南京东路街道烈士,原名费福熊,江苏吴江人,浙江大学教授,1926年毕业于复旦大学政治学系。1928年出国深造,在英国牛津大学攻读政治经济学。1931年回国,任《北平日报》社评委员。1932年任教于复旦大学。1933年应聘浙江大学,兼任注册课主任,1945年3月5日在重庆被国民党杀害。1978年9月,上海市革命委员会追认其为革命烈士。

我是费巩烈士的女儿——费莹如,现住黄浦区南京东路街道。

父亲名费巩(原名费福熊),字香曾,1905年农历八月十八出生于苏州一个书香门第家庭。1945年3月5日在重庆为国民党反动当局秘密逮捕后杀害,并毁尸灭迹,时年仅四十岁。

父亲1917年赴上海求学,从南洋模范小学至复旦附中,而后考入复旦大学。1926年6月毕业于复旦大学社会科学科政治学系。1928年赴英国牛津大学深造,攻读政治经济学。1931年毕业回国。回国后,在中国公学任教,并兼教于复旦大学。1933年秋,父亲应聘任浙江大学教授,讲授政治经济学与西洋史。

1940年7月,任浙大训导长时,父亲经常出入学生宿舍和食堂,为改善宿舍灯光,用自己的薪金,亲自研制850盏亮度大烟雾小的植物油灯分发各宿舍（父亲牺牲后，同学们为纪念他，命名它为“费巩灯”）。炎热的夏天，父亲亲自指挥在校内架设大锅，煮开水浇灭学生床板之臭虫；为帮助贫困学生申请教学贷款，向校方据理力争，消耗大量精力，寝食难安；父亲平时节衣缩食，连香烟都手工自制，却时常慷慨解囊，接济贫困学生和老师，一则日记中写道：“……然余因此囊中又告空竭，近来如是者已第三次。”为积极倡导导师制，每晚接待数批学生，因人而异，或在学业上指导，或生活上帮助，或教以做人之道理。他身体力行，诲人不倦，与学生建立了水乳交融的关系。学生们都称他为“慈母”。

就任训导长期间，支持和倡导学生会创办《生活壁报》。壁报以民主喉舌、主持正义、抨击时弊、揭露当局、批评校政、发扬求是精神为宗旨，成为校园内合法斗争的重要阵地。为确保学生安全，壁报投稿均用匿名，真名由父亲保管，绝对保密。父亲牺牲后，为纪念他，学生们把它改名为“费巩壁报”。

父亲主持正义，利用训导长职权，力主开除违反校纪、贪污舞弊的三青团骨干分子。被开除的特务学生扬言要用武力对付他，父亲却说：“我是这么一个人，厌恶权势，你硬我更硬，如果我怕这些，就不会出来任职了。”

父亲特别鄙视那些披着教授外衣的国民党反动分子，指责他们为“教授加党棍，学者兼特务”，是“既要当婊子，又要立贞节牌坊的败类”。当这类人劝说父亲加入国民党时，父亲答道：“我决不会像你那样出卖自己的灵魂。”

1941年初，皖南事变发生，白色恐怖也笼罩浙大。当父亲闻讯反动军警要来校捉人时，他甘冒风险，暗送情报，并以自身住处作为隐蔽掩护之驿站，将六七名进步学生隐藏在家中。当闻知风声渐松，他解囊资助他们逃离学校，前往解放区。其中有四名，后在解放军中任要职。父亲就任训导长仅半年不到，就被反动当局胁迫辞职。其罪名是：“纵容共产党活动，阻挠国民党的党务工作。”反动当局指令浙大校长办公室“早日物色继任，不容长久令非党员摄行”。

1941年3月8日，学生会举行隆重会议，向父亲赠送纪念品，表示他们对这位训导长的特殊敬意。会始，学生报以热烈掌声，父亲则以学生会赠送礼物之一“明镜”借题发挥，诠释唐太宗“以铜为镜可以正衣冠，以古为镜可以知兴替，以人为镜可以明得失”云：好人虽有时吃亏，公道自在人心,终究并不吃亏等语。会后,学生们把父亲的办公桌用白漆写上“费香曾教授出长训导纪念”,以表示对他的深切感谢和纪念。出任训导长是父亲政治主张和教育主张的一次实践。在这短短的半年实践中,父亲的所作所为,深得人心,使他借以自慰。父亲深深体会到:当好训导长,是不能也,非不为也。父亲开始了特殊形式的斗争——口诛笔伐。

父亲充分利用讲台,以政治学教授的身份,为学生们分析古今中外各种体制的利弊,传授民主与自由的思想;父亲以知识分子的良知,为国家和人民仗义执言,宣传抗日,抨击反动派的腐朽统治,宣扬民主与法制的思想。父亲为抨击蒋介石《中国之命运》一书,发表了一系列锋芒毕露而又闪耀着政治智慧之作,震惊国人。

父亲在《容忍敌党与开放舆论》一文中写道:“然自奠都南京直至今日,吾国政治之接近独裁,则又属事实……然事实上,国民党以外,并无法律准许存在之第二党,国民党既无容许他党出现之表示。宪法颁布以后,中国仍未踏入宪政时期,并且将永无见真正宪政之日,名为宪政,实为独裁……”父亲这些言论,自然深深触怒了当权者。父亲成为国民党反动当局“重点防范”单位(浙大)的“重点防范”人物。

父亲的一系列言行及在师生中所起的作用,致使反动派胆战心惊。1944 年下半年,教育部密令浙大校长室:特别注意监视费巩行动(见竺校长日记)。

据遵义特务头子鲍仓交代:“早在 1943 年,遵义国民党军部与军统、中统联合召开秘密会议,做出秘密逮捕和暗害费巩的决议案。由中统监视费巩行动,由军统执行暗杀。但因费巩声望较高,唯恐轻举妄动引起全国舆论的谴责,而迟迟未予执行。”

1945 年 1 月 24 日,父亲离遵义启程前往重庆,浙大好友和学生们担心父亲此行凶多吉少,但均劝阻不成。到渝后,为调查国民党行政机构的政制和工作效率,一个月内,父亲连日进出国民党的交通部、财政部、外交部、考试院、教育部进行采访和调查,这正触到了国民党的忌讳。父亲日记记载:1945 年 2 月 5 日,教育部部长、特务头子陈立夫邀请父亲赴宴,父亲虽应邀前往,但却不以为然。1945 年 2 月 7 日,父亲欣然在郭沫若起草的《文化界对时局进言》上签名。在父亲签名前有郭沫若、洪深、马寅初、张申府、柳亚子等数十人已列名在上。2 月 22 日,《进言》在《新华日报》上发表,引起国统区极大震动。特务们奉命对签名者威胁、利诱,个别人被迫发表声明退出，父亲再次发表文章予以痛斥。这更引起反动派的惊恐，恨其如眼中钉，终于向父亲下手了。

1945年3月5日凌晨，当父亲前往千厮门码头（现朝天门码头）拟搭轮前往北碚复旦大学时突然失踪，轰动整个国统区的“费巩事件”发生了。

父亲的日记从此停留在1945年3月4日。此后再也见不到敬爱的父亲的笔迹了。

父亲失踪的消息不胫而走。竺可桢校长得知后，第一反应就是：“因政治原因被捕了。”（见竺校长日记）竺校长立即联络社会各界知名人士，商量对策，设法营救。消息很快传到北碚复旦大学，原先贴出的“热烈欢迎费巩教授来我校讲学”的海报，被“强烈呼吁营救费巩教授”所覆盖。复旦学生会召开紧急会议，发表《告各界同胞书》，并举行罢课，抗议反动当局迫害民主教授。消息很快传到贵州遵义和湄潭，衷心爱戴父亲的浙大师生们，立即举行全校罢课，学生会召开全体学生大会，并速电复旦，组织联合营救行动。学生们在父亲亲自支持创立的《生活壁报》上写道：“把愤怒合成一把力量的火炬，去打开地狱之门，解救我们的费师。”

社会舆论哗然。中共中央和周恩来同志十分关切，延安《解放日报》登载长篇评论：《国民党当局所谓“民主”的真相——教授的命运》；周恩来同志亲自出面与反动当局交涉：“要求释放有名望的爱国民主教授费巩。”重庆《大公报》《正义报》《新华日报》等各大报纸连续不断地报道，一致揭露反动派的政治阴谋；英文《大美晚报》也不客气地揭露道：“费巩教授是因政治原因被逮捕起来了。”《新华日报》报道的参政会侧影，有一则为《黄炎培沉痛追问费巩下落》；柳亚子在《新华日报》发表《怀念费香曾表弟一首》（柳亚子系我父亲的表哥）；在重庆的四十多位留美教授联名上书在华美军头子魏德迈，呼吁他出面营救。

1946年1月1日重庆各大报纸登载：国共两党政治协商会议在渝召开，中国共产党代表周恩来、董必武、叶剑英、王若飞、陆定一等同志出席，向国民党提出八项要求，其中第七条提到“立即释放叶挺、廖承志、张学良、杨虎城、费巩”。同年1月17日，《新华日报》又发表社论《迅速释放政治犯》，社论中指出：“……何况有些有名的政治犯，不必调查，人人知道，我们希望政府首先把张、杨两将军、费巩教授、叶挺将军、廖承志同志释放出来。”

中国共产党和社会革命势力的呼吁、抗议却无济于事，反动当局置若罔闻。一位正义的爱国教授最终未能摆脱法西斯魔爪。后来得知，父亲被秘密逮捕后，关押在重庆中美合作所渣滓洞，秘密杀害后被投入镪水池里毁尸灭迹了，时年仅四十岁。父亲生前没留下半句遗言，也没能留下一点骨灰，但他却留下了一股浩然正气，成为我一生中最珍贵的财富。我为有这样的父亲而感到骄傲。

解放后，1950 年，华东军政委员会派两位干部前来我家慰问，并带来周恩来总理的亲切问候以及周总理的指示："特殊照顾费巩家属；以教授待遇发放优抚金。"此后，我们全家得到了党和政府的殷切关怀。

1980 年 3 月 16 日在上海烈士陵园举行了"费巩烈士怀念会暨衣冠盒安放仪式"，在沪的浙大老校友均到场，包括复旦大学的苏步青校长，同济大学的杨钦副校长。苏步青在怀念会上讲话。

我为有这样的父亲而深感自豪。父亲是我人生道路上的指路明灯，使我懂得该如何生活和做人，更坚定了永远跟共产党走的信念，在我的人生道路上决不辜负党的培养及父亲对我的教育，决不能辜负"烈士子女"的称号，按照父亲的人生原则，堂堂正正做人，认认真真做事。

（黄浦区双拥办）

宁死不屈

——我的父亲周奋烈士的刑场斗争

周继奋

周奋，原名周连章，1917年春出生于浙江宁波鄞县岐市一个贫困的篾匠家庭。从小失去双亲，是个孤儿。为了生存从宁波来到上海。在上海当过衣店徒工、店员、饭店侍应生、中山医院通讯员、汽车修理厂工人，干过苦力，当过学校教员。1937年上海"八一三"淞沪抗战爆发后，周奋参加了抗日革命斗争。

在上海加入了幕尔堂抗日童子军，以后又在上海地下党领导下，参加抗日革命宣传工作，并改名为"周奋"。曾任上海光华大学学生和培尔文英语夜校校长，1941年7月任中共江南区党委路南特委淀山湖工委委员。同年因地下革命活动暴露，由上海地下党组织转移来到苏中三分区任如西县民运工作队队长。次年7月加入中国共产党。历任如西县芦港区农抗会会长、区委委员，马塘区区长，蒲西区区长兼区委书记。抗战胜利后历任我苏中解放区第一座城市——沙沟市副市长、市长兼市委书记。

周奋烈士是我的父亲，也是我心目中共产党人英勇形象的缩影，是鲁迅先生的名言"横眉冷对千夫指，俯首甘为孺子牛"的真实写照。家中那张《周奋烈士刑场斗争》的油画复制件挂在最醒目处，它向后人讲述着一段可歌可泣的故事。

1947年是蒋介石向我解放区军事进攻最猖狂的一年，当时高邮县的斗争特别残酷。蒋军占领高邮城以后，一时间腥风血雨，天昏地暗，还乡团乘机武装还乡，建立反动伪政权，对我干部、群众实行血腥镇压，白色恐怖非常严重。高邮县的斗争陷入极其艰难、危险的局面。一些干部产生了畏难情绪，甚至个别人竟想临阵脱逃。同年 1 月，为加强高邮县委的领导力量，周奋同志被派往高邮县兼任副县长。

当时，高邮阵地已全部失守，我们在高邮地区没有一寸土地，活动全在邻县宝应地区。周奋的妻子陈亮因带着婴儿在前方不便，就留在后方——所谓后方也仅是几里路之差。为了开辟前方工作，必须组织一批同志打入敌人心脏去。县长蔡公正是民主人士、年龄较大，副县长周奋是中共党的干部、年轻有魄力，组织上就派他到最危险的敌占区——时沙地区具体指导和帮助开辟工作。敌人占领时沙地区后，在镇上构筑据点，沿公路又布置了便衣特务，刺探我方行动情况，阻挠我军南下穿插。这个地方正是过去沙沟市所属地区，周奋比较熟悉。他来到时堡区，立即与时堡区区委书记刘平商量决定，协助组织一支武工队，并由周奋亲自带队穿插敌占区。进去后，他们一方面宣传共产党的政策，告诉群众共产党没有走，另一方面保护撤退后的干部家属。那时候活动是不能公开的，也不能聚集在老百姓家里开会(怕牵连群众，遭反动派迫害)。周奋同志白天就化装成渔翁或客商，带领这支队伍进入敌区了解情况，再回县委研究下一步工作。夜晚又带领同志们在村上走来走去，一面走一面宣传、鼓动。当时虽说老百姓家家关上了门，但都在隔着门细听，时常还隔门问候。在周奋等同志的直接领导下，敌占区的老百姓信心百倍地开展了抗租抗粮斗争，取得了很大成绩。

这一年中，调往高邮县委的还有组织部长袁舜生、宣传部长郑光耀等同志，他们都是周奋的好战友。

斗争越来越艰难，我军大部队开始北撤，上级安排周奋随队北撤，但需要留下部分同志坚持原地斗争。在这生死考验的关口，周奋不顾个人安危，把生的希望留给了战友，把死的危险揽给了自己。他说：“我是人民的市长和县长，在这危难时刻我不能离开人民。”他拒绝了上级安排，坚决要求留下，带着妻儿、警卫员、通讯员和部分干部与当地人民群众在一起，坚持原地斗争，却让其他战友北撤(北撤的同志解放后都成为我党的高级干部，而父亲和他留下的领导班子成员，则先后全部献出了年轻的生命)。

那是 1947 年 4 月中旬的一天，夜幕下的子婴河里，出现了一艘民船。

"哗哗、哗哗",水声轻柔,更衬托出子夜的静谧。船上有七八个人,为首的戴着一顶黑礼帽,身穿灰色长袍,一副典型的商人打扮,他就是当时新四军任沙沟市市长兼市委书记、高邮县副县长周奋同志。其余的一律农民打扮,他们均是我武工队员。他们受上级党组织派遣,挺进到敌人重兵驻守的沙沟镇附近,进行反扫荡、反倒田复租的斗争。

小船行到离时堡村半里多路的顾家墩,把小船隐蔽在荡子里,大家便上得岸来,径直来到我地下党员董文选家里,就如何开展群众工作、瓦解敌人家属等问题进行了研究和部署。从第二天起,他们便分头到大东庄、潭家堡、子南、古河、时堡、仲寨等地活动,散发标语,了解敌情,发动群众,开展内线工作,瓦解还乡团家属……与乡村干部一起开展内线工作。

4 月 22 日清晨,原是我仲寨乡民兵大队长,后成了叛徒的仲怀德告了密,盘踞在沙沟镇的国民党反动派军队,立即集结了军队和还乡团反革命武装一百余人,直扑奔袭仲家寨。这天太阳刚一露头,站岗的同志发觉情况,立即报告了周奋。周奋拿起望远镜一看,敌人已从大路两侧包抄上来。他立即指挥武工队员向南边芦苇荡突围,并沉着地指挥同志们边打边向芦苇荡撤退。敌人兵分三路,紧紧尾追包抄,越追越近,情况十分危急。在这生死关口,周奋当机立断,命令所有同志包括自己的警卫员,迅速泅水抢渡过河,下芦苇荡分散突围,而他自己却留下,独身一人断后掩护。眼看同志们都消失在茫茫的芦苇荡中,周奋才泅水过河,一连游过了第三条河。此时,正是清明刚过,谷雨初交,芦滩上的芦柴桩子尚未烂掉,新的芦尖又才破土而出。周奋是南方人,从没走过芦苇荡,没走多远,一双布鞋全脱落了,光脚板踩在芦柴桩子和芦尖上,扎得满是洞眼,脚印落处,殷红一片。由于子弹打光,在敌人搜荡时,周奋不幸于仲寨河南荡边被捕。他就是这样一位在关键时刻把生的希望让给同志,把死的危险留给自己的好党员、好领导。

到了沙沟镇,敌人企图在精神上压倒周奋,第一招就是押着他游街示众。但周奋面对敌人面不改色、从容镇定、慷慨陈词,一路上义正词严地边走边向沙沟人民揭露蒋军进攻解放区的暴行,痛斥还乡团罪行,宣传我党的方针政策。蒋军弄巧成拙,本想示威却为周奋提供了宣传革命的大好机会。敌人吓得措手不及,慌忙用布条塞住周奋的嘴,草草收场。群众见后纷纷掩门痛哭。

一计不成,敌人又软硬兼施,企图软化周奋。敌伪首领们纷纷来劝降，并设宴想请周奋吃饭。面对前来劝降的众敌头目，周奋不屑一顾，痛斥道：“你们没有资格和我说话，我是两县（指沙沟县、高邮县）人民的代表，你们是人民的敌人……”敌人狼狈不堪，又碰了一鼻子灰。

敌人仍不甘心失败，一计不成，再生一计，他们把一些抗战时期被我人民政府锄奸的反动家属煽动起来了，让他们穿上丧服，颠倒黑白，捏造材料，妄图召开所谓“控诉大会”，进行反革命宣传。次日，即 1947 年 4 月 23 日，这天下午，会场设在沙沟镇最西头的体育场内，场地边上临时搭了一座高台。匪区长陶炳玉、匪镇长王蔗、匪情报处长储桂林、匪骨干分子赵广祖得意洋洋地坐在台子上，台下除了反革命家属，还有一些被胁迫来的群众。

父亲刚被带到会场，一眼就看穿了敌人的阴谋。只见他飞起一脚，踢翻了敌人所谓的“审判台”，又猛地转身，用牙齿撕下了台上吊着的蒋介石的画像，并大声斥责那些反革命家属说：“那些危害人民利益的反动家伙，必须受到人民政府的惩办！”他慷慨陈词，痛斥蒋军、还乡团的暴行，完全把敌人置于被告地位，使敌人的阴谋诡计再次以失败而告终。敌人绝望了，惊慌不知所措。气急败坏的匪骨干分子赵广祖残酷地从周奋旁边的匪顽手上抢过刺刀，对周奋的腹部猛地刺去。

周奋忍着剧痛大声高呼：“共产党万岁！毛主席万岁！”脚下的台板被他愤怒地跺断了。

台下一阵骚动，群众眼里涌出了悲愤的泪水。

周奋同志被残暴的刽子手连戳了十八刀，每刺一刀周奋都高呼口号，最后倒在血泊中。牺牲后，残暴的刽子手又将周奋同志的尸体砍成三段，分尸三处。周奋同志为人民的解放事业流尽了最后一滴血，牺牲时年仅三十岁。而他的儿子，当时出生才仅仅三个月。

1947 年 5 月 1 日，上级党委在油坊头为父亲召开了“周奋烈士追悼大会”，党政军民一千多人涌来参加大会。同志们慷慨激昂，含泪纷纷表示：“誓为周奋同志报仇雪恨！”“烈士的血不会白流！”“向反动派讨还血债！”口号声响彻会场，场面十分悲壮。会上我母亲——陈亮捐出了所有抚恤金，提出买枪支弹药，为烈士们报仇。党组织又批准了周奋爱人陈亮的申请，在大会上正式宣布：将他们才出生三个月的我由“周猛毅”改名为“周继奋”，希望我继承父业，为革命奋斗终生。会上同志们纷纷要求前仆后继为周奋同志报仇，继承他未完成的事业。

周奋的革命精神和崇高的革命气节，深受广大军民的崇敬，一致称颂周奋同志是“毛主席的好干部，共产党的忠诚战士，无产阶级的钢铁楷模”。

解放后上级政府将父亲战斗过的仲寨乡命名为“周奋乡”，以永志烈士的英名。

以周奋姓名而命名的周奋乡

江苏省人民还为周奋烈士立了高达八米的“周奋烈士纪念碑”，在兴化市市中心的千秋广场耸立了“周奋烈士铜像”，还建造了“周奋烈士墓”“周奋烈士陵园”“周奋烈士纪念馆”，而今那里已是“爱国主义教育基地”和“国防教育基地”。另外，分别在扬州烈士纪念馆、泰州烈士纪念馆、高邮烈士纪念馆、兴化烈士纪念馆及周奋烈士的家乡宁波(四明山)烈士纪念馆都有介绍周奋烈士英勇事迹的内容，以寄托广大人民对周奋烈士的深切怀念。

(宝山区双拥办)

“清　　松”
——记我的母亲新四军女兵陈亮

周继奋

陈亮(1921—　)，中共党员，江苏靖江西来镇人，江苏省著名烈士周奋的夫人。

1942年7月参加新四军，同年在新四军组办的靖江江左师范简师班学习，毕业后于1942年12月初经中共靖江县委批准，任新四军靖江长安区长安乡湾腰沟小学校长，很快筹建了学校(成人教育)，通过教识字发动群众抗战打鬼子，建立根据地。

1945年入党。曾任新四军苏中银行金库会计、政治教导员。解放后在上海市委统战部工商联任处长。“文革”时统战部被解散下放到虹口区卫生局任乍浦地段医院副院长。

1982年10月27日离休，至今健在。

记得在我刚负责基层党务工作时，妈妈特意为我写了幅字“大雪压清松　奋发成英雄”。并有意把“青”写成“清”，告诫我要清正廉洁。而妈妈的言行就如“清松”，她为我树立了榜样。

陈亮是我的妈妈，她是位新四军女战士、共产党员、离休老干部。青年时期的妈妈是位大户人家的二小姐，为了共产主义信仰，满怀抗日救国的激情，她二十刚出头就离家跟随表叔参加了新四军，曾任苏中地区的新四军小学校长。1945年2月22日，日寇投降前夕，我新四军苏中一团，激战十二小时，全歼守敌七千余人，拔除了敌伪的中心据点，解放了沙沟城。接着于3月9日成立了苏中解放区的第一个市政府——沙沟市政府，直属苏中党委和行署领导，市领导班子成员是从各地区各单位调来的。我的父亲——周奋同志被调任沙沟市市长兼市委书记，那时，妈妈也由苏中公学调来任沙沟银行金库会计。妈妈在这种情况下与父亲相识、相恋了。1945年秋，因形势紧张金库撤回专署，妈妈被调专署留守处任会计，后来又调到边区政府工作(驻地淮阴城)。1946年初，因工作需要妈妈又调回沙沟市委工作。不久，他们借助一次会议聚餐的热闹机会举行了结婚仪式，结婚用品除了个人随身行李外，其他什么也没有。

当时部队有一个规定，要达到一定职位的青年同志才可结婚。结婚后，父亲为了照顾市政府其他未婚同志的情绪，与妈妈商量后基本上仍分开居住。父亲住在市政府(沙沟市西头)，妈妈住在市委(沙沟市东头)，只有在休息日他们才在一起。妈妈毫无怨言，坚决支持父亲的建议，树立良好的领导形象，不搞特殊化。

父亲对自己要求很严，对妈妈要求也很严。妈妈怀孕期间，挺着大肚子要去地委开会，那天下着大雨，河堤湿滑，交通工具不便，要自己背着背包步行十几里河堤路才能乘上车。有关领导得悉后要派父亲的警卫员送妈妈一程。父亲知道后立即说："不行，不能因为是我的爱人就特殊化。"妈妈听后二话没说，立即背起背包冒雨独自行走。事后，父亲感到很高兴。妈妈在回忆录中写道："周奋这样做既教育了我，又锻炼了我。从内心讲，反而加深了我俩的感情。"但在可能的条件下，父亲自己对妈妈照顾得特别周到。他知道妈妈喜欢吃南瓜，下乡检查工作时，经常买些南瓜托人带给妈妈。到专署开会时，又常买"萨其马"亲自骑车几十里路程送回来给妈妈。有一段时间妈妈怀孕有反应，父亲很关心，马上找了一位阿姨送妈妈到淮阴请曾山同志的夫人为妈妈治疗。妈妈治愈回来时父亲正在开会，会议中途休息，父亲就迫不及待地走出来看妈妈，问长问短，听说妈妈身体已经好了，父亲真是说不出的开心。妈妈请父亲吃从淮阴带回的优质水蜜桃，父亲高兴地连吃了好几只。父母这段革命的爱情是那么的深，那么的感人。

1947年4月16日，正值父亲和妈妈结婚一周年之际，父亲派通讯员给妈妈送来一封信，信中说："去年这个时候，我们是多么愉快！但今年更有意义。我们虽分两处，战争环境却给人锻炼的机会，你说对吗？"谁知，一周后，通讯员又来了，递给妈妈一封信后就像木头似的站着不动了。妈妈接过信一看，是县委书记李健同志代表组织写给她的。信中写道：周奋同志不幸被捕。看毕，妈妈好似被雷击一样，昏昏沉沉，怀抱中的孩子也掉到地上了。不久，组织上让妈妈带着孩子乘船回到县委。县委书记李健、宣传部长郑光耀、组织部长袁舜生等几位领导同志都在河边迎接妈妈。妈妈见到他们又禁不住痛哭起来。李健同志考虑到妈妈的情绪，尽量不使妈妈悲伤，特地叫他爱人苏华同志照顾妈妈，又叫炊事员为妈妈烧了好多只荷包蛋。可是妈妈怎么也吃不下去，只想他们尽快告诉她，关于周奋的近况。待妈妈住定后，李健同志才告诉妈妈："周奋同志为了保护自己战士的安全撤退，于4月22日不幸被捕，23日在对敌刑场斗争中就被敌人杀害了。"天哪！这个不幸终于降落到周奋的妻子——陈亮的头上，连最后看丈夫周奋一眼也不能了。

那时，妈妈和父亲结婚才一年多，我也才刚出生三个月。妈妈是位很要强的人，父亲牺牲后，妈妈强忍悲痛，主动向组织提出要像父亲那样，坚持要到最危险的敌占区去工作。同年5月1日，在上级党委于油坊头为父亲召开的"周奋烈士追悼大会"上，我妈妈——陈亮做出决定："捐出所有抚恤金，买枪支弹药，为死难烈士们报仇。"接着妈妈又向组织建议把刚出生才三个月的我由"周猛毅"改名为"周继奋"，希望我继承父业，为革命奋斗终生。党组织当即批准了陈亮的建议，在大会上正式命名我为"周继奋"。这场面至今还深深留在父母老战友们的回忆中。

父亲牺牲后，我就一直生活在妈妈身边。我出生后，组织上还从医院调来一位姑娘倪金娣为我护理。在那残酷的战斗岁月，妈妈舍不得把我寄养在老百姓家，一直背着我经历了枪林弹雨的烽火战场。可想，一位年轻的女战士背着婴儿参加战斗，这场面是多么的壮观和感人。它寄托着妈妈对父亲的深情、对烈士遗孤的挚爱。记得妈妈跟我说过，一次妈妈正在给战士们上党课，突遭国民党反动军偷袭，我正躺在小屋睡觉，匪军离小屋仅五十米，在战士们的突围中我被妈妈和妈妈的通讯员抢救了出来。从这以后，组织上不放心，在多次劝说下，最后妈妈才同意调到大部队。在部队妈妈任教导员，每次吃饭前妈妈要指挥大家唱歌，每当这时我都会从营房的某个角落跑出来爬上桌子也当起小指挥，这情景妈妈的老战友至今还回忆得那么清晰。

经历了大部队北上南下，解放大上海，从此我们回到了上海。

在我成长的道路上，妈妈严于律己，也同样严格要求我。她从不给我们讲她的战斗经历,从不炫耀自己,她是个很低调的老干部。妈妈的好多故事,我都是从父母的老战友那儿得知的。妈妈也从不许我借助他们的光环为我的成长开后门、托关系。回想起当我复员进厂工作后,妈妈要我扎扎实实地向工人老师傅们学习,坚持让我从最基层的大三班工人做起,并教导我做一名革命烈士的好后代。那时妈妈的老战友、原上海市委组织部部长杨士法"文革"期间被下放调任我厂党委书记,知道我是烈士的后代,私下在给妈妈联系中商量是否调动一下我的岗位,妈妈则好言相拒,说:"他是烈士后代,是干部子弟。学过农,当过兵,没好好当过工人,让他从最基层的工人做起,好好锻炼。"事后妈妈还给我部门的党支部书记去电,坚持让我从大三班最基层的工人做起,与普通群众打成一片。同时妈妈还叮嘱我,不允许找在冶金系统担任大领导的父母老战友,如杨士法、陈大同、陆铁麸等老同志,不许给组织添麻烦,找关系,走捷径。妈妈在我们孩子面前,一直很严肃,然而我们都很听妈妈的话。我就是这样从大三班的工人做起,依靠自己的能力和技术,从工人、班组长、机组长、直至技术管理人员、党务工作者;从普通技术工人成长为"文革"后期恢复工人技术等级时上海第一批八级电工、技师,直至高级技术人员。这都是妈妈严格要求、锻炼我的结果。后来杨老在给妈妈的来信中写道,"继奋这个名字很好,它将不断地鼓舞着革命后代,继承烈士的遗志,继续发扬革命传统,继续把社会主义革命进行到底,继续为共产主义事业奋斗到底!"

妈妈就是这样一位坚强的新四军女兵,她自强自立、严于律己,她清正廉洁、平凡而又伟大,她是一棵永远挺拔的"清松"。

(宝山区双拥办)

十一包炸药杀开一条胜利的血路

杨清河

杨清河，1925 年 4 月出生于山东省招远县，1945 年 1 月入伍，1946 年 3 月加入中国共产党，历经抗日战争、解放战争年代，由一名普通战士成长为班长、排长、连长、营长直至团参谋长，参战 30 余次，多次立功受奖，其中一等战功一次。1984 年 4 月于上海市黄浦区人武部退休，被安置在上海市长宁区军队离休退休干部休养所休养，正团职待遇。退休后的杨清河积极参加干休所各项活动，发挥晚年的光和热，经常写一些回忆当年战斗经历的文章，深深感动着下一代。

“两军相逢勇者胜”，这话不假。杨清河同志参加革命打鬼子、打老蒋，从山东一路打到福建厦门，大小打过几十仗吧，印象最深的还就数夏格庄攻坚战。那硬是凭着近战夜战的战术，凭着同志们不怕牺牲、敢于刺刀见红的勇气，靠轻武器和炸药包，杀出了一条血路，拿下敌人号称“固若金汤”的集团堡。

那是 1947 年 9 月，为了粉碎老蒋对山东解放区的重点进攻，野战军主力集结在鲁西南地区组织战役，十三纵三十八师一一三团奉命攻占胶济铁路夏格庄火车站，掐断敌人交通命脉，阻击从青岛出来西进增援之敌。

啃上硬骨头

团队经过一夜急行军打进了夏格庄，天蒙蒙亮时发现，杨清河所在的二营四连对面的夏格庄中学里面，还有敌人一个集团堡工事没有打下。杨清河和战友们抢占了学校西南一座小庙和正西一所民房作为进攻出发地，连长命令三排、二排轮番出击，但遭遇到敌人轻重机枪封锁，火力很猛，两次进攻都失败了，战士伤亡大半，两名排长都身负重伤（三排长不一会牺牲了）。这时全连就剩连长和杨清河所在的一排二十多人，外面兄弟连队进不来，杨清河和战友们也出不去，没有饭吃没有水喝，依托着小庙和几间民房同敌人对抗。

天色大亮了，杨清河和战友冷静下来仔细侦察，发现这个集团堡工事果然不简单，它外部有铁丝网、梅花桩、水壕层层防护（光水壕就有三米宽两米多深，还放满半人深的水），内部有十来个明堡暗堡子母堡用交通沟互连，加上两栋校舍一圈围墙，确实易守难攻，怪不得敌人在校门南墙拿白石灰刷上“固若金汤”四个字壮胆。这个据点，不但工事布局结构严密完整，战后还得知守敌是一个加强连，并且配有多挺重机枪从各角度组成火网，所以杨清河所在的二、三排进攻会遭到惨痛杀伤。

重组突击队

正午12点钟，连长接到营部命令，要求杨清河所在的四连火线整顿队伍，组成突击队，一定要在当晚把集团堡打下来，不然明天青岛援敌一到，杨清河他们就会腹背受敌，没有立足之地了。“一排长！”连长大声叫杨清河：“你把全连凡是能参加战斗的人都组织起来，除了重机枪留在连部，其他统统归你指挥！”“是！”杨清河二话不说就去找人找枪找弹药了。

不大一会儿，杨清河找到了二十二名战士，组成了爆破突击队：有一班长孙家山，山东莱阳人，是一排的党小组长，擅长爆破的“土专家”；轻机枪手秦友朋，胶东永城人，老兵了，作战勇敢；还有两个16岁的小兵孙忠勤和孙梅先，莱阳五龙河人，参军不到半年的叔侄俩，可别小看这两小兵，打起仗来胆大心细机灵透了！再清点清点武器，轻机枪、冲锋枪和弹药足够用的，缺只缺对付敌人集团堡的“重武器”，只有十三个35斤到40斤的大个炸药包，都是战前孙家山他们几个人亲手扎好的。

“同志们！”杨清河召集共产党员开了个火线党小组会，他郑重宣布：“根据连长命令，四连突击队正式成立了！连部命令我杨清河带队，如果我不幸牺牲了，一班长孙家山为代理人，大家要服从他的指挥。”然后杨清河宣布成立三个战斗小组——爆破组、火力组、突击组，并分头向各组详细交代了战术要求："爆破组必须连续作业，第一包炸药一响，第二包不等命令就上(因为枪炮声太响，不可能听清命令)；火力组要保证爆破通道安全，掩护射击，枪不能打着自己人；突击组要紧跟我行动，轻机枪手一定跟在我身边冲锋，我指哪打哪……"最后杨清河提醒大家"两个抓紧"：抓紧时间检查擦拭武器，老天正在下小雨，炸药包导火索样样都要注意防潮；抓紧时间休息，养精蓄锐，天一擦黑就猛虎下山扑向敌人夺取胜利！

打开突破口

晚上7点钟，战斗打响了！一切按预定部署进行，炸药一包一包地爆炸，炸开铁丝网，炸倒梅花桩，把水壕靠杨清河这方岸边也炸塌一大片缺口。爆破组紧接着送上第四包炸药去炸水壕对岸，不料炸药包没有立得稳当，倒在了沟底，"轰"的一响把泥和水炸得飞上半空，落到杨清河和战友们的攻击出发地，像是下了一场泥水雨，有的战士枪栓都让泥水糊住啦。可当时天黑看不真，误以为爆破水壕对岸成功了，杨清河把枪一挥就大喊"跟我冲啊"！大家一道跟杨清河猛冲，冲哪去了？冲沟里去了。笔陡笔陡的沟对岸沾满污泥浊水，溜滑溜滑的根本攀不上去，后退更不成，必须当机立断拿出应变办法。

杨清河马上叫来孙家山，决定继续爆破，先把队伍往两边各自带开10米以外，人人紧贴在壕沟靠敌人那一面的沟墙，然后杨清河拿过一个最大的炸药包拉了火，和孙家山合力猛地朝敌方扔去，落点紧挨着沟外2号敌堡。只听得爆炸响处，不但水壕对岸炸开了通道，2号敌堡也炸塌了半边！杨清河迅疾冲到敌人碉堡射击孔前一声断喝——"缴枪不杀!"可里边敌军还在往外打枪，跟上来的轻机枪手秦友朋用胶东话骂了一句"找死呀"！上前就打了一个连发，这才乖乖地走出七八个高举双手投降的敌军。

扩展向两翼

打过攻坚战的谁都知道，突破口上三面受敌，是最紧张的时刻！光想守是守不住的。杨清河和孙家山一打量，2号堡正面一堵围墙，两侧是1、3号敌堡，必须立马向两侧扩展。白天侦察清楚了，学校西南角的1号堡是敌军重点工事，像是连环堡垒群里的母堡，里面至少有两挺重机关枪，三排就是吃了它的大亏。这会儿应当先易后难，就叫孙家山负责就地顶住1号堡的敌人反击，杨清河先带人去炸左侧3号堡。

杨清河招呼一名爆破员立马动手，他好像耳朵震聋了听不懂杨清河意思，还是那个16岁小兵孙忠勤机灵，跑过来抱起一包炸药就跑。杨清河一拎冲锋枪赶上前，在距离3号堡十几米的地方，把孙忠勤一把摁倒，先朝敌堡狠狠搂了它一梭子。枪声才停，小孙嗖地扑上前去，一下子就爆破成功了。这时，恰好营部支援来的一个班7个人和一门山炮赶到，杨清河就把3号堡交给他们坚守，保障突击队左翼安全。

回到突破口右侧，孙家山坚决请战由他亲自去炸1号敌堡。孙忠勤好像炸了3号堡还没过瘾，也争着要上，被杨清河拉了下来。爆破很顺利，孙家山带领两个战士送上炸药包，炸得满天满地腾腾烟雾。可谁也想不到的悲剧发生了：1号堡跟前“轰”地响起第二次爆炸声，孙家山和两名战士当场被炸飞了，牺牲了！杨清河正要叫孙梅先去向连长报告，连长已经上突破口来了，他说，哪里会有这等怪事，营里来的山炮看敌堡距离太近，就在炮膛里边瞄准，也不看清自己人已经冲到敌前，也不请示杨清河，炮就响了！孙家山呀孙家山，让自己人误炸了，谁也不愿见到这种事啊！

炸墙进纵深

敌军据点还没打下，战斗还得向纵深发展，战场上不是总结教训的场合。杨清河向连长报告说，敌人的指挥所在校园两栋房子中间那个地堡隐蔽部里，咱先得把围墙炸掉，再突进去把敌人打乱，趁乱端掉它的指挥所，敌人就群龙无首散家伙啦。连长同意杨清河的方案。杨清河朝爆破组挥了挥手，又是机灵鬼孙忠勤，上前就把靠在围墙根的炸药包拉响了！随着一声爆炸，大块小块的碎砖头像下雨一样从天而降，没有砸破自己脑袋算是万幸。

杨清河叫突击组往豁口里边丢了七八个手榴弹，跟着就迅雷不及掩耳地冲进学校大院，直逼中间地堡的隐蔽指挥所前。同志们个个目标明确，从四面合围上去，堵着隐蔽部的枪眼往里连连扔下手榴弹，冲锋枪和秦友朋的轻机枪也一齐发威，猛烈扫射，边打边喊“缴枪不杀”！好一阵猛攻，把敌人打懵啦，隐蔽部里熄火了，甩出来一支一支手枪、步枪、轻机枪，十几个蒋军官兵狼狈举手鱼贯而出，后面几个人还扛着拆卸开来的重机关枪枪筒枪座。再后还跑出来十多个穿便衣的，其中还有两个女人，杨清河和战友齐声问说："干什么的？还乡团吧？"他们赶紧交代是做饭的、做工的。杨清河说先不管你干什么的，放下武器，人待一边去！

乘胜扫残敌

这时，只听得身后突破口西北角还有枪声，敌人一挺重机枪还在"突突突"的响。杨清河叫过爆破组，让他们炸穿北面一栋房子，从后边包抄上去炸掉4号堡，收拾残敌。

有孙忠勤、孙梅先叔侄俩在内的爆破员们，争先恐后抱起炸药包奔了过去，随着"轰！轰！"两声炸药响，就打北屋穿墙而过，抄到敌人4号堡的入口通道跟前，再扔进一个炸药包，4号堡就"坐飞机"上了天了，重机枪也哑巴了。

敌人一见前后左右都有解放军出现，闹不清解放军杀进来多少部队，惊惶失措，缴枪的缴枪，逃窜的逃窜……

一场夜战近战爆破战胜利结束了！杨清河和战友们靠勇敢，靠十一包炸药(还有两包没有用上)，也靠孙家山等战友用自己的鲜血和生命，打开了胜利通道，攻打下夏格庄中学集团堡。黑夜里，粗粗地打扫战场，清点战果：敌人伤亡还不明细，俘虏抓了有三十多个，缴获重机枪一挺、轻机枪两挺、冲锋枪、步枪二十多支……战后上级给杨清河记了一等功，给杨清河所在四连记了集体二等功，奖励一面锦旗，上面绣着"攻无不克 战无不胜"八个金色大字，并一直保存在连队荣誉室里。

迎接新考验

得到上述荣誉都是后话了，当夜可是谁也顾不得欢呼庆祝，顾不上喘气歇息，营长、连长就带着增援的五连兄弟进驻了夏格庄中学，整修了敌人撂下的工事，部署好兵力，准备天明之后迎战由青岛方向扑来的敌军。

东边天际渐渐露出晨曦，新的一天、新的战斗、新的考验、新的胜利，又在召唤杨清河和战友们！

(长宁区双拥办)

坚定信念跟党走

黄庆久

黄庆久，1946年6月自愿入伍。入伍后为河北省遵化县大队一连战士，参军后参加的第一次战斗是阻击国民党军队向遵化进攻。在县大队当战士大约一年，参加大小战斗十几次，负伤一次。到1947年5月入了党，同时担任军分区警备三团五连班长，1948年4月该团又改为冀东军区独立十九团，1949年1月担任副排长，同年4月该团又与华北特种兵炮兵团合并。在这段时间参加"平津战役"等十多次战斗，记过一小功，1948年整党评为模范党员。解放后调入海军海岸炮校学习两年多，1952年4月毕业后分配到南海舰队虎门岸炮担任三连指导员（正连级）。1955年调福建岸炮三十八营副政委，授予上尉军衔，1956年调海军政治学校学习，1957年为福建岸炮四十四营副政委，参加了炮击金门战斗。1960年调东海舰队艇长训练班政委，授予大尉军衔（副营级），后改为东海舰队联校学员队指导员，1964年授予少校，1965年改为行政16级，为海军工兵八团政治处副主任，1969年为海军1425工地政工组组长，后为二工区、工兵二支队后勤部代政委，直到离休，离休后调15级。

坚定信念跟党走

我从小看着日本鬼子在中国横行霸道，那时就想当兵打鬼子，因年龄小又是独生子家里阻挠没去成。直到1946年我16岁才瞒着父母去参军,走在半路上被父母追上,大哭大叫非要我回去,经我好说歹说,才把父母勉强劝回。从此我走上革命路,成了八路军战士。

入伍没几天,蒋介石指挥几百万中央军,向解放区进攻。我参军两个月经历两次战斗,先后两名副班长牺牲,对我这个 16 岁新兵是个严峻考验。

我当兵虽然态度坚决,但两位班副都牺牲在我身边,使我感到当兵随时面临着死亡!此时父母又来队,哭着闹着要我回家。这个兵还要继续当吗?我思想上有些摇摆。当时连队上下对我都很关心爱护,父母来队时连长、指导员都启发我坚定革命意志,耐心做好父母的工作,尤其是排长,为照顾我年岁小,叫我给他做通讯员,经常给我讲故事,鼓励我虚心向老同志学习,做个好战士,争取早日入党等。经过思想斗争,我下定决心:活一天就跟着共产党战斗,死了就为解放全中国献身!在领导和战友们的关怀下,我的政治觉悟不断得到提高,在战斗中数次遇险不恐惧。一次我们在相距只有几十步远的地方与敌遭遇,敌人以猛烈的火力向我们扫射,在这危急时刻我左腿中弹,但我忍受剧痛仍然坚持战斗。经过近一年战争环境磨炼,我入了党,并当了班长。

党员、班长是战士的标杆,要以身作则、模范带头。一次全班在一起挖工事,我从地下挖出一大坛子元宝,有些战士主张大家分一点,这时关键看我这个班长是否贪心。我耐心地说明这些财产不属于我们、不能分的道理,征得全班同意后,一百几十斤重的大元宝全部上交,我荣立了一小功(当时只有大功和小功两个等级)。

1948 年 8 月为配合辽沈战役,我冀东独立十九团奉命北上,牵制打击国民党以石觉为司令官的驻热河所属部队。由于天天爬山跑路,战士们带的两双布鞋,很快鞋底都被磨透了,好不容易补充一批鞋,可是我们班只分到一双,这双鞋发给哪个战士都不要,只好开班务会讨论,会上全班战士除表示不要外,还提出班长代表全班,穿上这双鞋是理所当然最合适。可我怎么能穿呢?我是班长,又是党的小组长,战争年代对党员的起码要求是:冲锋在前、退却在后,吃苦在前、享受在后。如果这双鞋穿在我的脚上,那比不穿还难受!怎么办?上交不收,只好放在背包里背着,和大家同甘苦共患难心里倒舒服。过一段时间全团普遍补发了鞋,我这才穿上这双鞋返回冀东参加平津战役。

关心战士的思想和生命安危是班长的重要责任。解放战争形势发展很快，部队不断升级（我所在单位由县大队升到军分区警备团，又升到军区独立团），远离家乡，另外战争的残酷也使有的人开小差。防止开小差当时成了连队一项特殊工作。特别是战斗前后或家属来队等，要及时掌握战士的情绪，做好耐心的思想工作；要把战士当成亲兄弟，不以权压人、训人；要利用各种机会启发教育战士在战斗中时刻注意保护自己、杀伤敌人。我当班长一年八个月期间，全班战士既没有逃跑，也没有牺牲。1948年整党时，我被评为模范党员。

为响应“我军永远是个战斗队”的号召，巩固国防，建设强大的海军，三大战役结束不久，我被调到海军炮校学130火炮。七个月学习期间，可以说是刻苦努力、废寝忘食，从早到晚，每个星期天都用于学习。学习期满后又把我留校学政治，这对我实在难。没文化，不懂政治，根本不是做政治工作的料。可是组织上命令只有坚决执行，加倍努力学，力争学得好一些。经过一年多学习提高了政治水平，增强了自觉性，对“政治是统帅，政治是灵魂，政治工作是我军的生命线”有了较深刻认识。出校后从担负连队指导员开始，在我国的南海、东海的海岸炮兵、海军工程兵两个艰苦兵种单位工作了30多年。几十年来远离亲人，爱人生孩子、大女儿生病成了残疾、父母双亲去世我都没能回家照料，可以说坚定地跟党走是我一生的信念。

我过的第一个“八一”建军节

欢度建党九十周年之际，我们已过着幸福的晚年，但不能忘记我是一名共产党员，不能忘记过去的艰苦岁月。我的一生过过许多次建军节，但给我影响最深刻、可以说终生难忘的，是我入伍后第一次参加战斗，在战场上度过的“八一”建军节。

1946年6月我参军到部队，听首长讲传统知道部队有个“八一”建军节，就期盼着也能像过大年那样，过个欢乐的建军节。可事与愿违，入伍后没有多长时间，蒋介石调动几百万中央军，大举向解放区进攻，妄想三个月彻底消灭我军，从此第三次国内战争全面爆发。

日本投降后，抢占并驻守在秦皇岛市的中央军，于7月下旬大举向冀东的迁西、遵化等大片解放区进攻。我所在的河北遵化县大队，奉命于7月31日紧急赶到遵化东部县界——滦河大桥西侧构筑工事，阻击进攻遵化之敌。

第二天“八一”建军节的早晨，大批敌军气势汹汹来到滦河大桥，立刻在火力掩护下强行过桥，我县大队集中火力严密封锁桥面，敌我双方争夺大桥的战斗打得相当激烈，在我们大队严密封锁下很多敌军倒在桥面上。敌人几次强行过桥没有得逞，便转入用更加猛烈的炮火向我阵地轰击，想用强大的炮火杀伤、消灭我们。由于我们没有火炮，根本无法反击，完全处于被动挨轰的局面。我们构筑的掩体、交通沟等简易工事，经受不住敌人猛烈的炮火轰击，给我们大队造成了很大伤亡。我是头一回参加战斗，看到许多战友死伤在阵地上，个个血淋淋的，吓得我发抖，我虽然没有伤着，可是炮弹爆炸激起的土，险些把我活埋在交通沟里，成了土人。

敌人用重炮轰击后，又开始向大桥发起进攻。我们仍死死地封锁桥面，就这样敌人进攻——被打退——再进攻——再打退，反复了多次，我们还是牢牢地控制住了大桥。但在敌强我弱、敌多我少情况下，一个几百人的县大队，装备落后、弹药不足，又没有后续部队接替，时间越长伤亡越多，大桥还能坚守多久？特别是弹药打光了又该怎么办？拼刺刀我们多数枪支没有刺刀，所以这场阻击战继续打下去对我们是极为不利的。再说我军的作战原则是敌进我退，不死守硬拼，不计一城一地得失，保存有生力量，以利再战。为此全大队迅速沿着公路西撤。

进攻的敌人对我们的撤退紧追不放，并同时用炮火延伸射击，既要杀伤我们，又想拦截阻止我们撤退。在这要紧关头数架敌机又突然飞到上空，发现我们撤退，立即展开轮番俯冲扫射，由于我们对敌机的空袭缺乏思想准备，又没有对空防御武器，打得我们晕头转向，无能为力。全大队只好立刻趴在公路两侧隐蔽，被动挨打。这场空袭又给我们大队造成了很多伤亡，和我紧紧卧在一起的副班长，我发现他腰部中弹数发，肠子都流出来了，地面流了许多血，衣服被鲜血染红，我哭喊着：“副班长！副班长！”可是他已经停止了呼吸，牺牲时一句话都没有留下。一个年轻的战士就这样离开了世界、离开了战友和亲人，他死得好可怜。国民党挑起的这场战争，不知还要有多少中华儿女惨死在战场上，造成许许多多的人妻离子散、家破人亡。这都是国民党蒋介石犯下的罪过。革命战士只有英勇杀敌，彻底消灭反动派，为死难者报仇。

敌机轮番扫射几个回合后返航。我们大队为了不让敌军追上、不让敌机再发现我们，全大队立刻分散西撤，不再走公路，而是钻山沟、爬山走小路。追击我们的敌人车辆再多、汽车轮跑得再快，可是没有公路进不了山沟，也就无法追到我们，它的优势也就得不到发挥。为了摆脱敌人，我们一天一夜没有吃上一口饭，既饥又累，连夜撤退，一直撤到遵化西部边界不能再撤，才隐蔽在山沟里。敌人第二天也赶到遵化县西部——马篮峪镇驻扎，敌军派到山上的警戒哨，我们在山沟里看得清清楚楚，可以说形势相当严峻，时刻都有让敌人发现被消灭的危险。

山沟里群众极少，几百人的部队隐蔽在一个山沟里，吃、住都存在严重困难。没有粮食只能以地瓜叶、南瓜、南瓜花等物来充饥，住是以地当床，风吹、雨打、太阳晒、蚊子咬……但这些艰苦比比红军两万五千里长征要好得多，为革命事业，为彻底消灭反动派，解放全中国，吃再大的苦、受再大的罪也值得。

进攻之敌为实现三个月消灭我军，反复“围剿”。我县大队天天东躲西藏，白天隐蔽在山沟里，夜间转移，并采用声东击西来迷惑敌人与敌周旋。经过两个月艰苦努力，我们的处境终于有了好转。

1946 年 8 月 1 日我过的第一个建军节，就这样在炮声隆隆、硝烟弥漫的战场上度过，我又是第一次参加战斗，印象极深，终生难忘。

怀念被敌杀害的战友们

9 月 30 日被全国人大常委会定为“烈士纪念日”。2014 年 9 月 30 日这天，全国上下首次开展纪念活动，此时又勾起了我对 67 年前被国民党军队杀害的战友们的怀念！

1947 年 2 月，我们遵化县大队驻扎在本县西部一些村庄。本想过个欢乐的新春佳节，可是大年初一晚饭后，大队突然吹响了紧急集合号。我们冒着零下 20 度的严寒和七八级刺骨寒风，两脚踩着冰雪，艰难地向遵化城南行进着。战士们边走边议论：今天这是去哪里，执行什么任务？议论来议论去没有一个能“参谋”到，有些战士便问连长、指导员，他们的回答：“不清楚。”指战员们在冰天雪地里走呀、走呀，经过七八个小时的夜行军，于凌晨一点多到达离县城十多里的燕山口。此时大队领导向部队讲：军区主力今晨攻打离这里 20 里的王各庄据点，我们大队的任务是在这里阻击遵化城里敌人的增援。

为了提前发现敌人，上级命令我所在的一连二班，在高亮排长的带领下担任潜伏哨。我们班又向县城方向急进半个小时，到达一个小山村。村北有一座近50公尺高的小秃山，叫羊胡子山，我们班在山脚下一户只有两间破草房的群众家里潜伏，派两名战士在屋外观察敌情，其他人员在屋内整装待发。早晨5点多钟天刚蒙蒙亮，发现山顶上来了几十个人，判断这肯定是敌人。排长立即下令射击，以激烈的枪声为信号向上级报告：敌人的援兵已经到达。我们班与敌人进行短时间的激烈交火后，潜伏哨的任务已经完成，便迅速撤出战斗，向村南方向转移。

当时由于缺乏通信工具，上级不知我们班已经顺利地撤出，又派我们连二排接应。由于我们班已经撤出村，又是清晨看不太清，结果接应我们班的二排进村后不但没有接到，反而和追击我们的敌人遭遇。在这危急时刻二排以灵活的战术边打边撤，撤到村外。北方的冬天是一片平地，这给全排的撤退带来了极大威胁，二排长立即命令六班留下半班掩护全排撤退。

为掩护全排能顺利地撤出战斗，六名战士在一个小土坑内，顽强地阻击敌人的追击，直到弹药全部打光。虽然完成了掩护任务，但由于寡不敌众，六名战士全部被敌人抓获，并被带到遵化城里。敌人对他们进行了严刑拷打，他们不屈服敌人的残暴，不怕杀头，个个都是好样的。他们与敌人进行了英勇顽强的斗争，表现了共产党领导下革命战士的英雄气概。几天后六名战士全部遭到敌人残暴杀害，并把他们的头颅挂在城门楼上，妄想以此威胁、吓唬广大人民群众，瓦解、削弱我军斗志。敌人这种惨无人道、杀害俘虏的卑鄙行径，更加激起广大人民群众对国民党反动派的愤恨，更加增强我军广大指战员对敌人的仇恨。

全连指战员听到这个噩耗后，都极其悲痛。我们班更是悲痛万分，人人泪流满面痛哭不止。同志们一致表示：他们是为接应我们班而被敌人抓去遭到杀害的，我们一定要多杀敌人，彻底消灭国民党反动派，为被敌杀害的战友报仇雪恨！

67年前仅有几个小时的潜伏任务，如今依然记忆犹新，尤其是逢年过节倍加怀念被敌杀害的战友们！他们为人民翻身求解放，为共和国的成立献出了宝贵生命，全国人民乃至世世代代"国庆勿忘祭先烈"。烈士纪念日当天上午，党和国家领导人向人民英雄纪念碑敬献花篮、花圈，全国各地都普遍展开"烈士纪念日"活动，以表人民永远怀念、敬仰先烈！

（虹口区双拥办）

一块手表的故事

——李宝璋烈士生平事迹

葛巧娅

李宝璋烈士(1921—1947),上海市闸北区人,原华东野战军十一纵队三十一旅九十三团三营教导员。

手表的功能不外乎是看时间或者用来装饰,但是在沈灶烈士陵园纪念馆里有一块已经不再转动,外表也磨损破旧的手表,参观者却总会在它前面驻足,然后啧啧称赞。因为这块手表的意义已不在其功能或外表,而是代表着李宝璋烈士英勇无畏的革命气节薪尽火传。

1947年1月30日,新四军九十三团驻扎江苏沈灶。由于敌军频繁来犯,九十三团第二营火力不支,请求支援。李宝璋所在的第三营主动请缨,给敌人一点颜色看看。正当第三营准备出发时,旅长传电说敌人的兵力已经由原来的一个连加强到两个连,形势很严峻。三营刚刚参加完盐城守卫战,兵力还未得到充分调整和整顿,战士都相当疲惫,武器也是破损厉害。指战员们虽然斗志昂扬,但硬件条件差的窘境也不能忽视。作为教导员的李宝璋,连忙找齐各连指导员开动员会,在队伍行进中边走边动员。

沈灶烈士陵园纪念碑

敌人虽说只有两个连，但实际上顶得上一个营的兵力，另外武器装备精良，我军处于绝对劣势。第一次正面交锋时，尽管战士们奋勇冲锋，但始终不敌。下午，组织第二次冲锋，还是难以成功，并且伤亡众多。这时，团里下达停止进攻的命令，准备晚上再攻。

晚上，团里改变进攻战术，增派一个营加强兵力。利用休整时间，李宝璋到各个连队调整部署，组织火力，做好随时冲锋陷阵的准备。团领导看李宝璋近日一直在连营中奔走组织动员会，又连续参加战斗，十分劳累，示意他晚上留在团里休息休息不必参加夜战。但是他却说："我没打过夜仗，想学一学。"为打好夜战，他不忘做好战前动员工作。

天越来越黑，出于隐蔽的需要不能点灯，李宝璋不顾白天作战疲劳，靠着微弱的篝火又穿行于连队驻地之间进行动员活动。刚离开指挥所没走几步，敌人一颗流弹击中他的腹部，流血不止。以当时的医疗条件，大家很明白击中内脏意味着死亡。但是李宝璋面对即将到来的死亡却一如既往的淡定，拉着身边营长王法的手说："看样子我不能打胜这场仗了，希望你一定要把这场仗打胜。"之后摘下手表交给他，"我这块手表比你的好，送给你好好掌握时间指挥战斗，我的伤我自己明白是肯定不会好了。"见营长执意不肯收下，他安慰说："这样吧，手表你先收下，打完仗你去找

李宝璋烈士遗留的手表

我，能见到我，就把它还给我，见不到我，你就一直带着这块手表打仗，就当我也在参加战斗吧，我一定能看到胜利属于我们。”说完将手表艰难地戴到营长手腕上，用袖子擦掉表面上的血迹，微笑着说：“这块表是我从一个日本士兵的尸体上解下来的，交公后领导送给我的，同样是一块表，但是因为戴的人不同所以意义也不同，本来我想亲自调教它，让它‘改邪归正’的，不过现在只能由你来调教它了。”他的话语中没有害怕和恐惧，竟然开起玩笑安抚身边伤心的战友。

三天后传来了李宝璋同志已经牺牲的消息。

表不停转，精神不息。

他的手表跟着营长经历了无数次战役，每次动员会上，营长都会将手表的故事讲给战士们听。李宝璋虽未参加动员活动，但他的手表义无反顾地继承着他视死如归的革命大无畏精神，向战士们宣扬着最崇高的战斗精神。

六十年后营长将手表捐献给沈灶烈士陵园纪念馆。静静地躺在橱窗里的手表以另外一种形式宣扬着战斗英雄视死如归的大无畏革命精神。

（闸北区双拥办）

用炮弹打下敌机的教导员

——记军队离休干部、残疾军人武登荣

陈　芳

武登荣，男，汉族，1929年9月1日生于河北省武安县邑城村。18岁以前在家务农、当民兵；1947年3月1日参军到晋冀鲁豫野战军三纵九旅二十六团一连当机枪手，转战华北、中原、华东及西南；1949年2月1日加入中国共产党；1950年5月提干，因伤残加重丧失工作能力；1983年10月1日离休；1987年4月1日移交政府安置。

在部队期间，先后担任班长、通讯员、排长、警卫员、副连长、连队指导员、营教导员、师政治部科长、团政委、军教导队第一政委等。在党内先后担任党支部委员、支部书记、总支部书记、营党委书记、机关直属党委委员、师政治部部党委委员、师党委委员、团党委委员、常委、书记。

在解放战争及新中国成立以后，先后参加过平汉战役、豫北战役、鲁西南战役、千里跃进大别山、张家店战役、坚持大别山斗争、渡江战役、进军大西南解放云贵川、西南剿匪、机动作战、入闽轮战、援越抗美作战，参加各种战斗70多次，3次战斗负伤，4级残疾。

在普陀区的曹杨新村街道，已经退伍数十年的军休干部、残疾军人武登荣是社区小有名气的老人。今年已经85岁的武老，前半生几乎都是在战火纷飞的戎马生涯中度过的。艰苦的战争岁月，见证了武登荣灿烂的青春年华，也考验了他为党为国的赤胆忠诚。

三次负伤，依旧不褪戎装

多年的征战，武登荣多次负伤。1948 年 1 月 7 日，在解放战争的李株店战斗中，他第三次负伤。这一次，武老的左髋股骨头及坐骨被敌人子弹贯通。在当时的环境下，战场医院天寒地冻、缺医少药，最终导致了武老伤口感染，致残终生。

即便如此，武登荣在伤势缓解之后毅然决然放弃复员回家享受抚恤与家人团聚共享安乐的安排，一而再、再而三地向组织表达留队的愿望，并且坚决要求留在野战部队继续战斗。看着当时 20 出头的武登荣，一脸坚毅、一腔热血，组织上深为感动，只得批准了他的请求。此后，他带着伤残参加了渡江战役、解放华东、进军大西南解放云贵川、大西南剿匪、机动作战及入闽轮战等一系列作战，为共和国的建立和初步稳定立下战功。

之后，经过部队整编，武老调到了空军高射炮部队。1965 年，根据越南请求，中央军委命令武老所在的高射炮兵二十三团赴越参战。当年的 7 月 26 日，武老跟随部队开拔南行。8 月 13 日，他们到达广西宁明集结，当时武登荣是二十三团三营教导员。大家都知道这一次是进入别国地域，与世界头号军事强国作战，面对的困难将与以往的经历大不相同。但在武登荣和战友们看来，为国家奔赴战场，就是自己的使命，一声令下，不存在丝毫的犹豫和忐忑。然而，当时的武老并不知道，这一场战斗深刻地影响了他的后半生，也成就了他又一段战场的人生传奇。

就在宁明集结后不久，8 月 20 日零点，高炮二十三团通过友谊关进入越南。在那个时候，二十三团是空军派出的第一个高炮团。在整个越南战区，高射炮等防空火力的数量本就十分稀少，再加上美军当时对北越实行大面积轰炸的策略，因此，防空部队的战备任务格外沉重。二十三团在进入越南之初就承担了保卫谅山市机场、公路铁路、两用铁桥等多项任务，全团实行的是轮换值班。

就在这一当口，友邻的六〇九团在一次战斗中损失惨重，指挥所团长以下 14 人牺牲、多人受伤，指挥所通往各炮连的通讯全部中断。二十三团受师部命令连夜赶到宋化接替六〇九团阵地。就这样，从 10 月 17 日开始，二十三团接连迎来了多场真正意义上刺刀见红的战斗，武登荣也在这其中经历了血与火的考验。

临危不惧，用高射炮打下最先进的战机

根据战时的安排，营长作为第一军事主官必须坐镇指挥所，统筹指挥，不能下到连队一线。因此，身为教导员的武登荣就轮流到三个炮连巡视，指导连队做好战地思想工作，安排好基层的各项事务。虽然二等伤残行动困难，但他还是坚持和战士们同战斗、共生活。白天，武登荣和大家一起推车拉炮、转移阵地。战地的生活条件艰苦异常，日间气温高达40多摄氏度，闷热难耐，但武登荣和战士们常常在四不透风的隐蔽所一待就是一天。一些战士因为水土不服，发生呕吐腹泻，武登荣亲自动手，给战士们喂水喂药。到了夜里，所有人睡觉只能"地当床铺天作被"，还要防范热带丛林中的毒虫鼠蚁。

11月16日，武登荣所在的部队迎来前所未遇的恶仗，美军的飞机对我军阵地实施了地毯式的轮番攻击。当时最先进的F-101、F-105、F-4B战斗机轮番上阵。那天武登荣正在八连阵地，用他的话说，生平第一次见到天上如此多的飞机聚集在一起，密密麻麻、遮天蔽日，炸弹就像雨点一样投掷下来，不断在周围爆炸、起火、燃烧。

在美军如此大规模的空袭形势下，我们的高射火力显得势单力薄。不过尽管实力相差悬殊，但是武登荣鼓励战士们，必须咬紧牙关，用我们的坚强意志反击敌人的狂轰滥炸。于是，他稳定情绪，组织人手开展反击，并拖着残体，帮助战士传递炮弹。这一仗，在极端不对称的装备水平和力量对比之下，武登荣带领着战士们英勇奋战，在付出了19人牺牲、60多人受伤的代价之下，取得了击落敌机4架、击伤3架的卓越战绩。

有了之前苦战的经历，全团官兵愈加勇敢和顽强。当年的12月9日，师部命令23团撤出宋化、谅佳，返回谅山。12月20日，在谅山阵地，美军飞机再次闯入我军阵地上空。随着团长的一声令下，两个连开火，仅用30秒钟就击落了闯进我军防空区的3架敌机，活捉美国飞行员1名，击毙一名，创造了中外高炮作战史上的奇迹，列入经典战例载入史册。

两个月零十天，二十三团连打五仗，五战五捷，共击落敌机23架、击伤8架，活捉美国飞行员11名，打出了军威，打出了国威，受到中央军委通令嘉奖和空军党委表扬。越南社会主义共和国胡志明主席亲自授予二

十三团“决战决胜流动红旗”，授予二十三团四连二级战功勋章。

但是，由于行军作战的超强度运动，以及全国解放后忙于防空作战，武登荣的旧伤始终没有得到很好的治疗，耽误了彻底治愈伤病的时机。越南战场归来后，他的左髋关节在半脱位状态下，股骨头变形、缺血性坏死，造成骨盆倾斜、脊柱侧弯，经年日久，最终导致了比较严重的行动障碍。

晚年不辍，让后人知道幸福生活来之不易

在51岁时，武登荣丧失了工作能力，无奈地离开了工作岗位。随后不久，因为伤势复发，他连基本的生活自理能力也逐步丧失。尽管身体状况跌入低谷，但武登荣始终保持着乐观的性格，他坚信困难可以锻炼人的意志，十分满足现在平安幸福的生活状态。长期以来，武登荣顽强地与伤病做斗争，积极配合各种治疗，充分体现了战斗英雄的钢铁意志。

武登荣在家看书读报

步入晚年，曾经金戈铁马的武登荣又迷上了写作，用文字记录大脑中留下的记忆，他开辟了又一方执着耕耘的田地。

1997年第二次手术时，在武老左髋腔内植入15副链珠，外用支架固定，脚上挂着4公斤牵引，拧在大腿及骨盆上的4只钢钉发生排异感染，疼痛难忍。但是，即便在这样的情况下，他依旧坚持写作，几年写了近十万字的回忆录。

因为左腿不能打弯，无法坐下来伏案写字，许多稿子，武老都是站在五斗橱前，左脚下垫一块木头，一遍又一遍改写出来的。他的作品《连长的婚礼》《老班长背我下火线》《黎明的枪声》等多篇短文被《军休天地》《上海老年报》《中国老年报》《新普陀报》刊登，《我终于盼到这一天》一文，荣获民政部全国庆祝建党90周年征文活动二等奖。

如此不同的人生轨迹，这样乐观豁达的革命情怀，使得武老成为普陀优抚对象中的代表人物。很长一段时间里，在身体状况许可的情况下，他不仅用写作反映自己记忆和生活的感悟，还积极参与辖区学校、企事业单位的共建，为他们讲述曾经的战斗岁月。2007年7月，武登荣被中共上海市普陀区委、区人民政府授予"普陀区优抚对象先进个人"称号并颁发奖杯。2008年5月被中共上海市委、上海市人民政府、上海警备区授予"上海市优抚对象先进个人"称号，并颁发了荣誉奖章和荣誉证书。2011年被普陀区民政局评为"优秀共产党员"。

（普陀区双拥办）

忘不了那激情燃烧的青春岁月

——解放战争九死一生亲历记

邢克军　张炯煊

张炯煊，男，1929 年 8 月出生，山东省诸城县人，初中文化。1947 年 7 月参加中国人民解放军，1949 年 1 月加入中国共产党，在解放战争中参加了淮海、渡江等战役。历任山东诸城县团一营三连战士，胶东军区滨海独立团二营九连副班长，华东海军政治部警卫连班长，警卫营二连副排长，东海舰队训练团二大队副区队长、区队长、物保处军需助理员，四大队十九中队长，东海舰队第一训练团四大队大队长，司令部副参谋长，正团职待遇。1982 年 8 月由中国人民解放军海军东海舰队批准离休，现为宝山区军队离休退休干部第一休养所休养员。

岁月冉冉，原本身强力壮、神采飞扬的解放军战士，如今却韶华已逝、步履蹒跚，变成了一位白发苍苍的 86 岁高龄老人。回首那段披坚执锐的战斗岁月，张炯煊感慨万分。解放战争中的硝烟与战火成为他人生经历的一道深刻烙印，他和他的战友们，用一种对党对人民至死不渝的忠诚，展现出了那一代共产党员和解放军战士的非凡气概。在这场惊心动魄的生死搏击中，他们遭受过彻骨巨痛的苦难，也享受过精彩耀眼的辉煌……

战火纷飞的年代，他走上革命之路

山东诸城，张炯煊的出生地。

在那黑暗的、人吃人的旧社会里，军阀混战，土匪横行，田地“十年九不收”，贫苦百姓饥寒交迫，家家“吊起锅子当钟打”，野草树皮全吃光。小小一个诸城，同全国其他地方一样，民不聊生，满目凄怆，哀鸿遍野。

张炯煊家是贫农，靠租地过日子。一贫如洗的家庭注定了他只能有一个苦难的童年。父母起早摸黑，含辛茹苦，一年下来，所有的收成大部分交给了地主，留下来的填不饱一家人的肚子。直到有一天共产党领导下的解放军来到了诸城，老百姓们才知道原来有这样一支队伍关心老百姓的疾苦，可以解放大众，帮助人们建立一个没有剥削没有压迫的新社会。于是小炯煊和村上的青年们一起跟着大部队走了，那是 1947 年 7 月。

当兵，就是选择战斗
入伍第二天，他就上了战场

诸城县团，是胶东军区滨北独立团的前身，刚满 18 岁的张炯煊成为团里的一名新战士。在兴奋和激动之余，更多的是新鲜和懵懂。还未来得及适应，严峻的考验便已降临。

来到部队的第一个夜晚，尚在迷迷糊糊、似梦非梦的状态中，一阵急切的哨音把张炯煊惊醒。

“这么早就拉队伍训练了？”他嘀咕了一句，一骨碌从床上爬起，穿好衣服，奔跑到集合地。

大家已经排好了队，连长正在讲话。从连长严肃的表情和战士们紧张的情绪来看，这不是要军事训练，而是要打仗了。战斗那么快就来啦！散会之后，小张三步并作两步追上了班长，急切地对他说：“班长，要打仗了，还没给我发军装呢。”

班长拿起一顶国民党兵的帽子往他头上一扣，说：“来不及了，就戴这个。”

张炯煊急了：“这是国民党的帽子，战士们把我当敌人打怎么办？”

“笨蛋！这是阻击战，不会的。”

“那——”还想往下说，班长朝他怒目圆瞪，嗓门高得吓人：“那，那，什么那？臭小子，赶快入列！”

“轰——”一发炮弹不知落在什么地方。好嘛，战斗就这样打起来了！

不一会儿，阵地上炮声隆隆，机枪突突；战场上硝烟弥漫，尘土飞扬…… 敌人突然发动攻击，规模之大，火力之猛，新兵们从未见过如此架势，之前想好的各类“沉着应战”的方案早被抛到了脑后。排长下达的命令，新兵们也不知道如何去执行，只好跟着几个老兵，他们蹲下，新兵也蹲下；他们转移，新兵也转移；他们射击，新兵也射击。咦，枪怎么不响？一个老兵向张炯煊高喊：“上膛！上膛！”噢，一上膛，终于响了。

战斗结束，新兵们心中一阵紧张，“完了，今天战场上表现那么差，一定要挨批啦。”

没想到，连长不仅没有批评，还夸奖了他们：“……特别是小张，今天表现很好，能把枪放响了，这是第一次考验，应该表扬。”

那个战场上向小张喊“上膛”的老兵，偷偷朝他笑笑，竖起了大拇指……

战斗无穷期，
战地黄花分外香

战役，一个接一个。

从北方打到南方，辽沈战役、淮海战役、渡江战役，一直打到南京、上海、舟山、金门、马祖……

张炯煊所在的部队，也几经变更，从诸城县团、胶东军区滨北独立团，到华东第三野战军、华东军区海军东海舰队。

张炯煊的职务也跟着变动，战士、副班长、班长、机枪班长、副排长、区队长、中队长、大队长、副参谋长。

“值得骄傲的是，无论在哪个部队，参加哪次战役，我都没有再熊过，而且，四次立功受奖，无数次受到表彰、嘉奖和被授予勋章和证书。”很多年后，老张一脸自豪地评价自己。

的确，经过几次战役的考验，张炯煊越来越沉稳，不久便当上了副班长。

副班长在战场上是最危险的职务。冲锋要冲在最前头，撤退要撤在最后头；如果有战士负伤了，无论炮火多么猛烈，副班长要负责把他背回来；有战士牺牲了，副班长也要千方百计地把尸体抢回来……

战场上不知有多少个副班长牺牲了，然而张炯煊这个副班长却活下来了，不能不说这是一个奇迹，但更是他的幸运。

有一次打高密，敌人逃往薛家岛，想从那里乘船再逃往青岛。从高密到薛家岛有100多里路。上级命令：星夜疾行，拂晓前把敌人消灭在薛家岛，粉碎他们南逃的企图！战士们背着沉重的武器弹药，一路奔跑，风驰电掣，同志们的生理负荷达到了极限……还好，天亮之前他们终于赶到码头，切断敌人的退路，随后战斗便打响了。

"……炮火那叫一个猛烈，直打得昏天黑地。敌人一发榴弹炮打过来，在我们身边炸响了。我被深深地埋进了土里，好不容易爬出来，觉得头有点晕，我摸摸自己的头，还在。我还活着？再摇摇头，是的，的确还活着。枪呢？一看，被震出去十几米远，直直地插在那边的泥土里。我想站起来去拿，腿不听使唤，还在流血，腿负伤了。身边的战友呢？四周一瞧，都一个个躺在地上一动不动了。一堆人，就我一个还活着！"战斗最终是胜利了，张炯煊说，这一仗他是从死人堆里爬出来的。今天，他回想起那场战役，想到那些倒在身边的战友，心就像被什么抽紧了一般，一阵阵地发痛。

这就是战争，残酷而又惨烈。对于战士们来说，就是枪对枪，刀对刀，就是"两强相遇勇者胜"。

对于张炯煊而言，打胶县、解放济南的那一仗，才是他一生中遇到的最激烈、最残酷的一次战斗，至今令他刻骨铭心，终生难忘。

那一仗，张炯煊所在部队接到的任务是打外围，让敌人出不来，进不去。

当时部队的后勤补给十分困难，许多战士吃不饱饭饿得浑身浮肿，有些战士还因为吃了野蘑菇而中了毒。在星夜兼程赶往作战阵地的那天晚上，大雨倾盆，恰逢一半人因为营养不良出现了夜盲症，大家只好用捆扎背包的绳子把人串起来，让看得见的战士牵着看不见的战士走，但在急行军中还是有好几个患有夜盲症的战士跌下山崖牺牲了。

进入阵地后，立即挖战壕、修工事。整整两天两夜，他们挖了又挖，修了又修，夯得严严实实。然而部队接到的命令却是"围而不打，原地待命”。

这原地待命实际上就是不吃不喝，因为后勤跟不上，随身携带的粮食全吃完了，战士们身上唯一可以吃的就剩几颗大蒜，那是发给战士们作消毒用的。一位广东籍的战士实在饿得不行，大蒜吃光了，又偷吃了老百姓的一颗辣椒，被作为破坏纪律的典型，全连点名批评……

时间一天一天地过去。

有一天深夜，补给终于上来了，战士们正在狼吞虎咽时，突然发现，在敌方阵地的上空，五颜六色的信号弹腾空而起，接着便是各式火器发出的声音震得地动山摇。

“报告！发现敌人一个排向我运动，连长要求你立即做好战斗准备！”连部一位通讯员小跑赶来向当时已是班长的张炯煊传达战斗命令。

听到通讯员的报告，战壕里的战士们都“呼”地一下站起来，纷纷表示决心。

“人在阵地在”的呼喊声响如炸雷。

“人在阵地在”！这可不是一句豪言壮语，这是钢铁战士的钢铁誓言，这是铁血男儿血洒疆场的惊天呐喊！

战争果然打得很残酷，整整打了7天7夜。到第五天晚上，敌军尸横遍野，发出阵阵恶臭，无数只野狗在那里争食腐肉，到后来，这群猎食者分不清死人还是活人，居然见了穿军装的就冲上来撕咬。于是，战士们在补充粮食、弹药的同时，又不得不补充了另一种武器——人手一根打狗棒。

敌人又一次冲锋了。后来才知道这是敌人最后一次垂死挣扎！

敌人还是使用老战法：趁着夜色，坦克打头阵，后面跟着一群士兵。

战斗打得惊心动魄。数小时后，我方伤亡很大，后援无济，打完了所有的手雷和子弹，仅剩的两颗手榴弹便成了最后的宝贝。

“哧溜”一声，大家齐刷刷地拔出刺刀，装在了步枪上！

坦克冲过来了，浓重的烟雾中，却见有个战士爬在坦克上面，手中高举着两颗手榴弹，寻找可以投进去的缝隙……当他把这辆坦克炸毁，冲回来的时候，中弹倒下了。

他就是那位受过批评的广东籍士兵！

战斗到了最激烈的程度。班里有名的“愣头虎”把上衣扒掉，露出棕褐色的肌肉，探着半截身子迎击蹿上来的敌人。当他牺牲的那一刻，另一名战士端起刺刀，冲入了敌群……

在火光激烈的抖动中，只听见白刃战的格斗声。

一个家伙端着刺刀对着班长张炯煊冲过来，凶神恶煞一般。张炯煊眼疾手快，抢先一步将刺刀刺进了他的心脏，旁边一名战士与一个国民党兵扭打在一起，见国民党兵身上有一把洋镐，张炯煊立即冲过去拔出来，对准他的脑袋狠狠地砸去。一声惨叫，张炯煊的干粮袋上溅满了他的脑浆……

黎明时分，战斗结束。敌军除投降的以外，无一人生还。而我方也损失惨重，全连有一半人牺牲了，苦心修筑的防御工事在炽烈的炮火下荡然无存。尸体横七竖八地摊了一地，血迹斑斑。一位战士受伤了，他还咬着牙忍痛爬过去，找到那个牺牲了的、还光着上身露出棕褐色肌肉的“愣头虎”，为他穿上了衣服……

卫生员哭泣着走过来，张炯煊问他：“有几个负伤了？”

他哽咽着回答：“除了我和你，其余都受伤了，可谁也不肯先包扎。”

强忍着的泪水立时喷涌出来。这就是战争，战争无情亦有情……

以后的战役，我军以千军万马如卷席之势，横扫千里。国民党反动派溃不成军，一路南逃。张炯煊跟随部队风火中来去——占领国民党总统府、解放上海，许多次冲入敌阵，又有好多战友倒下了，而他依然活生生地、紧握着手中的枪……

怀念逝去的英雄
他们的故事，要一代一代品读下去

解放上海后，张炯煊担任华东军区海军政治部警卫营的副排长，不久又成为华东军区海军司令员张爱萍的警卫员。

张爱萍，一位戎马倥偬、驰骋疆场、常在马背上赋诗作文的将军，跟随他左右，张炯煊的进步自然也很快，职务一路攀升。但是，他的内心总是沉甸甸的：“曾经的战友，朝夕相处的兄弟，他们早已经长眠于地下。而我呢，还留在人间。”

是啊，我们可以忘记不尽的高山大河、狭道天险、一路硝烟，但不能忘记他们，不能忘记出生入死、患难与共的战友和兄弟。

他们是英雄！英雄是什么？被希特勒杀害的捷克共产党员伏契克说：“英雄——就是这样一个人，他在决定性关头做了为人类社会的利益

在东海舰队服役的张炯煊

所需要做的事。”

他们做到了。这就是历史。

历史不论多么久远，多么纷繁复杂，当活动其中的那些鲜活的生命消失之后，他们精彩纷呈的故事便成了世人的宝贵财富，就应该被世人用不尽的精力，一代一代地品读下去。

“所以，我时常告诫自己：我活着，决不做对不起他们的事。如今我可以告慰我的战友和兄弟，我对他们的保证，我做到了。”

从担任张爱萍警卫员到东海舰队训练团副参谋长直至离休，前后近 30 年中，张炯煊五次受到团部和大队嘉奖，一次立三等功，两次被评为先进工作者，出席了舰队和全国积极分子代表大会，并接受了共和国颁发的军功勋章和奖章证书……

离休之后，1995 年 5 月 13 日，体检中查出张炯煊患有肺癌，在绝症面前，张老把生死置之度外，他说：“我已经比我的战友和兄弟多活了近半个世纪，还有什么不舍得放弃的呢？”

手术很复杂，经过 7 个多小时才完成，张老已经醒不过来了，是医生用电棍把他打醒的。19 年过去了，当年同一房间的病友都先后离去，张老依然健在。他风趣地说：“阎罗王和我开了个玩笑，让我继续好好活着。”

他不仅好好地活着，而且：

上海市授予他“十佳干部”光荣称号；

宝山区授予他“优秀共产党员”光荣称号；

干休所评他为“和谐军休家庭”称号。

奥斯特洛夫斯基曾说过：“人的一生应该这样度过：当回忆往事的时候，他不会因为虚度年华而悔恨，也不会因为碌碌无为而羞愧……”

张炯煊用一生的经历兑现了这句名言，更是用一生的努力诠释了它的内涵。

人的一生，就应该这样度过。

（宝山区双拥办）

珍藏六十余年的两件“宝贝”

——解放军老战士宁乃宪的故事

任姝玮

宁乃宪，男，汉族，1928 年 10 月出生；1947 年 2 月参军加入华东人民解放军九纵二十五师七十三团三营炮连；1947 年 9 月 5 日入党；1947 年—1948 年参加孟良崮战役、济南战役、淮海战役；1948 年—1953 年随部队调防上海，编入华东公安师，保卫上海；1953 年 11 月 1 日从部队转业到上海市粮食局任武装部长；1988 年离休，现离休在家。

几张颜色斑驳字迹难辨的小纸片，一个暗黑色的小铁盒，这是宁乃宪珍藏六十余年的“宝贝”。小铁盒上那几行曲里拐弯的外国字，已是 86 岁的宁老至今也没弄明白，但他记得这是他第一次参加战斗时俘获的纪念品，而那小纸片则是他在战斗中的功劳证，这些宝贝见证了那段战火纷飞的岁月。

首战，遭遇孟良崮

宁乃宪是山东人。1947 年 2 月，他在自家门口加入了华东人民解放军，年方 19 岁。按说 19 岁已经是个小伙子，但是因为饥饿，19 岁的他还是瘦瘦小小的模样。看着这么个小鬼头，上级分派他做了一名专门运送炮弹的弹药手。他所处部队是华东人民解放军九纵二十五师七十三团三营。

5 月 13 日，宁乃宪遭遇了自己的首场战斗。当天晚饭后部队正在按照部署向东行进，宁乃宪突然听到一声："停止前进！"然后就见通信员骑着马，在一旁跑来跑去，营长也被通知去开会。很快新的命令就下来了："停止前进，往回走！"

原本的行军次序是一营打头，三营最后。一往回走宁乃宪所处的三营就变成了先头队伍。大家按照命令往回走，结果队伍越走越快，越走越快。"注意，后面跟上，跑步前进！"一头雾水的宁乃宪只知道跟着跑了起来，这一跑就是一整夜，即便嘴里都冒出了火，愣是一口水都没顾上喝。

一直跑到一条河边，河岸的糜子已经长到半人高。营长就在前面指挥，河对岸国民党的部队扛着重机枪正在过河。"架枪！"营长命令一排的重机枪手准备。等敌人到了河中央，一声令下"射击！"就听"噼里啪啦"的子弹声响起，摸不着头脑的敌人纷纷往回跑。"冲啊！"营长的警务连率先冲了过去，宁乃宪鞋都没顾上脱，也跟着冲了过去。他一边冲，一边用手撩起河中的水往嘴里送，因为实在是太渴了。

敌人在前面跑，宁乃宪他们就在后面追，包围圈越缩越小，直到把敌人全都赶到了山上，这座山就是孟良崮。

宁乃宪所在的炮台，离最前线不过三四百米的距离，他全程目睹了整场战斗：我们打上去，敌人翻下来；再打上去，再翻下来；拉锯战整整持续了三天。第三天上午，一营顶替已经疲惫不堪的三营，冲了上去。

下午两点，就看见山上的国民党士兵跑来跑去，一枚小炮弹打进人群中，他们就一下子乱轰轰拥到另一侧，我们的炮弹又对着重新聚集的人群打过去，上面的敌人被我们的炮弹逼得来回乱跑。

教导员兴奋地招呼："乱了，乱了！"带着三个人就上去抓俘虏，宁乃宪则被留下来守炮台。教导员几个人回来时抓了一百多个俘虏。

那个最后一直跟随宁乃宪的小铁盒，就是他在战场上捡起的美军空投下来的救援物资——一个加利福尼亚出产的急救盒。

突围，冲出胶州岛

也就是因为有了这个小铁盒，宁乃宪的功劳证才在胶州半岛突围中得以残存下来。话说原本这样的功劳证每个战士都有一个，宁乃宪自己的功劳证被雨水淋湿后，他就放进了小铁盒中，同时放在里面的还有怕水的自来火。

1947年的深冬，宁乃宪所在的九纵被敌人的九个旅围困在胶东半岛，敌进我退，已经快退到海边。当时的情况非常危急，营长要求所有人员将能证明身份的东西全部烧毁，大家准备进入山里打游击。宁乃宪的党员证、志愿书就是这时被统统烧掉的，唯有被遗忘在小铁盒中的功劳证残留了下来。

可是到了晚上，形势又变了。大家集中，营长来检查，他对着宁乃宪说："小宁你跳跳。"宁乃宪有点纳闷，这有什么好跳的？不过还是按要求跳了几跳。"来看看你鞋带行不行。"又让宁乃宪重新将鞋带扎紧。最后拎起他的被子问多重？"四斤！""不要了，扔了。""不能扔，冷。""叫你扔，你就扔！"无奈的宁乃宪只能将唯一一件保暖的重物扔掉。

每一人都这样检查后，马也被戴上了口罩，马蹄子也用布包得严严实实。宁乃宪在心中琢磨：我们是尖刀连，要第一个突围，今天晚上肯定有场血战。

晚上宁乃宪他们要在之前居住的村子夺桥，这里刚好是敌方两个部队的交界处，敌军力量比较薄弱。占了桥后，宁乃宪看到河浜里是被敌军杀害的三十多名村干部的尸体，他只能压抑着悲愤，因为他要站好岗，让后面的大部队迅速通过。

当天晚上整个部队那么多人鸦雀无声，大家都憋着气，只有很小声的"跟上"，就听到四路纵队"嚓、嚓"的行进声音，一个多小时后大家全部通过。在后来，宁乃宪才知道，当时的部队中不但有陈毅首长，还有电台，如果没有突围成功，后果不堪设想。

突围后的部队分散行军，宁乃宪只记得当天晚上自己所在的分队是在一座山上行进，快到山顶时，山路就是一条三十多公分宽的石板小路，路还向一侧倾斜着，一失足就是万丈悬崖。宁乃宪侧着身子扶着山壁一路摸索地走过了这段天险，后面的马也是需要几个人拽着才能过去，可一匹马还是不幸掉了下去。这么短短30米的小路部队用了两个小时才算全部通过。爬上山顶的那一刻，宁乃宪看到了初升的太阳。

第二天又是一天的急行军，部队直插青岛近旁，国民党一下子慌了神，这只从天而降的部队是从哪冒出来的？不明所以的敌军只能让围困胶州半岛的部队回防，这也就中了我军的计谋。

遇险，与死神擦肩而过

因为雨水的浸泡，宁乃宪功劳证上的字迹已经模糊，依稀只能辨别出两次三等和两次四等功，上面还有指导员的签名与盖章。而这些功劳的背后是一次又一次地与死神擦肩而过。

还记得在潍坊战役中，宁乃宪在24小时内三次与死亡擦肩而过。

第一次是在下午时分，宁乃宪奉命在敌人眼皮底下修建工事，敌人站在相当于在三四层楼的高度往下俯视，下方情况一目了然。宁乃宪带着钢盔匍匐在墙角，准备在墙壁上挖一个坑。忽然只听到“哐”的一声，一颗子弹打在了他钢盔的帽顶，顺势弹了出去。

凌晨四点，已经成为第一炮手的他，正在对城墙进行炮轰。不想他这里连续的火焰光让敌人锁定了自己，一颗火箭弹“嗖”的一声打了过来。幸亏炮台前有个土堆，火箭弹被土堆挡了下来，后面的指导员赶紧将宁乃宪拉进了防空洞。很快又有两枚火箭弹打了过来，防空洞的墙壁塌了，松散的土石落了下来，幸好他们行动迅速跑出来，才免去了被活埋的命运。

第三次遇险发生在白天，城墙被炸开后，宁乃宪冲上城楼，不想一颗炸弹落在他身旁几公尺的地方，炸弹的冲击波将他冲倒在地，泛起的尘土将他埋住，昏过去之前他想，这次真的完了。谁知道等宁乃宪醒来时，除了脚部受了伤，全身并无大碍。

真要细数，宁老根本记不得自己到底遇过几次险，直到淮海战役中他的大腿负伤，从战场转移到上海，身边只留下这个伴他一生的小铁盒和功劳证。

（浦东新区双拥办）

一个女兵的战地回忆

蔡　新

沈玲，女，汉族，1932 年 12 月出生，1946 年 12 月加入中国共产党，1947 年 10 月参军，1982 年离休。曾参加过淮海、渡江、解放上海等战役，荣获三等功 3 次。1998 年被授予中国人民解放军胜利功勋荣誉章。

她，虽已到耄耋之年，却依然气度不凡，谦和的笑容映在清秀的面庞上，令人尊敬又感觉和蔼可亲。她就是家住罗山军休所，今年已 82 岁高龄的当年战地卫生员沈玲。

沈玲出生于江苏涟水县一个普通的庄户人家。她的父母比较开明，在一家人生活勉强温饱的情况下，将儿子送到私塾念书。沈玲的哥哥上了五年学就加入了当地的民兵组织，于是父母又将女儿送进私塾。从小聪颖好学的小玲子，经过四年的学习，具有了相当于高小的文化水平，这让她在日后参加革命工作中受益良多。

解放战争初期，解放军和国民党军队在老解放区经常处于拉锯状态，八路军、还乡团穿梭般交替占领。战争带来的水深火热，让老百姓对反动派充满了仇恨，共产党、八路军在群众中则有较高威望。1946 年，14 岁的沈玲成了村妇救会开展支援前线工作的好帮手，凡是催公粮、捐军鞋的登记以及写写算算都少不了她。妇救会干部见小小年纪的沈玲工作出色，就介绍她加入了中国共产党。1947 年冬，有支解放军的宣传队入住沈玲家，宣传队朝气蓬勃的氛围让沈玲羡慕不已，队上有位热情和蔼的大姐经常向她宣讲革命道理，并鼓动她参军。母亲听说后对沈玲说："孩子，你年纪小还不能自理生活，去了会给人家增添负担。"父母亲想让唯一的女儿留在身边继续读书。但沈玲铁了心要当兵，并最终说服了父母亲。在党组织的推荐下，她终于参加了一心向往的中国人民解放军。

入伍后，沈玲被分配到华中军区卫校学习。由于条件限制，教材大都是油印的，参加大会听课时学员就将背包当凳子，膝盖当桌子。学习条件虽然差，但大家精神饱满，学习态度积极认真。卫校的课程安排除基础医护知识外还有一些军事课，最后突击的是学习野战救护。紧张有序的环境让学员提前进入到战前状态。瘦弱的沈玲可能是年龄最小的学员，体重只有 80 多斤，小号军衣穿在身上都嫌长。好在她有较好的文化底子，所以各项科目都不落人后。革命大熔炉的淬火，让沈玲丰富了人生理想，坚定了革命意志，鼓足了战胜困难的勇气。

1948 年 8 月，沈玲被分到华野十二纵队卫生部第二医疗手术队任卫生员，开始了真正意义上的救死扶伤。最初，部队是从苏北往山东行进，参加济南战役外围阻击打援任务。每天都早起裹好绑腿，打好背包，徒步行军百余里。白天行军多次遭到国民党军队飞机的轰炸、扫射。有次，敌机轰炸时把医疗队一匹驮着药箱的马的屁股都炸掉了。队伍就这样穿插在枪林弹雨中，后来为安全就改在晚上行军。沈玲和许多同志的脚上都磨出了血泡，血泡破了和鞋子粘在一起，走起来钻心痛，天天如此，她硬是咬着牙坚持下来。有一天夜里，部队要过敌人封锁的陇海铁路。上级规定，所有人员离铁路几里地远就要开始跑步前进。从农村入伍的沈玲从未见过铁路是啥样子，天色漆黑，伸手不见五指，当要跨过铁路时，沈玲不由地蹲下去用手感知一下铁轨到底是啥样子，不料被后面赶上的同志撞倒在地，在她边上的班长见状急忙将她拽起，帮她拾起背包、米袋追赶前进。还有一次夜行军，不习惯走夜路的她由于劳累和瞌睡，走着走着一头栽倒在冰凉的水稻田里，好长时间都没爬起来，从此落下头痛的后遗症。

1948 年 9 月，济南战役胜利结束。部队奉命南下，到达山东、江苏和安徽交界的淮海地区。通常情况下，医疗队都是紧跟作战部队后面，前方一有战斗，就会有伤员抬下来，经过医疗队急救处理后，立即往后方的医院转运。在那两个多月时间里，医疗队不断接收纵队的伤员，医护人员经常是不眠不休地干。记得有次到战地上救治伤员，子弹就在耳边呼啸穿过，由于没有经验很害怕，但看着其他战士都很勇敢，沈玲也被感染了。好几次穿过玉米地、高粱地，双脚不是被秸秆扎破就是被尸体绊倒，她也不管那么多，一心只想多救一些受伤的同志。

部队战斗频繁，生活十分艰苦。就拿吃的来说，大部分时间都以黄豆面、高粱馍和煎饼等粗粮为主食，不少人就因为肠胃不适应经常闹肚子。而行军时身背的米、面等细粮通常都只做给伤病员吃。晚上睡觉，走到哪儿宿营到哪儿，一间房子左边睡的是女的，右边睡的是男的，中间只隔一个地铺。没有房舍时就靠在农家麦秆堆旁和衣露宿。行军时，汗水把衣服湿透了，没有换洗的，只能在身上焐干。沈玲和医疗队的女队员身上都长了虱子、患了疥疮，又痒又痛，抓破就流脓、淌水，和内衣粘在一起，要脱下来非常痛苦。治疗疥疮有一个土办法，就是先用热水洗好疮疤，再裸着上身用柴火烘烤，最后涂抹上硫磺。大伙都是不下火线边行军边治疗，从不动用队里的其他医用药品。在战争环境里，女同志因生理原因，不得不忍受战时的极端困难，例假来了仍照样行军，解手也相当不便，但纵有众多的无奈，沈玲和队员们也从不叫屈怕苦。

淮海战役，我中国人民解放军以不怕苦、不怕死的英雄气概占据了主动，在强大的攻势下，敌人溃不成军。前线不断传来捷报。经过两个多月的紧张战斗，1949 年 1 月淮海战役胜利结束。我军以 60 万装备较差的部队，打败了装备精良的 80 万国民党军队，这是战争史上的奇迹。直到战斗结束后沈玲才知道自己参加了这样伟大的一场战斗。她为亲身经历过这一场大决战，经历过战火纷飞的日日夜夜而感到由衷的自豪。

淮海战役的胜利，使长江北岸大片地区获得解放，国民党政权的统治摇摇欲坠，长江以南半壁江山的解放已指日可待。

1949 年 2 月间，沈玲所在部队的番号由原来的纵队改为华东野战军九兵团三十军。部队从蚌埠经合肥到巢湖一带进行短暂休整，在两个多月时间里主要学军事知识，如渡江时的注意事项、三大纪律八项注意，还有进行如何背着背包、米袋快走独木桥等实战训练。1949 年 4 月 20 日，国民党政府拒绝签订和平协定。中央军委命令："打过长江去，解放全中国。"4 月 21 日凌晨，在东起江阴西至湖口长达 500 余公里的战线上，我军同时发起强渡长江的战斗。尽管在长江南岸，国民党调集大量军队、大炮，空中有飞机盘旋，江面上有舰艇巡逻，但我解放军英勇无畏，乘坐成千上万条大小木船浩浩荡荡向南进发，一举攻克了南岸，所谓的"长江天险"彻底地被粉碎了。沈玲所在的部队是在夜里过的江，黑黢黢的夜幕下，她感觉到了万船竞发的壮观场面，不由心潮澎湃。

过江后，部队以每天 120 里的急行军向上海方向前进。30 军和兄弟部队先后攻占了松江、青浦、川沙、南汇等地。据队长说：自南京、杭州解放后，上海地区的国民党军队陆路已无处可逃了，唯一的方向就是吴淞口。其时华东三野十兵团从浦西攻击逼近吴淞口，九兵团从浦东攻击逼近吴淞口，形成两面夹击，阻断敌人退路。但当时据守上海的汤恩伯部队还有 20 万人，凭借市郊碉堡林立、工事坚固，企图顽抗。我军主攻高桥，战斗激烈，伤亡惨重。沈玲所在的医疗队设在高桥周边的一座大庙里，在医疗队到达前，大庙的草地上已经躺了一些伤员。后来的 10 多天里，前方不断抬下来的伤员数以千计。医疗队根据伤员的不同情况进行手术、止血、包扎、输液等紧急抢救处理。重伤员由卫生部副部长刘少彬、医疗队长周涛两位领导负责手术，由于伤员多，尽管日夜不停地手术，还是来不及处理。队长长久站立，脚肿胀得发亮，被细菌感染都化脓了，还是继续坚持手术。全队同志都紧张地投入救护工作，为重伤员喂水、喂饭，夜里还要提着马灯巡视。沈玲清晰地记得有两位重伤员：一位战士的屁股被打掉了一半，当时没及时处理，送来时，创面上长满了蛆，用一般的棉球擦，蛆反而往肉组织里面钻，后来用双氧水反复清洗才清除干净，但由于缺医少药，那名战士后来还是牺牲了。还有一位战士被枪弹打掉了半边脸，惨不忍睹。在处理伤口时，不好绑，也不好包扎，很为难。这名战士强忍剧痛，在生命弥留之际向救护人员发出的喊声是：不用管我，你们快去抢救其他人！战争的无比残酷让沈玲对生死一线间的感悟油然而生。在这种环境中，她把生死也早已置之度外，夜以继日地工作，疲劳到极点时，一坐下就能睡着，惊醒后立刻又投入到救护医疗之中。5 月 23 日高桥的敌人被歼灭，27 日上海迎来了全面解放。

解放后，沈玲被分配到位于虹口区的海军 411 医院，先后担任过护士、护士长、床位军医等，上尉军衔。

沈玲已年过 80，身体不是很好，但她精神不错，说起话来条理清晰。

也许，在她一生中，“革命”两字已深入骨髓。她常说，与战场上牺牲的那么多战友相比，我们活着的人无疑是幸运的。她还提到：1958年时，她头痛病大发作，继而是重症心肌炎，脸发黑，人极度消瘦，头发全掉光了，接氧气两个月，经医院全力救治才从死亡线上捡回了一条命。所以她特别珍惜活着的每一天，对工作全力以赴倾情付出，直至1982年离休。她的老伴叶杭生也是位军医，几十年来，两人相濡以沫，携手走过风风雨雨。现在，他们的孙子都已经是北京中科院高能所的研究生了。

沈玲曾荣立过3次三等功，获得过多次嘉奖。1988年被授予中国人民解放军胜利功勋荣誉章。对这些沈玲说她已记不太清了，但当年战场上的情形、一个个鲜活生命的逝去在她记忆里永远难以抹去。她说：时光可以如白驹飞驰而过，但是有些人我们不能忘记，有些事我们不能忘记。那些为了人民献出生命的英雄烈士，我们要永远怀念。

（浦东新区双拥办）

英雄赞歌

“翻开泛黄的相册，打开记忆的闸门。还记得那战火纷飞的激情年代和荡气回肠的难忘岁月吗？是你们和你们的亲人用生命与热血换来了民族独立和人民解放，把青春与热情献给了共和国的改革和建设……”为了纪念新中国成立和上海解放65周年，让我们一起“追寻逝去的记忆”，回到那烽火弥漫的岁月，回忆那一个个可歌可泣的革命故事——

王锡古，男，1926年9月出生，汉族，中共党员，1945年10月入伍，曾任工程兵建筑第一一三团三营副政教，1987年7月移交徐汇区军休所休养。

吉世堂，男，1923年6月出生，山东博兴人，汉族，1940年11月入伍，中共党员，参加过抗美援朝战争，担任飞行员团长。1968年任空六军军长。1998年7月12日在上海病故。

周惠民，男，1927年9月出生，黑龙江省兰西县人，汉族，1945年10月入伍，1947年4月入党。曾参加过保卫武昌战斗、平津战役、解放海南岛战役，担任过中南军区空军政治部宣传科干事、军区领导干部学习秘书、空军政治学院中共党史系教研组长。1964年部队转业后，历任一机部热工所政治部组织科科长、支部书记，上海电表厂政治部主任、党委副书记，上海仪表局党校党委副书记、副校长、调研员至离休，现已病故。

沈荣弟，男，1945年4月出生，汉族，1964年3月入伍，任空军高炮五师十三团一营一连雷达排战士。1967年10月4日在援越抗美作战中腰部及腹部被炸伤，腹部贯通伤，肠破裂，肠切除术后，肠粘连，肠臂切口疝，评为六级因战伤残军人。1969年退伍回地方。

一支冲锋枪的故事

王锡古

前些天从家中的相册里找出了这张老照片，看着这张发黄的照片，60多年前枪林弹雨的岁月重又回到眼前。

我是东北第四纵队一名解放军战士，在警卫营机枪连一排任924重机枪射击手。1947年3月攻打鞍山，上级命令我们机枪连配合兄弟部队攻打外围。拂晓时分战斗打响，敌人炮火很猛，战斗很惨烈，部队伤亡很大。天亮后连长命令射击队员向前冲锋，班长刚起身说话，敌人一梭子弹过来，其中一颗子弹从班长左边脸进右边脸出，牙齿被打掉好几颗。

王锡古

我一看气炸了，抓起一颗手榴弹猫着腰一鼓作气冲到了敌人阵地上。这时突然听到了脚步声，我仔细观察发现是两个国民党兵，我拿着手榴弹大喊一声："站住！不站住就开枪了！"两个国民党兵还以为是自己人，连忙说"不要开枪，不要开枪！是自己人，子弹打光了"。我大声喊道："我是解放军，缴枪不杀！"两个国民党兵没想到在自己的阵地会遇到解放军，吓得战战兢兢地举起了双手。考虑到我手里没有枪，只有一颗手榴弹，对付两个国民党兵可能要吃亏，于是我立即叫他们转过身去放下武器，然后我飞奔过去缴获了一门六零炮，一支冲锋枪，雄赳赳气昂昂地押着两个俘虏回到阵地。

接命令部队临时在鞍山休整时，连长叫我将缴获的武器交到连部。我很爽快地将六零炮交给了连长，但对这支缴获的冲锋枪我实在不舍得马上上缴，于是"讨价还价"对连长说："这支冲锋枪让我玩两天吧，就两天，两天后一定上缴。"连长问："你是重机枪手，要冲锋枪干啥？"这时正好指导员走过来，看我实在喜欢这支交锋枪，就答应给我玩两天，两天后一定要上缴。我说："好！两天就两天！"

我背着冲锋枪别提多高兴了！第二天我美滋滋端着冲锋枪去照相馆"臭美"了一下，留下了这张特别有纪念意义的照片。

反败为胜的空中激战

吉少华

我的父亲吉世堂是一位颇具战术造诣的空军指挥员。抗美援朝战争中他是第一批入朝参战的飞行员，任中国人民志愿军空军第四师十二团团长。

师长吉世堂精心指挥

侵朝美军在遭到我志愿军空军的打击后，不断改变战术以对付我志愿军空军，比如预先潜伏在我军机场附近上空，伺机偷袭正在起降的我军战机就是其狡诈凶险的战术之一。

一次，父亲作为带队长机，准备率18架米格15战机出征执行作战任务。当飞机按"品"字队形，分三批依次在机场跑道上滑行起飞时，刚刚驾机离开地面的飞行员突然发现前方上空有偷袭敌机正迅速向我战机俯冲而来。由于机场警戒雷达不能及时发现预伏在机场上空的敌机，当飞行员向父亲报告"前方发现敌机"时，我军飞机机翼下正挂着满载的副油箱，炮弹还没有上膛！此时的战机正处于载重量大、起飞初始速度慢的状况，这时的飞机最容易挨打！父亲的对手是参加过第二次世界大战有着丰富经验的美国空军，我方则是参战不久缺乏实战经验的年轻中国空军。敌机居高临下有备而来，企图将我战机一举消灭在还没有进入战斗飞行状态的跑道上，情况万分危急！

两军相逢勇者胜。说时迟那时快，父亲接报毫不迟疑发出战斗命令：抛副油箱、弹上膛、助推油门、提拉操纵！动作一气呵成。同时发出战术指令：一梯队与敌机打对头，吸引敌火力，冲散敌机队形；二梯队从侧面出击缠住并牵制敌机，共同掩护三梯队发挥米格战机爬升快的优势，快速跃升抢占空中制高点，压制敌人夺回战场主动权。

瞬间，一场短兵相接的搏杀在机场上空展开：父亲身先士卒跃起机头带一梯队迎着敌机倾泻的炮火，果断向敌人发起反冲锋，顿时蓝天霹雳，炮火隆隆，出膛的炮弹在空中绽放，烟雾如朵朵白云随风飘散。敌我双方战机绞杀在一起，我机时而翻滚，时而腾跃俯冲，像支支利箭划破长空。父亲在僚机掩护下一边战斗一边履行指挥员的职责，沉着、敏锐地指挥着战斗。由于父亲指挥迅疾果敢，战术机动灵活，彻底扭转我战机被动挨打态势。随着敌机被击中后腾起的浓烟，剩余敌机逃之夭夭。

此战彻底粉碎了敌人的偷袭阴谋，获得了击落敌机两架自损一架的战果，以 2∶1 反败为胜！为志愿军空军的光辉战史添写了一页胜利篇章。

父亲所在的空四师是一支英雄的部队，在抗美援朝的战场上，曾创造出在连续 38 天作战中击落敌机 20 架、击伤 10 架的赫赫战功。毛主席曾称赞："空四师奋勇作战，甚好甚慰。"

小木船打大兵舰

周惠民

1950 年 2 月，第四野战军四十三军奉命挺进雷州半岛，担任解放海南岛的任务。我所在的三八三团大都是东北籍战士，第一次来到大海边。面对波涛汹涌的海水战士们心存疑惑：这海上的仗怎么打啊？为鼓舞士气，消除大家的疑虑，团长一边发动全团官兵深入学习毛主席"将革命进行到底"的指示，激发全团战士树立战无不胜的坚定信念，一边组织当地船老大，教战士们学会在大海中撑船、掌舵。

在战前练兵的一个多月里，战友们在惊涛骇浪中经受着晕船、呕吐等磨难，刻苦训练，迅速掌握了观察海面风向、掌舵、撑船等技能。4 月，部队进入战前动员，我被任命为一艘小木船的指挥员。接受任务后，战士们个个摩拳擦掌，纷纷写决心书、保证书。

4 月 16 日傍晚 6 时，海面刮起了东北风，这真是"天助我也"！晚上 8 点整，天空亮出 3 颗信号弹，霎时间，万船齐发，小木船浩浩荡荡直奔大海。夜里 12 点后风力稍弱，战友们拼命划船，加速前进。海面上黑沉沉一片，伸手不见五指。突然，隐隐看见前方一艘大兵舰向我们驶来，"船小

1950年4月30日,解放海南重镇榆林港时,周惠民(炮前右二)与战友们在缴获的敌炮前合影

调头快”,很快小木船不约而同地从四面八方朝着大兵舰方向加速靠近,100米、80米、60米,50米,敌人发现时已陷入小木船的包围之中。顿时,敌舰机枪立即向我们扫射,一些小木船被打中渗水,不少战友被击中掉进海里,在枪炮的火光中可以看见周围的海水已被鲜血染成红色。战友们立即调整木船方向,从不同方位近距离包围了大兵舰,战防炮、轻重机关枪一起向大兵舰开火,手榴弹像雨点般扔向敌兵舰,顿时海面一片火海,海水泛起被鲜血染红的波浪。被小木船团团围住的大兵舰此时已满目疮痍。战士们越打越勇,“打！狠狠地打！”海面上响起战士们的呐喊声。我们乘胜追击连续发起5次攻击,敌舰被打沉了1艘,打坏1艘,2艘逃窜。经过4个多小时的激战,我们用小木船和轻武器打败了有舰炮、有机枪的美式大兵舰,创造了小木船打败大兵舰的奇迹!

登陆后,我们团又经历了15个日日夜夜的陆地战斗,击溃敌军8个团的兵力。1950年4月30日,我们终于解放了海南重镇——榆林港及至全线解放海南岛！5月1日劳动节那天,军民载歌载舞欢庆胜利,向新生的共和国献上了一份厚礼!

战场上是英雄　病床上是硬汉

沈荣弟

我是原空军高炮五师十三团一营一连雷达排的战士。战争是残酷的,我在援越前线136天里参加了43次战斗。1967年10月4日清晨,部队上空几次拉响“一等”紧急警报,一场恶战在即。8点过后,美军出动飞机24架,对我谅山防区进行大规模轮番轰炸,攻打矛头直指我连所在的“英雄阵地”。我连阵地周围是谅山市、梅花铁路大桥和机场,是敌机攻击的主要目标。我们顶住敌机的狂轰滥炸，实施“逼近距离、集中火力”的战术原则，瞄准第一批飞机中的第一架猛力开火，用“伤其十指不如断其一指”的策略打击敌人的气焰。这次战斗我们击落敌机 2 架，击伤十几架。敌机不甘失败，连接投下大量重磅炸弹、气浪弹、子母弹，我连阵地接连遭到 7 枚气浪弹的攻击，其中 3 枚气浪弹就落在雷达掩体数米内，气浪弹落地爆炸瞬间所产生的强大高压气浪、冲击波和热辐射的杀伤力巨大，雷达厚达十几公分的装甲钢板被炸穿，雷达抛物面在气浪弹的攻击下完全摧毁变形。这 3 枚气浪弹直接袭击我雷达排，安洪、贾振玺、周文忠三位战友当场牺牲，二十多名战友负伤，其状惨烈。

我是炮描雷达记录员，任务是把敌机的方位、高度、距离标示在图标上，每隔十秒要准确报告，保证连长及时做出开火决定。我的战斗位置就在雷达掩体的进口处，敌机扔下气浪弹瞬间，一块弹片击中我的左后腰，弹片击断牛皮腰带，穿透左腹部。伴随撕心裂肺的剧痛，热乎乎的鲜血和肠子顿时涌出体外。我本能地用双手按住腹部，捂住肠子，黏黏的鲜血从指缝渗出。那一刻我不断高呼：“下定决心，不怕牺牲，排除万难，去争取胜利！”但感觉自己的声音离得越来越远……

沈荣弟

战斗还在进行，整个阵地地动山摇、天昏地暗。在浓浓硝烟中，班长见我流血不止，硬把我拖出掩体，暂时转移到附近一个防空洞里。此时敌机还在盘旋轰炸，还有不少战友需要救治。我独自躺在防空洞里，脑海不断地翻腾着：我想到邱少云、董存瑞和无数已经牺牲的战友；想到受尽旧社会苦难的父亲积劳成疾早逝，母亲含辛茹苦把我们兄妹四人养大成人，又毅然先后送我兄弟俩参军，报答党和毛主席的恩情；想到母亲已老了，现在可安好？想着想着，我的眼眶湿润了。我默默告诫自己：一定要挺住！我还要狠狠地打击美国佬！我还要报答母亲的养育之恩，我不能就此“光荣”了。我咬着牙坚持着！

等到现场抢救工作结束，清点存亡人数时大家发现少了一名战士，“咦！沈荣弟呢？”战友们赶紧返回防空洞，发现躺在血泊中的我。战友们急忙送我到野战医疗队，医生看我的伤势实在太重，紧急包扎后决定立即送往国内抢救。一路上医生不停地给我输血,因受伤时间太长出血太多,医生只能切开小腿处的大静脉输血……半路上我已昏迷,等醒来已是第五天的中午。

之后的治疗养伤,对我来说又是一场生死恶战。

我被送到广西后方医院抢救。南方天热,我的肠子因感染坏死被切除了一公尺多,腹部多次被切口排脓,身上的针眼多如蜂窝。两段切开的肠子放在体外几个月,每次排泄痛苦异常,后腰部被弹片击中的伤口有拳头般大小,在医院半年多时间里我经历了 3 次大手术,中小手术无数次,医生硬是把我从死神手里夺了回来。

如今我已步入古稀之年,作为曾经的共和国军人,我非常珍惜今天的幸福生活,非常怀念我的战友、怀念英雄连队、怀念高炮五师。

（徐汇区双拥办）

战争岁月永难忘

——记闵行区军休中心第一干休所张万福

张万福口述　姚剑英整理

张万福，1929年4月出生，家住内蒙古自治区突泉县永胜村。1947年9月，他报名加入了解放军四野部队，成为四野七纵二十一师六十一团三营七连的一名战士，当时年龄只有17岁。他参加过两大战役（辽沈战役、平津战役）及解放广州、海南岛战役，由于表现出色，荣获大功三次。

1950年4月部队驻广州市，8月份部队开出广州市，到广州英德等地进行剿匪。1950年4月至5月，张万福随部队强渡琼州海峡，攻克海南岛，解放了海南岛。

1952年5月，任四十四军一三二师三九四团三营七连副排长；1961年3月，任南京军区技术干校七中队政指；1964年11月，任南京五局三处三科指导员；1969年12月，任南京五局第四处副政委；1979年5月，任南京三局第五处政委。

在闵行区军休中心有一名年老的军休干部，因为参加过两大战役（辽沈战役、平津战役）及解放广州、海南岛战役，知名度较高，干休所的老干部们都很尊重他。他就是闵行区军队离休干部张万福同志。

家贫从军，辽沈战役勇向前

张万福，1929年4月生，家住内蒙古自治区突泉县永胜村。由于全家世代是农民，父母体弱多病，再加上兄弟姐妹众多，生活十分困难。迫于生计，他不顾父母反对，随着同村的青年，一起报名加入了四野部队，成为四野七纵二十一师六十一团三营七连的一名战士，当时年龄只有 17 岁。

1948 年 9 月 12 日，震惊全国的辽沈战役打响，根据中央军委的指示，四野军队云集战略要地锦州地区。当时七纵由邓华指挥，总攻发起后，张万福所在的七纵二十一师和其他纵队如同锋利的尖刀，同时插进城内，最终目标是敌人核心的守备阵地。

当时七纵的主攻任务由第二十一师担任。二十一师又把第六十一团放在最前面，担当开路先锋。10 月 14 日上午，攻打锦州的炮火响起，张万福所在的突击连尖刀班，率先登上突破口处的城墙，随着一颗红色信号弹的升起，锦州城垣上飘起了第一面红旗。部队像潮水般地向城内涌去。随后按照预定部署，沿着街道、巷弄，向北猛烈穿插，直指城中的指挥中心。作为尖刀班战斗组长的张万福，带领七名战士在女儿街附近发现了敌人的一个碉堡，碉堡内的火力非常猛。他为了战士们的生命安全，带头拿起了爆破筒，匍匐前进来到碉堡的侧面，向敌人喊话："缴枪不杀，解放军优待俘虏，如果不投降，就叫你们灭亡。"敌人听到喊话后，乖乖地把枪丢出碉堡外，举着白旗投降，俘虏了 15 人。

1956 年，记大功三次喜报

10 月 14 日中午，七纵二十一师第六十一团，又是第一个打进了敌人核心阵地。在攻打锦州电影院时，第一次使用了大约 150 公斤的炸药，只炸出了一个小缺口。部队首长说："炸药量不够，再加十倍，不信炸不开！"于是超过 1 000 公斤的炸药被装上板车，张万福尖刀班的战友们头顶几层湿棉被，冒着纷飞的弹雨，将炸药车推了上去。只听一声巨响，300 多名守军被炸死、炸昏。部队先后占领了指挥中心、中央银行等核心阵地。在锦州攻坚战中，张万福英勇顽强、不怕牺牲，在敌人飞机的狂轰滥炸中，他右脑受伤，大腿受伤，浑身是血还冲锋在前，勇猛杀敌。由于张万福在攻打锦州过程中的出色表现，被记立大功一次。

乘胜前进，解放天津立大功

1949 年 1 月，他参加了天津攻坚战役。天津地理位置特殊，是军事要地。1 月 3 日外围战开始，在四野炮火的掩护下，步兵开始攻击。先头部队等待已久，发现红旗升起来，官兵们一跃而起，扑向敌人。张万福肩上扛着梯子，搭上城墙，和其他战友一起冒着敌人密集的枪弹，拼死往上冲。担任巩固突破口战斗组长的他和战友们只有一个念头：消灭敌人，解放天津。在大炮的轰鸣声和机关枪的扫射声中，敌人一个个倒下，而他的战友也伤亡惨重，一直冲锋在前的连长牺牲了，他自己的棉裤也被敌人的子弹打穿了，露出了雪白的棉花。进攻中，他发现不远处有个敌人正端着枪在扫射，趁着敌人退弹壳的当口，他滚到一个安全地带，抬起枪一个立射，敌人当场毙命。他继续向前冲，战斗打得异常惨烈，他所在的战斗组，原有 13 人，最后只剩下 3 人。经过 29 个小时的激战，东西两路大军顺利地在金汤桥会师，天津终于在"隆隆"的炮声中回到了人民手中。打下天津后，张万福又立大功一次。

军功章、解放战争纪念章

平津战役取得胜利，彻底孤立了北平守敌，为和平解放北平打下了良好的基础，使大家看到了很快解放全中国的希望，进一步摧毁了国民党的军事防线和心理防线。

南下渡江，挺进广州、海南岛

在天津整训三个月后，1949 年 5 月，部队由天津向华中南进军。从天津至广州行军路程近万里，他和战友们每天背着步枪、子弹、手榴弹、干粮袋

1949 年 11 月，张万福(左起第一位)与战友在广州巡逻

等重约 25 公斤的物品，一边打仗一边行军。最难忘的是 1949 年 5 月至 6 月间，部队到达江西一段，正遇梅雨季节，每天脚步不停地行走 100 里，战士们没有雨衣，也没有衣服更换，军衣干了又湿、湿了又干。更令人痛苦的是他和战士们脚上都起了水泡，加上踩着泥泞的道路，脚被灌进鞋中的泥沙浸泡，钻心疼痛，只等休息时才能挑血泡，这样的行军持续了近两个月。最苦的是他和战士们都是北方人，水土不服，抵抗力急剧下降，加上夜间蚊虫叮咬，疟疾和痢疾在部队里流行起来，他亲眼看到有些战友，走着走着倒在路上再也没有起来。张万福和他的战友们日夜兼程，追击国民党残兵败将。在南下的途中，1949 年 9 月他火线加入了中国共产党，成为一名光荣的共产党员。

80 年代，张万福(一排左起第三位)在大别山时的合影

在广东省从化一带，国民党残兵进行垂死挣扎，妄图阻挡我军南下，结果以卵击石，自取灭亡，部队直抵广州。1949 年 10 月 14 日广州解放，张万福又荣获大功一次。

刚解放广州城，街面乱，市面乱，敌特活动猖獗，晚上到处打信号弹，偶尔还有枪响，张万福在七连担任广州市内执勤巡逻任务，维护社会治安。不久部队开出广州市，到广州英德等地进行剿匪。1950 年 4 月至 5 月，张万福随部队强渡琼州海峡，攻克海南岛，解放了海南岛。

张万福凭着对党、对祖国、对人民的赤胆忠心，出生入死地奋战，在解放战争的沙场上转战万里，从东北打到祖国的南大门，他将美好的青春献给了中华民族的解放事业，迎来了一个崭新的新中国。回首战火年代，他感慨万千，每当想起牺牲的战友们，他泪流满面，心情十分沉重，革命胜利来之不易，今天和平幸福的生活值得珍惜。为中国人民解放事业而流血牺牲的英烈们，我们永远怀念你们。

（闵行区双拥办）

一个都不能少

王永充

蔺文臣，1922 年出生于河北乐亭县，1944 年参军后编入东北野战军第十一纵队，担任二十七旅排长，1954 年在东北板城战斗中负伤。现居住于金山区石化街道。

今天，我们来讲一个发生在革命战争年代的真实故事。故事的主人公曾任金山县的县委书记，并在金山老百姓中留下了深刻的印象，他的名字叫蔺文臣。

蔺文臣，1922 年出生于河北乐亭县，1944 年参军后编入东北野战军第十一纵队。在战斗中，他不怕苦、不畏死，处处冲锋在先，敌人炮弹的弹片以及子弹几次击中了他的头部、肩膀以及小腿、脚板，但他轻伤绝不下火线，并屡立战功。

1948 年 1 月 14 日，蔺文臣所在的东北野战军向锦州城发起总攻，经过 31 个小时的激战，15 日傍晚攻克锦州，全歼国民党守军 10 万余人。锦州解放之后，蔺文臣所在的部队经过休整，整编为四十八军一四四师，向北京进发。1 月 31 日，北平宣告和平解放。

“打过长江去，解放全中国！”伟大领袖毛主席和朱德总司令一声令下，蔺文臣所在的部队顾不上休整，马上进行编队并做战斗动员。这天，一位通讯员跑到蔺文臣面前，“啪”的一个敬礼后说道：“蔺文臣同志，师政治部首长要见你，请你马上到师部报到！”

蔺文臣马上来到政治部，见到主任，蔺文臣立正敬了个军礼：“蔺文臣奉命前来报到！”主任摆摆手，示意他坐下。然后说：“小蔺啊，现在交给你一个重要任务。”蔺文臣一听有重要任务，马上又“啪”一个立正。主任接着说：“你的任务是把从傅作义那里接收过来的120名医护人员，带到远在几千里路之外的江西赣州。不管路途有多少艰难险阻，不能有任何的闪失，务必一个不少地给我带到赣州。少一个我拿你是问。”“保证完成任务！”蔺文臣昂首挺胸，坚决地回答。

两天后，在一所空旷的高大建筑物里，聚集着一群特殊的“兵”——几天前，他们身上穿的还是国民党军的衣服，帽徽上还是那十二角星，现在却统一穿上了解放军的服装。

“你们都是血气方刚的青年人，当年曾经满怀激情地投身于军队，想干一番事业。可是，腐败无能、专门吃败仗的实际使你们大失所望。”只听见一位首长正在给他们做战前动员，“今天，你们投身于中国人民解放军这座大熔炉，是你们施展才能、报效祖国的机会。你们将奔赴祖国最需要的地方，去新的解放区工作。你们的目的地是江西赣州……”

“现在我命令：出发！”首长一声令下，这支120人的医护人员队伍在蔺文臣的带领下，从北京出发，浩浩荡荡向南进发。北方的三月天，大地刚刚开始回春，虽然早晚两头还是寒气逼人，可自小在北方长大的人们，觉得蛮舒适，脚步也轻松。

“我们的队伍可不能这样死气沉沉的，”蔺文臣退出队伍，找到队伍中一位面目清秀的女兵说，“你边走边教大家唱歌吧！”“唱什么歌呢？”女兵问道。“你就教唱《解放区的天》吧！”

“解放区的天是明朗的天，解放区的人民好喜欢……”队伍一路上歌声嘹亮，脚步齐整。大家边走边举目远眺，看到大路两旁的房屋的墙壁上，张贴着大幅标语：“解放全中国，活捉蒋介石！”“中国人民解放军万岁！”每经过村庄口，总有老百姓在路边夹道欢迎，甚至送水。有队员还向老百姓发问：“你们这里是什么地方？”“离前面的集镇有多少路？”老百姓总是热情耐心地回答。可作为领队的蔺文臣却紧绷着脸，没有一丁点笑容。“这里是解放区，是我们刚刚打下来的地方，但接下来的地方……”蔺文臣不敢往下想。

果然，刚进入国统区，上级就下达命令：“所有南下部队一律改为夜行军！”120多人的队伍夜行军，正巧又碰上月黑夜，困难真是出乎意料——伸手不见五指。尤其是那些戴眼镜的队员，简直是寸步难行。可是每夜的行军路程不能打半点折扣。怎么办？蔺文臣想到了背包上的带子。就号召每个人务必从背包带上留出一尺多长的带子让后面的人拽着，就像鼹鼠叮住尾巴似的，一个叮一个，由蔺文臣牵引着整队人员前行。可是夜深了，人就容易疲倦，又不能像在解放区那样高声唱歌。有的战士走着走着就睡着了，一个跟头跌倒在沟渠里弄得浑身都湿了，还会带倒前后好几个人。有时一个跟头跌下去，如果没有人及时搀扶，还真的爬不起来了。

一天夜晚，队伍途中暂时休息。一位医生解下自己的背包，垫在屁股底下坐着，等到再次出发时，他只注意拽着前面人的背包带前行，而到了宿营地，他才发觉自己的背包不见了。蔺文臣二话没说，把自己的被子扔给了他，这位医生感动得眼泪在眼眶里打转。

没有了被子怎么办？就靠身上的衣服挡得住春寒吗？对蔺文臣来说，被子早已经成了聋子的耳朵——摆设。这么多天来，队伍不进村庄，更不能打扰老百姓，天天是露天宿营。因此普通人员只要一听到“原地休息”四个字，不加思考，要么倒地就睡，要么背靠背席地而坐，不到3分钟就进入梦乡。可是，蔺文臣呢？肩上的重担迫使他不敢坐下，更不敢倒地睡觉，他扛着枪，为大家站岗放哨。还要一、二、三、四地数人，一百一十九，不对，少了一人！重新来过！又是一、二、三、四……实在站立不住了，最多就找棵树，倚着打一会盹。稍有风吹草动，他就立即警觉地睁大眼睛，四处巡视。

对蔺文臣来说，最恼人的是突如其来的瓢泼大雨。南方的初夏，一会儿乌云上来，紧接着就是瓢泼大雨。这么多的人，根本没地方避雨。冒雨行军，一个个成了落汤鸡不说，脚下打滑，跌倒了爬起来，弄得浑身泥水。紧接着雨过天晴，火辣辣的太阳直射下来，湿衣服贴在皮肤上，那感觉真是难受。男人还好些，干脆解开衣襟，让风帮助吹干，可女同胞就惨了。更惨的是，有些队员经不起冷雨淋、暴日晒的折腾，患病了。蔺文臣就发动队员，搀扶着前进。他经常对队员们说：“你们只能有一个信念，就是要顺利到达目的地。因为我对首长立下了军令状。到最后，我可不能对首长说，

'我克服千辛万苦,把大多数人带到了赣州,把少数人留在半途上'。"

进入敌占区后,为了避开敌人的骚扰,蔺文臣带领着队伍,白天找地方睡觉,半夜开始行军,经过连续二十几天的长途跋涉,眼前已经到了什么地方?是河南的哪个县、哪个乡?可是军令如山:凡是路过村庄、乡镇等都不许打听这是到了什么地方,这也是机密。可不管如何封锁消息,这支120人的队伍还是被敌人盯上了。据情报说:这是一股溃败的国民党军,经常在附近村庄出没,抢夺粮食财物。

蔺文臣立即加强了警戒,将所有老兵召集起来,布置任务,命令队伍"休息时缩小露营地范围,行军时缩短前后距离"。尽管如此,意外还是发生了。

那天凌晨三四点钟光景,队伍经过一座茅草棚时,蔺文臣发现有人影晃动,立即命令队伍"就地卧倒"!可说时迟那时快,"叭叭叭"一梭子子弹已经射过来。匪帮火力很猛,"怎么办?"蔺文臣灵机一动,当机立断跳上一个高点,举起手枪,拼着全力,高声喊道:"三连打掩护,一连、二连跟我上!冲啊!"随即扣响了手枪的扳机。黑暗中,他高大的身影,震天动地的喊声,真的把匪徒给镇住了——人家是正规军,三个连,不就是一个营吗?就我们几十个人,十几条破枪,这不是拿鸡蛋去碰人家石头吗?逃命要紧!因此一个个脚底抹油,夹着尾巴溜之大吉了。

1949年4月21日,中国人民革命军事委员会主席毛泽东和中国人民解放军总司令朱德发布了向全国进军的命令。命令全文是:"奋勇前进,坚决、彻底、干净、全部地歼灭中国境内一切敢于抵抗的国民党反动派,解放全国人民,保卫中国领土主权的独立和完整。"

4月23日清晨,渡江战役打响。长江北岸到处响起了解放军战士震耳欲聋的呼喊声——"打过长江去,解放全中国!""为了新中国前进!"蔺文臣带领的120名队员,在渡江前线指挥部的统一安排下,在江西九江乘坐木船横渡长江。满眼望去,眼前只看见被枪林弹雨摧毁的桅杆、撕裂的船帆,但英勇无畏的老船工,紧握舵把,驾驭着简陋木船,如同离弦的箭一样驰向南岸。离岸近了,蔺文臣带领几个老战士,跳下水去,推着船只加速前进。河岸陡峭,又长满了荆棘、茅草,蔺文臣硬是一手拉荆棘,一手拉住队员,把他们一个个送上岸去。他一边拉,一边数,心里默默念叨着:"120名,千万别少……"

120名队员一个不落地渡过了长江这道天险,蔺文臣对自己说,"可是还有很多路，不知道还会遇到多少艰难困苦呢！”不出蔺文臣所料，南方的夏季，对北方人来说，是更严峻的考验，烈日炎炎照得地面发烫冒烟，磨烂鞋底、露出的脚趾一碰上就“吱吱”地响。怎么办？蔺文臣就动员大家到竹林里拾干枯的笋壳，作为衬垫。夜晚的蚊子叮得皮肤红肿，搔着搔着就流脓水。蔺文臣就让队员采来带异味的野草，用以驱赶。

就这样，也记不清走了多少天，不知道具体都途经了江西的哪些县城、集镇，队伍一路步行，沿着九江到了南昌，最后顺利到达目的地赣州。

“一起立正，报数！”蔺文臣发出指令。“1——2——3——……，……118——119——120！”“报告首长，我把120名队员带到了赣州，请点验！报告人：蔺文臣！”

蔺文臣由于贡献突出，师党委报野战军军部批准，荣立大功一次。

（金山区双拥办）

二十八载从军路

——访松江籍老志愿军庄杰

郑佳妮

庄杰，男，86岁，出生于江苏省宿迁市泗阳县。1948年5月入伍参军，至中国人民解放军第三野战军苏北兵团卫校学习，其间曾先后任卫生员、医务员、护士长等，并在上海警备区二师医院任军医。1949年所在部队参加了解放上海战役。1976年转业至江苏省淮阴市人民医院，后调至苏州市昆山县中医医院，1990年离休。

“我1948年5月1号自愿入伍了，入伍后到苏北兵团卫校学习，到1949年2月15号毕业……”已经八十几岁高龄的庄杰爷爷如是说道。

毕业后的庄杰爷爷分配到了第三野战军十兵团二十九军手术队做卫生员，后来又调入八十五师医疗队准备渡江。他经历了三大战役、渡江战役以及福厦战役……

枪林弹雨中的战斗生涯

提起淮海战役，庄老回忆说：“当时国民党800万人，共产党120万人，几乎是7对1的比例啊，这个淮海战役啊，陈毅讲这个胜利那是农民用小车推出来的。”当时我军兵力不足，粮食什么的都跟不上，而当地的农民们便将粮食等堆在推车里跟在我军后面。在下雨的时候农民们为了防止弹药受潮，甚至用身上的衣服盖住弹药然后再用身体护住它们，其中的艰苦与辛酸不言而喻。谈起老百姓对军队的感情，庄老真是感概万分。

在医疗队中的庄老几乎是在枪林弹雨中度过的。在上海解放前的那几天，枪炮声不断，庄老几天几夜不睡，他说：“那时候困啊，困怎么办，照明用的是蜡烛咯，蜡烛斜过来一下马上就醒了，蜡油烫啊，一下就知道自己刚刚犯困了……”笔者心中十分震撼，平常各种任务不是没有需要熬夜做的，但很多时候都会因为自己一时的犯困而将事情搁到第二天的清晨来赶，困的时候即使拧大腿也是没用的。那么是什么支撑着当时还年轻的庄老呢？“是为了胜利吧。”他这么告诉我。

在枪林弹雨中手术队的战士们都没有退缩，我笑问庄老：“你们就不怕牺牲么?”庄老没有一丝犹豫地说：“流血牺牲是在所难免的，我们在上战场前就已经做好了牺牲的准备了。再说了，人民相信我们，我们都想竭尽自己所能为人民做点好事。”他的话带给我们心灵上的震撼，在这样的老战士身上我看到了闪闪发光的东西，就是一颗全心全意为人民的心。

一斤花生米和一斤馒头干

那个时候，战士们要从苏州一直走到厦门，每个人只可以带规定好的6斤重的小背包，而为了躲避敌军的轰炸，战士们大部分情况下只能夜间行路。“我们都是走山路，去厦门那边的山路和我们这边不同的，时不时有雷暴雨。”庄老指了指外面，“太阳一开始像这么大这么热，可是云一聚起来，马上打雷，然后就是很大的雷暴雨，我们真的是从头湿到脚啊!”庄老一边说一边笑。“可是能怎么办呢，只好将背包抱好，不然晚上睡觉就难受了，衣服只好到了安顿点再慢慢烤干了。”和平年代的我们真的无法想象当时的他们经历了什么。

庄老又提到了一件事：“有件事我到现在也想不通，当时我还是个二十来岁的小青年，发了一斤花生米和一斤馒头干，居然真的按照上面的规定一点都没有偷吃，过了两个半月到了地方才按着指挥吃了。当然我不知道大家伙儿是不是和我一样。”庄老不忘来一句俏皮话，我们都笑了。

有人说："细节决定成败。"为了上级的一句命令，饥饿的士兵坚持着，连一斤花生米中一粒都不敢吃，有着这样严守纪律的士兵，有着这样的信念，战争怎么可能不获胜！

一砖一瓦盖起昆山中医院

庄老1955年到上海海军医院进修，1960年到苏北第七军医大学，1976年转业到淮阴市医院任儿科副主任。提起从事了一辈子的医疗事业，庄老感慨万分。在淮阴的时候，由于当地农民思想上有点偏颇，吃农药自杀的不少。"当时没钱抢救呀，老百姓也付不起抢救的费用。怎么办？我说一定要救的，小伙子二十几岁，要是不救就这样没了，那怎么行？即使没钱，该救的也要救。"庄老的话简单而朴实却蕴含着他一心为人的良好医德。后来因为家住松江，庄老想调回上海，可是由于辖区的原因他来到了昆山。"昆山中医院可以说是我和大家一起，一块砖一块瓦盖起来的，现在是全国100所示范性医院之一了。"庄老脸上难掩自豪。虽然学习的是西医，可是庄老也十分喜欢中医，他认为在中国存在了几千年的中医必然有其价值，我们民族的生存是离不开中医的，而现在国家对中医的重视也让他感到十分骄傲。

庄老几次提及了他医治的病例，联系到现在的医疗界许多一心为病人服务的事迹，他这么做出总结："好的医生无论何时都是一样的，心中始终是想着病人的，对待病人要像对待亲人一样。只要有1%的希望，我们就一定要付出100%的努力。"其实这样的精神不仅适用于医疗界，各个行业都可以将其奉为座右铭，包括学业同样如此。

我想，在庄老的身上，我们找到了现在逐渐在遗失的一些东西。这些东西至关重要。这些东西让我们明白我们应该去追求的是什么，不是物质，不是功利，而是一颗全心全意为他人的心。

（松江区双拥办）

不积跬步　无以至千里

林　丰

李起增，男，1928 年 10 月出生，河北省徐水县人。1946 年 9 月加入中国共产党，1949 年 2 月入伍，参加过解放战争。1983 年离休。曾在南下纵队、安徽省宣城市军管会、安徽省军区、南京军区公安军、守备第十五师八十团等部工作。历任参谋、学员、队长、连长。上海警备区通信营副营长、通信站站长、第一招待所所长、司令部管理处副处长、处长（正团）等职。1988 年被授予“胜利勋章”。

李起增爷爷的身体不是很好，见了面说起来，才知道李爷爷今年已经进医院两次了。虽然还没有完全康复，但李爷爷的精神状态却很好，心情愉悦，声音洪亮，中气很足，说起当年的事就犹如昨天刚刚发生过一样，形神兼备，绘声绘色。李爷爷连连抱歉，说采访的时间一拖再拖，给我们带来麻烦了。其实不是这样的，李爷爷，您刚从医院回来就安排时间陪我们小辈聊天，和我们说故事，已经是我们的荣幸了。感谢您，希望您身体健康，一切都好。

我们在李爷爷家的大厅坐下，墙上挂了很多字画，屋里干净舒适。那天的阳光直射在阳台上，明亮而温暖。李爷爷说他左耳不好，让我们都坐在他的右侧，采访就这样开始了。

入 伍 了

李起增爷爷出生在河北徐水市，他的父亲因为一次意外，一只眼睛失明，从此失业。这让他们本就艰难的生活雪上加霜，只能向别人租地谋生，靠天吃饭。而在李爷爷12岁那年，他的大舅被日本人怀疑通八路军，胸口被刺一刀和被打五枪，惨遭杀害。但是在那之后，他的二舅就加入了共产党，走上了革命的道路。李爷爷的家乡被日本人占领了八年。

1946年他被发展为地下党员，他们小组一共三人，负责监视敌人情况，向上级通报。1949年，全国正式解放，爷爷参军入伍了。那时在动员南下，大家都积极踊跃地报名，他也不例外，加入了南下五支队。

剿 匪 经 历

“1949年5月4日，我们部队到达宣城和坚持游击战的地方武装会合，成立了宣城军分区，我在通信科任见习参谋。我当时的工作任务有两个，一个是跟着作战科长，对来回部队的事务进行及时处理；另一个是跟着通讯科长，收集国民党留下的通讯器材。”说起这个，爷爷连忙解释军用电话机和民用电话机的区别，原来，当时民用电话机的牌子是西门子的，所以容易分辨，不会误收。说起收集数量，爷爷至今仍然记得，共计120多部军用电话机，为之后的通讯联络打下了良好的基础。

而在宣城期间，爷爷印象最深的还是剿匪，这段故事引人入胜。虽然全中国已经解放，但潜伏特务和地方土匪等反动武装依然存在，社会情况极其复杂。当时，我军有一个南下干部被杀，而就在他们的营房里，匪特还从窗户外扔进大石头示威，极为猖狂。为了安定社会秩序，巩固人民政权，剿匪势在必行。擒贼先擒王，14岁就当土匪的刘老莫，是声名极盛的土匪头，抓住他就成了我军的首要任务。行动开始，我军先以洪副司令的名义，给刘老莫写了一封信，想采用分化瓦解的策略，但却没有下文。之后，李爷爷带着一个通信班和几名炊事员，随指挥部参加剿匪。一路风餐露宿，到达广德北部，才开始和土匪有零星接触。刘老莫老奸巨猾，不敢鸡蛋碰石头，所以采用分散潜伏的方式对付李爷爷他们。有一天，我军抓到了一个小土匪，上级交给李爷爷来审讯。据小土匪交代，今晚他们几个人要在雨村南的一个草棚下碰头谋划。参谋处长命令李爷爷立即带领一个班前往搜索，不料却扑空，只发现了一枚手榴弹和两发 79 步枪子弹，可见他们刚刚集会完离开。此时时间已过半夜，李爷爷冷静分析，判断土匪应该还在村子里，便趁着夜深人静，进入雨村。在村民的指引下，他们找到村长，想要其提供一些土匪的信息，不料村长却一口回绝，情绪紧张，似有猫腻。李爷爷用手电筒一照，一间屋里居然睡了三个男人。他不由得警惕起来，问是什么人。他们回答说，是来帮村长收割稻子的。根据经验，他们的打扮一点也不像农民，明显是在撒谎。李爷爷再仔细检查他们的手，白白嫩嫩一点老茧也没有。他当即将他们带回去交给班长审问。这次任务，李爷爷他们一共抓捕了三名土匪并缴获了一部分枪支弹药，但刘老莫还是逍遥法外。

后来在一次剿匪行动中，李爷爷他们终于在广德抓到了刘老莫。李爷爷把他关进屋子里，他说冷，李爷爷他们便拿了一把伞让他挡风，不料，南方的屋子不止有前门，还有后门，刘老莫以这伞做掩护，从后门逃窜，跳进稻田里无影无踪。此后，刘老莫再次被抓，还是使诡计逃跑。直到第三次，提高了警戒心，将其打伤才俘虏了，后刘老莫被枪毙，这个恶名昭彰的土匪头终于被正法。说到这里，有种大快人心的感觉，李爷爷高兴地笑了。

知识和婚姻

1953 年，李爷爷奉命调到了张家口军委高级通信学校军官轮训大队学习。如果没有这八个月的时间，李爷爷说他绝对不可能成为一名合格优秀的参谋。八个月中，他如饥似渴地学习专业知识。小的时候，李爷爷上过六年学，文化知识相对扎实，因此学习专业知识不算吃力。从那时起，他才真正系统地了解通信，懂通信。当时的学习非常紧张，时间短任务重，他结合自己之前的实践经历，深入地学习理论知识，同时还要学习基本的兵种常识、炮兵常识，还有种种防御和进攻。一切都为了成为一名更优秀的共产党员而努力。说起这段短暂的学习经历,爷爷连连说非常宝贵,知识让人强大。

1953 年 8 月 25 日,在军委高级通信学校军官轮训大队与战友临别留念

之后,军队整编,分为海陆空、防空和公安五部分。李爷爷一个人被抽调到南京。我忍不住问:“爷爷,您一个人去一个完全陌生的地方不害怕吗?”李爷爷摆了摆手,说:“有什么可怕的?部队就是我的家,那时只要接到上级命令,收拾收拾背着书包就出发,那是一点犹豫也没有的。”在南京军区的两年时光里,李爷爷主要是前往浙江和福建等地检查工作。而也是在南京,爷爷遇到了他的妻子,组建了家庭,后来有了大女儿。说话间,大女儿进来了,给爷爷送药。爷爷感到,这样平凡的点滴都是一种巨大的幸福。

知识改变命运,婚姻温暖生活。

架线经历

1957 年,部队再次整编,分为海陆空三军,李爷爷被调到了上海守备第十五师八零团。这段日子,李起增经历了冰火两重天的考验,圆满地完成了任务,也损害了自己的健康。

1962年冬天，身为通信营副营长的他带着架设队开始工作，为了保障医院、军区和国防线路的通信顺畅，他们从10月一直奋战到春节。那段日子很辛苦，外在条件恶劣，上海寒冷无比，再加上架线过程中每三天就得搬一次家，工作难度大时间紧。李爷爷说，他把在学校学习的知识用到实践中来，果然取得了很好的成绩。

而之后的炎热夏天，更严峻的考验在等着他们。年久失修的营房倒塌，这次他们不仅要完成架线任务，还要自己动手盖两千平方米的营房。这次考验持续了整整五个春夏秋冬。他们从不停歇，一直在奋战。当时考验着他们的除了天气，还有金钱。在那个年代，盖一平方的房子基本价格是75元，但财政紧张上级只拨款35元。在这样的情况下，他们只能请五个专业工人帮忙干技术活，而所有的体力活都要靠自己的兄弟来承担。于是，他们不仅要保障通信、安装机器、训练新兵，还要抢建营房。也就是这五年风餐露宿的生活，因为气候潮湿和庞大的工作量，李爷爷的两个膝关节和腰都受损，从此落下了病根。而说起这一切，李爷爷觉得并没有什么大不了的，在当时的社会环境下，就是需要有人付出有人奉献，不是自己，也得是别人。所以没有什么应该不应该，一切都是必须去做的。在李爷爷的语气中，我听不到一丝埋怨。为了服务他人而牺牲自己的健康，这是多么高尚的情操。

后来，因为身体的原因，组织上便把李爷爷调到了第一招待所任所长，此后在司令部任管理处副处长、处长。1983年，裁军100万，他便离休了。离休后的生活很充实，李爷爷说，自己多多陪陪家人，弥补过去对家庭照顾的缺失，挺好的。

爷 爷 说

回顾我的一生，兢兢业业，实打实的一步一脚印，我不怕苦不怕累地走到了今天，为中国的不断强大奉献着自己微薄的力量，一切都足够了。

辞别了爷爷，已经临近中午，阳光有点刺眼。李起增爷爷一直在我心中挥之不去，他没有多么辉煌的过去，没有什么显赫的功绩，也没有轰轰烈烈的过往，李爷爷的一生很平凡，却是最难得的一杯白开水，纯净透亮。

他的每一步都浸透着他的汗水，特别是那五年，连续五年餐风露宿让人感慨，让人敬佩。李爷爷的一生无疑给我们这个浮躁的年代做了一个榜样：不积跬步，无以至千里。

（静安区双拥办）

难忘这片浴血的土地

张晓宇

张强生，男，生于1916年，江西省安福县人。1929年参加中国工农红军。1934年加入中国共产党。土地革命战争时期，任湘赣军区第一军分区司令部司号长，游击队分队长。参加了五次反围剿战斗，坚持了南方三年游击战争。抗日战争时期，任新四军第一支队二团连长、营长，新四军第一师二旅四团参谋长，第五团团长，苏南茅山地区保安司令部副司令员，新四军第六师十六旅四十七团副团长兼参谋长，苏浙军区第一纵队第二支队支队长。解放战争时期，任新四军第一师十六旅四十八团团长，华中野战军第十一纵队三十一旅参谋长，苏中军区第一军分区司令员，华东野战军第十一纵队三十三旅副旅长，第三野战军第二十九军第八十七师师长，第八十六师师长。参加了七战七捷战役、苏中战役、涟水保卫战、鲁南战役、孟良崮战役、淮海战役、渡江战役、上海解放战役和福州解放战役、漳厦解放战役。其中，在上海解放战役中率八十七师血战宝山月浦镇。中华人民共和国成立后，任空军师长、华东军区空军军政干部学校校长、空军副军长、济南军区空军副参谋长。1964年晋升为空军少将军衔。荣获三级八一勋章、二级独立自由勋章、二级解放勋章。1977年1月因病于上海逝世，被济南军区空军司令部批准为革命烈士。

走过祖国大好河山的许多地方，但令父亲和我两代人都难以忘怀的却是位于上海宝山的那块浸染数千烈士鲜血的土地——月浦。

六十多年前，1949年5月，父亲张强生作为中国人民解放军第三野战军十兵团二十九军八十七师师长，按照三野下达的《淞沪战役作战命令》，奉命率部参加解放大上海的战斗。

作战命令决定以第九、第十两个兵团指挥8个军攻取上海。父亲所在的二十九军与二十八军作为西线攻击部队按命令担负攻占吴淞、宝山的任务，并旋即与攻占浦东高桥的东线部队封锁黄浦江口，截断上海守敌沿江逃窜的退路。命令要求部队于5月12日晚从常熟附近出动，14日拂晓前攻占吴淞与宝山。

5月12日清晨，父亲带着部队冒雨向浏河镇开进，上午10时，父亲指挥着八十七师前卫二六一团一营首先攻入浏河镇。只见镇内门户洞开，早就不见了敌人踪影。于是部队乘势渡过浏河，一口气向前挺进60华里。

当时，随八十七师一起行动的是副军长段焕竟伯伯，他坐镇和父亲一起指挥各团分两路向月浦、狮子林方向快速前进，13日凌晨2时，各团全部到达指定地域。后来我查过资料，了解到当时二六一团进驻月浦镇北侧，同时在月宝公路担任警戒；而二六〇团则进入月浦镇北的主攻位置担任主攻；配属给八十七师的八十五师二五三团进入月浦西南面待命；二五九团则后续进入月浦至狮子林之间的叶大村敌人据点的阵地前沿。师指挥所设在月浦镇西北的西陆桥。月浦镇已在八十七师四个团的三面包围之中。

月浦，上海东北一座不起眼的小镇，但地理位置却十分重要。它紧靠长江，东临吴淞口，历次淞沪战役都是敌我双方激烈争夺的战略要地。月浦又是国民党上海守军外围防线的主阵地，与北侧狮子林炮台、偏南侧的杨行联成一体，互为犄角，遇到攻击，三者可以相互支援。自月浦到吴淞口十多公里防御带布满了密集的碉堡群。这些全用钢筋水泥浇铸的碉堡壁厚达1.2米，能防御当时任何武器的攻击。专门派来加强月浦至吴淞口防御的是国民党嫡系主力第五十二军的一个师。这支部队在辽沈战役中未遭我军的重大打击，保持了比较完整的建制和实力，由杜聿明设法通过美国海军海运到南方。师长刘玉章，是黄埔四期优等生，面对解放军大军压阵，他还嚣张地扬言要“让共军卡在我的钢铁阵地里”。

二十九军争得了啃刘玉章这块硬骨头的好机会，是三野首长对二十九军指战员的信任。而胡炳云军长让父亲指挥的八十七师担任主攻也是别具匠心的。《第三野战军十大主力传奇》一书中是这样描写八十七师的:“第八十七师是一支精锐之旅,尽管组建较晚,家底还不算厚实,但有一股初生牛犊不怕虎的冲劲,管你是得过‘宝鼎勋章’的邱清泉,还是‘中原王’汤恩伯,我们的勇士们都敢碰一碰、打一打,而且一定要把他们打垮。师长张强生更是一位老红军出身的具有丰富战斗经验的指挥员。张强生坚持了南方三年游击战争。在新四军时期,他当过团长、支队长。1946 年夏,苏中七战七捷时,张强生是第七纵队三十一旅参谋长。而且,他善于带新部队,并培养他们猛冲猛打的战斗作风。”这样看来,胡炳云军长是相信八十七师能打好这场硬仗的。

师指挥所安定后,父亲就带着师侦察科长去看地形。路上遇到一个老乡,父亲问:“老乡,月浦这一带有没有国民党的工事啊?”老乡听不懂父亲的江西话,摇摇头。侦察科长又接着说:“就是碉堡,有没有碉堡?”老乡这回听懂了,说:“碉堡? 有啊,遍地都是碉堡。”父亲不信。原因:一是上级一直说敌人溃不成军,没有工事,看到解放军就会投降;二是到达月浦后,二六〇团曾俘虏了一个敌军官,他也称月浦镇工事不多。怎么这位老乡会说遍地都是工事呢? 带着疑问,父亲急返指挥所,向上级报告情况,但得到的答复还是说敌人没有工事,要求按照总攻时间发起进攻。

13 日清晨,天刚蒙蒙亮,二五三团一个战士突然发现自己隐蔽的身旁小坟包里钻出个人,一看是个国民党军官,便一个箭步上前抓住他。敌人哪知解放军已遍布在自己周围,天黑又看不清是谁,便大骂:“哪个没长眼的敢跟我开玩笑,老子是五十二军张团长。”战士马上说:“谁开玩笑!我们是解放军,快跟我走。”万籁俱寂的黎明,一声“我们是解放军”顿时像热油锅倒进开水炸响起来。早就隐蔽在坟包中数以千计的敌人顿时端起枪狂射。隐蔽在草丛、树林、草堆等地堡群的敌人都敞开射击孔,子弹如疾风骤雨般袭来。战斗就这样打响了。

天亮了,父亲才发现事态的严重性。周围方圆数公里望去,昨夜看到的坟包全是敌人的暗堡。此时正张开血口,喷吐着火焰,子弹像暴雨一样迎面倾泻而来。前一晚不知就里的部队实际已深陷敌人的碉堡群中,被猛烈的机枪扫射得抬不起头来。天一亮,附近江湾机场的敌机又起飞参加战斗,又是扫射又是轰炸。停泊在长江上的敌军舰也同时炮击。在敌人强大的火力面前,父亲急忙让各部队组织撤离,但已为时过晚。西线兵团最先攻击受阻的就在月浦。

人民解放军指战员真如天神般英勇,在这种极其被动的情况下,毫不畏惧，部队如洪水般向月浦老街涌去，“冲啊”“冲啊”的呐喊声惊天动地。在敌人交叉火力网密集的扫射下，我们的战士冲上去一排，倒下来一片，但立即又有一大片战士冲上去。指战员英勇无畏的气概惊天地、泣鬼神，吓得敌人开始退缩了。但敌人强大的火力仍然把攻击部队阻挡在月浦老街之外。

为了坚决攻下月浦，打通至吴淞的通道，父亲不顾危险，和政委王义勋伯伯亲自到前沿侦察情况。也就是这次前沿之行，父亲十分钟爱的警卫员为掩护父亲而中弹，英勇牺牲了。当晚，父亲根据侦察来的一手情况，调整作战部署，组织三个团趁夜幕又发起强攻。

激战持续了一天一夜，到 14 日傍晚，二六〇、二五三、二六一三个团的指战员们凭着勇敢，凭着气势，带着为牺牲战友报仇的信念，又一次从北、西、东北三个方向向月浦老街发起猛攻。被包围在月浦老街的敌人困兽犹斗，依然依靠重叠交叉的碉堡群，依托各种坚固的工事，用各种轻重武器组成严密防御的火力网，硬拼死守。但早把生死置之度外的英勇战士们是他们无法抵挡的，战士们相继突进月浦老街。

丢失了阵地的敌人不甘罢休，组织月浦镇周边的顽敌在坦克、火炮掩护下，向月浦老街疯狂反扑。月浦老街，我军的三个团顽强抗击，战斗中，敌人江面上军舰打来的炮弹击中二五九团指挥所，团长胡文杰身中数个弹片壮烈牺牲，他也是上海解放战役牺牲的烈士中级别最高的指挥员。就这样，我军在月浦每占一个点，每夺一个堡，都要经过浴血苦战、反复争夺。有的得而复失，有的失而复得。战斗就这样陷入胶着状，一直到 16 日兵团下令停止攻击，巩固既得阵地。

在清扫战场、清理队伍时，父亲几天来预感的事情终于成为现实，他这才清楚地知道部队伤亡太大了。主攻团二六〇团在政委萧卡叔叔、副团长梅永熙叔叔身先士卒的带领下，激战数日，一千多人的团只剩下 120 人。全师一千多人阵亡牺牲。战斗是如此惨烈，以至多少年后提到月浦的那场战斗，父亲还常常哽咽，说不下去。他常常用他那浓厚的江西口音对我们说：“老子打了一辈子仗，从来就没吃过这么大的亏。”在师卫生队参加上海解放战斗的母亲则告诉我们说：“战斗打得惨啊！伤员都来不及救，牺牲了的指战员遗体一排排地停在那里，排以上干部有块白毛巾盖盖脸，战士们就不够盖了。”母亲还说：“他们都是在战场上牺牲的，面容都很从容，有的小战士脸上还带着微笑，很可爱，也很好看。”母亲的话突然令我想到一个词：慷慨赴死。这些无畏的战士不正是为人民夺取江山，面带微笑，英勇战斗，慷慨赴死吗？

5 月 17 日起，部队又开始了攻击。经过短暂的休整和总结，部队改变了打法，由运动战改打攻坚战。机智勇敢的战士几人一组，一次攻一堡，每攻必克，逐堡夺取，逐步推进，每天可前进五六里地，而自身牺牲大大减少。

上海战役总攻是 5 月 23 日下午 6 时打响的，这时战场的主动权已牢牢掌握在我军手中。总攻发起后，部队摧枯拉朽、风卷残云般地横扫敌军。二十九军调集大炮，对月浦镇东南一块依然威胁月浦老街的高地猛烈炮击，父亲指挥部队随即发起攻击，并就势推进。25 日夜，父亲所在的二十九军在军长胡炳云指挥下，集全军之力，和友军一起开始全面出击。出击线距宝山不到 5 公里，距吴淞不到 10 公里。出击令一下，配属炮兵各种火炮齐吼，炮声震耳欲聋，炮弹直飞宝山、吴淞和敌人江面的军舰。父亲带着刚夺下月浦东南面高地的部队向宝山、吴淞呼啸而去。

在宝山烈士陵园陈列馆里，我看到了这样一组数字：整个上海战役，除汤恩伯率 5 万人乘军舰逃往舟山群岛外，余敌全部被歼。共歼敌 15.3 万余人，父亲所在的二十九军歼敌 1.16 万人。

上海解放了，但父亲和他的部队没能来得及一睹上海的雄姿就撤回苏州了。之后从苏州到浙江，进而进军福建，又参加了解放福州和漳州、厦门的战斗。当他再次回到上海时已是 1955 年，他在鸭绿江边接收了苏军一个师的高炮装备后，率部来沪保卫大上海的空防。师部就设在淮海路，如今是武警总队所在地。

父亲来上海后不久就去位于宝山杨行的烈士陵园祭扫。我记得那时陵园埋葬的大部分烈士都是八十七师牺牲的指战员，看园的是八十七师的一位残疾军人。本来要送他回原籍荣军院的，他不愿去，说要陪陪牺牲的战友。父亲每次去，他都正正规规地向父亲敬礼。父亲也亲切地跟他握手，然后指着园子轻声说："我来看看他们。"在园内，父亲肃穆地向一座座烈士墓敬礼。走一圈后，最后总是站在牺牲的警卫员墓前久久不肯离去。在上海的两年里，父亲年年清明都去宝山祭扫。

1958 年春天，父亲从广州回沪任空四军副军长。以后不仅年年清明前往祭扫，就连每年在宝山月浦机场组织全市防空部队和民兵高炮打靶的紧张日子里，他也要抽空去离靶场不远的烈士陵园看看。每逢清明前后的一个周日，或是暑假去月浦机场看高炮打靶，父亲也总带我们兄弟姐妹去位于杨行的烈士陵园祭扫。

如今，宝山发生了翻天覆地的变化。昔日浴血的战场变成了中外驰名的现代化钢铁总厂，原来的杨行烈士陵园变成了规模齐整的宝山烈士陵园。长眠于那里的烈士们若有知，一定会感到欣慰，他们为之浴血牺牲换来的胜利成果，已让全世界惊叹和敬仰。光阴荏苒，我的父亲和母亲也相继去世，但我每年都要去宝山烈士陵园看看，代父母亲去看看长眠于那里的战友，祭扫他们的英灵。女儿逐渐长大，我也带着她去烈士陵园，跟她讲烈士的故事，告诫她一定不要忘记这些烈士：我们家的人，要把看望和祭扫烈士的事一代一代地传下去。

（静安区双拥办）

第四辑

不寻常的生日

蔡贡民

韩正涛(1917—1949),男,1917 年出生,1940 年参加革命。1949 年 12 月 27 日,韩正涛、赵世莲夫妇接到上级命令,召集郎中乡几个村干部在白邱村召开紧急会议,会议召开到一半时,有十几个反动分子前来破坏,他俩为了掩护村干部安全撤离,与敌人顽强搏斗最终双双英勇牺牲。

在浦东新区浦兴街道东陆路 1018 弄,住着一位名叫霍素英的已过花甲之年的女士。霍女士的出生日期是 1949 年 2 月 8 日,但是,从 1966 年开始,她把自己的生日改为 12 月 27 日。她这样做,为的是纪念自己的亲生父母——为保卫红色政权而英勇牺牲的革命烈士韩正涛和赵世莲。

那是 1949 年 12 月 27 日的晚上,天空阴云飘浮,四野一片寂静,树枝在寒风中瑟瑟抖动。在河南省濮阳县郎中乡白邱村的一间老客堂内,县武装工作队干部韩正涛正在召集几位村农会的干部开会,六七个人围着一盏拨得通亮的油灯,商量怎样深入开展土地改革工作。因为刚刚解放,一些地富反坏分子对新生政权恨之入骨,经常发生破坏和捣乱行为,而位于濮阳县城南 40 公里处的郎中乡,南临黄河,与山东东明县隔河相望,历来是兵家必争之地,情况更加复杂。解放初时土匪恶霸和国民党反动派残余势力的活动更为猖獗,因此,韩正涛时刻保持着高度警惕,上级配置的枪支弹药很少离身,经常吃不上一顿安稳饭,睡不上一次安稳觉。这天会议开始之前,他安排兼任村农委主任的武装工作队干部霍党桥在门外放哨,让妻子赵世莲守在门口,嘱咐他们留心观察周围动静,随时准备应对突如其来的情况。

说起韩正涛，郎中乡一带无人不知无人不晓。他腰圆膀粗，浓眉大眼，说话声音洪亮，做事坚决果断，让人一看就知道是一条铮铮铁汉。因为他爱憎分明，立场坚定，经验丰富，工作起来有一股拼命三郎的劲头，所以贫苦农民见了他眉开眼笑，地富反坏见了他心惊肉跳。韩正涛本是河北邢台人，出身贫苦家庭，1940 年，河北邢台地区发生旱灾，田里颗粒无收，穷人没有活路，24 岁的韩正涛背井离乡，只身来到江南投身革命，参加了叶挺、项英领导的新四军。在部队里，他勤学苦练，武艺出众，遵守纪律，服从指挥，参加过数十次战斗，立过功受过奖。1941 年 1 月，国民党挑起皖南事变，对北撤的新四军发动突然袭击。韩正涛虽然杀出重围，但在战斗中身负重伤，在地方党组织的安排下，转移到河南省濮阳县，在老乡家里休养了半年时间，伤愈后找到濮阳军分区，正式归队。当时，部队正在计划加强地方武装力量，就把他编入由军分区直接领导的濮阳县武装工作队。在这里，他认识了 1946 年参加革命的女青年赵世莲，两人相识相爱，于 1948 年 1 月结为夫妻，1949 年 2 月生下女儿素英。随着解放战争胜利号角的吹响，夫妻俩在濮阳地区东奔西走，访贫问苦，惩恶除奸，配合地方开展土地改革工作。

当晚的紧急会议非常重要。韩正涛传达了县委和军分区的指示，组织大家讨论怎样做好开展土地改革的各项准备工作。村干部们你一言我一语热烈讨论起来，有的提出要对全村土地进行全面摸底调查，确定分地对象，保证耕者有其田；有的提出要整顿民兵队伍，加强对地富反坏分子的监督管制，保护土改的胜利成果。老客堂内，不时传出一阵阵慷慨激昂的欢声笑语。

就在会议开到一半的时候，老客堂的西边隐隐约约出现了十几条人影。在朦胧暗淡的月色下，负责放哨的霍党桥看见这些人有的拿着枪，有的拿着棍棒，正曲着背弯着腰快速地向村干部开会的地方靠近。“不好，有情况！”霍党桥立即跑向老客堂拍打屋门，通知里面的人，说有人要来袭击会场。

原来，当地的一些地富反坏分子，不甘心自己的失败，更不愿看到穷苦农民翻身当家做主，因此经常干一些抢劫暗杀之类的破坏活动。前天下午，他们得到今天晚上韩正涛要到白邱村来召集农会干部开会的消息，觉得机会来了，就纠集到一起，趁着风高月暗的夜色，摸到白邱村来，打算活捉韩正涛，血洗村农会，制造一起惊天大案，给“穷棒子”一个下马威。

坐在屋内门口的赵世莲听到霍党桥拍打屋门的声音，知道发生了紧急情况。她从门缝中向外望去，只见十几个持枪执棒的歹徒已经接近场角，急忙回过头去，不容置疑地对韩正涛说："老韩，你带着同志们快撤离，我来掩护！"边说边闪出门口，向歹徒冲去。这时歹徒已经走到场角，正满脸杀气地向会场门口扑来。赵世莲毫不犹豫地从腰间掏出一颗手榴弹，拉开导火索，用力向敌人扔去。只听得"轰"的一声巨响，场角上冒起了一股硝烟，有两个歹徒在烟雾中倒了下去。歹徒们想不到开会的人早有准备，一时慌了手脚，一个个吓得向后退去。趁着敌人慌乱之际，赵世莲拉起霍党桥，跑到一个墙角处隐蔽起来。

再说韩正涛听到妻子的喊声，立即吹灭油灯，沉着冷静地推开后窗，安排五名村干部跳窗撤离。看着村干部们安全地消失在夜幕之中，他又冲出屋门，去营救妻子和霍党桥。三人会合到一起，打算趁乱转移出去，但敌人已经把他们包围起来，没有退路了。正能压邪。与其束手就擒，不如拼个鱼死网破！三个人对视了一下，各自会意，毫不胆怯地冲向了穷凶极恶的歹徒。因为与敌人离得太近，他们只能用拳脚展开搏斗。拼搏之际，赵世莲发现有个一歹徒正举枪向霍党桥瞄准，准备扣动扳机。说时迟那时快，就在这千钧一发之际，她说了一声"小心"，就向霍党桥扑了过去，替他挡住了罪恶的子弹。霍党桥躲过了一劫，可是赵世莲胸部中弹，顿时眼前一黑，倒在了血泊之中，用年轻的生命保护了自己的战友。见此情形，霍党桥心头一惊，刚想上前扶起赵世莲，却被歹徒当头一棒，打得眼前直冒金星，一阵晕眩也躺倒在了地上。见到亲人和战友受伤倒地，独自一人受敌包围的韩正涛怒从心头起，恨从胆边生，把生死置之度外，出手越来越狠，左一拳，右一脚，将逼近自己的敌人打得东倒西歪。他愈战愈勇，边打边退，当退到离敌人有二十来米的时候，掏出手榴弹，手指扣住导火索，甩手扔向敌群。只听得一声轰响，四个歹徒应声倒地。没等敌人回过神来，已经负伤浑身是血的韩正涛从地上拿起一根木棍，迎向两个没有被炸死的歹徒，劈头盖脸打了过去。两个歹徒哪里见过这种阵势，吓得屁滚尿流，只恨爹娘少生了两条腿，连忙仓皇后退，落荒而逃。歹徒的袭击被粉碎了，受了重伤的霍党桥被赶来的村民救起，而韩正涛却耗尽了最后的体力，流尽了最后一滴血，和妻子赵世莲一起，在这场搏斗中光荣牺牲。

白邱村事件发生之后，组织上把韩正涛夫妇的遗孤、才 10 个月大的小素英托付给在军分区工作的赵世莲的双胞胎姐姐赵雪莲、姐夫霍国臣夫妇抚养，霍国臣就是霍党桥的儿子。为了不让小素英的心灵受到伤害，夫妻俩让小素英跟着霍国臣以霍为姓，从未在她面前提起过她的亲生父母。小素英从小在部队大院子里长大，无忧无虑，天真活泼，调皮好胜，人见人爱。1966 年 10 月，23 岁的霍素英光荣入伍。在成都兵站的短期集训中，有一天她巧遇韩正涛的战友袁叔叔。袁叔叔向她讲述了她的亲生父母在濮阳地区的战斗经历和英勇牺牲的事迹，她才知道自己的真实身世。当她听完袁叔叔讲的故事时，心头如刀绞一般疼痛，一时哭得像个泪人一样。那些天，她一睁开眼睛，面前就会出现亲生父母与敌人壮烈搏斗的画面。她为此生了一场大病，在病床上躺了四十多天，病愈之后心情才逐渐平静下来。为了怀念亲生父母，记住他们的英名，她把自己的生日改到了韩正涛和赵世莲英勇牺牲的这一天。

四十八年来，每当 12 月 27 日，霍素英就会摆上几个菜，供上几样水果，点上几炷香，既为自己过生日，也深情地奠祭自己的亲生父母。作为烈士的后代，她感到光荣，也感到有一种责任担在肩上。从边防部队退休后，霍素英来到上海定居在浦兴街道。她继承父母的光荣传统，积极开展志愿服务活动，经常受到街道和居委会的表扬。她还用父母的事迹教育儿子，希望他像外公外婆一样，做一个有理想、有作为、对社会有用、为人民服务、受人们尊敬的人。

（浦东新区双拥办）

终生难忘的一天

凌雪萍

凌雪萍，男，1931 年生，农民，曾用名：凌林生，当兵时（复员证）名凌林森。

7 岁读书，9 岁起跟父母种田，16 岁做小长工（放牛娃），1949 年 5 月 18 岁参加中国人民解放军“商榻区中队”，1950 年提升为青浦县大队副班长，1951 年至松江分区机炮连，当年至南京军区后勤车管团，1952 年进入解放军速成学校就读，1953 年 10 月复员。

曾被评为先进党员两次、双拥工作先进个人、老有所为精英奖两次等，2005 年全国第五届新世纪之声《中华颂歌》征文中被评为新世纪之声优秀人才。

1949 年 5 月 20 日，这一天是我终生难忘的一天，也是我一生中最光荣、最有意义的一天。

一个穷苦的孩子，放牛娃，从苦海里爬上了黄金岸，走进了温暖的革命大家庭，成为一名光荣的中国人民解放军战士。

1949 年 4 月 20 日，百万雄师横渡长江，中国人民解放军取得了全线胜利，解放大军胜利前进，南京解放，向上海发起进攻。5 月 14 日，商榻解放。好消息一个接着一个，我怀着无比兴奋的心情，天天打听消息，迎接一个个天翻地覆的伟大胜利。

刚满十八岁的我，比较懂事，也较天真，父亲两年前去世，家里穷得揭不开锅，母亲带着五岁的弟弟去姐姐家住，我去青浦的小西门做长工，放牛，不料生了一场大病只好回家，病是好了，可是粮草断了，米无一粒，柴无一根，没有吃，没有穿，怎么活下去呢？向邻居借，他们的日子也不好过，就是能借的也只有一斤半斤的，姐姐几次要我去她家，我想：母亲和弟弟在她家已经很苦了，如果我也去她家，他们的负担更大了。只能硬着头皮活一天过一天。家里也有几亩租田，当时国民党政府的苛捐杂税，枪捐、壮丁捐，还有高利贷，七八月里就要卖青苗，一年收成还掉租米拍拍灰尘剩余无几。有道，小孩望过年，大人怕过年，今年望明年，王小二过年，一年不如一年。

枪炮声越来越近，上海的上空硝烟弥漫，还不时出现零零星星的飞机在旋转。

一天上午，村里的人都聚在一起，七嘴八舌议论纷纷："蒋家王朝完蛋了！老百姓的苦头吃尽了！共产党来了，穷人要翻身了！"等等。正在这时，有三个穿黄色土布衣服和戴大凉帽的陌生人走上前来，三个人中两个是女的，一个是男的。在场的人看见他们上来都镇住了，他们一上来就和大家打招呼，但大家还是惊呆了，因为这三个人的腰里都有枪，知道都是当兵的，多少有点紧张。可就在这时，有个高个子女兵打开了僵局，只见她走进人群，满面笑容地说："乡亲们！不要怕，我们是中国人民解放军，是毛主席、共产党领导的人民军队，我们和老百姓是自己人，为老百姓打仗，为老百姓服务。"她接着又说，"人民解放军已渡过了长江，解放了南京，正在打上海，我们还要解放台湾，解放全中国。"

我坐在草地上听得入了迷，又很激动，可在场的几十个人有多数人听不懂，大家的脸色没有什么反应，他们三个也发觉自己的宣传效果不好，也很着急，因为他们全是山东人，言语不通只能干着急，村子里有个老人对我说："阿林（叫我小名），他们讲的啥？我听不懂，啥个'老活孙'，'老活孙'（猴子），好像是骂人。"原来"老百姓"三个字错听为"老活孙"。他这样一问，许多和他同感的人的目光都对准了我，于是我站起身对大家说："她叫我们老百姓，不是骂我们老活孙。"在场的人都笑了！语言不通出了一个不大不小的洋相。

解放军的宣传结束了，人们都散了，我也要回家了，可就在这时候，刚才讲话的那个女兵一伸手把我拉住了。"你叫什么名字？"我回答："我姓凌，叫阿林。"她说："小凌同志，你很好，很机灵。"我惊奇地说："同志！叫我同志！"她说："对，同志，我们都是同志，你们叫我们也是同志。"她又说，

“小凌，我姓张，这二位都姓王，是夫妻。”二位姓王的伸手和我握手，我平生第一次和人家握手，而且是和解放军握手，感到兴奋、紧张，激动得话都说不上来。

从此以后，他们天天到我们村里来，我也天天参加，听他们宣传的老百姓越来越多，每次宣传总少不了我，他们讲一段，要我照他们也讲一遍，成了他们的翻译。我和他们和睦相处，吃他们带来的水和面包，三个人的名字我都知道了，姓张的女同志叫淑梅，她把手枪挂到我身上，空下来就做我的动员工作，要我跟他们走，去当解放军。我愿意，只要能吃饱肚子，比在家里饿肚子好多了。后来我娘知道了，跳得八丈高，说：“好人不当兵，好铁不打钉，再苦再穷也不能去当兵。”就这样，我的心也就凉了下来。

一天黄昏，我正要上床睡觉，突然有人叫门，并大声地叫喊：“阿林，阿林开门。”我一听就知道是同村好友顾才云，他比我大两岁，从小跟父亲外出做箍桶生意，生活也很清苦，他看到浙江地区的青年都去当兵，参加解放军，心里痒痒的也想去，所以急着回来和我商量。我呢，也是为参军的事心里乱糟糟的，因此两人一谈就投机，决定明天就去。

这天晚上，两人睡一张床，天南地北，无话不谈，天还未大亮起了床，把小米仓弄个底朝天，弄到一斤米，烧一烧，吃得个精光，关上门，马上出发。两人来到村东小桥头，顾才云到自己的箍桶船里弄来三四斤箍桶换来的蚕豆带上，到了商榻，两人一道理发，理发钱就是蚕豆。走出店门，直奔区中队，区中队就驻扎在三官堂，原来自卫团也在这里，大门口有两个解放军站岗，问清楚我们的来历后就热情地带我们去见区中队副队长。区中队副队长叫何永辉，海门人，个子不高，可生得结实有精神，听说我们是参军的，他高兴得不得了，连连说：“欢迎！欢迎！”他拉着我们去区政府，区政府就在大礼堂。区长陈永仁，指导员谢德良接见了我们，向我们了解家里的情况，还讲了许多从来没有听到过的革命道理。两位领导同我们一起吃中饭，面包咸菜汤，又香又鲜，我们俩也不客气，把肚子装得满满的才放下碗筷。中饭后，何副队长把顾才云领走了，却把我留在区政府。下午区长、指导员要我介绍商榻的地理和各个村的分布情况，还要我在纸上画出来，可我只读过两年书，怎么也讲不清，画不好。

第二天早上，我跟着大家去出操，来到小学操场，区政府的七八个人和区中队的二十多人一道出操，近四十人，分二行排队，唱歌：解放区的天是明朗的天……三大纪律、八项注意。大家的精神很饱满，就是我提不起精神来，你看，区中队的全体人员都是全副武装，手里的步枪乌黑闪亮，特别是顾才云，一身新军装，军帽上的八一五角星鲜红鲜红，胸前是中国人民解放军的符号，神气十足，还有他手里的一支三八式步枪。我看在眼里，急在心里，脸红得发烧，发烫，怎么办？怎么办？心里一着急，区队副队长喊的口令我没有听进去，什么立正稍息，齐步走，我完全乱了套，整个部队整齐的队形被我搞乱了。这一天我耐不住了，一直跑区中队，区中队的几个老兵也围着我，要我去区中队当兵，我也是这么想的，我是来当兵的，没有军装五角星，没有枪，我怎么能算当兵。

第二天又出操，我紧张的心情还没有平静，区队副队长把一套新军装给了我，还有新帽子新鞋子，要我穿上戴上，还有五角星和胸章，一身一打扮，神气极了。枪，还有枪呢，区队副队长说："你这小鬼，个子小，给你步枪比你长，给什么枪才好！"指导员谢德良说："我来给他一支好不好！"说完，他从通信员手里拿过来一支交给区队副队长，区队副队长一看说："好！就这一支。"于是把枪送到我手里，我接过来一看，太好了，又轻又漂亮，老同志们高兴得齐声说："这是一支美式卡宾枪。"指导员说："小鬼，好好干！"我回答："是。"

这一天是 1949 年 5 月 20 日。

（青浦区双拥办）

我与共和国海军一起成长

陈兆林

陈兆林(1933—　),男,汉族,江苏金湖人。1933年2月生,1949年3月参加工作,1951年1月入伍,1956年9月入党。中师学历。

1951年1月为海军联校2分校学员,1952年5月任南海舰队531艇机电兵、班长、副艇长、艇长,1960年7月任潜艇学校学员、副中队长、军务科参谋,1973年5月任海军医学研究所助理员、副团职协理员,1983年7月任海军后勤部上海政立路干休所政委(正团)。1988年8月离休,2003年12月进嘉定干休所。立三等功两次,获胜利功勋荣誉章一枚。

参　军

1950年冬天,全国广大知识青年积极响应党关于抗美援朝、保家卫国的号召,踊跃报名参加军干校。

在扬州市的大街小巷,常常可以看到身穿黄军装的陆军和穿呢制服的海军,他们是来招生的。当时我们大部分青年学生都喜欢当海军。

经过体格检查和政治审核,我们扬州师范学校共有60名学生被招收到海军联合学校学习,成为光荣的人民解放军的一员。

在党的领导下,中国人民解放军海军于1949年在泰州成立。海军南京联合学校是我人民海军创办的正规化、现代化学校,下属四个分校。第一分校是枪炮、鱼水雷专业;第二分校是机电专业;第三分校设在安徽芜湖,是通讯专业;第四分校是航海专业。

“雄赳赳,气昂昂,跨过鸭绿江……”我们高唱着抗美援朝的战歌,于1951年1月12日到达了海军南京联合学校。联校和四个分校都有苏联专家帮助管理和教学。教官大多来自国民党起义的重庆号巡洋舰等老海军。开始是预科学习,主要学习政治、军事。1951年秋,预科学习结束,转入本科。我们第一次穿上了漂亮的海军呢制服,并第一次受到了海军肖劲光司令的检阅。

上　舰

经过一年半的学习,1951年4月,学校组织毕业考试,当时叫“国家理试”。台上坐着考官和苏联专家,学员在台下抽题、答题,面对面地答辩、打分,十分严格。

当年5月初,同学们都陆陆续续被分配到各个舰队。我被分到南海舰队万(山)虎(门)水警区先锋二号扫雷艇。当时南海舰队的条件比较差,大都是国民党败退时来不及带走的破旧舰船,我军接管后改装为扫雷艇和登陆艇。

我们刚上舰时,舰上原有的干部战士大部分来自陆军老大哥,他们是我们海军建设的基础和骨干。另外,还有一部分是原国民党海军起义留用人员,这部分人员掌握着舰艇上的一些关键技术部门,但思想比较保守。怕我们这些“知青兵”可能会夺他们的“饭碗”,因此指望他们给我们传授技术是比较难的。比如,我们的老轮机长在修理机器时,总是让我们出去,自己一个人留在机舱内修理,修完以后,也不告诉我们什么地方出毛病,怎么修好的。不过我们这些年轻人,在陆军老大哥的帮助下,充分应用在海军学校学过的理论基础知识和初步的操作技能,经过几个月的实践,很快就掌握了航海、机电等关键部门的技术,而且还有不少改革和创新呢。

歼　匪

解放初期,珠江口外的渔民,提起那些灭绝人性的土匪船,无不切齿痛恨。这些海匪大部分都是逃离大陆的地主恶霸“还乡团”。他们依仗着当时澳葡当局的掩护对渔民奸淫烧杀，无恶不作。渔民们的血泪控诉，燃起了我们海军战士的熊熊怒火，决心清除这帮匪徒，为渔民报仇雪恨。但是，由于国民党的敌特活动，几次我们舰艇一出发，这帮土匪船就溜回去了。有时躲到澳门几天不出来。

一天下午，我们舰艇又像往常一样起锚往珠江口方向驶去，敌人以为我们又要回基地去了。但在天黑以后，我舰艇立即掉转船头，全速直扑澳门口，并命令一艘吃水较浅的炮艇，堵住澳门口，不让已出来的匪船返回。

天刚蒙蒙亮，我舰艇在左方发现了一艘船，正当我们还在判断是不是海匪船时，敌人却先用美式机枪向我们扫射过来。这时舰艇部队立即开炮还击。战士们见了敌人，分外眼红，把一串串复仇炮弹向敌人扫射过去，里外夹攻，二十多分钟就解决了战斗。

除了被打死的、跳海的，活着的几个匪徒打起了白旗，举手投降。我们连人带船拖回了万山岛。

剿匪胜利的消息一传开，渔民们个个拍手称快，齐呼共产党万岁！感谢解放军为他们除了害，报了仇，解了恨！

从此，珠江口恢复了平静，渔民们又可以高高兴兴地出海捕鱼了。

（嘉定区双拥办）

解放厦门岛,向新中国献礼

王绍云

王绍云,1924年2月出生,1942年2月入伍参加革命工作,1945年7月入党,1978年5月离休,原为守备二师政治部副主任,副师职待遇,目前在上海警备区青浦干休所离职休养。

1949年10月1日,正在福建前线积极练兵,准备攻打厦门岛的"叶挺部队"广大指战员,从电波里听到了伟大领袖毛主席庄严而又洪亮的宣告:"中华人民共和国成立了,中国人民从此站起来了!"无不欢欣鼓舞,欣喜若狂。多少年来南征北战、流血牺牲、为之而战的热切愿望终于实现了,全团指战员怎么也抑制不住这欢天喜地、无比兴奋的心情。

厦门战前,上级发出"解放厦门岛,向新中国献礼"的号召,激励着广大指战员,大家以高昂的战斗意志,苦练杀敌本领。连队的同志们,以我军特有的艰苦奋斗精神,不顾南方的秋热,不怕敌机、敌炮的袭扰,也不管狂风暴雨,惊涛骇浪,夜以继日地在同安县沿海一线苦练渡海登陆作战的本领。船少时轮流学划船、学游泳,风浪大时,进行滩头突破,登陆攀崖演习。通信员张芬芳(江苏海门人)不会讲普通话,讲话时口齿不清,他怕影响战时联络,因此,面对大海,日夜苦练着普通话,终于既学会了普通话,又练就加强联络的本领。全连同志的脸都晒得黑黝黝的,甚至脱了一层皮,却没有一句怨言,一声叫苦。大家只有一个信念:"解放厦门岛,向新中国献礼。"大伙勤学苦练,战胜了一个又一个困难,特别是学会了游泳、掌舵划桨,克服了晕船呕吐等困难,做到绝不影响战斗力,从而大大增强了胜利的信心。

在向新中国献礼的号召鼓舞下，经过反复的政治思想动员，随着渡海作战的本领不断提高，部队的求战情绪日益高涨，各种疑虑逐渐打消，各班排要求担任突击任务的请战书，要求火线入党的申请书，纷纷送到连部。我连虽然未能争取到突击任务，但求战情绪并未因此而受到影响。

10月15日晚，夜幕降临，部队在集美左侧海边登船。起航令下，在天连水、水连天、伸手不见五指的漆黑夜晚，劈风破浪向厦门岛高崎东侧的突破登陆地区驶去。指挥员聚精会神地掌握着航向，观察敌情；战斗员们紧握木桨，按照指定方向向前划去。在黑夜里，只听到划桨拍打海水的"哗哗"声。划着划着，突然从敌岸射出一串串照明弹，先头部队登陆成功。我们在照明弹的亮光下，看清了敌岸和登陆点。一刹那，连长崔孝成命令部队赶快下船，向敌岸冲去。一声令下，部队迅速下船涉水登陆，冒着敌人的枪林弹雨，冲过滩头，利用敌人一条狭窄通道，爬上陡崖，占领了高崎的敌人飞机场一角和几个机窝。

这时，敌人以一个营的兵力，趁我军立足未稳，迅速向我军反击过来，企图夺回失去的阵地，封锁我军突破口，以阻止我军后续部队登陆。当时情况非常紧急，就在这时我连右侧二连四班副班长徐奎在飞机窝顶上发现有黑压压的一群人在向我方蠕动，他立即发出"哪一部分的"的口令，对方答道："二连。"什么？我们是二连的前卫，前面怎么又出现了二连呢？这肯定是敌人的二连，徐奎这样想着。果然，对方也发出了"你是那一部分"的反问口令。"二连。"徐奎很自然地答着，并立即主动高喊："派一个兄弟前来联系。"对方立即派来一个士兵。当这士兵爬上机窝时，徐奎一把将他拉下。经询问，原来是敌人向我反击的一个前卫排。他立即命令这个俘虏叫排长上来。随着俘虏的喊声，敌排长又爬上机窝。徐奎又一把将敌排长拉下机窝。被枪口对着的敌排长，战战兢兢地还不知道是怎么回事。徐奎命令他叫部队一个个跟上。敌排长下命令："弟兄们，自己人，快一个个跟上。"敌人一个接一个地爬上飞机机窝，又一个接一个地被四班同志拉下来。就这样，不费一枪一弹，靠着机智和勇敢，一个排的敌人乖乖地当了我们的俘虏，为我们连打垮敌人反击创造了极为有利的条件。当营部查明敌军确以一个营向我反击时，命令我连迅速出击，坚决将敌人打下去。我连副连长蔡文秀率一排在左右邻二、八连火力支援下，立即向敌人猛冲过去。接着我连全线出击，经过几个小时的激烈拼搏，终于和兄弟连队一起打垮了敌人的反冲击，俘虏了一批敌人，全部占领了敌人的机场。战斗中，我连付出了20余人伤亡的代价。连部的通信员同志为实现向新中国献礼的决心，冒着猛烈的火力，穿前插后联络部队、传达命令，不幸光荣牺牲。

当我们攻占机场，占领了垵兜后不久，数架敌机从金门前来"吊丧"，敌机向我们阵地轰炸半小时之久。我们利用敌人的工事全部隐蔽好，无一伤亡。

第二天，营里发出了新的进攻命令。部队不顾一夜战斗的劳累立即出发，我连作为前卫沿着坑园山——陈厝公路向前村攻击前进。下午四时左右抵达前村时，正面云顶岩东侧山腰、山脚下有敌重兵防守，企图阻止我前进，掩护敌人从海上逃跑。为了粉碎敌人这一企图，营里命令我连暂停前进，迅速做好攻击准备。党支部及时号召全连同志，坚决完成上级交给的任务。

当晚七时许，我连在火力掩护下向敌人发起攻击，敌人利用预先布置好的火力突然向我攻击出发地前进道路进行猛烈的炮火袭击。我连攻击受阻，部队遭到伤亡，司号员江发堂（上海战役解放的新战士，江苏海安人）光荣牺牲。医助宗光祖身负重伤，连里用担架将他往后送时，他喃喃地说："我还没有向新中国献礼呢。"当时我和连长商量，认为单从正面攻击不易突破，还要增大伤亡，于是命令一排长龚宝兴率全排从左侧海滩打过去。当一排悄悄地从海滩上运动到敌右后侧，以猛烈的火力向敌人射击时，敌人一片混乱，所有炮火顿时成了哑巴。我连正面部队趁机向敌人发起攻击，一举突破敌人前沿工事，并由攻击转为追击。经过一夜的追击，第二天拂晓，我们连和兄弟部队会师在云顶岩山下的何厝村，俘虏成群，枪弹遍地，数百名敌军官家属紧缩在村庄一角，哭的哭，叫的叫，一片狼狈相。

准备接应逃跑敌人的几艘军舰（包括汤恩伯的旗舰）远远地停泊在大担岛外，无可奈何地用望远镜看着自己的人被解放军俘虏。

10月17日，我军解放了厦门岛，歼敌二万余人，向新中国献了一份厚礼。

我连在厦门战斗中伤亡的三十余位同志，为新中国的诞生献出了生命。为国捐躯的先烈们永垂不朽！

（青浦区双拥办）

戎马一生，无怨无悔

于殿专

杜希奇（曾用名：杜希琦），男，汉族。山东省淄博市人，现为杨浦区军休中心第一休养所离休支部书记。出生于1930年，1949年1月参军入伍，1950年1月入党。曾任海军大别山舰文书，海军登陆舰第五支队司令部保密员、保卫科干事、勤务处副政委等职。1983年5月离休。曾荣立三等功五次、四等功两次，获评东海舰队联校“五好学员”三次，被授予“渡江胜利”“胜利功勋”等荣誉。离休后积极投入干休所工作，为和谐军休家园的建设献计献策，在干休所和老同志之间起到了很好的桥梁作用。

杜希奇同志在回顾他的军旅生涯时总是提到三个没想到：没想到在部队待了一辈子；没想到能享受到离休待遇；没想到晚年生活这么幸福。战争年代背井离乡，生活十分艰苦，是保家卫国的崇高使命让我们勇往直前，如今回忆起那些激情燃烧的岁月，仍历历在目，清晰如昨。

第一次夜行送信

1949年1月，杜希奇同志入伍参军，在山东淄博特区二十二团团部通信排当通信兵。通信排有三个班30多人，负责上级师部和下属三个营的通信任务。每逢值班时间，则需通宵工作。工作之余，除了学习通信业务知识，还有一项加工粗粮的任务。每天凌晨三点多钟早早起床，将玉米放在石碾子上，用手推把手碾压一个多小时，磨成玉米粉当主食，这在当时是很好的粮食了。

一天晚上10点多钟，团长突然把他叫去，说："交给你一个紧急任务，把这封信送到师部！"那时杜希奇同志刚参军半个月，人生地不熟，因为信件十分重要，他佩一把冲锋枪连夜赶路。北方的冬季十分寒冷，他顶着凛冽的寒风，沿着布满冰水坑的山间羊肠小道，深一脚浅一脚地急赶，一刻也不敢停留。回到团部，天色已微微泛白，刚入伍的杜希奇就这样度过了一个特殊的不眠之夜。

顺利渡过长江

1949年4月，杜希奇在华东后备兵团一师三团团部警通连通信排任职，在山东滕州县训练近两个月后，部队响应党中央"打过长江去，解放全中国"的号召，准备过长江。23日晚，召开了训练结束庆功大会，这一天正逢南京解放，接到消息后大家欢呼雀跃。之后，部队乘火车往长江南部方向赶去。

到达安徽蚌埠时，淮河大桥上的铁轨已被国民党军队破坏，于是部队下车步行到大桥对面，再乘火车往前赶。一路上，战士们坐在运煤的露天货车车厢内，不巧又赶上天降大雨，豆大的雨点击打着车厢里残留的煤灰，又飞溅到他们的身上，有的战士便将随身携带的床单打开挡风遮雨。部队休整期间，为纪念渡江成功，给每人发了一枚中国人民解放军华东军区颁发的渡江胜利纪念章。5月中旬，三团2 000多人从江北浦口镇乘船渡江到达南京，并往上海方向急行军。

吴淞口亲历轰炸

5月底，部队抵达上海时，这座中国最大的工商业城市已全部解放。为保卫革命成果，杜希奇所属部队直插吴淞口，进驻吴淞中学附近的中山纪念堂，编入上海警备区炮一团，杜希奇负责给团长当通信员。

这段时期，国民党飞机经常来轰炸。每有敌机来临，部队官兵迅速指挥周边群众转移，但仍有许多无辜的市民在炮火中失去生命。早起跑步时，在吴淞中学门口的水沟里，也曾见过不幸被炸的市民遗体。团长为了锻炼他的胆量，在学校后面的墓地放上一截木头，让杜希奇半夜去寻找，这一“魔鬼训练”着实让他心惊胆战，但最终他还是克服了心理障碍，顺利完成了任务。

敌机投下的炸弹破坏力极大，一次，一枚空投的炸弹正好落在电话班所驻的院子里，地面瞬间被炸出了一个直径约四米、深约三米的大坑，地下水顿时冒了上来，所幸当时仅一名总机电话员留守岗位，虽然没有牺牲，却也被震得双耳失聪，再也听不到任何声音。偶尔也有意外的惊喜：黄浦江上一尾重达百余斤的大鱼被敌机炸死浮出江面，战士们费力捞了上来，全排战士美美吃了一顿。

难忘建国周年庆典

1950 年 10 月 1 日是新中国成立一周年的特别日子，这一天，上海举行了盛大的庆典活动。当天凌晨两点多，杜希奇怀揣两个馒头，坐上指挥车，跟随炮兵仪仗队的 200 多名战友们一起从吴淞口出发赶往“跑马场”(现人民广场)参加游行庆祝活动。上午八时，在临时搭建的主席台上，陈毅市长做了重要讲话，分析了国际、国内形势，强调新中国成立以来推翻了“三座大山”，但有很多地方尚未解放，仍需要提高警惕，做好保卫祖国的准备，并要求全上海人民团结一心，努力发展生产，支援前线战斗。随后，游行庆祝活动正式开始，运载着炮一团 10 多门岸炮的 10 多辆卡车缓缓通过主席台前，接受首长的检阅。接着，炮兵仪仗队沿着延安东路、外滩、外白渡桥、四川路……往回缓缓而行。一路上，彩旗飞扬，人山人海，“提高警惕，保卫上海！”“向解放军学习致敬！”等口号声此起彼伏，杜希奇站在指挥车上，向首长和群众敬礼，心里十分激动，又深感自豪。

登陆舰运粮记

1952 年，部队整编后，上海警备区炮一团撤销，有一个营的战士奔赴朝鲜战场，另外的划编入新成立的吴淞海军速成小学。毛主席说过：“没有文化的部队是愚蠢的部队。”仅念过三年私塾的杜希奇，在海军速成小学接受了正规的教育。在吴淞口四营房，战士们不仅学习语文、自然、数字等文化课，还强化政治学习，参加火炮射击瞄准军事训练和军舰机电业务操练。

1953年4月，从海军速成小学毕业后，杜希奇被分配到东海舰队登陆舰第五支队大别山军舰任文书。时值国家粮食统购统销，用粮十分紧张，为控制市场乱涨价，缓解城市粮荒，动用了部队登陆舰沿途运送粮食。一个月后，他所在的“河字号”舰艇，与五支队的另外11条登陆舰一起参与运粮。从重庆到湖北宜昌上舰，将“天府之国”四川运来的大米送到江苏、安徽、浙江等地。为加快装卸速度，“河字号”成立了宣传、招待、支援三个小组，每天播报好人好事，给装卸工人准备茶水、毛巾等，帮助他们做好后勤援助。一次在安徽仲阳县码头卸粮食时，装满甲板的2 000多吨粮食仅20多名工人劳作，战士们一齐上阵帮忙搬运，原本五天的工作三天就全部完成，码头工人连连道谢：“我们还没遇到过这么好的部队。”就这样，全体官兵满载川粮，披星戴月苦干数月，顺利完成繁重的运粮任务。

见到敬爱的周总理

1954年10月，杜希奇在大别山军舰任文书。一天，军舰迎来了两位特殊的客人——敬爱的周恩来总理和上海市市长陈毅。他们是提前一个星期得知有中央首长要来视察的消息的，却不知是哪一位首长，纷纷猜测：“毛主席刚刚视察过长江舰，这次不知是周总理还是朱总司令？”为迎接首长的到来，军舰提前从虬江码头开往吴淞码头，战士们分头行动，上漆、清扫、擦拭机器，把整艘军舰打扫得干干净净。

当天上午九点钟左右，全体舰员站在甲板上列队欢迎首长到来。首长一下车，就有战士激动得跳起来欢呼：“是周总理来了！”总理挥手道：“同志们好！”“首长好！”“同志们辛苦了！”“为人民服务！”总理问候一句，战士们的回答如雷贯耳，之后，便是掌声雷动。总理和市长登上军舰后，在会议室与舰长座谈。这时，杜希奇负责招待军师干部。

休息了一会儿，总理提出要看看舰员们住的地方。在舰艇俱乐部招待军师首长的杜希奇，看到右舷主舱当日值班的枪炮长给总理敬礼，总理亲切地与他握手。杜希奇走上前站在旁边，离总理约三米，可以清晰地感受总理神采奕奕、和蔼可亲的音容笑貌，心里的激动简直无法用语言形容。陈毅市长也关切地问站岗的战士：“你们穿的皮鞋牢不牢？军装好不好？生活怎么样？”战士们通过总理的秘书请示，希望总理能和全体舰员合影，并给题词留念，总理爽朗地笑着答应了。总理端坐在甲板上早已准备好的椅子上，留下了“为建设强大国防而努力奋斗！”的珍贵题词。

杜希奇同志离休后于1987年5月被安置在杨浦区军队离退休干部第一休养所，仍不忘发挥余热，一直担任离休干部党支部书记，曾任干休所管委会主任多年。他始终保持革命老干部的本色，深入中小学宣传革命传统，看望希望小学师生、为灾区重建募捐、慰问福利院助养老人都少不了他的爱心和贡献。

看望区福利院助养老人(右一为杜希奇)

不久前杜希奇同志被查出患了癌症，并做了两次大手术，但他仍保持乐观的态度，顽强地与病魔做斗争，同时还不忘关心干休所的工作。他在老伴的陪同下，不顾身体虚弱，执意来到干休所看望所里的工作人员和支部的老同志们，对他住院期间大家给予他的关心表示感谢。杜希奇就是这样一位将自己的青春与热血奉献给党和人民，将自己晚年的余热发挥到了极致，燃烧自己照亮别人，戎马一生，无怨无悔的光荣的无产阶级战士。

（杨浦区双拥办）

风雨兼程不停步　烈火丹心铸辉煌

——记上海市消防局离休老干部刘兴才

沈锦杰

刘兴才，山东惠民人，1926年5月出生，1947年入党。现为上海市消防局离休干部。

1945年，加入惠民县区中队，任班长；

1946年，调入惠民县大队，任副指导员；

1948年，调入华东参谋学校，任参谋；

1949年，编入陈毅部队（长江部队），任指导员；

1949年4月，上海军管会，他与其他八位战友一道接管上海消防处，成为新中国第一批消防工作者；

1952年，担任嵩山消防队第一任队长；

1954年，调至消防处战训科，任副科长、科长；

1955年，任消防新兵营营长；

1968年，任消防教导大队大队长；

1978年，任消防新兵团团长；

1986年，正式离休。

"拂去岁月尘沙，我依然被他们当年金戈铁马、气吞山河的勇气所震慑；丈量人生足迹，我依旧能触摸到他们那时铸剑为犁，改天换地的心跳和脉动。虽然他们正在逐渐衰老、黯淡、消隐，逐渐向我们这个时代谢幕，但我们没有理由忘记他们，而且我们也不可能忘记他们。"

这是长篇小说《南下干部》里的一段话，出生在山东省惠民县归化村的刘兴才就是这样一位“南下干部”。

如今，88 岁高龄的消防局离休老干部刘兴才仍居住在嵩山消防站的大院里，平日里，这位耄耋老人习惯穿白色衬衫、军绿色裤子，朴素的着装，突显出军人气质；一口山东话，尽管离乡几十年，但乡音仍然未改，而且保持着山东人的直率和爽快；一有空就会到消防队操场看看消防训练，和战士们聊聊火灾形势和灭火技巧，流露出对消防事业深深的爱恋。今天，就让我们一起回忆刘兴才当年的故事，重回那段激情燃烧的岁月……

风华少年　投身革命

1941 年，刘兴才 15 岁，参加了共产党在平原地区的地下活动，因为年龄小，就做起了游击队情报员，他时而头戴草帽、短衣短裤、手提篮子到鬼子驻地附近刺探情报，时而到老乡集中的地方散发革命的传单，时而跟随游击队员一起除掉卖国求荣的汉奸……电影《小兵张嘎》中的不少镜头，可以说是刘兴才在当年炮火纷飞、抗日救国年代的真实写照。

刘兴才 18 岁时已经是一名英勇的战士了，经过一次次生死考验，他 21 岁时光荣地加入了中国共产党，成为了一名党性纯洁、信仰坚定的共产党员，23 岁时他升任连队指导员。讲全中国抗日，讲美国发射原子弹炸毁日本广岛长崎，讲日本投降，刘老神采奕奕，让我们一同感受着当年抗日战争胜利的喜悦。但当讲起内战，他的脸上多了些许无奈，用刘老的话讲，“那是根本不想发生的”。

南下南下　接管上海

抗日战争胜利后，国民党挑起内战，本已经是千疮百孔的中华大地又一次燃起战火。这一次，为了建立和巩固人民政权，共产党同国民党进行了一场轰轰烈烈的解放战争。1949 年 5 月，解放战争已近尾声，刘兴才所在的部队在丹阳同国民党军队交战，胜利后，他被编入陈毅部队，浩浩荡荡的一路攻占并进驻上海。在解放上海的过程中，刘兴才所在部队负责接管上海市公安局，而刘兴才和他的八位战友被派遣接管旧上海消防处。

这是上海黎明前最黑暗的日子，也是迎接即将新生的人民民主政权的最关键时刻，那段岁月相比于战争更加让人难忘。当时的社会环境非常复杂，国民党反动派残余势力仍然存在，刘兴才和他的战友除了要彻底清除革命队伍中隐藏的敌对分子外，还要应对更加难以把握和预测的火灾。在上海地下警署负责人邵建的带领下，旧上海九个官办消防队的地下党组织与国民党残留的反动势力开始了生死较量。消防内部残余的反动势力多次扬言，如果不能将大上海的消防设备带到台湾去，那么就将消防车炸毁，让共产党人再也救不了火。刘老记忆中，揪出潜伏在消防队中最大特务的那段经历最为惊心动魄。这个最大的特务，在上海解放前是消防队的科长，国民党被迫撤出大陆前，将他提拔为副队长，并命令其隐藏身份，伺机行动，还留话给他，“八月十五就是国民党反攻的时候”。早在派驻消防队之前，刘兴才和战友们就已经掌握了此人的资料，上海刚刚解放，就将他成功活捉，并在一周之内“解决”掉了这个革命队伍中的“定时炸弹”。

整顿队伍　钻研灭火

接管初期，消防处除了刘兴才和他的战友，还有一些被留用的国民党消防人员，以及一些新招进来的青年。刘兴才发现旧上海的消防队日常管理非常混乱，无章可循，消防员年纪都偏大，大多抱着“混口饭吃”的想法才加入队伍的。平时生活乌七八糟，白天当消防，晚上做小生意。此外，赌博、男女混居、火场上抢东西的现象非常普遍，整个队伍几乎无战斗力可言。那些国民党消防人员对于刘兴才等人的到来，采取冷漠蔑视的态度。根据刘老回忆，当年接管消防处不久，桃园路失火，失火房子都是草木房，也没有救火的水源，经过奋力抢救，火扑灭了，房子也烧毁了。在救火后的总结大会上，国民党消防人员攻击刘兴才等人说：“共产党讲政治行，讲技术不行。”这样的话激怒了刘兴才，他当即严厉地指出：“我们灭不了火，不都是国民党留下的祸根？连救火的水源都没有！”

斗争的武器从驳壳枪到水枪，从枪杆子到笔杆子，刘兴才和他的战友们没有一丝退却之意，大刀阔斧地展开起清理组织，清除特务、流氓、恶霸、土匪和汉奸的斗争，一次次投身于火场中保卫人民生命财产的安全。面对接管初期混乱的现实，刘兴才和他的八位战友在各支消防队中建立

刘兴才(左二)在救火现场

起党、团组织，提拔青年干部，吸收新生力量，提倡民主，大力表扬好人好事，开展彻底的整顿工作，同时宣传政策、建立制度、整顿风气……刘兴才和他的战友们在困难中奋勇前行，一扫消防处先前的乌烟瘴气，在一次次“救民于危难”后，消防处的声誉越来越响亮。

攻坚克难　开拓事业

1953 年，中华路太平村发生火灾，500 多间棚户房随之遭殃，虽然大火最终被扑灭，得到老百姓的肯定和感谢，但事后的总结会上却总结出了很多问题，要想真正实现“人民消防为人民”，业务必须更上一层楼。1954 年刘兴才调任消防处战训科，筹办了上海市第一届消防运动会。同年他赴大连学习，从苏联专家那儿接触到了国外的消防科学知识，开始着手参照部队作战方案的模式，制订针对重点单位的灭火“消防战斗计划”，他亲自勘查地形，侦查周边水源，绘制地形图，并带领消防车进行实地演练。1958 年，上海电影制片厂专门拍摄了黑白故事片《消防之歌》，记录下新中国成立初期那段不平凡岁月中的消防故事，刘兴才老人为该电影的拍摄提供了很多真实故事和专业建议，并本色出演了其中的总指挥角色。

1956年夏天，龙卷风突袭上海，位于军工路上的一所学校校舍倒塌，400多名学生被埋压在废墟之下。当时的公共部门，没有突发事件应急预案，更谈不上实际准备了，倒是刘兴才平时从国外消防救援资料中看到的做法帮了他的大忙。他紧急调集消防车辆和人员奔赴现场，同时派驻医疗人员设立临时医院进行抢救，他也亲赴现场组织救援，不到半小时，相关人员、装备相继到位，由于救援及时，仅有25人遇难。

阴霾时期　坚强不屈

刘兴才平时有记日记的习惯，他将每一次火场心得都记录下来，作为消防工作研究的参考资料，他的日记俨然就是上海消防的成长史，然而日记里的一段空白让他感到非常遗憾和失落。随着“文革”的阴霾蔓延，“四人帮”的魔爪也伸向了消防队伍，受极“左”指导思想影响，上海消防的灭火救援能力被大幅度削弱。刘兴才被“消防革命工作委员会”剥夺了战训科长的职务，让他只负责在传达室里接听电话、搞卫生、烧水烧饭。

1969年12月17日中午，位于陕西南路的文化广场发生火灾，建筑正中，悬挂着革命领袖毛主席的大幅画像，而地下室内，则存放着大量储备粮食。“四人帮”成员之一王洪文担任这次救火的总指挥，偏激的价值标准导致了偏激的决定。在火场一片语录和口号的振臂高呼之后，领袖像被抢救出来了，但这时火势已经蔓延并失去控制，然后在缺乏科学指挥的混乱中，十几岁、二十几岁的红卫兵和解放军，眼见储备物资即将化为灰烬，奋不顾身冲进了烈焰熊熊的地下室，在混乱中，13条生命逝去，140多人负伤挂彩。当时，被困一隅的刘兴才只能“靠边站”，只能捶胸顿足，只能叹息和懊悔。每每回忆当年的情形，刘老难掩失落和遗憾的心情。

凤凰涅槃　从容向前

随着“四人帮”的彻底覆灭和“文革”的正式结束，上海消防从混乱状态逐步转归正规。1976年上海市公安局重建消防教导大队，刘兴才成为教导大队的首位大队长。初建教导队时，很多教学资料和设备已经在“文革”中遗失和损毁，刘兴才和他的战友们凭借记忆和经验，重新整理教学资料，亲自动手撰写教案，添置各类训练设施，手把手地教导前来培训的干部和班长，培养了大批消防人才。1986年离休后，刘老一直保持着读书、看报和记日记的习惯，练练武术，强身健体。每次回到山东老家，他总要与家乡的老战友聚到一起，谈谈当前的幸福生活。刘老说：“家乡的变化太大了，都是共产党领导得好！”在刘老的家乡有一处烈士公墓，刘老回老家时，总要站在烈士墓前，跟已故的战友说一说今天国家的繁荣昌盛来抚慰英灵。

刘老经常说：对于事物的发展，我们要向前看，过程再曲折，前途毕竟是光明的；而生活却要向左看和向右看，看到过得比自己好的应感到高兴，因为大家都生活不错，看到生活没有自己好的，就应在能帮忙的时候尽量帮一把。当年出来闹革命时的理想就是“一头牛、一辆车、老婆孩子热炕头”，而今，我们得到的一切已经远远好过了这个理想。

城市需要时尚，需要情调，也需要英雄。刘兴才的故事，可谓英雄的情结，这种英雄的情结是上海这座国际化大都市的灵魂，让我们一起铭记！

（黄浦区双拥办）

我们的名字叫“战士”

张玉平

1950年1月23日，天气极其寒冷。在漕泾东海大队海滩边北厍村的杨公庙前，中国人民解放军廿七军八十师二三八团二营的指战员们，个个斗志昂扬，认真聆听着师首长做渡海作战的动员报告。

说起中国人民解放军廿七军八十师二三八团二营，那可真是无人不知，无人不晓。这是一支英勇的部队，他们曾在1948年12月的淮海战役碾庄战斗中，奋勇杀敌无数，荣立集体一等功。如今，这支英勇的队伍，为了解放被国民党反动派盘踞的舟山群岛，他们响应毛主席关于“将革命进行到底”的伟大号召，奉命驻扎在漕泾东海大队（南厍、北厍村），夜以继日地进行海上演训，为解放舟山群岛做战前准备。如今，这些指战员们不负众望，个个掌握了足够的渡海作战本领，人人都成了渡海作战的悍将。

动员会的台上，首长正激昂地说道：“同志们！舟山群岛与我们隔海相望，那是我们人民的舟山群岛。如今，正是他们需要我们的时候，所以，我们要立刻行动起来。这一仗我们一定要坚决把国民党反动派赶出舟山群岛去，不能让舟山群岛的老百姓们失望喽！因为，我们的名字叫‘战士’！”

“哗哗哗……”台下响起了一片热烈的掌声。

“打倒国民党反动派！”“解放舟山群岛！”“中华人民共和国万岁！”“中国共产党万岁！”……战士们的高呼声此起彼伏，一阵高过一阵。

然而，在这振奋人心的时刻，谁也没料到，有两架敌机悄悄地从舟山群岛起飞了，贴着海面，带着邪恶的目的，偷偷地向着漕泾海滩、向着我们的战士们靠近，越飞越近……

此时，杨公庙前的会场上，战前动员会仍在继续。突然，一名哨兵急急忙忙冲了进来，打断了会议：“报告！前方海面发现两架敌机，正向我们这边逼近!”紧接着,响起了一阵急促的空袭警报声。会场上一下子安静了下来,战士们个个满脸怒意,刺耳的警报声刺在战士们的心上。

也难怪战士们会愤怒,因为这个会议的召开是保密的,地点是保密的。如今敌方掐准了时间,瞄准了地点,摆明了对我方的动向是十分了解的。为什么会这样,大家已经心知肚明了。

“什么?难道他们知道我们今天在此开会,想把我们一网打尽么?混蛋!”不知是谁,愤怒地吼了出来。

这一喊,二营营长首先想到了部队的安危,马上提议道:“首长,你们带着大部队先撤!我带一支队伍掩护!”

“不!营长,你和首长带着大部队撤退,我带人掩护!大不了拼个你死我活!”班长宫健是个直爽脾气的山东人,当下他提起枪晃了晃,又补充道,“我‘虎胆’的外号可不是吃素的!”

“我来掩护!”“我来掩护!”……

正当大家都在抢着要担任掩护工作的时候,首长平静地说了一句话:“不!我不能走!”

“首长,你……”

首长一挥手,打断了企图劝说他撤离的同志们的话。他望着前方的海面,以及海面上停着的“战船”,饱含深情地说:“同志们!看看我们的这些‘战船’,那是这里的渔民们看到我们没有作战、演练的船只而主动捐出来的渔船啊!这些渔民,已经把自己赖以生存的家当都给了我们,难道我们还要带着敌人往他们的屋里打么?不!我们不能!因为我们的名字叫‘战士’,是人民的‘战士’,所以我们不能撤啊!”

战士听了,都沉默了。的确,离会场最近的就是隔河的北厍村,还有西面是南厍村。眼前,如果趁着敌机还没过来,大部队分散撤离到附近的村庄,时间上是完全可行的,而且这样一来,还可大大减少战士伤亡。然而,这两个村庄住着200多户人家,还有无数耕畜、农具。敌人是惨无人道的,一旦开战,这两个村庄内人民群众的生命将受到极大的威胁,财产也将受到严重损失。这些都不是战士们希望看到的,正如首长所说的,这一仗,不能撤!

“呜……轰……”随着敌机飞近的轰鸣声,一颗炸弹在会场前的海面上炸开了,两架敌机在漕泾的海面上低空盘旋一阵后,突然像饿狼一样扑向了战士们,进行疯狂的轰炸和扫射。炸弹接二连三地在战士们的身边爆炸，子弹贴着战士们的面颊飞过。

“敌机来了，大家做好反空袭的战斗准备！注意隐蔽！”二营营长临危不乱，有条不紊地指挥着战斗。

“同志们，跟我一起打！狠狠地打！”班长宫健率先冲在队伍的前面，怒视着敌机，拿着机枪对准敌机，“哒哒哒……”就是一阵扫射。

一时间，漕泾的海滩边，飞机的轰鸣声、炸弹的爆炸声、机枪声以及战士们激昂的冲锋声响遍天际。

敌机一次次、不停地对着战士们轰炸和扫射。在一阵“轰隆”的爆炸声后，队伍的前方传来一声悲切地喊叫：“班长！班长！”

原来这位经历多次战斗，立下赫赫战功，在孟良崮战役中冲进敌人包围圈一连杀死 7 个敌人，吓得敌人狼狈而逃，令敌人闻风丧胆的“虎胆”班长宫健不幸被敌机扫中，永远倒在了血泊之中。但他在倒下前，还不忘瞪着双眼，支撑着向敌机射出最后的子弹。

战士们愤怒了，大家把机枪、步枪一起对准敌机，展开了英勇的反击，逼得敌机再也不敢低飞。

但是狡猾的敌人并没有放弃，盘旋一阵后，又展开了更为猛烈的进攻。

“小心！”“首长，小心！”随着两个不同的叫声，两个身影相继扑了出去。前一个是首长，后一个是年轻的战士小沈。

原来，趁着战士们集中火力向一架敌机扫射的时候，另一架敌机狡猾地绕到了后方，向着战士们的后背扫射。首长发现后，及时扑倒了自己身边的战士，而在首长旁边的小沈则向首长扑去，用自己的身躯挡住了敌机的扫射。

看着自己的战友一个个地倒下，战士们心中的怒火更是越烧越旺。

“为了班长！为了我们死去的战友！为了后方的百姓！同志们挺住呀！”

“为了共产党，为了新中国！”

“为了全国解放！”

……

一声声激动人心的呼号响彻天空，也让战士们更加英勇奋战。敌机眼看着不能占上风，一阵胡乱扫射后，只得灰溜溜地飞走了。但在飞走前，还不忘丢下了两枚炸弹，一枚掉在了海里，另一枚却向着二营营长那边的阵地急速坠下。

“大家小心!”二营营长刚喊出这一句,炸弹就在他前面爆炸了。电光火石间,他看到一个小小的身子,不顾危险一路向前冲去,一把抱住前方一位战友的身体,就地一滚,把那位战友完好地护在自己瘦弱的身体下,而他自己却被流弹打中,鲜血瞬间染红了整个身躯。

这位英勇的战士就是全营年纪最小、个子最小的战士邢茂法。

二营营长拖着受伤的身躯,急速抱起浑身冒血,奄奄一息的邢茂法,含着泪水轻抚着邢茂法年轻的脸庞。

此时,邢茂法却微笑着对二营营长说:“营长,敌机……敌机被我们打……打跑了!”

二营营长哽咽着说不出话,只能拼命地点头。

邢茂法再次吃力地张开嘴,轻轻地说:“营长,我……我很满足,因为我……我有一个……好听的名字,叫……‘战士’……”说完这话,邢茂法就微笑着闭上了双眼,永远离开了大家。

二营营长一把把邢茂法搂进自己怀里,对着他默默地说:“对的,小邢,我们都有一个好听的名字叫‘战士’! 你在天上,也要睁大眼睛看着,看着我们消灭反动派,解放全中国!”

这一战,有33名战士为了人民的生命和财产壮烈牺牲了。他们不愧是中华民族的优秀儿女,不愧是新中国最可爱的人,不愧是人民的“战士”!

(金山区双拥办)

难忘入朝参战二三事

王汉祥

王汉祥，男，汉族，1931年10月出生，山东齐河人，大专文化。1948年10月参加革命工作，1949年11月加入中国共产党，入伍前参加儿童团任团长，土改时任组长，参加民兵联防时任司号员。1949年曾参加渡江战役，1953年3月赴朝参战，在志愿军九兵团司令部通信处任报务员、报务组长，1955年3月回国后编入海军，曾任海军东海舰队训练基地第五、六大队政委。1988年8月由海军东海舰队批准离休。

王汉祥是黄浦区军休一所的军队离休干部，曾参加过抗美援朝战争，在抗美援朝战争胜利60周年之际，他给我们讲述了1953年初赴朝参战时的几个小故事。

首长张爱萍设宴为他们送行

1949年12月，王汉祥从华东军区通信学校报务专业毕业后，分配到三野（后改为华东军区）司令部无线电队，任报务员。1953年1月，按上级指示军区从司、政、后各部抽调有关人员72人，组成轮战第二梯队赴朝参战，他是其中一员。

临行前军区首长张爱萍、唐亮等同志，特地在军区小食堂设宴为他们送行。首长平易近人和蔼可亲，看到他们几个男女报务员年龄小，不能喝白酒，就让工作人员给他们拿来了果子露，和他们碰杯喝酒拉家常、说希望、提要求，让他们要吃饱喝足。食堂里祝酒的碰杯声、告别的祝福声、战友相互的鼓励声、高兴的欢笑声接连不断，整个食堂里充满了团结友爱、关心爱护、相互鼓励、欢乐高兴、使人奋勇向前的气氛。首长还指示有关部门用三天时间，组织他们游览了南京的各景点，到大华电影院看电影。首长的亲切关怀使他们倍受感动和鼓舞。

冒着敌机轰炸扫射昼息夜行

他们带着首长和同志们的重托，背负着祖国人民的希望，踏上了抗美援朝保家卫国的征途。在“雄赳赳气昂昂跨过鸭绿江……”的雄壮歌声中，登上了南京直达沈阳的列车，到达后再转车到丹东，在丹东招待所住了一天，稍加休整，次日转乘三辆军用卡车向朝鲜战场进发。一上鸭绿江大桥，就遭到美国飞机轰炸扫射，炸弹在江中爆炸激起了高高的水柱，机枪子弹扫在江面上溅起了一片水花，真是壮观而惨烈，他们有幸躲过了这第一劫。过了鸭绿江就是朝鲜人民民主共和国的新义州市，在夕阳映照下，展现在他们面前的是敌机狂轰滥炸后的残酷景象，这里成了一片焦土，满地是炸弹坑，到处是残墙断壁和瓦砾，几乎看不到一座完整的房子，老百姓都已逃难他乡，看不到一个人。美帝国主义犯下的这些活生生的滔天罪行，激起了同志们的极大愤慨！大家异口同声地说，要坚决消灭美国侵略者，为朝鲜人民报仇雪恨，誓死保卫朝鲜人民和祖国人民的安宁。因当时防空力量比较薄弱，没有多少制空权，敌人在我交通要道上空不时掷下一排排照明弹，照得地面雪亮雪亮的，一发现车辆就轰炸扫射，气焰十分嚣张。针对此情况部队采取了昼息夜行方法前行。过江后的第二天夜里，他们乘坐的汽车正在行驶时，突然听到防空哨发出的防空警报的枪声，驾驶员赶快熄了车灯，这时只见两驾敌机已来到了他们的上空，在照明弹的光照下，向他们的汽车俯冲过来，“嗒嗒嗒”……高射机枪声划破了宁静的夜空，子弹射在汽车旁的雪地上溅起了一层雪雾，幸亏驾驶员沉着冷静迅速把车开到山坡边，才幸免了大难，但还是有两发子弹把车厢的后挡板打了两个洞，距离一位同志坐的位置只有十几厘米，好险啊！经过三昼夜的艰难行军，途中遭遇六次敌机的轰炸扫射，终于到达了目的地——

志愿军第九兵团司令部所在地紫霞洞。他们几个搞通信的同志到通信处报了到，领导向他们介绍了情况，交待了任务，安排了住处。

不怕苦累坚决完成通讯任务

“紫霞洞”，是一座高山的深而长的山谷的名称。九兵团指挥机关就设在半山腰的山洞里，这里森林茂密，气候寒冷，生活十分艰苦。当时气温是零下二十度，山坡上是厚厚的积雪，山沟里结了厚厚的冰，北风呼啸，寒风刺骨。大家睡在坑洞里用山上的野草为垫挤在一起抵御严寒。长期吃不到新鲜蔬菜，不少同志患了夜盲症，医生只好发鱼肝油丸给大家补充营养治疗眼疾。最使人感到恼火的是敌机经常的骚扰破坏，随时都要提高警惕，要严格灯火管制，晚上不能透出一丝灯火，白天不能冒出一缕炊烟，衣、被不能晒，洗过的衣服几天都干不了。一位新来的同志不知规定，在山坡上晒被子，幸亏发现得早才避免了一场敌机的袭击，这位同志因此受到了严肃的批评。那时王汉祥的年龄比较小，思想单纯，在国内就听到了志愿军在朝鲜战场上一把炒面一把雪的报道，有了吃苦耐劳的思想准备，现在虽有些艰苦但并未感到怎么苦，想得最多的是如何完成上级交给的通信任务，为朝鲜人民报仇，为祖国人民争光，做一个最可爱的人。

王汉祥他们担负着整个兵团司令部无线、有线电报的通信任务，面广而且单位多，前线战斗频繁、通信任务繁重，且要求及时、迅速、准确，大家深感担负的任务艰巨而光荣。电报室设在距住处五百多米的另一座山的坑洞里。每天上下班，既上山又下山，冬天冰雪路滑常摔跤，雨天小路泥泞一身泥。工作忙电报多，一天二十四小时三班倒，山洞里无电灯用蜡烛照明，有的女同志因手拿蜡烛抄电报烧着了头发。无线电台，要求报务员收发报的技术更高，要快速、清楚、准确，同时要提高警惕特别注意防空，听到防空的枪声，就立即停止发报，待警报解除后才能再发报，因为发射机只要一工作，敌机上的无线电测向仪就可测出电台的位置，马上就会来狂轰滥炸。有的在电台工作的同志由于麻痹大意，就是这样遭敌机轰炸而牺牲的。另外因当时用的发报机是用手摇发电机供电的，如果报务员技术不熟练拖延了时间，不但可能造成误事，而且过多消耗了摇机人员的体力，还可能使敌人获得可乘之机。因此王汉祥他们除担负战备值班外，还要抽空苦练杀敌本领提高技术水平。他们参战三个月就受到领导表扬，说他们吃苦耐劳的精神好，通信任务完成得好，发给他们每人一枚抗美援朝纪念章。在以后的参战工作中，王汉祥严格要求自己，继续保持发扬了不怕艰难困苦的精神，做到在工作中不错、不漏、不泄密，圆满完成了赴朝参战任务，直至 1955 年 2 月离朝调到华东海军。

王老赴朝参战虽只有两年时间，但在他戎马一生的军旅生涯中留下了光辉的一页，让他自豪一生。但他说他只是一个幸存者，他将永远缅怀在几十年烽火岁月中，为解放全中国和保卫祖国浴血奋战，英勇斗争，献出宝贵生命的先烈们，他要以他们的革命精神，勉励自己和教育后代，让他们的精神永垂不朽！

（黄浦区双拥办）

长空铁翼　翱翔云间

——记新中国第一批女飞行员朱敏华

徐　玲

朱敏华，女，汉族，生于1931年3月13日，籍贯上海，1949年5月加入北京空军西部机场独立第三团，成为我国的第一批空军女飞行员，曾受到毛泽东、刘少奇、周恩来等党和国家领导人的亲切接见。1958年7月转业到上海电表厂工作，1986年4月离休。

86岁的朱敏华，身体硬朗，满目慈祥。在居民区里散步，谁也看不出这位朴素的老人曾经拥有过雄鹰一般搏击长空的不平凡经历。特级飞行员、第一批女飞行员，这些头衔，让我们对老人肃然起敬，也对她的故事充满了好奇。

1931年，朱敏华出生在上海，家里尽管贫穷，但还是把她送进了学校读书。她梳着两个小辫子，唱着“小呀么小二郎，背着书包上学堂”的时候，正是中国处于最危难的时期。听到收音机里传来各种救国的呼喊，朱敏华清澈的眼睛里已经充满了对自由的渴望，她经常望着天空，想象着自己和祖国的未来。

后来，她进了务本女中，这是中国人创办的第一所女子学校，也是中国第一所女子师范学校，培养出了中国第一代女教师。在这样一所处处给人注入新生力量的学校里，朱敏华获得了前所未有的快乐。她暗下决心，要像前辈们一样，做一名光荣的人民教师，教导千千万万的后来人，为他们带去光明和希望。在这里，有一位老师让朱敏华非常仰慕，老师的话语，总是充满了神奇的召唤力量，听他讲课，朱敏华觉得整个人都会振奋起来。在老师那里，她知道了有一个词叫作共产主义，也知道了有很多人正在为之奋斗甚至牺牲自己。那位老师就是著名的共产党人汪德继。在汪老师那里，朱敏华较早地接受了党的教育，奠定了坚实的思想基础。

眼看着中国共产党领导中国人民赶走了日本侵略军，继而解放了全中国，朱敏华心中一直憧憬的新生活也开始了。当时，新生的中国还比较积弱，处处都需要从无到有的建设和开发，朱敏华立志抓紧学习报效祖国。1949 年 5 月，刚刚中学毕业的朱敏华积极响应党的号召，参加中国人民解放军，进入华东军事政治大学。经过专业的政治培养和军事训练，1951 年毕业在即。有一天，老师把她找去，告诉她，新中国刚刚成立，邓颖超大姐特地嘱托解放军空军司令刘亚楼，要建立一支女飞行员队伍，扬我国威。老师问她：愿不愿意加入空军队伍，成为一名女飞行员？朱敏华握紧了拳头，抿紧了嘴唇，对着老师坚定地点了点头。几天后，55 名来自全国各地的优秀女青年加入了北京空军西部机场独立第三团，成为第一批选拔出来的女飞行员。当时还有一条纪律：女飞行员五年之内不得谈恋爱。55 个人毫不犹豫地签下了各自的名字。朱敏华说，大家的信念都非常坚定，就是要为中国争光，为中国妇女争光，尽快飞向蓝天，这是祖国的骄傲，是全中国妇女的荣誉。

在北京短暂停留之后，朱敏华和战友们来到了空军牡丹江第七航校学习航空飞行。第七航校的前身是东北老航校，学习条件和生活环境十分艰苦。冬天，取水要敲开厚厚的坚冰，用冰水洗脸洗手。偶尔洗一次澡，未干的头发在回宿舍的路上就结成了冰，用梳子一梳，冰屑就从头上掉下来。比起生活上的困难，航空训练更为艰难。上飞机之前，女飞行员们的重点是理论学习和动平衡训练、抗眩晕能力训练。清晨，朱敏华和姐妹们就排队来到了旋梯跟前，看着眼前这个看似平常的器械，大家做着深呼吸，一个一个排队上去。旋梯越飞越高，朱敏华只好闭上眼睛，任凭风声在耳边呼呼作响。一个训练回合下来，就有战友撑不住而呕吐起来，大家相互击掌，加油鼓劲。大家都很清楚，这是上飞机前的第一步，如果做不好，根本无法完成飞行任务。因此有时天都黑了，学员们还在夜空下一圈一圈地转着，基本功也慢慢扎实起来。

朱敏华和当时一起训练的女飞行员们

就要上飞机了，朱敏华她们都非常期待这一天的到来。她们学习驾驶的飞机是运输机，飞机上有两排共 14 个座位。一架飞机上搭有 6 名左右学员。在真正的上机实习开始之后，学员们每天 4 点起床，在冰天雪地里先给飞机加温。那个时候，不仅是发动机需要加热，飞机外壳也被一层薄冰所覆盖，从机翼到机身的冰层都要学员们手动除冰。除冰时必须戴上手套，有的学员心急，脱下手套去抠冰，手上的皮肤接触到冰层，一下子就粘在了上面，那就只能靠着自身的体温慢慢剥离，皮肤撕裂的疼痛让大家的眼里闪着泪花，但目光仍然坚定无比。

当时的航校器材奇缺，朱敏华回忆道，学习航理课没有地球仪，教练就用苹果代替，在苹果上教授如何定位。就连飞机的配件也是不完整的，常常几架飞机共用一副螺旋桨、一副轮胎。驾驶飞机时只好挖东墙补西墙，拼凑出一架完整的飞机用来训练。当时飞机上没有通信设备，学员们就在飞机尾部挂上红布条，提醒空中其他飞机和地面指挥员，起飞着陆只能靠旗号和地面标志进行指挥。

在初步掌握了飞行技术之后，女飞行员们又来到了成都军区空军基地，进行模拟试验飞行。成都附近多是山区，和牡丹江的条件很不一样，朱敏华和战友驾驶飞机的时候，更多要运用自身的经验，在飞行中目测飞机的宽度能不能通过两山之间，起飞和落地的精准度要求也大大提高。实习飞行的时候，有时候没有教练坐在身边，一切都只能靠自己。由于高度紧张，有的战友眼睛发生视力模糊，有的学员出现耳朵疼和耳鸣的现象。朱敏华回忆说，当时大家的心理压力都很大，做梦的时候都在开飞机，有时候一急，人就急醒了。那个时候，女飞行员们都抱着一种信念：在紧张的实习飞行中锻炼出强大的内心和过硬的技术。很快地，她们的飞行技术就上了一个新的台阶。

经过短短 7 个月的学习和训练后，第一批女飞行员全部以优异成绩毕业，两个月后，这支队伍就接到了去北京举行受阅典礼的命令。当时女飞行员们平均每人的飞行小时数只有 77 小时 44 分。这个数字现在看来少得可怜，可那时候已经算不错的了。

1952 年 3 月 8 日，在北京西郊机场，朱敏华和战友们驾驶着苏式“里-2”飞机按计划准时起飞，起飞前，苏联顾问和中国教官一起，再一次检查了她们的飞行准备，尽管教官挑不出一丝毛病，但还是有些担心。几名中国教官提出来要上飞机为她们压阵。女飞行员们纷纷反对：“不行，你们上去，别人会以为还是男同志飞的，坚决不行。”当天下午，全体女飞行员驾驶六架飞机以整齐的跟进队形飞越天安门上空，经受了祖国和人民的检阅，成功完成了新中国第一批女飞行员首飞典礼任务。党和国家领导人朱德总司令、全国妇联副主席邓颖超、空军司令员刘亚楼、总政副主任肖华、中国妇女运动领袖何香凝、首都各界妇女代表、各国驻华使节夫人以及中外记者云集北京西郊机场，参加了隆重的新中国第一批女飞行员首飞典礼。新中国第一批女飞行员的成功受阅，创造了新中国的一段传奇，向全世界宣告中国空军填补了一项空白，中国妇女从此将展翅高飞。朱敏华说，那次飞行下来，自己的脑中几乎是一片空白，只记得所有的操作都非常顺畅，但细节已经一个都想不起来。

1952 年 3 月 24 日下午，毛泽东、周恩来、刘少奇等中央领导同志在北京中南海颐年堂亲切接见了第一批女飞行员。毛主席和女飞行英雄一一握手，风趣地说：“细妹子不简单，飞得好高啊！”毛主席还关怀地询问刘亚楼司令：“她们都成器啦？”刘亚楼司令回答：“都成器了，能够独立执行任务了。”毛主席听了非常高兴。周总理告诉朱敏华她们，3月8日下午1时左右，飞机经过天安门广场时，正在中南海办公室开会的毛泽东主席此时也从屋里走到院子中，高兴地对在场的其他领导人说：“新中国第一批女飞行员正从我们头上飞过。”邓大姐也非常高兴，鼓励大家：“好好努力！男同志能办到的事情，我们女同志也能办到！”回忆起那幸福的情景，朱敏华还是感到无比自豪。

在以后的几年中，朱敏华和战友驾驶着飞机，飞遍祖国大江南北，执行抗美援朝、空运空投、抢险救灾、人工降雨、科研试飞等“急、难、险、重”任务，以精湛的飞行技艺为人民空军赢得了崇高的荣誉。

作为特级飞行员，朱敏华1960年离开飞行岗位，转业回到了上海，从事航空精密仪器研究工作，担任航空教研室主任，直到1986年离休。

2002年3月8日，中国人民解放军空军政治部在北京空军部队举行了隆重的庆祝新中国第一批女飞行员首飞典礼50周年纪念活动。朱敏华当年70岁，只身一人坐上了北上的飞机。第一批女飞行员在曾经战斗过的首都西郊机场相聚了，50年过去，英姿飒爽、风华正茂的姑娘变成了白发苍苍的老人，但光荣写在了每个人的脸上，因为从她们这代开始到现在，中国是世界上拥有女飞行员数量最多的国家之一，这是朱敏华和姐妹们一生的骄傲。

2012年3月8日，中国人民解放军空军政治部再次邀请新中国第一批女飞行员回北京参加首飞典礼60周年纪念活动。党和国家领导人、中国人民解放军空军最高领导、第二批、第三批、第四批女飞行员及现役的空军女战士等代表应邀共同参加了这具有历史意义的纪念活动。又是10年过去了，第一批女飞行员都年逾八十，在众多年轻人的身上，她们看到了中国飞行未来的希望。

老人对中国的航空事业相当关注，今年4月，朱敏华在子女的陪伴下来到了位于浦东张江的中国商飞设计研究中心，86岁的朱敏华在大飞机制造车间里到处走走看看，不时地停下来抚摸着大飞机的零件，并拍下了不少和大飞机的合影。老人说：“当年我们学开飞机，那些飞机都是外国淘汰下来的，现在，我们有了自己设计制造的飞机，这是中国人的骄傲。中国的飞行梦在一代又一代人的手中一点一点从梦想变成了现实，以后还会越来越好。”老人的一番话语让在场的每个人都备受鼓舞、感慨万千。

（浦东新区双拥办）

一位抗美援朝老兵的故事

罗泾镇社会事务服务中心

杨国英，出生于1933年1月10日，现年81岁，家住罗泾镇洋桥村蔡杨宅。1951年1月参加志愿军，奔赴朝鲜战场抗美援朝。1952年10月加入中国共产党。1957年5月，杨国英光荣复员。参军6年多，先后获得三等功二次，并获得“神枪手”“艰苦朴素”光荣称号。

杨国英，出生于1933年1月10日，现年81岁，家住罗泾镇洋桥村蔡杨宅。他是一名普通的农民，却也是一名不平凡的老兵，是一名在抗美援朝的战场上走过生死线的复员军人。一提起当年抗美援朝的事情，老人的情绪就十分激动。老人对当年的故事依然记忆犹新，那一幕幕战场上的画面，一个个倒下的战友仿佛就在眼前，自己似乎又回到了年轻时当兵的那会儿。

1949年10月1日新中国成立后，土地改革运动在全国轰轰烈烈地展开。当时罗泾地区的土地改革也如火如荼地进行着，杨桥村的村民杨国英也像其他许多农民一样，分到了梦寐以求的庄稼地。本来可以安安心心地在家里种地，不料，远在千里之外的一场战争改变了杨国英的人生轨迹。1950年，朝鲜战争爆发。在那场被毛泽东称为“唇亡齿寒”的战争中,中国成千上万的热血青年响应党的号召,奔赴朝鲜战场抗美援朝。1951年1月,年仅18岁的热血青年杨国英,作为村里的民兵义无反顾地报名参加了志愿军。在杨国英的带动下,同村还有不少年轻人也报了名。

杨国英清楚地记得在1951年的1月,他与一同参军的战友们都是到当时的宝山县集中,在宝山集结一个星期后前往嘉定南翔,又在南翔等待了一个星期后,坐上了前往辽宁葫芦岛的火车。在葫芦岛上新兵们进行了三个月的集训,便被分派到各个部队。杨国英被编入二〇一师六〇二团机炮连队,不久后这批新兵便被派到丹东。一天傍晚5点,他们坐上火车直接过了鸭绿江奔赴战场。第二天早晨4点部队下了火车,本以为下火车后就立刻能上阵杀敌,却不想接到命令部队要步行20天前往目的地,真正的战场离这里还十分遥远。杨国英原本激动又紧张的心,渐渐地平静了下来,然而等在他面前的20天行军又将是一个怎么样的经历呢,杨国英的心情依然十分复杂。

在接下来的20天行军过程中,杨国英和他所在的部队遇到了前所未有的困难。起初的10天还算比较顺利,然而10天之后各种各样的困难便迎面而来,部队的粮食和水都消耗殆尽,运气好的能就地挖点野菜和萝卜吃,运气不好就只能忍饥挨饿,然而部队行军的速度却不能耽搁,战士们都忍着饥饿和口渴坚持行军。为了躲避敌机侦察,部队经常要在晚上行军,很多战友由于营养不良得了夜盲症,夜间行军十分困难。杨国英年轻力壮,虽然自己也饥渴难耐,但还是会经常扶着、拉着战友们一起前进,战友之间一种特殊的感情在行军的路上日益加深。

20天后,当杨国英所在的部队到达指定地点时,更加残酷的画面映入了这些新兵们的眼帘,漫山遍野的尸体静静地躺在两军之间,与敌人的炮火声和飞机的轰鸣形成鲜明的对比。战士们还来不及惊叹眼前残酷的现实,上级的命令已经到了,要求部队马上投入战斗。战士们顾不得连日来行军所造成的疲惫,便一头扎进了战壕,开始他们人生中的第一次真实的战斗,没想到这一仗一打就打了两天两夜。20天的急行军加上两天两夜的持续作战,许多战士累得倒头就睡,有的战士则抱着牺牲的战友痛哭流涕。杨国英却顾不上这些,趁着敌人还没有上来抓紧时间维修战壕,装备弹药,为下一次战斗做好充分的准备。然而这时,杨国英却接到了来自连长的新的命令,当天晚上杨国英和另外两名战友组成一个小组,被指派到一个叫作老虎口的前线观察哨对敌军进行监视、侦察。白天敌机经常在阵地上空侦察，低空飞行时甚至可以清楚地看见敌机上的驾驶员。杨国英等人要一边躲避敌机的侦察，一边完成连长所下达的侦察命令，监视敌人的一举一动。就这样杨国英他们在老虎口守了一天一夜，顺利地完成了任务，并及时地回到部队，为部队提供了宝贵的敌情资料。

回到部队后，杨国英等人终于获得了宝贵而短暂的休息时间，两天后部队又开往前线参加了第二次战斗。到达阵地后战士们惊讶地发现没有战壕，由于时间紧迫敌人的攻势又猛，战士们就地把敌人的尸体叠起来当作战壕，趴上尸体就打，激烈的战斗早已让大家遗忘了尸体散发出的恶臭，战士们的眼中只有一个个冲上来的敌人。战斗又整整打了一天，随即部队接到命令转入其他阵地进入防御战。在此期间杨国英被调到了在朝鲜的一个转运站，主要负责接收从前方送来的伤病员和牺牲的战友，逐一登记名单并发放生活用品。一个多星期后，杨国英又回到了自己部队驻守的阵地，重新加入战斗。部队接到命令在前线坑道里面蹲守，等待时机，虽然不用和敌人拼杀，可是这蹲守在坑道里的滋味也并不好受，狭小的空间，浑浊的空气，时有时无的粮食和水，不知道何时从天而降的炮弹的爆炸声，这一切的一切都是常人难以忍受的煎熬。就在这几天煎熬中，传来了杨国英等人被记功的喜讯，由于之前在老虎口阵地上的优异表现，执行任务的 3 人小组被评为集体二等功，杨国英个人被评为三等功。

之后杨国英又经历了大小数十场战斗，一直到 1953 年 7 月 26 日在板门店双方签署停战协议，27 日全面停战，至此，历时三年多的朝鲜战争宣告结束。在停战一个月后杨国英随部队一起回到了想念已久的祖国，并且服从上级安排前往山东王坦县，参与当地的基本建设和军事训练。

1957 年 5 月，杨国英光荣复员，在长达 6 年多的参军岁月中，杨国英先后获得三等功二次，获得“神枪手”称号，获得“艰苦朴素”光荣称号，并在 1952 年 10 月光荣地加入了中国共产党。这就是杨国英，一个平凡的农民，一个不平凡的抗美援朝老兵。

（宝山区双拥办）

小兵陈高年的战斗故事

金　磊

陈高年，上海市奉贤区邬桥人，男，1931年9月25日生，中共党员。1951年4月入伍，参加抗美援朝战争，在朝鲜战场浴血奋斗两年零一个月，参加进攻88.6高地等战斗，荣立三等功两次。1957年5月复员回乡参加地方建设。

1950年10月8日，毛泽东主席发布组成中国人民志愿军的命令："为了援助朝鲜人民解放战争，反对美帝国主义及其走狗们的进攻，借以保卫朝鲜人民、中国人民及东方各国人民的利益，着将东北边防军改为中国人民志愿军，迅即向朝鲜境内出动，协同朝鲜同志向侵略者作战并争取光荣的胜利。"陈高年同志当时只有20岁，他毅然参加了中国人民志愿军，成为一名上士陆军步兵军械员，并在战争期间荣获两次三等功。

1951年8月，陈高年所在十九兵团六十三军一八八师雄赳赳、气昂昂地抵达三八线附近。在行军途中，每个班都有一个铸铝锅用来烧开水调炒面，这是因行军作战紧急，炊事班做饭菜的时间太长，并且烟火大易暴露目标而招来敌机轰炸，所以分散到各班自行解决。由于每个人带的粮食都是炒面及后期开始供应的压缩饼干，用不着生火做饭菜。困难时期更是只能以雪为水，以草为粮，其中还夹杂着硫磺的味道。

同年11月正式吹响了进攻战的号角，五十六团战士们在中午时分发动攻势，分别攻取大德山、董芝山、无名高地以及88.6高地等4个山头，陈高年所在的钢铁八连主要负责攻取88.6高地。战斗整整持续了一个下午，直到最后一缕阳光远去。此次进攻战一开始由于连长对于地形的不熟悉以及粗心大意，导致将整个部队带入了敌人雷区，四周密布着地雷的引线，但是极其恶劣的天气挽救了他们。当时温度有零下20多度，在这种极端天气条件下，连地雷也失去了它的触发条件，全团战士也因此有惊无险地在鬼门关前走了一遭。

进攻战以我军的胜利结束了，随后而来的防御战又是一场残酷的战斗。88.6高地是敌人阵地中的一个制高点，为了打乱敌人的部署，我军一举攻占了88.6高地，这无疑成了插在敌人心脏上的一把尖刀，为此，敌人把它视为眼中钉，肉中刺，不惜一切代价也要拿下88.6高地。此次战斗中，在六十三军钢铁八连当战士的陈高年奉命坚守88.6高地，敌人出动大批的飞机结合地面炮火对高地进行狂轰滥炸，同时投下大批的汽油弹，阵地一片火海，全连不少战士身上都着了火，只能在地上打滚，扑灭身上的火。这次轰炸后我军伤亡较重，但是敌人的轰炸却是一波接一波。轰炸后敌人借着微弱的月光，以一个加强营的兵力，对高地发起攻击，敌人黑压压的一片从山底向高地攻来，并用中国话喊着："缴枪不杀，捉活的。"在敌人攻到半山腰时，我军机枪却发生故障，战士们只好用步枪、冲锋枪、手榴弹打击敌人的进攻。敌人离我们20米左右时，轻机枪投入了战斗，在全连的猛烈火力反击下，敌人连滚带爬逃下山去，第一次进攻被打退。但敌人并不甘心他们的失败，在飞机大炮的掩护下，再次向88.6高地发动进攻，又被我军打退。敌人看88.6高地拿不下来，用坦克炮从其他制高点上对高地进行直射轰击，其中一辆对我军临时指挥所进行重点轰击，陈高年同志就守在这里，一个炮弹就在离他不到5米的距离爆炸。之后，敌人又几次轮着向88.6高地发动进攻，其中最猛烈的一次，敌人从三面向88.6高地发起猛攻，在左右两面敌人被打退后，正面敌人约一个排的兵力，占领了我前沿阵地，但是全连将士又奋起反击，迅速将它夺回来了。在猛烈的火力打击下，多数敌人被消灭，其余的狼狈逃窜。

最后一次进攻，敌人孤注一掷又出动飞机进行轰炸，并用重磅炸弹对88.6高地进行毁灭性的轰炸，爆炸声此起彼伏，像要把耳朵都震聋似的，翻起的土石把陈高年给埋住了，他从土中爬出时，才发现有几名战友牺牲了，整个轰炸使88.6高地下降了一米左右。

此次战斗前八连共有124名战士，结束时只剩下19名战士能够继续战斗。整个战斗过程进行得十分惨烈，师首长从望远镜中看得一清二楚，立即命令二营六连前来支援。这次战斗八连将士充分发扬我军不怕牺牲、不怕疲劳、连续作战的优良传统和敌人展开了斗智斗勇的战斗。虽然战斗中与上级失去联系，我军炮火也无法支援，增援部队又被敌人火力压在半山腰上下不来，而敌人进攻又很凶狠，但八连战士还是坚守住了阵地，并成功打掉了敌军的两辆美国坦克。

陈高年在朝鲜战斗的两年零一个月中，也经历过断粮的困难，比如在部队的一次休整中每人所带的粮食已将告急，大家都在找能吃的东西，可是因打仗这一带根本没有老百姓，房屋里也找不着粮食，他们便挖野菜充饥。不管是认识的灰灰菜、扫帚苗、苦苣菜，或是不知名的只要是猪能吃的就都摘回去。其中有一种植物叶片又宽又长，顺便摘回去后煮出的味道是酸酸的，听说有的班组因为吃了这个拉肚子，指导员便告诉大家不要去摘不认识的野菜以免中毒。部队就这样坚持了一星期左右，后方的补给线修好后，才运来了给养与武器弹药，大家得到补给后开始继续行军，到达指定地点便等待出击命令。在这期间驮山炮的骡马被敌军的炮弹炸死了，有人开始去割肉，我班也割得一些来充饥，饲养员急得在旁边哭泣也阻止不了，战马毕竟还是为革命作出了最后的贡献。

战斗期间陈高年与死神数次擦肩而过。当时由于敌军的武器现代化优势比较突出，志愿军如果通过无线电进行通信很容易被敌军窃听，所以只能通过最古老的人力送信进行沟通协调。有天晚上陈高年接到命令，令他将一封重要信件送往团部。刚走出阵地没多远，他发现自己被5个特务跟踪了。为保证信件的安全，机密信息不被敌军掌握，他充分利用熟悉地形的优势成功地进入一片杂草地将自己隐匿起来。但是敌人还是不死心，用他们手中的冲锋枪冲着这片草地疯狂扫射，周围的草木纷纷折断，最后他们还是一无所获。在躲避特务追踪的时候，陈高年右脚受了点伤，在一夜的奔波之后脚背上便肿起一个大包，有乒乓球那么大，到达后方才得以医治。后来有一次为躲避敌军的轰炸进入一个防空洞，结果防空洞发生坍塌，陈高年被砸伤，在医院休养了4个多月。1953年回国后，在1954年底伤势复发又在当时的白求恩国际医院休养了半年，但还是遗留下了脑震荡的后遗症，现在还经常出现头痛的症状。

1953年下半年，陈高年所在部队奉命调回祖国。当时是停战后的初期，双方都严禁有任何军事行动，包括部队进出朝鲜，鸭绿江边的车站设有联合国的检查站，并派来观察员监督。部队坐在闷罐车里过检查站时，不管外面使用何种测验方法，大家躲在里面是不允许有任何响动的，包括咳嗽、大小便都得憋住，大家就这样坚持了三四个小时，才结束了在朝鲜的战斗生涯。

回国后军部驻石家庄，随后是参加修建军营。在修建军营的过程中，陈高年同志表现突出，第二次拿到三等功的荣誉。当坦克团的战车开进营地时，大家不约而同地站在道路两旁，热烈欢迎他们到来，也为我军的现代化建设感到自豪。

陈高年同志是抗美援朝战争中的幸存者。他在抗美援朝战争中贡献出了宝贵的青春，更有很多战士默默无闻地献出了自己年轻的生命。陈高年说，他要凭借这些回忆以悼念钢铁八连牺牲在88.6高地的战友们！

（奉贤区双拥办）

他亲手消灭敌人

——记松江籍老志愿军王肇熹

王肇熹

王肇熹(1934—2013),男,上海松江人。1951年3月,考入华东人民革命大学。6月,分配到中国人民解放军二十三军。1952年8月,随部队入朝参战,任文化教员、助理员、代教导员等。荣立三等功四次、四等功多次,荣获朝鲜民主主义人民共和国军功章两枚,朝鲜解放战争勋章一枚。

转业到松江县委宣传部后,任教育科长、县委军警民共建松江文明城办公室主任、县(区)思想政治工作研究会副会长等职。共产党员,高级政工师,中国文艺协会会员。

1952年8月,王肇熹告别家乡松江,告别乡亲父老,跟随部队抗美援朝,保家卫国,赴朝参战。他在一个连队当文化教员,当时的誓言是:“……机智英勇,不怕牺牲,亲手消灭敌人,争立国际功,保卫祖国,保卫人民,保卫家乡,保卫世界和平!……”

五次战役后,毛泽东主席针对朝鲜战争新变化、新形势、新特点,提出了“零敲牛皮糖”新战法,各部队积极参与实施。

王肇熹所在的连先后进行了2次“零敲牛皮糖”。第一次,连里挑选了几名排长和班长,还选拔了全连2名最拔尖的老战士,加上卫生员共14人,组成了一支政治思想好、战斗经验丰富、机智又精干的小分队,由连长带队到敌人阵地上去伏击。

这天夜晚，夜色笼罩三八线，天黑得如锅底。小分队按事先制订的作战方案，来到敌人前沿阵地，很快埋伏隐蔽下来。

上半夜过去了，敌人阵地上静悄悄，丝毫不见敌人有什么活动。小分队还是全神贯注，密切注视着山上敌人的动静。到下半夜，山上敌人响起了脚步声，原来是在集合队伍。连长分析后告诉大家，敌人很可能下山巡逻，要严密监视敌人，注意敌人的动向，随时迎接战斗。

过了一会，从山上传来下山的脚步声，这脚步声不快不慢，有节奏的由远而近，渐渐走近伏击地。连长发出命令："不能轻举妄动，要听从指挥，没有命令，不准乱开枪。"

敌人的这个巡逻班，很快进入连队伏击射击点，连长一挥手，小分队的火力，集中向敌人射去。前面的敌人，还没有搞清楚是怎么一回事，就纷纷去见了阎王。后面的几个敌人，边还击边撤退，有个敌人对着一部步话机，嘴里"叽哩呱啦"，边说边向后跑去。

有个班长要去追，连长说："不要追了，敌人已在搬救兵，他们的炮火马上要打过来了，我们要立即清理战场，尽快撤回去！"

这次战斗，速战速决，共歼灭敌人 8 人，其余敌人逃回去了。当他们连胜利返回阵地后，果不出连长所料，敌人的炮兵猛烈地炮击他们刚才的伏击地。

第二次伏击，小分队由副连长负责，由几位副排长、副班长，还有 2 名新战士，加上王肇熹和卫生员共 15 人组成。

那天夜晚，月亮不知躲到哪里去了，天如墨般黑，真是伸手不见五指。这天色，对善于打夜战、打近战、打伏击战的军队来说，是非常有利的。王肇熹和战士们暗暗高兴。

20 时，他们小分队就离开自己阵地，向预定伏击地进发，很快埋伏到伏击地区。王肇熹张眼望去，一边是高山峻岭的悬崖峭壁，一边是半人多高的杂乱草丛，长得密密麻麻，他们就隐蔽在这些杂乱草丛里。

伏击地四周，万籁无声。他清楚地看着敌人的探照灯，在他们伏击地上空，照了过来，又晃过去。几个敌人从碉堡里出来，向山前张望，咋呼了一阵，没发现什么，又回到碉堡里去睡大觉，山上又肃静下来。

3 月上旬的下半夜，天寒地冻，阵阵寒风扑面而来。他们身上虽穿了棉衣裤，头戴大皮帽，由于蹲伏时间久了，仍然冻得浑身发抖，又不能站起来活动一下。王肇熹冷得想打喷嚏，但又不能打出声来，只得用手紧紧捂住，忍受，忍受，真是难受极了，但再难受，也得忍受下去。

他们都希望山上有动静，敌人派巡逻队下山，可时间一分一秒地过去，敌人就是不下山。眼看鱼肚白要出现，副连长下令："赶快撤回去，天一亮，敌人就要炮击了！"

回家路上，三排副说："轮到我们出来伏击，就没戏唱了，真是运气不好！"

副连长接着说："机会有的是，仗下次再打吧！我们'零敲牛皮糖'，不是次次都敲得着敌人的，我们连敲了2次，歼灭8个敌人，战果还是不错的，不要泄气，等机会吧！"

王肇熹是满怀信心地参加伏击战，总想亲手消灭几个敌人，谁知伏击一个晚上，连敌人的影子都没有见到，心里有点失望。听了副连长的话，他的信心又上来了，心想：机会总会到来的。

不久，他们连参加了第三次反击敌人石岘洞北山，王肇熹作为连担架队副队长，有幸参加了这次战斗。

第三次反击石岘洞北山，规模大、时间长、参战部队多，意义很深远。他们二营三个步兵连都参加了，他们连是全部出动，全力以赴。

这次反击战，五连是突击主攻连，先攻上北山主峰、次峰，歼灭主次峰守敌后，把主次峰阵地交给王肇熹所在的四连防守，等敌人反扑时，相互开展争夺战，进一步消灭前来反扑的敌人。就这样，他们连通过一次又一次的争夺、歼敌，再争夺、再歼敌，从而，大量地消灭敌人的有生力量，打击敌人的嚣张气焰，动摇敌人的军心斗志。

激烈的战斗，敌我双方都有伤亡。连担架队为了及时抢运伤员，就一次次上了北山战场，到战斗现场去抢救和转运伤员，于是，王肇熹就有了更多的参战机会。

战斗打得很英勇、很激烈，也打得很残酷、很悲壮！

在连长指挥下，他们连指战员按照上级制定的作战方案，以及规定的出击时间，兵分两路，向北山主峰、次峰突击进军。当时，敌人正集中大量坦克、大炮，以极其猛烈的炮火，向北山主次峰猛击，以杀伤立足未稳和不断增援的我军，掩护敌人进行反扑，夺回失去的阵地！

四连在进攻接防中，就有过半干部战士，在敌炮的猛击下伤亡。活着的战士们仍以英勇顽强、不怕牺牲的精神，向主峰突击进军，并胜利地到达主峰，接替了五连的坚守阵地任务。

北山上有伤员，王肇熹就带领担架队，冒着敌人炮火，不顾一切地冲上主峰。他一看，主峰阵地上，由于月亮的光彩被乌云挡住，一片漆黑。突然，敌人的一发炮弹从北山上空呼啸而来，留给阵地短暂的余光，借着闪耀的余光，他看到战士们在壕沟里来回走动，十分忙碌，有的加固工事，有的搬运枪弹，有的包扎伤员……

他抬头向北山上空望去，只见一轮明月，冲破层层乌云，从山峰里缓缓升起。这时的北山阵地，被皎洁的月光照得如同白昼一样。在这"皎皎春月夜"里，一场激战即将开始，他的心跳在加快，因为这是出生以来，他第一次来到与敌人搏杀的战场上，参加即将到来的战斗呀！

这时，从山下传来敌人吆喝声，一股敌人正向我阵地反扑而来。而我方战士们，一个个扑在战壕上，有的端着冲锋枪，有的握着手榴弹，密切关注着敌人反扑的动向！

王肇熹和几个担架队员，就地扑在战士们身边，每人手里都握着一个手榴弹，身边还放着几个。因为他们要背运伤员，所以上山时，随身只带手榴弹而不带长枪。如今，这些手榴弹都要派大用场呢！

敌人已经反扑到离他们仅 10 来米，只听见有人喊了声"打"字，战士们的冲锋枪、步枪、手榴弹，一齐向敌人开了火。王肇熹和队员们也向敌人摔出了一个又一个手榴弹。因为他是个干部，还配了一支手枪，他拿起手枪，打倒了一个敌人。手榴弹在敌群中爆炸，枪弹在敌人身上开花，一个个敌人"扑通、扑通"地倒下去！敌人的反扑失败了，留存的一些残敌，看见形势不妙，纷纷逃下山去。

战斗结束，王肇熹马上指挥担架员，抬了几个重伤员，往山下卫生所转运。而他则是一个人背了一个腿部受伤、不能行走的伤员，向山下快速抢运。

这时，敌人的排炮延伸轰击刚结束，单炮偷袭还在进行，一发炮弹打在他的身边。他迅速扑在伤员身上，弹片在左手臂擦过，鲜血从手臂上往下流，他负了伤，伤员却无恙。他拿出急救包，立即包扎好，又背起伤员，送到卫生所后，天空已出现了鱼肚色！

第二天，又是好天气，红彤彤的太阳露出了笑脸，悬挂在三八线的上空，把高低错落的北山主次峰照得亮亮堂堂。

北山上，敌人的炮击连续不断，阵地的壕沟里、工事上，落下了数不清的炮弹，浓烟滚滚，弹片横飞，在敌炮掩护下，不甘心失败的敌人，又组织了多次反扑，均被战士们打下去。战斗中，阵地上的伤亡，也在急剧增加。

王肇熹一再向连指挥所要求，再次上山去抢救伤员。答复是：白天不能上山，担架队人多目标大，易被敌机、敌炮袭击，为避免造成更大的不必要的伤亡，等天黑后，担架队再上山抢救伤员。

白天最难熬，等待真无奈！等啊等啊，好不容易等到太阳公公下了山，他们做好了上山的各项准备：每人多带几个手榴弹，找机会多消灭几个敌人，全队只扛了一副担架，除抬重伤员外，其余队员一人一次负责背一个伤员下山。

说来真是巧，他们担架队上山后，正遇上敌人再次发起反扑。王肇熹一看，参加战斗的战士，比昨晚明显减少了。他招呼所有担架队员全部参战。敌人扑上来了，他们摔手榴弹，战士们打枪，把敌人打得稀里哗啦，哗啦啦倒下去。过了一会，敌人又冲上来，他们再摔手榴弹……真痛快！真过瘾！

随后，他们担架队员就各负其责，有的两人抬一个重伤员，大部分是一人背了一个伤员下山。他是一人背了一个眼睛失明的伤员离开北山的。途中，又遇到敌炮的轰击，他立即就地卧倒，扑在伤员身上，一块西瓜皮大小的炮弹片，从头顶飞过去，好险哪！伤员很好，而他受了一点轻伤，但被炮弹震得昏死过去……

这次战斗，他们共歼灭敌人 1 000 多人，他也亲手消灭了敌人，圆满地完成了抢运伤员任务，荣立一次三等功。

（松江区双拥办）

永生难忘的上甘岭战役

——残疾军人颜怀俭的故事

石祥雷

颜怀俭，男，汉族，残疾军人，1935年1月出生于江苏新沂县。1948年11月参军，在华中野战军后勤部队和华中银行六分行任警卫战士，1949年转业后在华中印钞厂工作，后随厂至上海印钞厂。朝鲜战争爆发后，积极响应党中央号召参加抗美援朝战斗，担任坦克独立团二连坦克驾驶员，在上甘岭反击战中身负重伤。

复员后在上海印钞厂先后担任胶印车间、八一车间党支部书记、厂纪律检查委员会副书记，离休后任厂离休干部党支部书记。离休后，他仍然活跃在单位和社区的第一线，弘扬并继承拥军优属的优良传统，深得双拥部门、上海印钞厂领导和同事、社区居委和广大军民一致好评。曾先后获得社会主义建设积极分子、双拥工作积极分子、普陀区先进民兵工作者、上海市优秀党务工作者、普陀区老干部十佳先进个人等荣誉称号。

颜怀俭今年已经80岁，如今在普陀区长征镇颐养天年的他，曾经是驰骋战场、骁武凭陵的铮铮铁汉。作为当年华中野战军的战士，老颜的战斗经历十分丰富，但令他印象最为深刻的还是后来抗美援朝的艰难历程。

在抗美援朝爆发时，颜怀俭已经转业，然而，听到祖国的召唤，20岁出头的他再次主动请战，成为中国人民志愿军坦克独立二团二连T34型坦克驾驶员。

身为当时鲜有的技术兵种，老颜入朝之后，被派遣到了战斗最残酷的前线。1953 年 6 月，他所在的二十四军在一代名将，军长皮定均的指挥下，打响了抗美援朝期间最著名的一场战役——上甘岭地区反击战。

在这场惊心动魄的战斗中，意气风发的颜怀俭面对力量悬殊的敌我对比，临危不惧、披肝沥胆，与战友们一起冲锋陷阵，勇斗敌顽。虽然最终因为不幸身负重伤而被迫转移回国，但他为保卫祖国安全也为支援朝鲜民族独立，作出了自己最大的努力。颜怀俭无愧于军人的称号，也无愧于伟大的祖国。

大战起点，坚定信念无所惧

尽管已经过去了半个多世纪，但是颜怀俭对于那场战役的叙述清晰得就像读日记一般。他告诉我们，1953 年的 6 月 10 日早上，是他永远记得的一个时间。

他记得那一天，天空中飘着蒙蒙细雨，由于天气状况较差，敌机不能出动。天色微亮，老颜所在的部队就开始为随时来临的战斗做准备工作。他们给坦克装填了炮弹，又砍来树枝给坦克披上伪装。他们的任务就是要在其他部队之前，率先对美军的阵地发动奇袭。

颜怀俭已经做好了最坏的打算，他心里明白，自己即将面临的是一场恶战，他的生命随时都有可能终结在这片战场上，但他没有因此而退缩半分。虽然战斗装备算不上先进，但是坚定的革命信念却让他在精神上披上了一件坚不可摧的铠甲。

凌晨五点，颜怀俭和参战的战友一同爬上了一处山坡，他们面对着祖国的热土，在连长的带领下举起右手庄严宣誓："为了保卫祖国和平安全，为了支援朝鲜人民反对美帝国主义侵略，英勇杀敌，不怕流血牺牲，重伤不哭，轻伤不下火线，人在阵地在。"宣誓完毕，连长毫不耽搁，即刻下令出发，战士们都一脸刚毅，没有丝毫犹豫。

6 月 11 日，天气晴朗，能见度很高，颜怀俭所在的部队已经接近了敌人的前沿阵地。晨光微曦，敌人的炮兵侦察机就飞到了我军上空轮番侦察，一发现目标就进行炮击。而我军此时正潜伏着，耐心地等待着黑夜的降临，那时他们才能向敌军阵地继续靠近。

天色一暗，颜怀俭所在的部队就开始行动了。他们绕过了月峰山，来到了上甘岭右侧的山洼里，山路本就崎岖，而夜路就更加难行了。离敌人阵地一千多米的时候，敌军的四五个探照灯就开始在我军的上空来回照射。因为害怕暴露目标，我军不仅关掉了坦克的前灯，连油门都只能轻踩，这样虽然不易被敌军发现，但是以这样缓慢的速度，部队要准时到达伏击地点几乎是不可能完成的任务。这时候车长急中生智，他跳下坦克，在背上披了一条白毛巾，小声对颜怀俭说："小颜，我在前面带路，你就跟着我向前开。"车长冒着敌人冷枪冷炮的危险，引导着坦克慢慢前行，终于准时到达了伏击地点。

震天动地，一夜激战扫顽敌

对于颜怀俭来说，6 月 12 日的昼夜交替格外漫长。在伏击点，车长、炮长、驾驶员、无线电员、装弹手五个人闷在四五十度的坦克里，在敌人侦察机、战斗机眼皮底下，要艰难地埋伏一天。晚上 10 点整，耳机里终于传来了指挥部出击的命令。

颜怀俭立刻发动坦克，开出掩体，向射击阵地开去。这时，配合颜怀俭部队出击的多种火炮一瞬间如疾风暴雨般地打向敌人的阵地。大约过了十分钟，战地上空飞来了一架敌机，空投下了几十颗照明弹，前一秒被黑暗笼罩着的山谷刹那间被照得通明。此时，敌人也开展了反击，敌军的炮弹如倾盆大雨般打向我军阵地，驾驶着坦克的颜怀俭只听得振聋发聩的轰鸣，根本分不清炮声、飞机声和机枪声。突然间，坦克上的无线电天线被打断了，通信失灵，颜怀俭立刻爬出了驾驶室，刚一出来，就听见一阵"噼里啪啦"声，原来是弹片及掀起的石块击打坦克车身所发出的声响，他向远处一望，满山谷里都是炮弹爆炸的火光，闪得他几乎睁不开眼睛。事后，颜怀俭回忆道："看战争片电影可没有这样紧张。"

来不及过多的反应，他立刻适应了这种紧张的作战环境，迅速装好预备天线，驾驶着坦克继续前行。刚启动出发没多久，就在离射击阵地几米远处，突然一阵迫击炮打在了坦克的左边，猛烈的爆炸让坦克跳了起来。颜怀俭一拉操纵杆，发现左侧离合器有点失灵，一丝慌乱涌上心头，但是他及时平复心绪，沉着地用右侧离合器调整方向，安全地进入射击阵地与战友们驾驶的坦克汇合，一起向敌人设防工程进行猛烈的轰击，摧毁了敌人的明碉暗堡、铁丝网等。埋伏在敌人阵地前的步兵战友英勇地冲向敌人阵地，进行了有力的围剿，残余的敌人还在进行垂死挣扎，负隅顽抗。颜怀俭所在的部队丝毫没有懈怠，机枪、冲锋枪、卡宾枪同时发射，枪火如无数条火舌封锁了敌人逃跑的要道。经过激烈的战斗，我军终于在凌晨拿下了敌人阵地。

永留弹片，为国伤残甘如饴

敌人吃了亏，肯定要进行反扑。果然在第二天，敌人出动了十几架战机和几十门大炮，对我军阵地进行狂轰滥炸。当敌人发动反扑时，颜怀俭恰好正在坦克外面修理离合器，一发炮弹下来，他不幸身负重伤，弹片刺穿了他背部左侧第八根肋骨靠近左肺处，战友见状，立刻找来了卫生员。卫生员就地对他进行了紧急救护，但当时的颜怀俭已经上气不接下气，呼吸也变得越来越困难，止不住的鲜血从伤口处一股一股地涌出来，不久他就陷入了昏迷。

当他再次醒来的时候，胸部缠着绷带，卫生员告诉他，由于前方医疗条件有限，需要接回祖国对他进行进一步治疗。颜怀俭一听这话就急了，自己来到前线，战斗尚未结束，战友们还都在抛头颅洒热血，自己怎能因为受了伤就回国，这怎么算得上男子汉呢？于是他坚持要继续留在前线，不顾卫生员和战友的阻拦，他硬撑着从病榻上爬了起来，可没走两步，就脸色惨白，胸口缠着的绷带上也渗出了鲜血，眼看就要再次昏厥了，身旁的人赶紧上前扶住颜怀俭，搀着他重又躺回床上。

即便已经感到自己伤势危重，虚弱的颜怀俭依然十分倔强，死咬住不肯就这么回国，卫生员和战友拗不过他，只好请来了连长。

一见到连长，颜怀俭就又想起身敬礼，可是被连长制止了。于是他就躺在床上动情地恳求道："连长，我们出征前是宣誓过的'为了保卫祖国和平安全，为了支援朝鲜人民反对美帝国主义侵略，英勇杀敌，不怕流血牺牲，重伤不哭，轻伤不下火线，人在阵地在'，我怎么能就这样回去了呢？"

"小颜，你这是胡闹，什么叫轻伤你懂吗？你这样是逞强，英雄不是拿自己的生命当儿戏！你现在伤成这样能上战场吗？回去把伤养好了，还怕报国无门吗？"

虽然颜怀俭还是心有不甘，但是连长的话点醒了他。于是，他从战事前方转移到后方并被接回了祖国。临行前他向连长郑重起誓，只要自己身体一恢复就会立刻回到前线，与战友们一起保卫祖国。

由于当时医疗条件和水平的限制，残留在颜怀俭体内的弹片未能取出，但他的身体还是在渐渐恢复。1953 年 11 月，他第二次入朝回归部队投入备战。战友和连长得知颜怀俭回归都感到很高兴，但也都为他的伤势担心，不过他自己却坚强乐观，对大家说："这次我可真算是轻伤不下火线了！"

1954 年 5 月，停战稳定后，颜怀俭奉命第二次回国，在中国人民解放军第十四陆军医院治疗养伤，但因手术难度大，弹片仍未能取出来，他也因此被国家评定为二等甲级伤残军人。

（普陀区双拥办）

突击修舰　积极参战

——记济南舰参加一江山岛战役

陈友仁口述　胡玉整理

陈友仁，海军原东海舰队五七干校校务部副部长，副师职。1929年出生，1941年入伍，1945年入党，江苏泰兴人，历任通讯员、书记、指导员、副政委、政委等职，参加过济南、淮海、渡江战役和一江山岛登陆战。曾荣立三等功三次、集体二等功一次，1983年离休。

1954年10月23日济南舰政委陈友仁和舰长张成友参加舰队召开的攻打一江山岛战役准备会议，济南舰因在厂修理，原计划1955年2月才能出厂，没有参战任务。但陈友仁和张成友却在会上表态：济南舰准备突击修理，争取参加这一具有历史意义的战斗。司令员邵震说："你们求战的积极性是好的，问题是你们修船的时间赶不上，如果你们真的突击修好舰，战斗准备也赶得上，当然是可以的。"陈友仁说："首长，我要的就是你这句话。"

回舰后，为了能争取参战，几个舰级干部首先统一思想，然后开了支委会，传达了舰队会议精神，并提出了向舰队争取参战的要求。舰领导的表态使大家求战热情高涨，一致认为这是我军首次陆、海、空三军协同作战，意义重大，一定要争取参战。会上决定将突击修舰和各项战备训练一起抓，并做了明确分工。通过从党内、团内到军人大会的深入动员，各部门一致表示：一切为了参战，一切为了参战的胜利。观察长刘祖朝为了参战推迟了婚期，帆缆班长樊茂典等六位同志为了参战放弃请假探亲，这就保证了舰员满员参战。

突击修舰要解决两个方面的问题：一是解决主机轴承空回过大，声音太响，影响航速，以及锅炉喷油管道漏油问题；二是对舱室、舰体建筑物、炮塔等油漆。舰队领导决定两项维修同时进行，但主要抓紧修好机器，这关系到能不能参战，而修好机器的关键是将工厂工程技术人员积极协调起来。政委陈友仁与舰长张成友、机电长一起找到工厂厂长、党委副书记傅雷同志，说明来意尤其是突击修好机器对能不能参战的决定意义。厂领导对我们的要求给予积极支持，随即将技术科长、工程师请来，当场下达了“在最短时间内突击修好”的任务。舰上分工由机电长吴沛晨、副机电长乔惠民负责，他们两人与厂方技术人员夜以继日地研究、实验，陈友仁政委和副政委经常在深夜去机舱送水送点心慰问鼓励。大家怀着高度的积极性和强烈的责任心，群策群力，经过多次试验测试终于在一个多月的时间内以最快的速度修好了机器。经过试航检测完全达到技术要求，最大时速达到 17 节。为了表彰工厂领导和技术人员全力以赴修好机器，胜利完成任务，济南舰全舰人员敲锣打鼓送去感谢信和慰问品。工厂党委书记激动地说：“你们的求战心情感染、教育了我们，我们也要为前线作贡献。”

吴沛晨、乔惠民同志在一个多月的日日夜夜里非常辛苦，特别是吴沛晨同志，体重减轻了十多斤。全舰的油漆工作在副舰长丁仁俊的领导下，各部门密切配合，由帆缆军士长江海清具体组织，两个星期内全部完成任务，使舰艇面貌焕然一新。江海清同志特别能吃苦，以身作则，带领全班同志任劳任怨备齐各种帆缆设备及损管器材，并一一列位，在有关部门的配合协调下，对水域下各个部位，反复进行了各种不同损坏情况堵漏演练，由于表现突出，荣立三等功。

临战前的训练紧张而有序地进行着，各部门按照自己的职责从难从严演练，舰长张成友主要抓主炮演练，枪炮长卢圣亥和主炮军士长王永兰对炮手要求严，抓得细。全舰每个人都自觉地利用点滴时间演练，炊事班同志除保障大家吃好还经常练习搬炮弹。支委会根据各部门备战的情况及时分析研究，一致认为全舰符合参战要求，决定正式请战，上报舰队党委。

12 月 4 日，济南舰由沪抵达定海港，政委陈友仁和舰长张成友及副舰长一起到舰队向首长汇报、请战。在办公楼碰到政治部主任韩玉樽，他第一句话就说：“没想到你们这么快就修好了船。”接着他又说：“你们的请战报告，首长们都看到了，你们积极要求参战的精神很好。”正说着话，邵震司令员、李长如政委、冯尚贤副司令员也都出来了，邵司令员说：“你陈友仁还真有股牛劲啊。”陈友仁说：“不仅是我，而是我们全舰官兵都有这股牛劲。”舰长要向首长报告备战情况，邵司令说：“不用了，耳听为虚，眼见为实。”他让冯副司令率领各业务长到舰上检查后再决定我们参不参战。李政委说：“我同意邵司令的意见，待检查以后再决定，不论参不参战，你们在短时间内修好船，积极做好战斗准备，这种精神要受到表扬。”

冯副司令的检查结论是：你们备战情况比我预想的要好，各业务长比较满意，我个人的意见是你们的战备符合参战的要求，但还要向司令员、政委汇报后再决定。陈友仁说：“首长，这一个半月我们多紧张啊，我这个当政委的都心痛。”说着说着，他的眼泪忍不住掉了下来，“但是心痛也要鼓励大家继续练。”下午冯副司令员打来电话通知济南舰领导，首长批准济南舰参战，与指挥舰南昌舰编为第一技术分队，主要作战使命是：负责阻击由大陈岛以北、以东方向增援一江山岛之敌舰，支援和引导鱼雷快艇对敌舰实施攻击，舰炮对北一江山岛东部之炮阵地火力点和203、190高地火力点进行炮击，摧毁敌人。

喜讯传来，群情激昂，同志们说：我们一个半月的努力终于换来了能参加具有历史意义的战斗，怎么能不高兴呢。根据舰队首长给济南舰的作战任务，舰领导对全体人员做了进一步动员，鼓励大家以高昂的士气投入到扎实的训练中去。邵司令员和冯副司令员对战前的训练极为重视，亲自率领编队进行演练。济南舰参加了以大、小猫山假设为一江山，在航空兵和炮兵火力支援群和舰炮火力支援群的协同下，近似实战的演习。1955 年 1 月 17 日舰领导对部队进行临战思想动员，全体人员战斗情绪高昂，纷纷以个人、战位、部门写了保证书，航海长殷红，测距士汪大年、池平等十几位同志写了入党申请报告。

临战前的夜是不寻常的夜，济南舰的四位舰领导心情也非常激动，没有睡意，走在甲板上突然发现刮了几天的大风居然小了，走到各个舱室看到不少战士躺在床上没有睡着，有的还在轻声交谈。政委陈友仁听到机舱里有说话声，便下去看看，发现机电长在对班长交待工作的注意事项，乔副机电长也在炉舱，不由感慨舰队的干部战士个个都是好样的，都做到了“一不怕苦，二不怕死”，为了战斗的胜利而不惜一切。

1 月 18 日凌晨，护卫舰编队“南昌”“济南”“沈阳”“武昌”四艘军舰在舰队司令员邵震的指挥下。由定海港起航南下，向战区进发。天高气爽，一轮红日从东方升起，几天的大风大浪居然今天平静了，老天爷也来帮忙。好日子、好天气给了我们好心情，各个战位都在做好投入战斗的准备，主炮再一次做好打响前的操练。编队各舰准时抵达战区就位点。“南昌”“济南”在李辛大队长的指挥下，13 点 16 分迅速占领射击阵地，射击距离 35 度(后缩短到 26 度)，对敌军防炮阵地进行清扫射击，掩护第二分队“沈阳”“武昌”两舰占领抵迎射击阵地。射击刚开始时，有四发敌炮弹打在我舰左舷约 100 米处，水中激起两米多高的水柱，政委陈友仁即刻在广播里喊道：“同志们，几发小炮弹奈何不了我们舰艇，我们要用我们的大炮狠狠地打，摧毁它。”测距士汪大年喊了一声：“击中目标，起火了。”枪炮长指挥连放三发，敌人再没有还手之力。13 点 50 分，发现向阳礁右侧火力点，打掉以后又发现南江东端火力点，于是继续射击。后根据指挥命令“哪里发现火力点就进行机动射击”。14 点 40 分，我舰停止射击，共消耗炮弹 157 发，顺利完成火力支援任务。14 点 52 分，登陆部队已占领北江 203 高地。由于我空军、海军航空兵上午 8 时开始对一江山岛、大陈岛同时轰炸，敌舰一直没有敢出来。鉴于第六舰队已胜利完成任务，决定撤离作战区，于 19 日 2 时，济南舰返回定海港。

(虹口区双拥办)

洋山岛上的岁月

葛永善

葛永善，现年七十五周岁，十八岁离开家乡踏上从军之路，曾为守卫洋山岛负伤。1962年提任排长、指导员。1964年至1966年参加南京汤山炮校学习，毕业后又参加上海警备区参谋学院学习。1970年调上海警备区政治部任协理员，后任解放军第85医院教导员。1978年转业到太仓利泰棉纺织厂任武装部长、党委书记。1981年至1982年参加江苏省政治学院学习一年。1986年调回上海纺织局下属公司任办公室主任、三产公司经理。1999年退休后融入社区，担任社区报通讯员、关工委讲师团成员、街道沙龙学习组成员、区民政伤残军人联络员、居委“心语”读书组组长等工作。虽身患大病，但对工作认真负责，多次被评为先进党员，家庭在2011年也被评为市先进学习型家庭。

车驶过东海大桥，驶上洋山深水港码头时，洋山岛的旧貌又萦绕心头。它原由大洋山、小洋山两座岛组成，旁有沈家湾、滩虎等岛屿，渔民不足一万人，是东海前沿阵地、军事要地，我和战友守岛11年，有讲不完的故事。

记得上洋山时，是上海警备区派船送我们的，到达时已是晚上10点多了。一片漆黑，伸手不见五指，岛上没有电，百姓靠油灯照明。踏上海岛，我们也不知道路在哪里，只是跟着前面带路的，一个拉着一个的衣服，高一脚、低一脚，趔趔趄趄地摸到了“营地”，也就是老百姓的家，对付着过了一个晚上。第二天清晨，我们才看清了洋山岛的庐山真面貌。整个岛上没有一条像样的路，都是羊肠小道，门一开是大海，屁股一转就爬山，没有一个能停靠登陆艇的码头，除了渔民的住房，没有一间军营。进岛之后，我们被分配居住在老百姓家中。刚上岛的艰苦生活常人是无法想象的，部队的供给都是靠大陆派登陆艇送过来，遇到大风大雨，给养无法及时补充，就得断水断餐。军队的“三大纪律、八项注意”是建军的法宝，没吃没喝也不能动用老百姓的一针一线，只能自已想办法。

我们上岛的任务是为了国家的安全、人民的福祉守边防、修公路、建码头、筑防御工事。但首先要解决整个守备团部队的生存问题，我们就开始动手上山开垦荒地学种菜，做到一旦大陆无法及时供应，可以自给。但种菜说起来容易做起来难，我们面对浩瀚的大海却没水可用。整个海岛没有一个水库，老百姓用水是从山上的水坑里挑的，路很远，平时只够饮水、烧饭，所以一个月洗不上一次澡是不足为奇的。我们上岛增加了一个团的兵力，解决用水就成了当务之急。大陆运来的水我们都是定量供应的，如无法及时运送的话，连水也喝不上，洗澡、洗衣更是奢望。海岛上的夏天，中午都在35度以上，晚上海风一吹又湿漉漉的，衣服都结起了白白的盐花，浑身难受，许多战士的身上都生了湿疹。住在海岛都知道，大海无风也起三尺浪，海上平时一般都有五级左右的大风，无风的日子是没有的。记得有一年，刮了近一个月的大风，天天大雾，看不到报纸，接不到家信，大陆也无法补充给养。我们只能发动全体战士去山上找水，但水少得可怜。没办法，伙房的同志只能用海水蒸馒头给大家吃，结果全体官兵拉肚子。但一切困难都吓不倒革命军人，为完成使命，全团发扬“一不怕苦，二不怕死”的革命精神，自已开山造营房、建水库。在我离开海岛时，我们每个连队都造好了营房，建了操场，搬出了老百姓家。而且大大小小建了四个水库，不但解决了军队的用水问题，老百姓用水也得到了彻底的解决。有了水，每个连队建起了澡堂，蔬菜也能自给了，部队的吃住有了很大的改变，同时还解决了用电问题。这些靠的是全体战士战天斗地的英雄气概，当地老百姓非常感激人民的军队。

在解决自身生存问题的同时，我们的主要任务是在山上修公路，在海边建码头，在山里打坑道，把洋山建成能打能守的战斗堡垒。那时要完成这些任务是非常艰苦的。现在筑路有大型挖土机、碾压机等现代化工具，打隧道用盾构，而我们那时根本就没有好的设备，即使有也无法上山。靠的是肩扛、人拉，全部是手工操作。在悬崖边开山筑路很危险，在石缝间打炮眼的战士都是冒着生命危险作业的，也曾有几名战士被引爆的炸药吞噬而献出了宝贵的生命。被炸后的石头随时有滚下的可能，记得有一个战士在筑路时内急，找了个沿海边的地方方便，谁知脚下的石头松动了，人一下就滚下山掉入大海，顷刻间就被海水吞没了。刚才还在一起工作的战友顿时消失了，大家的心针刺般的痛，不少人当场流泪了。军人就是这样用汗水、泪水、鲜血和生命筑起了一条环山公路，通到各个连队，使洋山岛有路可通车；建起一个船码头，每周和大陆通航二三次，解决了岛上老百姓和部队的出行问题。

比起筑路，挖坑道更艰难。那时搞地下工程没经验，用炸药炸出洞口之后，就全靠人工挖掘，用风镐一点点地打洞，进度很慢。风镐的高分贝噪声震得人一星期听不出声音，打石头扬起的灰尘搞得作业的战士像白毛女，从头发到鞋子浑身灰蒙蒙的，晴天一身汗，雨天一身泥。当时水库还未建成，他们都无法洗澡，一人一天一杯水，刷牙、洗脸、喝水都在里边。军人是特殊材料铸就的，为了国防事业，为了战时能打得赢，防时能守得住，为了老百姓的幸福安康，战士们在恶劣的环境中，在整个岛上打出了2 000多米的坑道，各山峰下坑道相连接，坑道内都建起小水库，解决了岛上的用水问题。

地下作业的危险性更大，渗水、塌方是常见事，那时也没有现在这样比较先进的安全防范设施，即使再小心危险也防不胜防。记得有位姓刘的副连长在九连指挥坑道作业时，突然发电机坏了，风镐无法使用，刘副连长看看只差十几公分就可以放炮了，就号召战士们打着手电，用大铁锤一锤锤地打，想一鼓作气完成任务。谁知就这么一点时间，坑道上方的石头开始松动了，外面守卫的战士用力喊叫，可里面的人听不到，随着塌方的轰鸣声，5个在里面的战友被压在石头下。部队出动全体人员施救，2位战友已当场牺牲，还有3位同志浑身血肉模糊，其中一位战士说："我估计还可以坚持2个小时，你们如能在2小时内送我到医院，可能还有救，否则就不行了。”团长沈建昌知道后，急令登陆艇送他们去南汇 698 医院。那天真是天公不作美，海上刮起八级大风，以前的八级大风就被称为台风，任何船只都无法出海。为挽救战士的生命，团长不顾一切，命令洋山守备团船队队长立即用登陆艇送伤员出海就医。海上的台风真是风大浪急，队长朱从建接到命令后，开了一艘 25 吨级的登陆艇，顶着风浪，几次抢登，终于成功靠岸。登陆艇在大风大浪中是无法开快的，但为了赢得时间，队长尽最大努力急速前行。尽管这样到达南汇芦潮港已用了两个多小时，从芦潮港到 698 医院还要开 1 小时左右，重伤的战士顶不住了，3 位战友没等到医院就都牺牲了。消息传到岛上，大家痛彻心扉。

恶劣的生活环境和工作环境使不少战士年纪轻轻就得了疾病，特别是打坑道时的扬尘吸入肺部，使不少战友得了矽肺，终生无法治愈。记得我们连队的小严由于没命地施工，一天半夜突然胃大出血，半夜登陆艇无法出岛，只能靠岛上的卫生队进行抢救。医疗条件、技术力量、药物供给都存在问题，但为救战友的生命，卫生队长田洪山竭尽全力。大出血需要输大量的血，卫生队没有血浆储备，全连的同志得知后，从睡梦中爬起来，快速奔到卫生队，187 位同志在卫生队门口排成长队，守候在那里。战士们的口号是：为救战友，需要多少血，我们就给多少血。小严的生命得救了，他永远铭记战友们的情谊。在守岛的日子里，这样的事例还有许多许多。

海岛上的生活有苦也有乐。军队在艰苦条件下，为国防事业、为人民福祉作了不少贡献。老百姓感激人民子弟兵，他们打鱼归来，就把新鲜的鱼送到我们的伙房，不肯收一分钱。他们还攒下换钱的鸡蛋，煮熟后偷偷塞在战友们的被窝、挎包里。战友探亲，他们送上鱼干。岛上有了路、有了电、有了操场、有了码头，部队的宣传队、电影放映队、春节慰问团也经常上岛，丰富了军民的文艺生活。“军民鱼水情”“军民一家亲”得到了真切的体现。

小洋山的旧貌已一去不复返，展现在眼前的是气势宏伟的洋山深水港码头。但遥望隐约可见的大洋山，却仍思绪万千，想起牺牲的同志热泪盈眶，昔日共同战斗的情境历历在目。远望的目光久久不肯收回，心中深深怀念为祖国、为人民奋斗而牺牲的战友们。

（长宁区双拥办）

回忆强国之梦

——一名原8023部队研究员的心声

马　波

马波，男，1937年12月出生，回族，安徽和县人，1963年9月入伍，任8023部队技术员、参谋，1980年10月转业到上海交通大学，曾任教授、室主任。因长期从事核试验，受核辐射影响，被评为因公六级伤残军人。

我有一个理想要去实现

我叫马波，是一个地地道道的上海人。1949年5月26日，我亲历了陈粟大军解放上海，目睹了解放军官兵进驻上海时纪律严明、和善待人、爱护儿童以及为不打扰百姓而睡大街的感人情景，对解放军的亲近和敬佩之情油然而生。当时，我还是一个12岁的小屁孩，我暗自下决心：长大以后也要当个解放军！

为此，我刻苦学习，积极上进。20世纪60年代初，我从北京大学物理系毕业后，终于如愿以偿地当上了解放军。我所在的是一支科研部队，首长是张爱萍将军，具体领导我们的是“核司令”程开甲院士。我们主要的任务是对我国自制的原子弹、氢弹、导弹核武器和地下核武器进行研究和试验。我是学物理的，被上级安排从事爆炸力学的研究。我们不到10人的团队在程开甲主任的领导下，对各种核试验任务进行繁杂计算，做出从爆心开始直至上百公里的冲击波峰值和施压过程的预测，为各兵种运至现场的坦克、飞机、迫击炮、舰艇、掩体、桥梁等以及民用部门的机车头、码头、吊车、铁路桥梁等现场实体的统筹布线给出科学预测数据。总后勤部提供的各种军服、军事医学院提供的各类动物（猴、狗、羊等），也须经过核爆炸的洗礼，也是由我们团队提供的科学预测来统筹布线设置。

我作为团队中一名科研人员，能参与事关国家安全、民族兴亡的这一国防科研任务，深感责任无比重大，暗下决心一定要珍惜这一报答党和国家培育之恩的机会，把学到的知识和技能献给这一伟大事业。

在严峻形势下肩负光荣使命

20世纪60年代—80年代，面对险峻的国际形势，我国在西北大戈壁中，成功进行了一系列地面、低空、高空原子弹和氢弹爆炸试验，还进行了各种类型的地下核试验及导弹核武器试验。

1964年10月16日是我国首颗原子弹爆炸的日子，我至今还记得，现场总指挥张爱萍上将通过“红色电话”向周恩来总理汇报，得到批准后严肃并郑重地按下“零时”电钮。往常平静的大戈壁，瞬间强烈的光亮压过晴日的阳光，随即春雷轰鸣，翻腾窜滚的蘑菇云冉冉升起，像千万条色彩斑斓的巨龙争相飞升至高空。这就是我国成功爆炸的第一颗原子弹，其威力可以毁灭一个中等城市。

此后，1966年10月我们成功进行了导弹核武器试验。1967年6月第一颗氢弹爆炸成功，标志着我国国防实力得到空前提升，我们国家有了战略核武器。1969年9月23日我国进行了第一次地下核试验。为什么要进行地下核试验？这是为了更有效地控制放射性辐射的危害，同时它有现场的隐蔽性，更重要的是可以在近弹体处进行零时距的实验测量。

由于缺乏经验，第一次地下核试验在总体设计上存在缺陷。石灰岩的质地较软，无法有效地抵抗固体冲击波的传播，不利于封闭核试验的放射性。对埋深斜面和水平面的长度也估计不足，出现了一定的放射性元素的外泄。我们研究团队认真研究，仔细分析，终于在以后的地下核试验中将缺陷全部克服，取得了一系列宝贵的试验数据。

“核司令”程开甲院士说过：“我们取得了各种试验、各项试验的全部数据，这是世界各国所做不到的。正因为有这样的科学积累，我们才有实力、有自信向全世界宣布自1996年起停止一切核试验！”

愿为国防事业奉献一生

遥想当年，党中央为了实现现代化国防事业的宏伟目标，在全国范围内调集了一大批顶级科学家，他们大多是从欧美学成归来的爱国科学家。如钱三强、钱学森、王淦昌、郭允怀、邓稼先、程开甲、彭恒武、朱光亚和于敏等，各项研究项目从重大决策到具体细节，无不留下他们的印记和贡献。当时国家同时从全国各地重点院校选拔了一大批科学研究领域的人才参与具体项目，我作为其中一员，感到无比荣耀。中央军委还派出一批精干的军队干部，其中有：聂荣臻元帅、张爱萍上将、钟赤兵中将、张少华中将、张震寰将军、张蕴玉将军、张子善将军、张瑛将军、张超将军等，他们组织领导每一次试验，确保国防科研任务顺利完成。对这些心怀强国梦的前辈，我们要永远铭记他们。

我在1980年10月转业回到上海，在上海交通大学继续教书育人直至退休，也算为国家培养了不少人才。如今虽已是耄耋老人，但一生中能有幸参与到国防科研这一事关国家安全、民族兴亡的伟大事业中，感觉很是欣慰和自豪。我想我已经实现了青年时的理想，成为一名解放军战士，为国防科研事业贡献自己的一分力量。

（徐汇区双拥办）

我心中的父亲

章伟军

章明祥(1932—1963),1932年生于浙江省嘉善县一个贫苦家庭,后迁居练塘镇东风街。1951年8月,他响应党中央、毛主席"抗美援朝、保家卫国"的号召,毅然加入中国人民志愿军并入朝参战,用自己的青春热血抗击美帝国主义的侵略,保卫刚诞生的新中国。战争结束后,任6363部队测绘员,并于1957年1月加入中国共产党,成为一名光荣的中国共产党党员。1963年12月1日,在浙江省舟山地区国防施工中,不幸牺牲,经部队党委追认为革命烈士,葬于浙江省定海县舟山烈士陵园。章明祥同志一生,正直、朴实,对待乡邻亲和友爱、乐于助人;对待工作兢兢业业、尽职尽责,因工作出色,曾两次荣立三等功。

自我有记忆起便没有见过我的父亲。小时候,我也曾向母亲打听父亲的事情,可母亲说不过三两句就红了眼眶,哽咽不语。那种似是从灵魂深处散发出来的悲痛,却又生生忍着不愿轻易示于他人的倔强让我不敢再在母亲面前多问。那时生活困苦,母亲一人带着我和哥哥日子过得艰辛,但亲朋好友、街坊邻里对我们总是照顾有加,我也常从他们口中听到父亲的名字。稍大些后我才知道:我的父亲是一个军人,是一名党员,是一位烈士。也是从那些只言片语中,我慢慢拼凑出父亲的故事。

1950年6月,朝鲜战争爆发。同年10月,为援救危在旦夕的邻邦,也为保护刚成立的新中国使其免遭战火，中国人民志愿军应朝鲜请求赴朝，与朝鲜军队并肩作战。1951 年 8 月，美军集中 8 个师的兵力，发动了“夏季攻势”。为了支援前线，志愿军在全国范围内招募志愿者，父亲听到这个的消息便决定参军，与前线同胞同仇敌忾。但这一决定立刻遭到了家里的反对。所谓“好男不当兵”，当了兵那是要去打仗的，战场之上生死一线，谁也无法预料下一秒会发生什么，是否能活着回来。新中国刚成立不久，正是需要有文化的年轻人投入建设的时候，参与建设一样学有所用，为国出力，又何必非要参军？奶奶劝过、哭过甚至闹过，可父亲依然坚持，与家人长谈多次，终是说服了家人，背上行囊跟随部队远赴他乡。

这场战争极为惨烈，阵亡的、病故的、负伤的、失踪的共达 36 万余人。“你不会明白我那时候的心情。”奶奶曾这样说，心里担心着，干活的时候做着做着脑子就空了，就怕下一个走过的人带来噩耗，但更怕什么消息也没有，连是生是死也不知道，一直到收到父亲的第一封家书奶奶才稍稍安了心。那以后奶奶每天盼着父亲的下一封信，若没有就拿出之前的信一遍遍地念，再仔仔细细地放好。1953 年，战争结束，奶奶终于等到了父亲的归来，她希望父亲退伍，可父亲拒绝了。他觉得自己既然活了下来就应该做更多的事，才对得起本心，对得起埋骨他乡的同胞和战友，而关于那两年的经历，父亲只字不提。

之后，父亲一直留在舟山部队任测绘员，参与国防工程设计与建设。与他共事过的战友都夸父亲工作积极认真：为确保工程质量和施工人员的安全，每一个工程预选点总能见到父亲拿着小本子走了一遍又一遍，勘查地形走势、周围环境，测定工程范围、地下水位，确定土层特性、有无暗浜等等。回来之后也只是稍作休息后又把小本子拿出来，对白日里勘查到的情况、收集到的数据进行整理分析，一坐就是大半夜。即便是休息日也常见到他去实地勘查、测量或在房内计算、绘图。有时，工程期限短，父亲更是工作到后半夜才入睡，天蒙蒙亮又起来去实地收集数据，每天只休息三四个小时。明明累得一沾床就能睡着，可父亲工作的时候永远都是精神饱满、思路清晰，指导施工时又细致耐心。

部队管得严，一年只有一次探亲假，可以回家一个月。本是能够好好休息的日子，父亲也不会闲散在家里，农活、家务他都干。村里人说，只要父亲回家就能看到他光着脚下地干活或是打了水、搬个小板凳蹲坐着洗涤衣物被褥。若是碰到菜农上集市贩卖蔬菜瓜果，他也会主动前去帮忙搬运，没有一点军官的样子。父亲知道外公身体向来不太好，得了斤丝绵自己不舍得用，又剪了块手感舒适的面料，探亲假时一并带了回来给外公做了过冬的衣裳。所以不仅母亲，家人、乡邻没有说他不好的。但父亲又极其遵规守矩，部队规定探亲假为一个月，即使家里再忙，有再多的不舍，父亲也会提前打点好一切回部队报到。

部队也准许家人前去探望，母亲曾携着奶奶去过一次。母亲说，去了才知道父亲在部队里过的是怎样艰苦朴素的日子。吃饭的时候，父亲总是打一碗豆渣，即便是那时候，豆渣也基本是用来喂猪的。母亲劝他再打些菜吃，父亲说"现在国家正处于困难的时候，我是党员又是个干部，艰苦一点是应该的"。母亲在部队了待了近半个月，临走时父亲偷偷塞了些钱给母亲，说之前听闻邻村有户人家日子困难，这些是他从工资里省下的，虽然不多但总能帮到一些。

1963 年 12 月，由于父亲特别优秀，军区决定将他上调，由一位新同志来接任他的工作。交接工作虽已完成，但父亲担心新同志一时不熟悉现下的隧道工程情况，决定离开之前做最后一次检查。也正是这次检查，父亲发现了潜在的险情：这个隧道随时可能发生坍塌！当时约有一个排的同志在隧道中进行施工作业，为了保障战友们的安全，父亲当机立断下了撤离命令并亲自指挥人员疏散。看着最后一位同志进入了安全区域，父亲才松了口气准备离开。就在这时事故发生了，隧道开始坍塌，大大小小的石块从未被砌实的道顶落下，其中一块砸在了父亲的头上。当已经撤离的战友们重返隧道将父亲救出来时，父亲已经牺牲了。在父亲的葬礼上，经历那次事故的战士们，一边哭一边拉着母亲的手不断地说："我们心里都感激他，他一个人救了我们一个排啊！"

听闻父亲牺牲的消息，母亲和乡亲们都一时难以相信。街坊邻居和村里的人都来母亲家里吊唁，屋子里面站不下就站在小巷里。只要是熟悉父亲的都赶了过来，母亲在灵位前哭，他们就与她一起哭。父亲的许多战友也来了，有的甚至同父亲一起上过战场，经历过那么多的大风大浪总能泰然处之、目光坚定的勇士现在却在父亲灵前潸然泪下、悲痛欲绝。

刚从部队赶回家的大舅更是无比的悲痛。大舅说，他参军那年正是国家最困难的时候，也就在这时蒋介石扬言要反攻大陆，一时流言四起，人心惶惶。大舅入伍不久，听此流言担心真的要上战场，于是心生怯意想要退伍回家。大舅写了封信给了他的小姐夫，讲述了内心的矛盾，谁知小姐夫在回信里将他大骂一顿。他心里不服，看之后将信撕得粉碎。父亲听说后，就写信给大舅了解整件事的原委。他知道大舅性格倔强、年轻气盛，又爱钻牛角尖，若是直接讲大道理恐怕思想较难转变，于是在回信里并没有开门见山谈论问题，而是旁敲侧击仔细地帮大舅分析。父亲耐心地开解与教导终于让他看清问题，坚定信念，所以大舅心中很是佩服父亲，听闻父亲牺牲的消息他闷在被子里哭了一整天，想着无论如何也要回来送父亲最后一程。

母亲说，父亲总是这样默默地奉献着，他曾因为工作积极、认真负责，多次立下三等功、二等功，可他从不多言，连母亲也是在父亲牺牲后整理遗物时才知道的。我虽未见过父亲，可我心中一直有个父亲的形象。他或许不高大威武，但却沉稳伟岸，目光从容，言语温和。我也一直努力着，想要成为像父亲一样的人。随着慢慢长大成人，我也入了党，参了军。这不但让我觉得离父亲更近一些，也让我觉得可以像父亲一样为更多的人做更多的事。如今，我也成了母亲，我要将我父亲的故事讲给下一代听，希望他们也能永远保有赤子之心，继承父亲的遗志，用自己的行为感染周围的人，将父亲的精神一代代传承下去。

（青浦区双拥办）

他为修建虹桥机场立军功

——记松江籍老铁道兵金彬

金　彬

金彬，男，1961年8月从松江入伍，任铁道兵11师52团30连战士，曾参加抢修福建闽江大桥、扩建上海虹桥机场和襄渝铁路建设。1964年荣立三等功一次，1966年入党提干，同年至1968年，随部队赴越南，参加援越抗美战斗，1973年转业，任松江交通建设局办公室人事干部，2003年退休。

在部队立功受奖，把奖状寄回家，是每个战士的愿望。因为军功只授予对部队建设有特殊贡献的战士。1964年，松江籍老铁道兵金彬在参加修建上海虹桥国际机场时，荣立三等功一次，如今回忆那段经历，仍感到荣誉来之不易。

1963年，我国和巴基斯坦签订通航协议，这是新中国成立后签订的第一个国际航空协议。中央决定，用五个月的时间，把上海虹桥机场扩建为一座现代化国际空港，不仅规模要扩大十几倍，基础设施也要按国际标准重新建设，任务相当艰巨。一要将扩建区域内所有河浜、沟渠填平夯实；二要将原先路面撬开，深挖一米，再浇灌混凝土；三要将指挥塔、候机厅内的供水、供电、供气等内部配套设施建设同步进行。目标是：1964年4月10日通过验收，26日试航，29日与巴基斯坦正式通航。上级经反复选择，决定把这项光荣任务交给铁道兵和南京军区八十师工兵团共同完成，金彬所在的铁十一师五十二团也因此从福建开赴上海。

上海是金彬的故乡，自1961年入伍，他已经两年未见家乡亲人，这次能来上海施工，心中自然十分高兴，他想在施工之余，利用节假日，回家探望父母双亲；他想和久别的同学、朋友好好聚聚。谁知事与愿违，繁重的施工任务，使他们这批上海兵，非但不好意思提出探亲要求，还写信竭力劝阻家人不要来部队探望。为啥？一个字“忙”。除了施工，官兵们根本没有余暇和精力来考虑其他事情。他当时是三营十连副班长，每天带领全班14名战士，冒着零下5℃严寒在工地劳动，参加的第一场硬仗是填塞三条河浜。

当时，虹桥机场周边，有不少河道要在扩建工程中填平，河面有数米宽，三四米深，都结着厚厚冰层。他们的任务是敲碎冰层，抽干河水，清除河底淤泥，然后投入石块、沙包，夯实后浇注混凝土路面。这话说来容易做起来难。寒风呼啸，雨雪纷飞，堤岸泥泞不堪，战士们穿着防滑雨鞋，仍免不了摔成泥猴。下河敲冰就更难了，8磅大锤砸下去，虎口生疼，冰面上只留下白花花印记，大家轮番上阵，使劲捶打，才打出一个洞来，若想把整个冰层全敲碎，那真是场硬仗。不过，对铁道兵来说：“越是硬仗越敢打，越是困难越敢碰。”别说是填河，移山填海也是平常事。

当任务下达连队，全连官兵立即开赴堤岸，轮番上阵。每人喝两口白酒下河，全身湿透才上岸。冰敲碎了、水抽干了，最难办的是清淤泥。“淤泥厚，河堤滑，淤泥出水就冰冻，雨雪纷飞帮倒忙。”战友们全身都是泥浆水，仍坚持挑泥上河堤。为了争夺每日评比的“流动红旗”，各班排都是铆足了劲拼命干。金彬他们班的战士每担泥比别人多，跑得却比别人快，等撤下来休息时统计，他们班足足比别的班多跑了两个来回。

淤泥清除后开始填石块和沙袋，他们班的速度又超过了兄弟班。一袋黄沙有120斤重，金彬扛在肩上，照样大步流星下河堤。全班战士一边喊加油，一边冲刺，几乎人人都是跑步前进，也几乎每天获得流动红旗，得到连部通令嘉奖。

第二场硬仗是挖地基。敲开水泥路面，底下全是冻土，洋镐锛下去直冒火星；有些地方挖下去没多久，地下水汩汩流出，很快就积水成潭了，要想深挖一米，谈何容易。为了抢时间，赶进度，金彬他们团和八十师享有老虎团称号的工兵部队展开了一场势均力敌的劳动竞赛，比进度、比质量、比安全施工无事故。那火爆场面，真像冬天里的一把火，把虹桥机场烧得热气腾腾。

工兵团擅长挖土方，作业流程一气呵成，他们还经常挑灯夜战，是个厉害对手。但铁道兵也不含糊："站着能睡觉，水中能浸泡，敢于打硬仗，个个嗷嗷叫。"为赢得竞赛胜利，全连喊出"大雨大干，小雨拼命干"口号。许多战士都是36小时，甚至48小时不下火线，虎口震裂了，用纱布扎一下又抡起了洋镐。端起饭碗吃饭，人却睡着了，碗掉在地上也不知道。就凭着这股子劲，他们团的施工进度远远超过老虎团，连外国专家组也竖起大拇指，连声喊"OK"。

第三场硬仗，是浇灌混凝土路面。寒冬天气，户外施工最怕冰冻，每次作业，都必须以最快时间搅拌、运输、铺浇。他们班的任务是运输，簸箕车排着队，守候在搅拌机旁，一经开闸，一车车200斤重混凝土如流水般送往工地。金彬推着小车使劲跑，战友们也不甘落后，大家你追我赶，早已把严寒抛到脑后。每天，别班战士拉10车，他们班能拉11车、12车，这其中有啥窍门吗？原来，每次工间休息，金彬都要把全班车辆检查一遍，轮胎是否漏气？车内是否还有未铲尽的水泥？下班后，他要求战友们先认真保养车辆再休息。到第二天早上，他总是比大家提前半小时起床，把施工用具和车辆再复查一遍，并加注润滑油，这样战友们操纵车辆会更加轻松自如。不过，在倾倒混凝土时，穿着高筒雨鞋的双脚，经常会陷在其中拔不出来。一旦冻住，就休想拉出鞋子，还有几次雨水混凝土浆水灌进鞋里，把脚也冻住了，怎么脱也脱不掉。所以，推车要快、倾倒混凝土要快、撤退也要快。最后对已经铺浇好混凝土的路面，做好后期保养非常重要。白天，用水浇路面，晚上，更要用草包、麻袋给它披上保护衣，否则路面冻裂就前功尽弃了。所以，天再冷，金彬他们都会坚持做好路面养护，经评比，他们团的浇灌质量和平整度，都胜过老虎团。

经过五个月努力拼搏，虹桥机场基建工程如期完成，并验收合格，机场修建委员会举行隆重庆功表彰大会，金彬和许多荣立三等功的战友戴着大红花上台领奖，心情非常激动。

1964年4月26日，一架从巴基斯坦飞来的大客机，稳稳停靠在虹桥机场，全团排以上干部和荣立战功的士兵，应邀参观飞机。这是金彬第一次踏进大客机机舱，一排排座椅，一扇扇弦窗在眼前晃动，泪水模糊了视线。这五个月的辛苦和胜利的喜悦交织在一起，令他深深感到：荣立三等功，真的不容易。

（松江区双拥办）

战火中的铁道兵英雄连队

——记松江籍老兵张金华

张金华

张金华，男，1961 年 8 月从松江入伍，任铁道兵 11 师 53 团 2 连战士，1963 年入党。1965 年 8 月，随部队赴越南战场，参加援越抗美战斗，任连队副指导员、指导员，连队获评集体二等功。1969 年，凯旋回国，参加襄渝铁路建设。1982 年转业，曾任松江县文化局副局长、松江区民防办副主任，助理调研员，2001 年退休。

在援越抗美战争中，松江籍老铁道兵张金华所在的一支队六十三团十四连奉命进驻河友线克夫车站。该车站是克太铁路的交汇点，北连中国，南达河内，东至重要海港鸿基，西通工业重镇太原，是一处地理位置非常重要的交通枢纽。在北越所有车站中，敌机对克夫站的轰炸次数最多，投弹量最大，仅 1967 年，美军就出动上百架飞机进行大规模轰炸达 34 次，平时小规模骚扰轰炸有上百次，投下的重磅瞬爆弹、化学定时弹、磁性感应弹、气波浪弹、燃烧弹共 1 206 枚，还有大量子母弹、菠萝弹、导弹和火箭，造成道路阻塞、交通中断、物资受损、人员伤亡的严重后果。

为了打击敌机的嚣张气焰，上级在车站周边部署了一个高炮团，在关键位置设立了高射机枪阵地，每当敌机来犯时，高炮、高射机枪猛烈开火，抢修中的战士们也举起步枪、轻机枪，架起重机枪一起对空射击。顿时，车站周边硝烟弥漫，枪炮声、爆炸声连成一片，揍得敌机拖着黑烟往下栽。英勇的防空部队先后击落击伤敌机上百架，活捉敌飞行员多名。

在地面上，他们十四连与兄弟部队一起，不分昼夜地展开铁路抢修战斗。经常是炸了修，修了又被炸；线路尚未修通，站台又遭破坏。这血与火的较量，生与死的考验，每天都在发生。但他们是英勇的铁道兵，特别能吃苦，特别能战斗，在敌人的狂轰滥炸下，打出了他们英雄连队的威风。

智拆定时弹

抢修中，敌机投下的定时炸弹是最大威胁。这些家伙阴森森地躺在施工现场，什么时候炸，谁都不知道。而且美军的定时炸弹种类繁多，如磁性感应弹，清除时不能用铁器工具，这鬼东西遇铁就炸。化学定时弹，若无防毒面具，那烟雾会毒倒一大批人。因此清弹工作既要不怕牺牲，更要胆大心细。张金华当时是连队副指导员，负责战士的思想工作。在战争条件下，他们总结出的连队思想工作要旨是“身先士卒”四个字，越是危险的地方，指挥员越要冲在前面。1965 年 10 月 31 日晚，团长苏宝臣在电话中通知他们连，敌机扔下一枚未爆弹落在线路附近的稻田里，它危及施工安全和越南老乡的生命安全。团长命令他连迅速前往拆除。张金华向连长李代恒请战，让他带几名战士去排险，连长摇摇头说：“你和二排同志刚抢修道路回来，这次还是我亲自去吧。”

当时，连队入越参战不久，李连长也并不知道美国的定时炸弹是啥样子。他挑选了王建味、郑耀庭两名战士，中央文化工作队的涂光群同志也要求同往。于是匆匆组成了一支四人排弹小组，携带扳手、榔头、绳子、钳子等工具乘车赶赴现场。经仔细观察，这颗炸弹的尾翼已掉落，弹体的两头都有装置。尾部的盖子与机体是用螺丝固定的，中间是引信，连着一根钢杆，弹顶呈帽状，与机盖有间隙。

仔细观察后，李连长胆大心细，指挥两名战士用绳子固定杆子，不使它左右晃动，再用扳手钳住引信顶部装置，按逆时针方向拧动，顺利拆下了外围的螺丝。在拆机盖时，碰到了难题，那螺丝怎么也拧不动，又不敢敲打。四个人反复商量，采用左旋右拧的办法，用巧力拆掉了三层机盖，终于将引信与爆炸装置剥离。往里一看，好家伙，弹体里全是米黄色的 TNT 炸药，这可是开山劈路威力巨大的好东西呀。他们用袋子装上炸药，把空弹壳搬回驻地，全连战士齐声欢呼。连长用钢丝绳把弹壳挂到树上一敲，当当的声音十分洪亮，从此，它成为全连作息信号和防空袭的警报器，倒也有了用武之地。

有了第一次排弹经验，大家的信心更足了，凡美国佬丢下的未爆弹，他们都用掏心术使炸药为我所用，从而加快了抢修速度。这个经验被上级推广到兄弟连队后，对敌人的定时炸弹，每个连队都照单全收。

勇猛灭烈火

1967 年 5 月 30 日，敌机分 4 批 24 架次，对离克夫车站 6 公里的外劳车站狂轰滥炸，投下炸弹 34 枚，命中 5 枚。站内设施全被破坏，炸毁车厢 22 节，停放在 2 股道上的两节油罐车也被弹片击穿，燃烧引起了爆炸，火柱高达 20 多米，整个车站浓烟滚滚，火光冲天。

爆炸就是命令，连党支部紧急动员，全连徒步赶到现场。张金华带领二排长郑大顺和九、十两个班战士冲进火海，将一根根已烧得滚烫的钢轨抢抬出来。尽管炙人的烈焰借着风势向战士们扑来，但没有一个人退缩。班长赵顺兴衣服着火了，脚被烫伤了，仍一面战斗，一面鼓励战士奋力灭火，经过两个小时搏斗，大火终于被扑灭了。

抢修开始时，定时炸弹成了最大威胁，尤其是藏在废墟下的炸弹，随时都会爆炸。这时候，连指挥员的冷静应对最为关键。他们几位连干部迅速分工，连长负责抢修指挥，指导员和张金华带几名战士专门搜寻定时炸弹，发现目标，立即采用拉锯式的进—撤—进循环作业法，边排雷，边抢修。这期间，有 5 颗定时炸弹被引爆，但部队无一伤亡。经过 7 小时顽强拼搏，弹坑被填平，大火被扑灭，线路被接通，他们提前两小时完成了上级下达的任务。

获评“英雄连”

十四连自 1967 年 1 月进驻克夫车站，到 1967 年 10 月撤出，先后遭遇敌机 114 次轰炸，有 69 个夜晚通宵苦战。43 名干部战士在抢险中负伤，6 位战友光荣牺牲，他们的遗骸留在了异国的土地上。

部队入越后冒着美军飞机的轰炸抢修铁路

连队荣立集体二等功两次，被广州军区命名为“英雄连队”，被铁道兵树立为“标兵连队”和“四好连队标兵”。张金华代表全连出席了广州军区的命名大会；指导员陈仑法代表连队出席铁道兵的表彰大会；副连长王展超代表全连出席 1968 年 10 月 1 日国庆观礼；连长李代恒作为英雄连队的代表，参加铁道兵援越抗美英模代表团，回国到各部队巡回演讲；六班长（二等甲级残废军人）黄火根，出席 1969 年国庆观礼和周总理在怀仁堂主持的国庆招待会。张金华回忆说，当时他站在领奖台上，手捧荣誉证书，心情特别激动，深深感到，光荣来自党的教育培养，光荣属于英雄的铁道兵。

（松江区双拥办）

战斗到生命最后一息

——记“模范军医”吕士才

上海长征医院

吕士才(1928—1979),1951年考入第二军医大学,入学入伍,1956年毕业后留校工作,历任第二军医大学第二附属医院(长征医院)骨科军医、助教、主治军医、讲师。

1979年1月,领导决定派吕士才率手术队赴对越自卫还击作战前线,执行战伤救治任务。手术队荣立集体二等功,吕士才立二等功。

1979年10月30日,吕士才癌症扩散,医治无效,不幸逝世。总后勤部政治部批准他为烈士。1980年2月,中央军委授予“模范军医”称号,并展开向吕士才学习的活动。

“个人的一切算得了什么,祖国的尊严高于一切,人民的利益重于一切,为祖国和人民我愿意贡献一切,战斗到生命最后一息。”

——吕士才

晶莹的水珠在滴落,看似无力,听似无声,但是年深日久,它穿透了坚硬的岩石,营造了瑰丽的地下溶洞。这就是吕士才的形象,他说得少,做得多,朴实无华,孜孜不倦。祖国需要的时候,他带着癌症上战场,把一腔热血献给了保卫祖国、保卫四化的伟大事业。他用自己生命的水珠,在这个世界上留下了深深的痕迹。

在中国人民革命军事博物馆新辟的对越自卫还击作战展览室里,陈列着一只手电筒。在别人眼里，也许这只是一只普通的手电筒，但在潘荣文眼里，这手电筒后面有着一幅动人的画面：硝烟弥漫，炮火连天，对越自卫还击战正在激烈地进行。一座草绿色的帐篷里，第二军医大学附属长征医院骨科手术队队长吕士才——她的丈夫，正在这只手电筒的微弱光线下，用比头发丝还细的线，为一个重伤的战士精心地做小血管缝合手术，创造了战地救护史上的奇迹。看着看着，潘荣文的眼睛湿润了：亲人啊，你带着癌症上前线，忍受了多大的病痛，挽救了数以百计的新一代最可爱的人的生命。可你不该回来得这么迟，让你的癌症扩散到了不可救治的地步……

大敌当前　不顾病情挺身而出

1979年1月，上级决定由骨科主治军医、共产党员吕士才带领一支手术队，迅速赶往广西边境，救护被越南霸权主义者袭扰打伤的我边境军民。吕士才接到命令的时候，正在便血，一天要拉好几次肚子，排出酱色的大便。吕士才本来就是一个少说话多干事的人，何况马上就要出征，他更不愿意把自己的病情张扬出去。

吕士才的病可以瞒得过别人，却瞒不过自己的爱人——妇产科主治军医潘荣文。这位全国三八红旗手，当时正在从事一项从血液染色体探查癌症的研究。几个月前，她取了爱人的一滴血做对比试验，本想以爱人作为健康人的样本，却发现吕士才的染色体在数量和形态上都和正常人不一样，倒像癌症病人的那样呈现出缺数和畸形变化。她吃惊地想到过“癌”，但吕士才宽慰妻子说：“我们早就说过，也许是放射线吃得太多。”丈夫的坦然，难消妻子的疑云，眼看就要出发，丈夫又在便血，她的心情极其矛盾。

临出发前一天晚上，潘荣文在灯下为亲人收拾行装，看着他满脸病容还强作笑颜，潘荣文放心不下，又一次提醒：“老吕啊，你是二十多年的老军医了，老是便血意味着什么，你就真的不懂?”吕士才当然懂，可是作为一个即将出征的战士，义无反顾。他想给爱人说几句宽心的话，但这位老实的人，嘴里实在讲不出什么动听的词句，只是讷讷地说：“荣文，要是回不来，你不要难过，如果我不死，回来继续写《骨肿瘤》一书，你把资料给我保留好。”

忘记病痛　全心全意救治伤员

1979年2月17日清晨，战斗揭开了序幕。炽热的炮火顷刻映红了蓝天，敌人长期经营的军事设施转眼土崩瓦解。吕士才冲出房门，目睹了这一壮观的战斗场面，心中激荡着一种说不出的自豪感。

两个小时后，伤员下来了。吕士才迅速穿上手术衣，同战地医院的同志们一起，投入了抢救新一代最可爱的人的紧张战斗。手术帐篷里静悄悄，气氛紧张肃穆。从早上八点起，吕士才就不停地给伤员清创、止血、接骨、缝合、包扎、固定……送走一个又抬进一个。高度的紧张和专注使他忘记了时间，忘记了饥饿，直到没有伤员抬进来，已是午夜十二点了。吕士才摘下橡皮手套，突然一阵钻心的疼痛，腰痛和腹痛两下夹攻，豆大的汗珠簌簌滚落。他站立不稳，差点瘫倒在地上。

一天，前方送来一个肩部中机关枪子弹、肱骨粉碎性骨折，动脉、神经都打断了的重伤员。伤员的血压和脉搏都已测量不出，呼吸也极其微弱，濒临死亡。在前线，像这样的伤员一般都要做高位截肢手术才能挽救生命，可是吕士才不愿意采取这样的方案，他说："给伤员截去一只手，当然比较方便，也不会担风险，可这个战士以后会怎样呢？"吕士才坚持要给伤员做血管缝合手术。

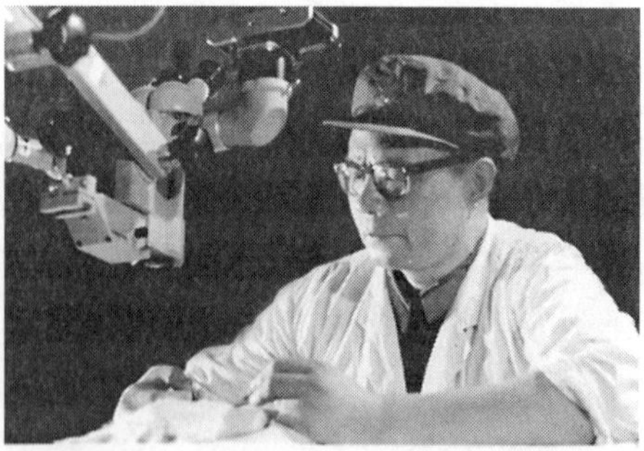

吕士才工作照

用手电筒照明做血管缝合手术，这在战地救护史上是少见的。吕士才从自己的行李中取出缝合血管的针线，侧转着身体，半个屁股坐在凳子上，摘下近视眼镜，双眼瞪得大大的，额头低得离伤口只有几寸远，用比头发丝还细的缝线，一针一线，细心地修补着血管。两个多小时过去了，血管总算缝合了，伤员渐渐苏醒过来，血液又开始在伤肢里流动，吕士才脸上这时才露出宽慰的微笑。可是，人们发现，在他坐过的凳子上，却留下了一摊因为肛瘘破裂而淌出的血水。

心系病员　战斗到生命最后一息

随着我军的节节胜利，医疗队也推进到了一个四面环山的地方。这里阴雨连绵，道路泥泞，工作条件极差，做手术没有电，洗手没有水。吕士才坚决执行长征医院党委“条件差，医疗质量不能降低”的要求，运送伤员的车队一到，他就深一脚、浅一脚摸黑爬到车上验伤，先将重危伤员送到手术室急救，再将开放性伤员逐个进行清创救治，一连七个夜晚，干了七个通宵。在蜡烛和手电筒照明下，他和同志们成功进行了开颅血肿清除、气胸封闭、剖腹探查、半结肠切除、小肠切除吻合、肝修补、四肢大血管探查修补等难度较大的手术，使送达的伤员有百分之八十二得到了有效处理，手术成功率比上级规定的标准高出一倍还多。

过度的劳累使吕士才的病情一天天加重，便血的次数也从每天三五次增加到了八九次，腹痛也加剧了。他常常利用给伤员麻醉的空隙，把双手举在胸前，弯着身子，用肘弯压迫左腹，以减轻腹部疼痛。因为失血，他还感到阵阵眩晕，不得不往墙上靠靠，在地上蹲蹲，但是他那把救命的手术刀一刻也没有停止过。

1979年4月初，吕士才和他带领的医疗队后撤到某部三〇三医院。吕士才病情进一步加重，每天拉肚子十一二次。主治军医秦泰再一次给他做检查，在经常作痛的左腹部，他摸到了一个肿块。秦泰向医疗队主治军医张光霁、党小组长侯铁胜透露了这个不祥之兆，几个人决定动员老吕提前回去。吕士才哪里肯听，把手一扬：我们一起出来的，也要一起回去，八个人一个人不能少。

经再三劝说，吕士才同意了一个折中的方案，在三〇三医院先做检查。一查，血色素只有7克，正常人的血色素在14克到16克，7克血色素说明吕士才身上的血液，已经有一半从便血中流掉了，就像一盏油灯，灯油已经消耗过半。

医院决定给吕士才输血，但他无论如何也不肯：“这么多伤员需要处理，血很紧张，我吃点药就行了。”即使在病房里，他也只是当了一个挂名病员。除了一天三餐在病房里吃，晚上回病房睡觉，平时很难在病房里见到他的身影。

在吕士才原先负责的病区里，有一个患骨癌的青年病员，必须赶快做截肢手术，否则癌细胞扩散，就会危及生命。吕士才老是惦记着这件事，住院第三天，他就坚持要给这个病人做手术。

手术进行了两个多小时，他喘出的气越来越粗，黄豆大的汗珠顺着面颊往下滴。手术成功了，但吕士才也累得站不住了，在别人的搀扶下，他迈着沉重的脚步，好不容易才回到病房，一头栽倒在床上。吕士才怎能料到，这竟是他一生中做的最后一例手术。

“一个共产党员活着就要为党工作”

1979 年 5 月 13 日，吕士才带领手术队凯旋，手术队荣获集体二等功，吕士才荣立二等功。回来后不久，吕士才就住进了医院，经过全面检查，确诊是患了结肠腺癌。

5 月 26 日，当我国著名的肝胆外科专家吴孟超打开吕士才的腹腔时，手术室里的空气凝固了：左右两肝叶布满了结节，表面高低不平，部分呈分叶状隆起。结肠腺癌已经广泛转移到了吕士才的两肝叶。

吕士才开始与死神赛跑。他在生命的最后一段日子里，表现得十分坚强。病床上，他依然坚持阅读、研究各种医学杂志和资料以及从事《骨肿瘤》一书的编写。在病房里，他从来没喊过一声疼；和病友聊天也从来不说自己的病情。“一个共产党员活着就要为党工作。得了癌症，更要抓紧时间为党的事业奋斗，这样的生命才有价值。”吕士才对许多前去看望他的同志这样说。

有一天晚上，吕士才和前来看望他的骨科副主任在病房里谈了两三个小时。妻子潘荣文说：“他知道自己时间不多了，所以趁自己还清醒，就交代了论文的修改、医院的学科建设、各科室的配备等等很多事情。”

1979 年 10 月 30 日，吕士才的心脏停止了跳动。吕士才同志不幸逝世的噩耗传开后，唁电从全国各地不断发来，老首长、老上级都为失掉一个好学生、好党员而惋惜；老同志都为失掉一个好战友而沉痛；青年医护人员都为失掉一个好老师而悲伤；经他治疗过的许多伤员都淌下了热泪……

（黄浦区双拥办）

怀念爸爸彭加木

彭　海

彭加木(1925—1980),男,1925 出生,广东番禺人,汉族。1947 年毕业于中央大学农学院,1979 年任新疆科学院副院长,他先后 15 次到新疆进行科学考察,3 次进入巴音郭楞蒙古自治州的罗布泊进行探险,1980 年 6 月 17 日在罗布泊不幸遇难。1981 年被上海市人民政府批准为烈士。

亲爱的爸爸彭加木离开我们三十多年了。1980 年 6 月 7 日,爸爸带考察队纵贯了罗布泊干涸的湖盆后给我们写了一封信:“此次考察收获很大,见闻甚多,以后回来再慢慢和你们说。纵贯干涸湖底,是前所未有的事。”万万没有想到,这竟成了他给我们的最后一封信!他再也不能回来跟我们说他的见闻了。

爸爸永远离开了我们,常回忆起他和我们在一起的日子,觉得是那样值得珍惜和留恋——

在我们童年的记忆里,只知道爸爸的工作很忙很忙,在新疆、在云南、在广东、在陕西……许多许多的事都等着他去做。那时对我们来说,爸爸考察回来便是我们全家最喜庆的日子:他会拿出各种各样五彩缤纷的小石子、小树叶、小昆虫,看得我们眼花缭乱,然后一一给我们讲它们的名称、来历和价值；他会给我们讲考察中有趣的经历，比如在考察途中怎么打黄羊，在阿尔泰山里抓到了珍贵的哈熊，在西双版纳密林中只身行走，车队在沙漠里被风沙阻隔……1957年，爸爸不幸患上了纵隔恶性肿瘤，那时我们还年幼，只知道爸爸生病了，却不知死神已在向他招手，但爸爸始终是那样乐观。病情刚得到控制，他就坚持出院，匆匆去了新疆。那以后，每年夏天他都要去新疆工作很长一段时间。

爸爸很关心我们的成长，他身教多于言传，从小就教育我们要热爱科学、爱劳动，要敢于克服困难，做一个勇敢正直、有理想有抱负的人。他在家时，经常领着我们在宿舍旁边的空地上种植花草树木，美化环境。在我们的相册里，有一张我们站在高高的软梯顶上的照片，记得那是一个星期天，我们全家到西郊公园去玩，爸爸把我们带到软梯底下，问我们敢不敢爬上去，我们试了试，感觉软梯摇摇晃晃的有点害怕。他就做了示范，教我们怎样爬，然后说："不要怕，勇敢些！爬到顶上给你们照张相。"当我们终于鼓起勇气爬上去后，爸爸举起相机，给我们留下了那充满欢乐的一刻。

1964年，爸爸受到了党和国家的表扬，光荣地当选为全国人大代表，出席了第三届全国人民代表大会。那段日子，全国各地有许多素不相识的人听说爸爸的事迹后纷纷给他写信，向父亲请教他是如何战胜癌症的。尽管爸爸工作十分繁忙，尽管来信者大多素不相识，但他总是认真对待每一封来信，根据来信者所提的问题一一给予答复，有时候为了回信一直写到深夜。他还会利用出差的机会，抽时间顺便探望一些来信者。

文化大革命中，爸爸先是被关押了15个月，后来又被视为"特殊学员"遣送到干校。在繁重的体力劳动中，在沉重的精神压力下，爸爸依然乐观。在给我们的信中，他写道："我的生活太丰富了，早晨练跳绳，中午游泳，晚上到海堤散步，有空还要挑两担粪浇菜，事情太多了，连去海滩摸鱼都安排不下来。"从干校回到研究所后，爸爸因被"控制使用"去不了边疆，他毅然重新搞起植物病毒的研究。他和组里的同志们顶着风浪，利用一切机会，坚持把这项工作进行下去。

爸爸一面工作，一面积极地锻炼身体，对抗病魔。他相信总有一天会再去边疆工作。每天早上，爸爸总是第一个起床，跑步、跳绳……每逢星期日，他会一早起来检修他那辆破旧的自行车，然后带上些干粮，骑车到淀山湖、到金山、到松江、到宝山……沿途常下车观察一下那里的农作物生长的情况，顺便采集一些植物病毒的标本以供研究。他曾对我们说过："将来我要把自己的遗体献给祖国的医学事业，这是我病后一直有的愿望。像我这样的病能够治愈，也算是医学史上的特例。我病愈后留有上腔静脉阻塞的后遗症，居然还能活到现在，据医生推断是因体内建立了侧支循环代偿了，仅这个就可以制成标本供人们研究，使我身后也能为人民作点贡献。"

粉碎"四人帮"后，爸爸、妈妈得到了彻底的平反，爸爸重返边疆的愿望终于实现了！几年来，他马不停蹄，新疆、云南、甘肃、福建……工作日程排得满满的，回到上海也是成天待在研究所里。当爸爸被任命为新疆科学院副院长以后，他的担子更重了，工作更忙了。有一年春节我们一家四口好不容易聚在了一起，当时爸爸刚从楼兰考察回来不久，他把有关新疆的幻灯片整理出来，逢人就拿出他那台小幻灯机放映一场，既当放映员又当讲解员，每次都是那样的兴致勃勃。他说："我就是要到处宣传，要让大家都对新疆感兴趣，争取一切力量支援新疆的建设。"爸爸还兴奋地告诉我们，他准备到罗布泊地区进行综合考察，要去敲开那神秘的大门。春节后不久，爸爸又奔赴海南岛考察。

1980 年 4 月中旬，爸爸风尘仆仆地从海南岛回来。一到家，他就抓紧整理采集的植物标本，不时还要给我们讲解一番。他精神是愉快的，但明显晒黑了、消瘦了，还不时地咳嗽着。第二天，爸爸得知新疆来电要他赶去参加罗布泊地区综合考察的消息，高兴极了。他说："这次考察是个光荣而又艰巨的任务，我们一定要完成好！我不信中国人就比外国人差，我们要在中国的土地上作出具有国际水平的成绩来！"几天后爸爸就奔赴新疆了。那是 4 月 25 日，我们像往常那样把爸爸送出家门口，道别时他还嘱咐我们："要好好学习，锻炼身体。"这是他经常对我们说的话，也成了他留给我们的最后一句话！

后来，我们在新疆清理爸爸留在考察队的物品时，眼前总会浮现出爸爸为了找水井，顶烈日冒风沙，在荒漠上艰难行进的情景。爸爸走了，一去再没有回来。罗布泊无情的风沙吞没了他，使我们过早失去了他——我们的好爸爸！

（徐汇区双拥办）

梦想在追求中铸就

夏　伟

汤策,1954 年 11 月出生,1982 年 2 月入伍,湖南长沙人。大学文化,1984 年 6 月加入中国共产党。入伍后历任海军驻上海市机电二局连职军代表,海军驻上海航天局营职军代表,1988 年 5 月任海军驻上海航天局军代表室工程师、军事代表室组长,1992 年 3 月任副总军事代表。1997 年任海军驻上海航天局高级工程师、总军事代表。2009 年调整为专业技术五级,大校军衔。1989 年 12 月荣立三等功一次。从事军代表工作 28 年,先后参与 HQ-61、HQ-16、HQ-10 等型号武器装备的研制和技术质量监督工作。2010 年 2 月退休,2011 年 11 月移交地方政府安置,入住奉贤军休所。

汤策从工人到大学生,再从普通一兵成长为军代表、总代表、高级工程师。是改革开放给了他坚定理想、拼搏奉献,为海军舰空导弹事业添砖加瓦的机遇;是军代表这个事业平台成就了他的人生梦想。

梦想在恢复高考中开启

1977 年,党中央做出英明决策:恢复高考。汤策跟那个时代的大多数人一样,奔走相告,激动不已,仿佛理想的巨轮已经鸣笛启航,承载中华复兴的希望之舟就要驶离港口。即便是过去了 30 多年,他依然记得那年高考的作文题目是《当我走进考场的时候》。在参加高考之前，他已经在宁夏银川当了8年的工人，正是参加高考让他看到了人生新的希望，也从"知识无用论"的阴影中、从因父母是知识分子干部而被划为"靠边站"的青年队伍中走了出来。

命运对汤策很照顾，他顺利地考入西安交通大学。跨入大学门槛的第一天，一幅在今天看来很普通的标语——"西安交大是培养工程师的摇篮"令他心灵震撼。国家需要科学技术！我能成为工程师！也许是离开校园的时间太长了，他像在沙漠中突然发现了水，一下子扎入知识的海洋，对读书已经到了痴迷的状态。上课抢座位，排队进图书馆，床头永远放着几本书和一只手电筒，甚至走路还在看书，他那时候生活范围就是图书馆、寝室、食堂三点一线，没有任何事情能影响他的学习。不夸张地讲，大学四年几乎就没有在当晚睡过觉，深夜学习不超过零点心中就有失落感，以至于学校领导因担心同学们身体吃不消而采取了定时停电措施。记得有一次，晚自习结束后汤策从教室往寝室走，背单词太入神，一跤摔倒，跌进路边的防空洞，鼻梁骨缝了10针。第二天，他缠着纱布进教室，迎来的都是敬佩的目光。四年的大学生活充实而富有激情，他参加了"实践是检验真理的唯一标准"大讨论。他是边疆少数民族地区来的学生，又带着工资上大学，按政策应该从哪里来回哪里去，恰巧在毕业的时候，部队先来学校挑人，他又恰好被挑中。儿时的理想即将成为现实，兴奋的他在体检时血压陡然升高，差点被淘汰，后来又复测了多次才过了体检关。

梦想在监造导弹中破茧成蝶

古人说十年磨一剑，但汤策他们为了铸就新中国的空防利剑，矢志不渝。20世纪80年代初，汤策当军代表不久，就参加了海军第一批舰空导弹的研制监督工作。该型导弹是敬爱的周总理亲自命名的，寓意为60年代第一型。十年"文革"浩劫使该型号导弹研制历经坎坷，一度停滞，80年代初的试验又都以失败告终。随后，汤策参与了为期两年的攻关、整质排故工作，先后进行数十项技术攻关，落实了大大小小百余项整改措施。1984年再次进场做飞行试验，他跟着工业部门技术人员在茫茫戈壁奋战两个月，试验终于取得成功。那一瞬间，所有的实验队员相拥而泣，场面令人震撼，二十年的心血终于得到了回报！那次成功为定型试验奠定了技术基础，后来陆军也决定装备该型导弹，并委托海军负责陆上定型。

参加某新型导弹性能测试

1986年，汤策与代表室同事再赴西北、东北靶场，虽然也遭遇到了不同的技术困难，但最终都取得了成功。我国自行研制的第一代舰空导弹终于开始装备部队。装备该型导弹的舰船，先后参加过著名的南海"3・14"对越自卫反击战，据参战部队反映，当时我军战机尚无法覆盖该海域，正是由于我方导弹的威力，越南的飞机才不敢盲目出动，使我海军有了制空权。接下来，该型导弹又多次参加实战演练，次次成功，特别是"神威-95"演习中，江主席在演习现场看到导弹直冲蓝天，击落"敌机"，连声称赞："打得好！打得好！"如今该型导弹已经有了庞大的家族，发展成为系列装备，可靠性与操作简便性有了很大提高。

1999年初，汤策接到上级通知，由代表室监造的该型导弹将要参加国庆50周年大阅兵。为了做好阅兵装备保障工作，他在"阅兵村"住了将近4个月，解决了导弹对酷暑、气候干燥、风沙大等环境的适应性问题。当看到他们亲手保障的新中国第一代舰空导弹缓缓驶过天安门广场，接受党和国家领导人检阅的时候，崇高的自豪感油然而生。汤策所在代表室被中央军委、国务院授予"国庆50周年阅兵保障优秀单位"荣誉称号。

梦想在跨越中展翅高飞

世纪之交，历史机遇又一次垂青代表室，汤策他们终于迎来了研制新

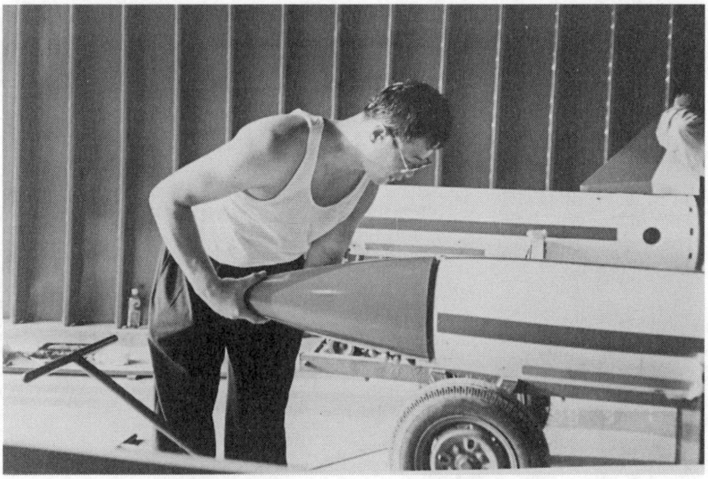

专心安装导弹天线罩

型舰空导弹的批复。作为军代表，面对新一代舰空导弹性能要求高、技术难度大、研制周期紧的挑战，汤策他们汲取第一代导弹研制生产过程中的经验教训，推陈出新，采取了许多新技术新手段新方法。在吸取国外同类导弹先进设计理念的同时，加强消化吸收，洋为中用，主打“中华牌”，大大提高了装备研制效率。

军代表的战场就在车间、实验室、靶场，早一天把新装备交给官兵，部队就早一天形成战斗力，国防就有坚强保证。代表室同志以强烈的使命感，钻研高科技知识，深入现场处理难点问题，平均每年加班百日以上，“周六保证不休息、周日休息不保证”，许多同志常年不休假，先后攻克了垂直热发射姿态控制、超低空反导等一个个技术上的“拦路虎”，实现了新型号导弹技术见底。虽然，这个过程中也出现了导弹错抓假目标、导弹失控在空中大机动转弯等险情，但通过在试验现场与研制单位共同分析，采用半实物仿真等先进手段，使得大型试验一次比一次好，可靠性一次比一次高，作战使用性能达到了国际先进水平。这期间，汤策曾多次进场担任军方工作组组长，在试验场地度过了许多个不眠之夜。2005 年“五一”前，该型导弹在闭合回路靶试中出现意外失控，全部人员都投入到技术归零工作中。而此时，从银川传来母亲被车撞伤骨折的不幸消息，一直在上海工作的汤策，几乎十多年才探望一次父母，在忠孝难两全的情况下，内心几经动摇，他毅然决定赴京汇报工作后直返西北靶试现场，直到陆上靶试取得圆满成功。

2009年，在他55周岁的生日里，他参研的新型导弹终于完成定型并大批武装部队。时逢国庆60周年阅兵，组织上再次让他担任海军四个型号阅兵导弹技术评审组组长，参加海军国庆阅兵的技术准备与把关工作。当再次看到亲手研制的导弹排成方队，整齐地通过天安门广场时，激动的泪水不由得夺眶而出！

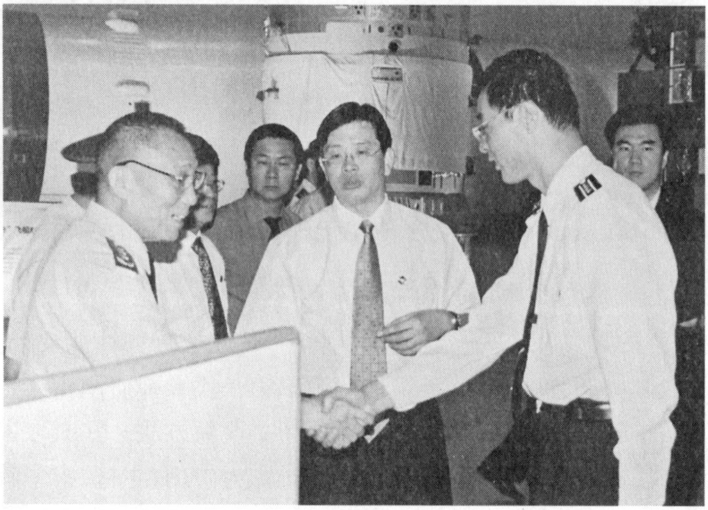

受军委领导接见

前些年，汤策就从总代表岗位上退了下来，距离脱军装的日子也不远了，但作为仍然工作在一线的军代表，有限的工作时间更加增加了他的紧迫感，他甚至希望自己能够夜不寐、食不进，把所有的时间全部投进新型舰空导弹的研制中。随着退休时间的日益逼近，这一种紧迫感也日趋强烈。他加倍珍惜那身戎装和倒计时的时光，真恨不得一天当作两天干。他一面刻苦攻关研制更先进的导弹，一面服务部队投身于导弹实战化演习的技术保障。看到所装备的导弹在历次演习中精确命中目标，真恨不得像亲吻争气的孩子一样亲吻那银灰色的导弹。

人生几何，2010年汤策退休后来到奉贤军休所，但他人退心不退，积极投入军休所组织的老少读书乐、参观地方与国防建设新成果、参与军民共建等活动，同时，担任上海航天局八院总体部型号技术顾问，延续他所挚爱的导弹研发事业，让梦想在富国强军过程中腾飞！

（奉贤区双拥办）

血染的风采

——对越自卫反击战中张亚平烈士的故事

张继业

张亚平(1963—1984),1963 年出生于青浦大盈,1980 年 1 月应征参军,不久推选进南京陆军学校学习。

1984 年 5 月加入中国共产党,7 月军校毕业,奔赴对越自卫反击战前线,任某部七连二排排长。

1984 年 12 月 10 日晚上,张亚平奉命率领六班战士坚守 116 阵地,击退敌人三次反扑、四次偷袭。20 日凌晨,在返回排指挥所途中,被敌人炮弹击中,壮烈牺牲。

张亚平牺牲后被追记二等功。生前为家乡父老留下的录音磁带在中央人民广播电台向全国进行了播放,他的英雄事迹在中央军事博物馆展出。

1963 年 10 月 28 日,一个白白胖胖的小男婴“哇哇”地诞生在一个再普通不过的农家院里。他的到来让原本就拥有一个又可爱又懂事的女儿的父母满心欢喜,心想多了个可爱的儿子,将来的生活一定会越来越幸福的,于是父亲给小男婴取名为张亚平——希望他一生都平平安安的。

农家囡乐善好施

随着农家小院里的香樟树一天天地长大长高,那个小男婴变成了一个挎着母亲为他缝制的小书包上学的小学生了。很多老师与乡亲都很喜欢他，都喜欢亲切地称呼他为"戆戆"，因为他朴实而且乐于帮助他人。每次学校大扫除，小亚平总会早早地拿着自家的扫帚、抹布来到学校。当很多孩子都嫌脏不想做的时候，他总说："老师，我来！"然后用自己胖胖的小手很勤快地干着活儿。他还会主动申请打扫厕所，遇到便池里有大小不一的石头堵塞下水道时，他就用工具甚至还会用手掏出那些石头。老师问："戆戆！你不怕脏吗？"他总是笑笑摇摇头——那时他才 8 岁。

还有一次是在秋天，那年又是一个丰收年，生产队的队员们都在辛苦地收割农作物。当时很多孩子把堆着一堆堆稻草的场地当"游乐场"，孩子们把稻草都集中起来堆成一个个"小堡垒"，在里面玩打仗的游戏。这也是小亚平最喜欢的游戏之一，可当小亚平和小伙伴们玩得正高兴的时候，他发现地上洒落着很多金黄色饱满的稻谷。于是他就招呼小伙伴们一起来"玩"捡稻谷游戏，看谁捡得最多。从中午一直捡到傍晚，小亚平和他的小伙伴们把地上所有的稻谷都集中起来，一起交给生产队长。虽然他们身上和手上都很脏，但看到生产队长翘起大拇指夸奖的时候，大家都笑得很开心——那时亚平只有 10 岁。

16 岁时，他成为了一名生产队队员。一次，生产队要队员们为庄稼施肥料。天公不作美，大风大雨。很多人都因为恶劣的天气而退缩了，而张亚平就一个人背着肥料在大风大雨中完成了生产队交给的任务。当他回到家时已经很晚了，家人正等他吃晚饭呢！

读高中的时候，因家里经济困难，不能同时满足姐弟俩的读书需求，只能让一个孩子读书。最后，姐姐决定让弟弟去读书，自己就停课帮家里挣些工分补贴家用。张亚平看在眼里，默默地在心里为自己加油鼓劲，不能辜负姐姐的良苦用心。于是他努力读书，争着为班级做事儿。因为他字写得漂亮，所以他时常会为班级出黑板报。张亚平很喜欢练书法，家里经济困难没钱买纸和墨，他就把米糠化成糊，制作成纸盒卖掉后换毛笔和宣纸。他平时非常节俭，每次在学校吃饭，只花 1 分钱买饭，然后去要一些不花钱的汤解决自己的吃饭问题。

好男儿志在军营

正当张亚平满心欢喜地憧憬着上大学的时候，现实残酷地告诉他——你还差几分，上不了大学。就这样张亚平和大学失之交臂，也让他的姐姐、父亲、母亲难过得哭了。也因为这次失败，家人开始谋划他的将来。正当父母想让他学门手艺谋生的时候，张亚平自己提出想要去参军的想法，这个想法让家人有一些顾虑，因为他毕竟是家里的独子，可最后父亲还是支持了他的选择，1980 年 12 月 4 日，张亚平的父亲亲自送他上了送兵火车。就这样，张亚平离开了生他养他的故乡，踏上了一条完全陌生的路程，去实现自己的军人梦。

张亚平

在参军的那些年里，他很用功地学习，也和小时候一样争着为集体做事儿。比如：干他拿手的活儿出黑板报，帮别人打扫卫生等等。他乐于助人的品德，经常受到连长的表扬。连队领导有心培养他，让他担任师教导队的文书。这是一次体现自己个人价值和为集体服务的好机会。他在工作中特别认真、特别用心。在此期间，他还在部队书法比赛中获得了第一名，奖品是一只包，他藏着想送给远在家乡的姐姐。也因为他的多才多艺，领导开会决定让他去报考军校。这让张亚平又欢喜又担忧，欢喜的是可以提升自己的文化知识水平，担忧的是怕自己再次名落孙山。这次，他没有把要考军校的事情告诉家人，想等考上了再和家人分享。前面自己已经失败过也后悔过，所以张亚平特别刻苦——晚上宿舍熄灯了为了不影响别人休息，他便跑到厕所那边的路灯下温习。天道酬勤，他终于弥补了第一次的失败，交出了一份让家人和所有关心他的人满意的答卷——他考上了！

在军校的生活虽精彩，但张亚平时常挂念家乡和亲人，时常会给家里人写信，但就像他在刚参军的时候一样只报喜不报忧：爸爸、妈妈和姐姐，我前天参加了丢爆破筒的比赛，又得了第一；还有，我现在生活得很好，请你们别担心……

军队的纪律和规章制度都非常严格，不能随便请假，除非是有非常紧急的事情。1983年3月7日，张亚平的父亲生病开刀，他得知后心急如焚，可又不能违反军队的纪律和规章制度，擅自回家探望父亲。于是他就打了3封紧急请假电报，希望上级能允许自己回家探望父亲。上级终于下发了同意的电报，他一接到电报就连忙回家，去医院探望已经快两年未见的父亲。

1984年7月11日，张亚平以优异的成绩毕业于南京军校。在学校，他还光荣地加入了共产党。这一次组织上给他两个选择：一是留校，将来在部队当老师；二是回到部队从基层做起。张亚平考虑了许久，也和家人商量了许久。最后，他选择回到部队。他说：我能有今天也是部队所给予我的，所以我要"回家"。回到部队后，他担任了排长一职。虽然是排长，但他总喜欢和战士们打成一团，一起训练一起吃饭。对自己一直很节俭的张亚平得知有位战士是回族人不吃猪肉，怕这位战士营养不够，就自己掏钱给这位战士买牛肉吃。就是因为他待战士如兄弟一样，所以许多战士都很尊敬和喜欢他。

真勇士为国捐躯

幸福的生活来得快，去得也快。没过几年平安生活，上级领导就下达紧急命令——要他们部队派出一个师三个团去参加对越自卫反击战。张亚平义无反顾地坚决要求参战，并要求上级派他去116阵地，他知道那116阵地是敌军最多也是最危险的地方。最后他任某部七连二排排长，赶赴对越自卫反击战前线。在上前线之前，他对上级领导很坚定地保证——我张亚平只要还有一口气，就不让敌人进入一寸土地，捡走一块石头！就在他要去战斗的前一天，他录了一封最后的家书，他说：爸爸妈妈，请不要悲伤，不要哭泣，应该擦干自己的眼泪，挺起胸膛。应该为有这样的一位战士感到骄傲与自豪。虽然儿子没有留下什么，没有像天下普通的儿子一样来孝顺你们，尽儿子的责任，但你们要知道，有多少位儿子为天下的父母更好地生活而献出年轻的生命，难道他们的父母就不疼爱自己的儿女……最后说句话，如果我牺牲了，请代我向党交20年的党费。假如，爸爸妈妈果真想我时，请随手把这盘录音带放一放，每当听到我的声音，就觉得我还存在，还生活在你们中间……随后他自弹自唱了几首献给父母和乡亲父老的歌：《我的中国心》《万里长城永不倒》《故乡啊故乡》

《战士的第二故乡》和《在那桃花盛开的地方》等大家耳熟能详的爱国和爱家乡的歌曲。

在战场上的生活是很艰苦的，因为116阵地是最危险的地方，所以后勤部门很难给战士们送水上去。可张亚平和他的弟兄们为了保卫国家和人民，在极度缺水的情况下，强迫自己干咽压缩饼干。就在这么恶劣的环境下，他们和敌人战斗了数个日日夜夜，击退了敌人三次反扑、四次偷袭。20日凌晨，在返回排指挥所途中，张亚平被敌军从空中投下的一枚炸弹击中后脑，当场壮烈牺牲。战士们到处寻找着他不停呼喊他的名字，终于在被炸弹炸出的一个大坑旁边发现了一具已面目全非的……一位战士找到了他的编号，只属于张亚平的编号。那年张亚平才21岁。

张亚平牺牲后，被军委追记二等功。生前为家乡父老留下的录音磁带在中央人民广播电台向全国进行了播放，他的英雄事迹在中央军事博物馆展出。

这就是报国英雄张亚平的故事。他的事迹将永远鼓舞我们向前，他的英名将永远铭刻在我们的心中。

（青浦区双拥办）

逝去的军绿　永恒的牵挂

吴　明

印淡华，上海市嘉定区马陆镇人，1965年9月生，1978年毕业于石岗小学，1981年毕业于石岗中学，同年9月在马陆烘漆厂当工人。1984年1月入伍，1984年10月加入共青团。1985年1月16日在增援某某阵地前沿无名三号高地战斗中，他轻伤不下火线，毙敌六人，直至壮烈牺牲。被追认为中共党员，并追记二等功。

三十多年前，在那场充满火药味的高地战斗中，嘉定马陆镇彭赵村一位年仅20岁的小伙子，轻伤不下火线，英勇参战，毙敌六人，直至壮烈牺牲。这位将生命永远定格在20岁的年轻小伙就是印淡华，上海市嘉定区马陆镇人。

1984年7月，参加对越自卫还击作战的命令下达了。印淡华听到命令后，立即给自己的女友写信：

"自从一九七九年到现在，越南连续不断地向边境开枪开炮，捣乱我边防军民的正常生活和工作，使我人民生命财产受到威胁。为了打击越南侵略者，我已下决心在战场上多立功、多杀敌，用自己的生命和鲜血保卫祖国的每一寸土地。"

"在写这封信的时候，我想了很多，我不能连累你，请你忘记我吧，你是一个好姑娘，会找到一个很好的伴侣。”

“现在，你应该为我骄傲，为我自豪，我是为保卫祖国的神圣领土和保卫四化建设去流血牺牲的。也希望你不要虚度年华。后方的安宁和幸福，是我们解放军战士用鲜血换来的。希望你在建设四化的征途上多贡献一份力量。”

怀揣梦想和信念的印淡华把个人的情感放在一边，在投身于战争前一定要给心爱的姑娘一个交代。多么好的战士！多么富有正义感和责任感的战士！

没过多久，他收到了亲人的回信，信是女朋友的父亲写的，信中说：“我们家里多么希望你能来信，收到你的信很高兴。但金凤看了信就哭了，你不应该这样写，哪怕一二年、七八年，我们也会等着你胜利回来。”

多么好的人民！即使前面有着太多的不确定因素，仍然怀揣一颗朴素的心，牵挂着战士平安归来。

印淡华练习收发报技术

印淡华就这样，带着美好的愿望，带着家人的期待，带着保家卫国、杀敌立功的决心，带着家乡人民的嘱托，登上了出征的战车。

部队开到云南某地后，开始了紧张的临战训练。印淡华深深懂得：“对一个战士来说，没有杀敌本领，不可能取得胜利。”在训练中，他任劳任怨，从难从严要求自己，刻苦钻研军事技术。有一次，连队搞单兵技术训练，他发高烧到三十九度多，班长、排长都劝他休息，可他却咬着牙训练：“这一点小病能算得上什么，假如在战场上该怎么办？”说着他背着武器走上了训练场。他就是有这样一股韧劲，从不甘心落后，练就了一身杀敌本领。训练考核时，他各课训练成绩都是优良。

在紧张的临战训练中，印淡华思想上也积极要求进步，他向团组织递交了入团申请书，在他的入团申请书中写道：“决心把这次入团当作自己的新起点，在以后的工作中更加以团章严格要求自己……要用更加振奋的精神，积极工作。”他决心用实际行动实现自己入团的愿望。鉴于他在临战训练中的突出表现，1984 年 10 月，团组织批准了他的入团申请。

1984 年 12 月 7 日，部队开上了阵地。印淡华随班坚守某阵地。一上阵地，他就要求到最危险的哨位去潜伏，除了放哨潜伏，他还和全班战士一起，积极抢修工事、掩蔽部。

12 月 19 日至 20 日，越军向我一线阵地进行了猛烈的炮击，发射炮弹一千二百多发，并先后以营团规模发起了疯狂的进攻，遭到我军迎头痛及。狡猾的越军见强攻不成，便以小股兵力偷袭我前沿阵地。22 日晚 9 时许，天气一片阴沉，正在放哨的印淡华突然听到阵地前沿有人轻微挪动的声音立即向班长报告：“有情况！”同时他加强了观察，细细搜索目标，果然发现越军一个加强班正在偷偷地摸上来。当敌人进至距前沿二十米时，全班手榴弹一齐投向敌群，打得敌人晕头转向，四处逃窜。

威震敌胆的“一·一五”战斗打响的第二天，印淡华和全班接到命令：向某某钢铁阵地输送弹药，并随时准备接替战斗。印淡华立即和战友们一起，扛起弹药，冒着连天炮火，迅速机动到了某某阵地。但是，至钢铁阵地的通路已被越军火力封锁了。想到阵地上的战友们正急等着弹药，他们急中生智，分成两组，交替掩护，强行冲过敌封锁区，按时将弹药送上了前沿阵地。

完成任务后，印淡华和全班又奉命投入攻打无名三号高地的战斗。在班长的带领下，他们向无名三号高地勇猛冲去，贴近敌阵地时，越军发现了他们，各种轻重武器劈头盖脸地打过来，班长身上多处重伤。印淡华迅速爬上去给他包扎，正在撕开急救包时，一颗子弹冲击了印淡华的左手，鲜血直流。为了抢救班长，他忍住剧痛，不顾流血的伤口，背着班长转移到了一条石缝里。给班长包扎后，又把班长送回到阵地一号洞。随后，他又返身冲向敌人阵地。当他带伤冲到无名三号高地右侧时，越军机枪火力迎面扫来，他一个闪身隐藏在一块石头旁，端起冲锋枪两个点射，又乘机一翻身向前跃去。他边扫射，边冲锋，带伤击毙六名敌人。当他快接近顶峰时，一颗罪恶的子弹，打中了他的胸膛。他用尽最后的力气，向顶峰爬去，爬上去……直至停止最后的呼吸。在他的身后，留下了一条长长的、殷红殷红的血迹……

（嘉定区双拥办）

当代军人的典范　共产党员的楷模

赵国明

王庆平，上海警备区司令部通信站原副教导员。少校军衔，安徽合肥人。1987 年 11 月入伍。2005 年 2 月 22 日，在组织部队进行手榴弹实弹投掷训练时，他舍身救战友壮烈牺牲，献出了年仅 35 岁的宝贵生命。2005 年 4 月 25 日，共青团上海市委追授他为“上海新长征突击手标兵”，同年 10 月 25 日，共青团中央、全国青联追授他“中国青年五四奖章”。中央军委主席胡锦涛于 2006 年 11 月 26 日签署命令，追授他“真诚爱兵科学带兵的模范基层干部”荣誉称号。

2005 年的 2 月 23 日，在静安寺街道三义坊居委会的老年活动室坐着一批王庆平的“兵妈妈”，因为王庆平早在几天前就与居委会干部讲好，带战士来小区与孤老一起包汤团、闹元宵。孤老们一早个个打扮得整整齐齐来到布置一新的老年活动室，等着他们的兵儿子、兵女儿的到来。平时王庆平很守时，但这天不知什么原因，到了 9 点也不见一个战士的踪影。居委会干部急得打电话与部队联系，才得知噩耗，昨天下午通信站进行军事训练时，一名战士在投掷手榴弹时不慎脱手滑落，面对冒着白烟的手榴弹，王庆平奋力将战士推进隐蔽壕，而自己却失去了隐蔽的时间。经全力抢救，因伤势过重壮烈牺牲。

消息传来老人们一个个伤心不已，泪流满面。“王庆平，你不能走，我们需要你。”汤仲贤老人含着热泪说道。汤仲贤夫妇是双孤老，十几年来通信站的战士和汤仲贤等老人结下了深厚的情谊，王庆平和通信站的战士已经成为三义坊社区孤老离不开的亲人。王庆平担任副教导员后更把关心、照顾好驻地孤老作为部队开展拥政爱民活动的一项重要工作来做。王庆平经常组织战士到老人家中，替老人搞卫生，帮助他们解决一些生活上的困难，还与老人建立了“热线电话”，老人需要什么帮助，电话打到连队，战士们就会上门为老人服务，他和一连战士还与最困难的五户孤老结成了帮困对子。尽管通信站的战士们因复员换了一茬又一茬，但照顾好孤老的传统却一如既往地传了下来。每年大年初一，王庆平怕孤老寂寞，就和战士们把孤老请到连队，与孤老一起联欢、包饺子过年。战士们为老人带来了笑声，带来了子女对父母的问候，让孤老在晚年又感受到家的温暖。

2002年，王庆平得知三义坊社区患先天性心脏病的小朋友叶怡雯，虽然在社区好心人的帮助下顺利做了手术，但每年的学费仍有困难。他和通信站一连的战士在六一儿童节为叶怡雯募捐了学费，并与她结成帮困助学对子，春节还把小怡雯接到部队过年。

王庆平不仅对通信站驻地三义坊社区的老人关爱有加，对静安寺社区其他老人的求助也是有求必应。街道海园社区有一位居住在四楼瘫痪在床多年的独居老人沈国英，子女不在身边，行动不便已有数十年。老人的夙愿就是要在有生之年看看上海“一年一个样、三年大变样”的大好形势，但她苦于无法下楼一直未能如愿。为了圆老人的这个梦，王庆平挑了一个风和日丽的日子，安排三连几位战士陪老人去看上海。临出发前他再三叮嘱战士：要注意老人的安全，要让老人好好看看上海这几年的发展。战士们到了老人家里，小心地把老人从四楼抬下来，推着轮椅陪老人兴高采烈地在静安寺、南京路游玩了一个上午。沈国英老人和亲属感激不尽，特制了一面锦旗送到部队。

2004年春节刚过，静安区领导接到了一封求助信。写信的是愚谷村社区体弱多病的空巢老人李顺喜老夫妇，他们的独生儿子远在美国。当时，二老恰逢搬家，可是身边没有一个帮忙的人，他们急得吃不下饭，睡不着觉。王庆平获知情况后，随即安排人帮老人搬家。搬家那天，十几位战士忙了一个上午，连茶也没喝。老人感动地要请战士们吃饭，可战士们帮助老人安置好后，就悄悄地回部队了。

静安寺街道多年保持双拥模范单位的称号，与部队的大力支持是分不开的，特别是王庆平功不可没，军地共创共建，双拥工作卓有成效。1999 年，部队开展科技大练兵，为了提高部队战士适应现代化高科技战争的能力，通信站领导同街道联系，希望街道资助三连创建一个电脑微机培训中心。街道领导十分重视这一科技拥军项目。很快，在社区单位资助下，“全市首家连队电脑培训中心”在警备区通信站三连成立了。当时王庆平刚调到三连任连长，他积极参与“电脑培训中心”的筹建工作。“电脑培训中心”成立后，他刻苦钻研技术，结合部队练兵需要，主持开发了“我爱背号码”等软件。2002 年，王庆平担任副教导员后，又主动同街道联系，为一连和二连也组建了电脑培训室，从而有力地促进了部队的科技练兵工作。2002 年他担任街道双拥办副主任以后，更是全身心地投入军民共建活动中来。他积极探索新形势下部队拥政爱民工作的新思路，每次街道双拥办召开会议，他都积极参与，认真提出具体工作思路、意见。2004 年，在王庆平的建议下，静安寺社区的 9 家驻地部队共同提出“创建静安区拥政爱民示范区”的倡议。在他的积极参与和其他部队的共同努力下，建立了一系列拥政爱民、拥军优属的运行机制，使静安寺社区的双拥工作更加规范化、制度化，把静安寺街道的双拥工作推上了一个新的台阶。与此同时，警备区司令部通信站和静安寺街道多次被评为上海市军民共建精神文明先进集体。

静安寺双拥小区开展的每月 20 日为民服务活动已有二十多年，王庆平担任街道双拥办副主任后，把每月 20 日的为民服务作为拥政爱民活动的一个重要载体，每个月的这一天，他都会亲自带领战士来为群众理发、修家电、修自行车，并以普通士兵的身份参加服务。看到年老的，他会热情地扶老人坐下，来不及修理的家电，王庆平就让战士们带回连队，约好群众到通信站营房门口取。

王庆平生前说过：“静安寺社区是我们通信站战士的第二故乡，驻地群众是我们的亲人。只要‘亲人’有困难，需要我们部队出力，我们战士一定尽力帮助。”他始终用自己的行动实现这一承诺，对社区群众的求助有求必应、有难必帮。

街道每年为灾区募集的衣被救灾物资的搬运是一大难题，每次到部队找王庆平帮忙，他总是热情地把车辆、人员都安排得妥妥帖帖。有一次他听说街道组织义务献血的事情碰到困难，他立即到部队进行动员，战士们纷纷要求参加义务献血。由于要求献血的战士太多，街道考虑到部队的战备执勤等工作繁忙，最后只答应十几位战士参加街道组织的义务献血活动。静安寺街道群众文化资源比较丰富，王庆平就联合街道开展文化拥军活动，每逢八一建军节、国庆节、春节等重大节日，他总是带上战士和自己排练的节目与社区群众联欢，既丰富了战士的业余生活又提高了战士的文化素养，更增进了军民鱼水情谊。每到新学年开始前，王庆平总要安排战士到社区的小学，帮助清扫操场，打扫教室，迎接新学期的开学。

王庆平在部队是个好领导，在社区是个好党员，在楼组又是个好居民。王庆平刚搬来三义坊社区不久，一天晚上，居委会干部上门送表格要居民填写。那天他正好在家，见居委会干部手里拿着一叠表格上门，赶紧说："你们居委会干部这么晚了还在工作真太辛苦了，剩下的我来帮你们发吧。"居委会干部被他的热情感动，便试着说："这幢楼还没落实楼组长呢！"想不到王庆平爽快地说："那就我来当吧！"说着他接过居委会干部手中的表格，一家一家地分发，从此，居委会的工作他也揽上了。事后居委会干部才知道，那天晚上他本已约好妻子一同去南京路的。王庆平早就答应妻子，一定要亲自帮她买一件漂亮的衣服，因公务繁忙一次一次地改时间，这次又失约了。

街道干部耿贵琴是一位军嫂，他们一家原来和王庆平是邻居。平时小耿家的家电坏了总是找王庆平给修理，碰上王庆平事务繁忙，他就抽空分几天修好。2001年部队进行房改，小耿夫妇正为筹措资金发愁，晚上便接到王庆平的电话："有钱吗？没钱到我这里拿。"其实王庆平的收入也不高，但话语不多的关怀令小耿夫妇俩感动不已。小耿房子装修好后，王庆平送来六盆花，如今花还在，送花人却已离我们而去。小耿夫妇每每看到这六盆花就想起他们的好邻居、好战友——王庆平。

"无私奉献建功立业英雄浩气长存、爱兵如子舍生忘死烈士英名永垂"。今天，英雄已远去，但英雄的真情却长留人心。

（静安区双拥办）

好善乐施的“百万富翁”

——残疾退伍军人蒋金楚的事迹

崔婧婷

蒋金楚，1928 年 7 月出生于浙江省余姚市，1944 年 2 月参加新四军，成为浙东抗日武装三五支队的一员。抗日战争结束后，他又随部队北上，先后参加了济南战役、孟良崮战役等大小上百次战斗。他在战争中多次光荣负伤，双手双脚留下严重后遗症，被鉴定为二级甲等伤残。1950 年从部队转业至上钢一厂(现宝钢集团一钢公司)工作，担任职校校长兼教育科科长。1982 年 3 月离休。

慈善经历：

1990 年捐款 1 000 元至余姚受灾群众；

2008 年捐款 5 000 元至汶川灾区；

2008 年捐款 30 万元至余姚困难残疾人；

2010 年捐款 50 万元，成立“蒋金楚 · 杨颖助残基金”。

获得的荣誉：

“2009 年感动宁波”十大慈善新闻事件和人物；

2009 年，宝钢集团离退休优秀党员；

2010 年度上海市社会主义精神文明“十佳好人好事”。

“生不是乐事，死亦非灾祸，顺其自然罢了。”这不是古哲先贤的至理名言，而是一名伤残老军人的人生感悟。

出生于浙江余姚的蒋金楚是宝钢集团一钢公司的离休老干部。他从小失去双亲，16 岁便参加新四军，成为浙东抗日武装三五支队的一员。

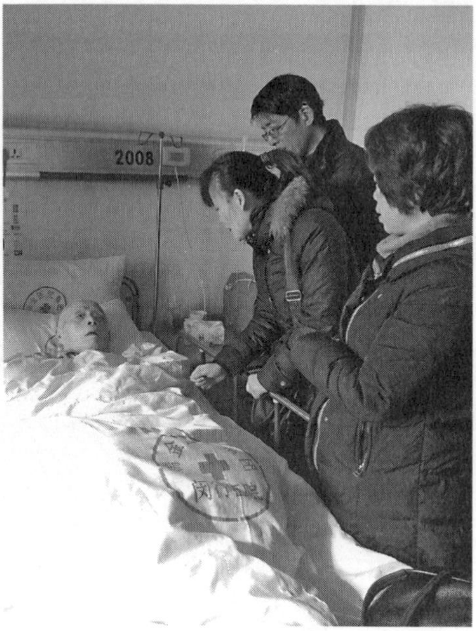

居委干部探望生病的蒋金楚老人

这支部队也就是后来大名鼎鼎的浙东游击队，是开辟浙东敌后抗日根据地的第一批力量。抗日战争结束后，蒋金楚又随部队北上，先后参加了济南战役、孟良崮战役等大小上百次战斗。他在战争中多次光荣负伤，双手双脚留下严重后遗症，被鉴定为二级甲等伤残。1950 年他从部队转业至上钢一厂(现宝钢集团一钢公司)工作，1982 年离休。2004 年 7 月搬入虹桥镇的奥森公寓，那时，他在身体状况尚可的情况下，力所能及地参加居民区党支部组织的各类学习和公益活动，不仅多次应邀为青少年学生进行革命传统教育，还积极参加社区的慈善捐款捐物活动。

2007 年 6 月，蒋老身体变差，在闵行区民政局、虹桥镇老龄办的努力下，将他安排进了上海市荣誉军人疗养院。入院后，蒋老得到了护理院领导和工作人员无微不至的照顾，镇老龄办、民政科、居委会每年多次探望慰问，让蒋老感受到了不是亲人胜似亲人的温暖。作为一名德高望重、受人尊敬的老干部，他有着平易近人、和蔼可亲的性格，社区居民和荣军院的工作人员都亲昵地称他为“蒋伯伯”。

古人云：“夫君子之行，静以修身，俭以养德。非淡泊无以明志，非宁静无以致远。”蒋金楚正是这样一位德行傍身，淡泊名利的君子。战时艰苦的军营生活使他养成了艰苦朴素的生活习惯，不仅从不沾香烟酒水，连一条洗到泛黄僵硬的毛巾都舍不得扔，身上的衬衣裤子更是穿了几十年，不肯换新的。但就是这么一位艰苦朴素，对自己“抠”到吝啬的老人家，却一次又一次地将自己的积蓄无条件地捐给有需要的人。

当乐善好施的蒋伯伯还在上钢一厂工作时，便开始资助一个贫困生，直到这名学生顺利读完大学，改变了自己一生的命运。他的第一次捐款是在 1990 年，当时浙江省余姚市大岚镇南岚村因为雪灾造成茶叶和农作物减收，村民沈正杰与年迈的父亲多年来相依为命，生活十分拮据。蒋金楚老人了解情况后，将 1 000 元送给了他们父子，用来改善他们的生活。此后，老人每年都会捐出几千元的善款给有需要的人，这已经成为老人生活的一部分。2008 年 5 月，汶川大地震发生了，已住进荣军院的蒋伯伯第一时间捐出 5 000 元，并号召其他老人一同捐款。

而要问起他捐出全部积蓄的缘由，还得从他军旅生涯说起。抗日战争期间，蒋老和战友们在余姚附近的四明山上打游击，生活十分艰苦，是余姚的父老乡亲们，冒着生命危险将粮食送到了战士们手中。战火中的生死经历，让他的晚年多了一分牵挂：点滴之恩都要涌泉相报，更何况是救命之恩。虽然现在自己的老年生活富足平和，可是家乡的革命老区还有困难群众需要帮助，做人应饮水思源，一定要为家乡人民做点什么。就这样，为了报答抗战时期余姚父老乡亲的救命之恩，他慷慨解囊，于 2008 年向家乡余姚市困难残疾人捐款 30 万元。在写给宝钢集团一钢公司党委的信里，老人这么说道："生不是乐事，死亦非灾祸，顺其自然罢了。我想在精神尚可之时，了却多年的心愿——把毕生积蓄捐赠给生我养我的故乡余姚，那是我生活过战斗过的四明山老区。希望通过余姚的慈善机构把捐款送到最贫困的残疾人手中。"那一年，余姚市 450 名困难群众得到了老人的资助。

2009 年，他被评为"感动宁波——十大慈善新闻事件和人物"。同年，被宝钢集团评为离退休优秀党员，而蒋老则将 1 000 元奖金全部资助给了单位里生活比较艰苦的同志。蒋老曾对看望他的社区老干部工作者说："我在荣军院，吃穿用一切不愁，生活安逸，上级领导、社区方方面面都很关心我，我虽然年纪大了，身体又多病，但我也要尽我所能做一点有意义的事回报社会，回报关心我的人们。"

蒋老是这么说的，也是这么做的。2010 年，他再次将自己全部积蓄共 50 万元一次性捐给余姚市慈善总会，他对家乡人说，上次捐助款 30 万元是一次性发放，就像一杯"白开水"，不过瘾。为了实现他"捐助范围小一点，金额大一点，持续时间长一点"的愿望，余姚慈善总会用这 50 万元以蒋金楚和他已经去世的夫人杨颖的名字设立了"蒋金楚 · 杨颖助残基金"，用来长期救助余姚的困难残疾人。当余姚来的代表告诉老先生，首批困难残疾人已在春节前获得补助，蒋老喜上眉梢："这是兔年春节里听到的最好的消息……比吃喜酒还开心。"不过老人提了一条，希望善款发放要公正、公平、公开。为此他特地向当地慈善基金会要了一份受助人名单，"上面有联系方式，我要抽查"，蒋老笑嘻嘻地说道。

至此，蒋金楚老人已经捐款80多万元，这些钱都是老人省吃俭用积攒下来的补助金和抚恤金，也是他的全部积蓄。而他却不满足，他说，看到中国首善陈光标表示死后"裸捐"50余亿人民币的报道后很受感动，自己不是老板，捐助金额不能跟陈光标比，但作为一名老战士，希望这一生能做一回慈善捐赠的"百万富翁"。"有志不在年高，无志空长百岁。"现在老人给自己定下新的慈善目标，希望在有生之年再捐20万元，坚持捐到100万元，做一回慈善捐款的"百万富翁"，而自己去世后国家给的抚恤金、丧葬费等，也将继续捐给慈善事业。

2010年，蒋老获得年度上海市社会主义精神文明"十佳好人好事"荣誉称号。在宝钢集团特意为他举行的捐赠仪式上，他还收到了一份特殊的礼物："'2009年感动宁波'十大慈善新闻事件和人物"荣誉证书。"这可是用钱也买不来的！我只是把国家给我的离休工资省下来捐给更需要的人，希望在有生之年再捐20万元。这样，我就是慈善'百万富翁'啦！"蒋金楚老人如此表达自己的心声。

上善若水。蒋金楚老人做了好事、善事心里却非常平静，有着"细思皆幸矣，下此便翛然"的坦荡。他不希望大家为此大张旗鼓的宣传，蒋老说："与闵行区离休干部徐素珍比起来，我还有距离。我从小失去双亲，生活受尽磨难，是中国共产党领导下的人民军队引领我走上革命道路，虽然在历次战争中我多次负伤，但与牺牲的年轻战友相比，我是幸运的。现在党和人民给我们离休干部这么好的养老待遇，使我完全没有后顾之忧，作为一名共产党员、离休干部，我愿意倾我所有，为社会尽一份责任，为人民做好事。用这些钱帮助需要帮助的困难人员，我感到莫大的欣慰和幸福。"

风是秋后爽，瓜是苦后甜，风雨沧桑路，醇美是老年。蒋老虽已是夕阳暮色的耄耋之年，但他仍有一颗大善至纯的心，一份助人不为己的情怀。多年来，蒋老身体力行传递着正能量，用实际行动诠释着老干部崇高的精神境界和爱国情操，传承着中华民族乐于助人、饮水思源的传统美德，践行着爱与奉献的精神，感动着身边的每一个人。有道是："岁寒，然后知松柏之后凋也。"他一直说："我的积蓄是人民给的，我要把它用到最需要的地方去。"就是这样一位一生忠于党，忠于人民的淳朴的老党员，用他的实际行动让我们意识到了生命的真谛，让我们见识到一位离休老干部磅礴的胸怀，一份"莫道桑榆晚，为霞尚满天"的情怀。

（闵行区双拥办）

赴汤蹈火　追求卓越

武警消防总队奉贤支队政治处

陈鑫铧(1988—2008),上海市奉贤区奉城镇人,2007年1月被聘任为上海市奉贤区消防支队泰日中队合同制消防员,生前任泰日中队消防三班代理副班长。2008年4月5日深夜,在上海华环热能实验厂火灾扑救过程中,他作为第一批攻坚力量,和战友一道勇敢地攀上20多米高的焚烧炉顶部,最大限度地接近火点。为查看火情,为下一步灭火作战搜集信息,他在浓烟中搜索前进,不幸跌入焚烧炉内,经消防官兵全力抢救未成功,为抢救国家和人民群众生命财产壮烈牺牲。上海市人民政府批准其为革命烈士,中共上海市消防总队委员会追认其为中国共产党党员,共青团上海市奉贤区委员会追授其为杰出青年卫士荣誉称号。

2008年4月5日,对于泰日消防中队,对于奉贤公安消防支队,对于上海消防总队而言,这一天刻骨铭心。彼时的情境仍历历在目,时间洗刷不掉记忆,我们永远也不会忘记当时悲痛、牵挂的心情。

彼时,他用英勇顽强诠释男儿本色

2008年4月5日23时43分16秒,泰日中队的火铃急促地响起,火场地址:奉贤区金汇镇泰日社区光泰路光善路路口上海华环热能实验厂。火铃就是命令,泰日中队执勤战斗员火速穿好战斗服,三辆消防车风驰电掣般奔向火场。

陈鑫铧，泰日中队合同制消防员，消三班代理副班长，1988 年 8 月 17 日出生，2007 年 1 月被招聘为合同制消防员。此时，陈鑫铧沉静地坐在自己的车位上，思考着火场的情况。陈鑫铧所乘坐的泰日中队 3 号车为皮卡消防车，只有三名战斗员，他担任 3 号车的班长。在奔赴火场的途中，陈鑫铧向其余两名战友布置战斗展开后的任务分工，陶晓军和李冬负责抬手抬泵停靠水源，他负责扛吸水管连接手抬泵。

到达火场，浓烟弥漫，火势凶猛。由于现场道路狭窄且泥泞，中队前两部车都不能驶进，只有 3 号车可以进入。陈鑫铧和他的两名战友接中队指挥员作战命令，按照事先分工迅速行动到达指定位置，展开战斗。

上海华环热能试验厂是一座焚烧垃圾等废品的工厂，起火点位于垃圾存储区的四楼平台，熊熊烈焰吞噬着整个存储区，火苗透过窗户向外滚滚翻腾，严重威胁着整个工厂的安全。陈鑫铧根据中队作战指令，迅速带好器材在厂方技术人员带领下向厂房内部摸去。厂房内部浓烟弥漫，温度极高，内部通道错综复杂，稍一疏忽就可能从楼梯上摔落下去，陈鑫铧没有一丝的惧怕，迈着坚定的步伐向起火点摸去。

终于到达四楼平台，此时他全身已被汗水浸透。根据战前部署，他和战友陶晓军迅速将水带释放到一楼并连接好水枪准备出水堵截火势。可又有一个困难摆在了他们面前：起火点在五楼平台，而到达起火点的唯一通道是一竖直的狭窄楼梯，上面的入口非常狭小，只能容一人通过。陈鑫铧对战友陶晓军说："帮我把空气呼吸器脱下来，上面烟雾很大，地形复杂，你去把水带固定好，我先上去。"战友陶晓军听到班长的命令后说："班长，你注意安全，我一会过来协助你掌水枪。"在固定水带的时候，战友陶晓军感觉水带突然一松，他猛然惊觉，自己的班长可能出事了……

陶晓军在浓烟中拼命地呼喊："班长！班长！班长！你在哪里……"

时间定格在 0 时 50 分，战斗刚进行了 1 小时 07 分。

英雄啊，一个年仅 20 岁的鲜活生命被大火夺去了，人为之悲叹，天为之动容！

英雄啊，还没有品尝人生的甘甜就匆匆地离去了！

英雄啊，用自己的实际行动向世人昭示了消防兵的英勇顽强！

陈鑫铧的战友们再也忍受不住失去战友的痛苦，忘记了高温，忘记了恐惧，忘记了一切，手中的水枪像一把利剑直插火魔的心脏……

无情的大火终于被扑灭了。

爬上五楼平台大家发现，在狭小入口前方不足 1 米的地方是一个巨大的垃圾进料口，周边防护设施已经损坏。陈鑫铧顶着浓烟和高温艰难地爬到这里，手电筒却无法照亮前方。为堵截前方的火势，陈鑫铧抱着水枪坚定地向前迈出了一步，就这一步，诠释了“赴汤蹈火，追求卓越”的上海消防精神，就这一步，完成了他生命的最后旅程，就这一步，让他登上了人生的顶峰。

那年，他用辛勤的汗水锻造消防铁军

陈鑫铧从小就怀揣着一个军旅梦，当他听说上海消防部队招收合同制消防员的消息后，顾不上和父母商量就跑去报了名，他觉得自己的梦想触手可及。父母没有阻拦，因为他们知道儿子一定可以在部队干出一番业绩。2007 年 1 月，陈鑫铧如愿以偿地穿上了梦寐以求的橄榄绿，成为一名光荣的合同制消防员。

从进入部队的第一天起，陈鑫铧就立下了献身消防、建功立业的志向。但是，现实却让这个志向实现起来困难重重。陈鑫铧的身体素质一般，生活在优越家庭的他，从小到大没有吃过太多的苦，身上也更没什么坚实的肌肉。陈鑫铧的朋友说，陈鑫铧的绰号是“排骨”，有一次踢球把衣服脱了，就被朋友们取了这样一个绰号。班长秦红元说，陈鑫铧下队后有一次火灾出警，是 15 楼的一户居民家中起火，当时中队官兵抵达现场后马上组织战斗员带上装备登楼。作为二号战斗员的陈鑫铧身着战斗服，头戴头盔，背着空气呼吸器，拎着两盘水袋往上登楼，没多久就筋疲力尽了。后来还是老兵先赶到现场，等他爬到时灾情已经处置完毕了。那一次他的内心受到了冲击。

与战友们在训练中

从那次出警之后陈鑫铧开始注意加强自己的体能和业务方面的训练。

健身房里，经常能看到这个瘦弱的小伙子加练的身影。卧推的杠铃片也随着时间的推移不停地往上加。后来甚至偶尔也能看到他和别的战友叫板要“赛两操”。2007 年 3 月 14 日，他在自己的 QQ 上更新状态：“以前跑一千米累得够呛，现在跑五千米喘一口气就够了。”

来部队之前陈鑫锌有恐高症，而在消防部队中有多项基本训练项目在高空进行，挂钩梯和六米拉梯就是其中两项。战友唐峰松说，陈鑫锌和其他几个同批的合同制消防员一起开始学挂钩梯，爬到二楼还没开始抛梯腿就软了，更别谈专业技术动作“跳三档”“跳五档”了，让他在二楼窗口往外走一步都吓得喘不上气。别的战士能一次性爬到四楼的时候，陈鑫锌连抛梯还没学会。他内心也是个争强好胜的人，眼看着人家爬得比他好，嘴上不说什么，心里却不服气。他有意识地让自己多往训练塔高处适应视野。他第一次用二十多秒时间连贯地爬到三楼……自从迈出了宝贵的第一步后，很快他就能操完整个操法，加上他本身的身高优势，在抛梯上许多战友渐渐都被他超越了。由于他个子高，爬梯子容易磕到膝盖，那种痛是刻骨铭心的，特别是对于一开始没有掌握要领，而且又心中有压力的初学者而言，越是害怕磕越是容易磕。邻床睡的战友李冬说，陈鑫锌的膝盖上布满了梯子给他留下的“累累战果”，这些伤痕是他不懈地奋斗的见证。

为了能尽快地熟悉消防业务，一有空，他就到战备车上熟悉各种器材装备，拆装空气呼吸器，了解掌握各种装备器材的性能和使用方法，很快提高了自己的业务水平，成为同一批战友中的佼佼者。陈鑫锌经常主动帮助战友训练业务动作，一起切磋技艺，共同提高。战友李冬在训练六米拉梯的抛梯动作时，怎么也学不会，陈鑫锌就在休息的时候主动去教他，一遍一遍，不厌其烦，终于把他教会了。

通过不懈的努力，短短的一年时间，陈鑫锌各项体能业务成绩在中队名列前茅，被评为“先进个人”，荣获个人嘉奖一次，以优异的成绩回报了党和人民的信任。因体能素质和业务水平等各方面均较为优秀，在短短的一年里，他就成为消三班代理班长。

此生，他用青春热血奏响红门乐章

人生的列车行驶了 20 个年头，在 2008 年 4 月 6 日戛然而止，留在陈鑫铧身后的是无数次灭火救援现场矫捷勇猛的身影。进入消防部队的日子里，陈鑫铧共出警200余次，挽救18人。

2007年3月31日，建队仅三个月的泰日中队首次火警出动，而陈鑫铧就是见证人之一。按照规定，泰日中队在4月1日正式担负战备执勤任务，在这天晚上他们被派往火灾现场应援南汇支队惠南中队。现场是森柏厨具厂的厂房发生火灾，火势非常猛烈，泰日中队到场后负责供水，但由于现场战斗力量不足，泰日中队迅速出水枪协助内攻。陈鑫铧生平第一次握起了水枪，钢枪冰冷，如同有一股电流流过全身，激情却如火山般喷薄而出，坚强的勇士终于找到属于他自己的角斗场。陈鑫铧刚刚到队三个多月，对消防还处于懵懂阶段，对于扑火更是没有任何经验可言，但他没有丝毫畏惧，勇敢地抱起水枪向大火冲去。

2007年6月19日，辖区一电子有限公司发生火灾，陈鑫铧和战友们火速驰援现场。途中，陈鑫铧就思考平时训练的战法操规，提前做好战斗准备。到达火场后，陈鑫铧和其他攻坚组成员一起登上厂房顶层架设移动水炮，冒着高温浓烟，将水炮阵地延伸至距离火点5米的部位，有效阻止了火势向南蔓延。随后，陈鑫铧又和攻坚组深入火场展开内攻近战，纵深推进80余米。此时，火场温度很高，打湿的战斗服一会儿就被烤干，为了保护战友安全，他始终冲在最前面。在连续7个小时的战斗中，陈鑫铧一直坚持靠前作战，为成功扑灭大火作出了突出贡献，挽救了企业近百万的财产损失。

2008年2月13日，金碧汇虹苑有一个女孩欲跳楼轻生，中队接到命令后立即赶赴现场救援。中队官兵到场后，发现女孩情绪激动，而且由于在楼顶时间较长，体力出现透支，随时都有坠楼危险。中队干部立即指派陈鑫铧作为登高救人小组成员，携带装备展开登高救援。他和战友们慢慢地接近女孩，先将食物递给女孩，并对她进行心理安慰和劝说。待女孩情绪较为稳定后，趁其注意力分散之时，陈鑫铧眼疾手快，迅速从女孩背后一把将其拦腰抱住，在战友的协同下将女孩转移到安全处，成功将其救下，赢得了在场群众的阵阵掌声，大家拍手称赞："消防兵，好样的！"

2008年3月到4月，泰日中队连续参加大型火场救援。"3·21"上海汇鼎包装材料有限公司大火、"4·1"上海雷盛包装材料有限公司火灾、"4·5"上海华环热能试验厂火灾，每一次大火陈鑫铧都冲在第一线。面对凶恶的火魔他英勇顽强、毫不胆怯，冒着滚滚浓烟、灼人的烈焰和建筑倒塌的危险深入内攻，坚决打击火势，最大限度地保护了人民生命财产的安全。战友还清晰地记得好几次救完火后，他都累得虚脱了，被浓烟熏成了一个“小黑人”。可他却从来没有退缩，他就是一名火场上的“斗士”，英勇善战、胆识过人，永远停不下自己前进的脚步，甚至，连倒下都倒在冲锋的路上。

陈鑫铧总是说：“我没有当上真正的消防兵，可是当合同制消防员也一样，一样是在保卫国家，保护人民。”是的，陈鑫铧一直都以一名现役军人的标准要求自己，他的壮举证明他正是一名优秀的军人。他生前的班长秦红元回忆说：“陈鑫铧业务很好，也能积极配合工作，是不可多得的好战士。”陈鑫铧不是用空洞的话语来赢得别人的尊重，而是用自己的实际行动换来的。陈鑫铧在中队每月的量化考评中，从来没有跌出前五名，泰日中队六米拉梯和挂钩梯的纪录仍然属于他。

没有惊天动地的事迹，没有豪言壮语的铺垫，陈鑫铧同志在平凡的岗位上，日复一日，立足本职，敬业奉献，无私无畏。在生与死、血与火的考验面前，他义无反顾地献出了宝贵的生命，用实际行动践行了当代革命军人核心价值观，书写了新时期消防战士爱民为民的壮丽诗篇，铸就了新时期消防官兵“听党指挥、能打胜仗、作风优良”的忠诚警魂。

（奉贤区双拥办）

侠义为民　英气长存

七宝镇　江川路街道

刘杰(1994—2014)，男，汉族，1994 年 9 月出生于上海市闵行区七宝镇，2012 年 12 月从闵行区七宝镇应征入伍。

钱凌云(1991—2014)，男，汉族，1991 年 11 月出生于上海市闵行区江川路街道，2012 年 12 月从闵行区江川路街道应征入伍。

两名烈士生前均系上海市公安消防总队徐汇支队关港中队战士，上等兵警衔。2014 年 5 月 1 日，在上海市徐汇区龙吴路 2888 弄盛华景苑小区居民住宅火灾扑救中，为抢救人民生命财产，两人不幸壮烈牺牲，刘杰年仅 20 岁，钱凌云年仅 23 岁。

烈火青春　在刹那间绽放

那注定是一场惊心动魄的灭火战斗。2014 年 5 月 1 日 14 时 01 分，上海市徐汇区龙吴路2888弄盛华景苑小区居民住宅发生火灾。接警后，消防关港中队根据市局指挥中心指令，作为首批作战力量，第一时间到场处置。经初步侦察，发现居民小区24号楼13层南侧阳台有烟雾冒出，有居民从大楼往外逃生，据现场群众反映，屋内可能有人员被困，情况万分紧急。现场指挥员立即部署安排人员疏散，同时带领攻坚组队员迅速登楼救人灭火。当登上13层时，指挥员发现着火房间防盗门锁闭，而且楼道内空间狭窄，战斗展开受限，给灭火处置带来了极大的困难。火灾现场楼道内烟雾大、空间小、温度高，面对呛鼻的浓烟、肆虐的火魔，刘杰同志第一时间进入着火房间控制灾情，英勇顽强、毫不退缩，他坚决贯彻现场指挥指令，与战友钱凌云一起不畏高温灼热，坚守水枪阵地，为破拆小组进行掩护、降温。就在防盗门即将被成功破拆的瞬间，只听见“轰”的一声，突然发生轰燃，大量高温热气流和浓烟在火风压作用下喷涌而出，喷向正在掩护战友的水枪手，将刘杰和钱凌云直接从13楼窗口冲出窗外……那一刻，空气凝固了，战友们声嘶力竭地呼喊着“刘杰、钱凌云”，像疯了一样冲上平台，将钱凌云和刘杰救下，并送医院抢救。然而，终因伤势过重，刘杰和钱凌云不幸壮烈牺牲。年轻生命戛然而止。在浓烟烈焰向刘杰和钱凌云喷涌的那一刹那，他们的青春之花在烈火中瞬间绽放，成为永恒。

“侠义”梦想　在红门中延续

刘杰祖籍安徽寿县，是家里的独子，家里从祖辈开始就一直经商，到了他父亲这一辈，父亲带着他来到上海做南北干货生意。从小家庭环境就比较优越的他却没养成娇生惯养的习惯，相反，他身上表现更多的是那种独立自主和敢于担当。2012年高中毕业后，刘杰告别了优越的家庭和父母的呵护，毅然响应祖国号召报名参军，他被分到上海消防部队，成为一名光荣的消防战士。其实，父母和同学朋友对于刘杰投身“红门”并不感到意外，因为熟悉他的人都知道刘杰从小就很崇拜英雄，爱看英雄主义题材电影，喜欢读中国古典武侠小说。入伍后，刘杰还常常和同班战友谈起要构思撰写一部武侠小说的想法。有一次，在与中队指导员的谈心中，他还告诉指导员，自己来当兵，就是要当“侠客”。他说：“侠之大者，为国为民。消防兵就像一个个为国为民、本领高强的侠客，我的梦想就是要成为一名降火魔、保平安的侠客。”然而，侠义之路并不平坦，消防部队的工作节奏和训练强度对于刚刚走出校园的刘杰而言无疑是艰苦的。但为了自己的梦想，刘杰从走进警营的那天起，就暗暗下定决心要当好一名消防兵。在2014年部队选退摸底的谈心中，他还表示要留下转士官，继续在红门警营中延续他的侠义梦想。班长范成杰对刘杰的印象非常深刻：刘杰训练积极，不怕苦、不怕累，遇到不懂的地方，他都会虚心求教，一遍又一遍反复练习直到掌握。因为刘杰知道，要成为侠者，必须要有过硬的本领。

刘杰在进行挂钩梯训练

2013年10月，由于业务能力和体能素质较为出色，刘杰入选徐汇支队铁军攻坚组参加集训。这对他来说是个崭露头角的大好机会。为了跟上铁军集训的节奏，无论是业务训练还是体能训练，刘杰严格要求自己，集训中每次跑10 000米，很多战友喊苦喊累吃不消，他却精神抖擞。单杠卷腹上是新兵的难项，别人练1遍，他练5遍、10遍，别人训练结束后休息，他主动要求加练，直到达到训练标准。性格开朗的他常笑呵呵地说：“当兵一定要混出个模样，在比赛场上拿到个名次才威风!”2014年1月，刘杰从吴兴中队调到关港中队，此时离支队春季运动会还不到3个月的时间，刚刚到关港中队的刘杰却马上向中队党支部提出要报名参加1 500米空气呼吸器和20层墙式消火栓两个项目的训练比赛。中队干部和班长一下被他的话语震住了，这在同一批兵当中是不可思议的，其他同批战友都只报了一个项目，而他刚刚到中队就要求参加两个项目，而且两个还都是负重项目。中队党支部最终为他的激情所感染，同意了他的请求。从这以后，刘杰就积极投身备战比赛，不断加大训练强度，每次训练结束，他的手上、脚上都是一个个的血泡。干部、班长都要求他养好伤后再训练，刘杰却说："消防战士哪个身上没有伤，我还能继续训练，怕什么！"

生活中，刘杰是中队官兵心目中典型的"开心果"。他率真、开朗、热心，平时总是乐于助人，与战友融洽相处。战友马建江回忆说："有段时间我训练很累还有点生病，就和刘杰商量晚上值班换岗的时候稍晚一会儿，可没想到他几乎都快帮我值完了才叫我起来换班，早上我看到他的黑眼圈好重，而他却先来问我身体怎么样，好一点了吗？"新到队的合同制消防员葛沈鑫回忆起刚到队时，苦于对业务操作规程的学习一直不得要领，刘杰第一个发现了他的困难，就主动放弃自己的休息时间，帮助他解答疑惑，使他尽快融入了消防队的工作生活。训练场上，体能基础好的刘杰总是鼓励其他战友，为他们加油，甚至连推带拉地帮助战友完成训练任务；训练结束，他总是在利索地收拾完自己的水带后，又跑去帮战友卷水带；队里来了新同志，他总是忙前忙后，帮着整理行李，收拾床铺；他总是在别人休息的时候，默默地加班打扫卫生，为营造良好的营区环境出一份力。

侠骨丹心，青春激昂；豪情壮举，不负韶华。刘杰用无悔的选择昭示了新一代中国青年勇为人杰的理想与抱负，用年轻的生命诠释了消防官兵侠义为民的忠诚与奉献！

青春无悔印记　感动无数大众

排长李仲秋从新兵连开始就是钱凌云的教官，两人感情深厚。"像做梦一样，一直不愿相信这是真的。"李仲秋语音低沉，"战友牺牲当天，整个中队陷入了沉默，大家都呆呆的，不愿说话。直到今天看到报道战友逝去的那一幕时，仿佛迎头一棒，眼泪不知不觉就落下来了。"

钱凌云给李仲秋留下的最深印象是冲劲十足，"面对困难他从来没有

钱凌云参加训练

退缩过”。中队教导员高乃航也有同样评价，回想起今年为了参加支队消防运动会钱凌云所付出的惊人努力，他说：“今年1月，钱凌云开始为参加比赛做特训。不久后，他经常感到膝盖疼痛，去医院检查，发现有软组织损伤，医生劝他最好休息，但钱凌云不愿意，说这点小伤痛他能忍，如果休息，前面的训练都白费了。”

钱凌云带着伤痛，每天2万到3万米的训练量，没有毅力、没有绝不退缩的精神，是很难坚持下来的。最终，他获得了第三名的好成绩。

2014年5月1日，钱凌云牺牲当天，他本该休假去看膝盖（因为特训，他扭伤的膝盖一直隐隐作痛），顺便带妹妹去买个手机，提前给妈妈买个“母亲节礼物”。但面对繁重的节日安保任务，钱凌云主动推延休假时间。“五一”前父亲从天津赶回，专程想陪他去看腿伤，还从天津带回大麻花，打算分给小钱的队友们吃……可谁知他却以这样的方式告别了亲人……

孩子的突然离世，让父母备受打击。小钱母亲一谈到小钱，就泣不成声，她伤心地告诉我们：小钱从小是个特别孝顺懂事的孩子。父亲长期在天津工作，小钱就主动帮妈妈做家务，每到母亲节，他还会想方设法给母亲准备礼物。今年五一，小钱原本打算用自己平时节省下的数千元，帮妹妹买个手机。可是,他就这么突然地走了,现在妈妈的心好痛好痛。小钱的爸爸说,虽然小钱去世后,民政部门发了很多抚恤金,但这些钱,他们舍不得用。

寝室战友在谈到小钱时,也是热泪盈眶。他们说钱凌云是个非常优秀的战士,处处为战友考虑。2013 年冬天的一个晚上,中队接到为居民开门的出警任务,到场后发现是盗窃案件。钱凌云跟随班长绕到房屋背后进去,留下战友小施一人在正门口待命。但没多久,钱凌云就飞奔回来,原来他担心小施一人站在正门口,小偷万一从正门逃窜,会伤害到战友,他的举动让小施感动不已。

生活中,钱凌云是个热情开朗的人,打篮球、发微博是他的爱好。刚开微博时,钱凌云在空间里爱贴"心灵鸡汤"、爱秀自己的歌声,也会厌烦妈妈把他当作孩子唠叨,更多的是一些网络上流行的冷笑话以及格言类的句子。

2012 年底,小钱入伍成为一名消防队员后,他的微博似乎淡出了这个年轻人的世界。直到 2014 年 4 月 15 日,他发布了一条微博,使用了手机签到模式,地点位于上海关港路。这条微博,他对进入消防队一年做了一个总结,"这一年真的不容易,还有大半年!坚持住呀"。配发的照片中有两张荣誉证书:"优秀士兵"、消防队运动会中"徒手 3 000 米项目第三名"。

谁会想到,这居然是他人生最后的微博留言。钱凌云的微博被网友找到后,很多人到微博跟帖表示哀悼,他的最后一条微博跟帖已上万。

在帮钱凌云整理遗物的时候,战友们在小钱的私人物品中找到一本日记簿,第一页上他给日记起名"咬牙"。一名战友把字里行间的感情一一整理、摘录,予以留念。

这是青春的印记,写下了荣光;这是责任的坚守,感动了无数市民。让我们永远铭记这样一群年轻的战士,他们有爱,有梦想,为了他们热爱的消防事业,他们选择坚守!勇往直前!

(闵行区双拥办)

编　　后

我们怀着无比激动的心情编完了《上海革命功臣故事》，尽管书中的文字并不华丽，但一篇篇文章、一个个故事，或把我们带到了那血雨腥风、激情如火的战争年代，使我们生动而深切地感受到今天的幸福生活是多么来之不易；或在我们面前展示了革命功臣们为国家和人民利益英勇奋战、勇于牺牲、无私奉献的伟大精神和高尚情怀。他们的故事感人至深，催人奋进。

在这里，我们衷心感谢中共上海市委宣传部、共青团上海市委、上海市拥军优属基金会，与我们一起，在全市广泛开展了“扬革命传统，育时代新人——讲革命功臣故事”活动，从而使这一活动取得了良好的社会效果，同时也为编辑出版《上海革命功臣故事》创造了条件。

同时，衷心感谢为本书提供大量素材的功臣们及其亲属；感谢本书的各位作者，为本书的出版收集材料、撰写稿件，花费了大量心血和时间；最后衷心感谢本市各区县民政局、双拥办和市拥军优属基金会各区县分会的大力支持和帮助。

由于本书内容时间跨度较大及我们的水平所限，不足之处和缺点、错误在所难免，恳请大家及时指正，以便日后再版时改进。

上海市双拥工作领导小组办公室